DOCUMENTOS DO AFEGANISTÃO

A HISTÓRIA SECRETA DA GUERRA

CRAIG WHITLOCK

ALTA BOOKS
GRUPO EDITORIAL
Rio de Janeiro, 2023

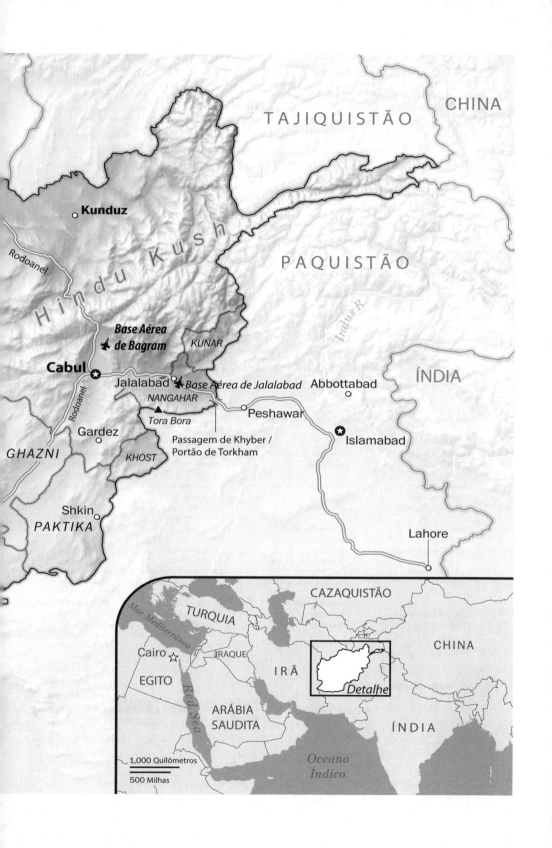

Documentos do Afeganistão

Copyright © 2023 da Starlin Alta Editora e Consultoria Eireli.
ISBN: 978-65-5520-878-8

Translated from original The Afghanistan Papers. Copyright © 2021 by WP Company LLC. ISBN 978-1-9821-5900-9. This translation is published and sold by permission of Simon & Schuster, the owner of all rights to publish and sell the same. PORTUGUESE language edition published by Starlin Alta Editora e Consultoria Eireli, Copyright © 2023 by Starlin Alta Editora e Consultoria Eireli.

Impresso no Brasil – 1ª Edição, 2023 – Edição revisada conforme o Acordo Ortográfico da Língua Portuguesa de 2009.

Todos os direitos estão reservados e protegidos por Lei. Nenhuma parte deste livro, sem autorização prévia por escrito da editora, poderá ser reproduzida ou transmitida. A violação dos Direitos Autorais é crime estabelecido na Lei nº 9.610/98 e com punição de acordo com o artigo 184 do Código Penal.

A editora não se responsabiliza pelo conteúdo da obra, formulada exclusivamente pelo(s) autor(es).

Marcas Registradas: Todos os termos mencionados e reconhecidos como Marca Registrada e/ou Comercial são de responsabilidade de seus proprietários. A editora informa não estar associada a nenhum produto e/ou fornecedor apresentado no livro.

Erratas e arquivos de apoio: No site da editora relatamos, com a devida correção, qualquer erro encontrado em nossos livros, bem como disponibilizamos arquivos de apoio se aplicáveis à obra em questão.

Acesse o site **www.altabooks.com.br** e procure pelo título do livro desejado para ter acesso às erratas, aos arquivos de apoio e/ou a outros conteúdos aplicáveis à obra.

Suporte Técnico: A obra é comercializada na forma em que está, sem direito a suporte técnico ou orientação pessoal/exclusiva ao leitor.

A editora não se responsabiliza pela manutenção, atualização e idioma dos sites referidos pelos autores nesta obra.

Dados Internacionais de Catalogação na Publicação (CIP) de acordo com ISBD

W613p   Whitlock, Craig
　　　　　Documentos do Afeganistão : a história secreta da guerra / Craig Whitlock ; traduzido por Carol Palha. –Rio de Janeiro : Alta Books, 2023.
　　　　　368 p. ; 16cm x 23cm.

　　　　　Tradução: The Afghanistan Papers
　　　　　Inclui índice.
　　　　　ISBN: 978-65-5520-878-8

　　　　　1. Guerra do Afeganistão. 2. Guerra Afegã. I. Palha, Carol. II. Título.

2022-1184
　　　　　　　　　　　　　　　　　　　　　　　　　　CDD 958.104
　　　　　　　　　　　　　　　　　　　　　　　　　　CDU 94(581)

Elaborado por Odilio Hilario Moreira Junior - CRB-8/9949

Índice para catálogo sistemático:
1. História do Afeganistão 958.104
2. História da Afeganistão 94(581)

Produção Editorial
Editora Alta Books

Diretor Editorial
Anderson Vieira
anderson.vieira@altabooks.com.br

Editor
José Ruggeri
j.ruggeri@altabooks.com.br

Gerência Comercial
Claudio Lima
claudio@altabooks.com.br

Gerência Marketing
Andréa Guatiello
andrea@altabooks.com.br

Coordenação Comercial
Thiago Biaggi

Coordenação de Eventos
Viviane Paiva
comercial@altabooks.com.br

Coordenação ADM/Finc.
Solange Souza

Coordenação Logística
Waldir Rodrigues
logistica@altabooks.com.br

Direitos Autorais
Raquel Porto
rights@altabooks.com.br

Produtor Editorial
Thales Silva

Produtores Editoriais
Illysabelle Trajano
Maria de Lourdes Borges
Paulo Gomes
Thiê Alves

Equipe Comercial
Adenir Gomes
Ana Carolina Marinho
Ana Claudia Lima
Daiana Costa
Everson Sete
Kaique Luiz
Luana Santos
Maira Conceição
Natasha Sales

Equipe Editorial
Andreza Moraes
Beatriz de Assis
Betânia Santos
Brenda Rodrigues
Caroline David
Gabriela Paiva
Henrique Waldez
Kelry Oliveira
Marcelli Ferreira
Mariana Portugal
Matheus Mello
Milena Soares

Marketing Editorial
Amanda Mucci
Guilherme Nunes
Livia Carvalho
Pedro Guimarães
Thiago Brito

Atuaram na edição desta obra:

Tradução
Carolina Palha

Copidesque
Alberto Streicher

Revisor Técnico
Victor Gaspar Filho
Bacharel em Relações Internacionais (IRI-PUC Rio)

Revisão Gramatical
Alessandro Thomé
Fernanda Lutfi

Diagramação
Rita Mota

Capa
Paulo Gomes

Editora afiliada à:

ASSOCIADO
Câmara Brasileira do Livro

ALTA BOOKS
GRUPO EDITORIAL

Rua Viúva Cláudio, 291 – Bairro Industrial do Jacaré
CEP: 20.970-031 – Rio de Janeiro (RJ)
Tels.: (21) 3278-8069 / 3278-8419
www.altabooks.com.br – altabooks@altabooks.com.br
Ouvidoria: ouvidoria@altabooks.com.br

*Para Jenny e Kyle,
com amor e admiração.*

Sumário

	Prefácio	xi
PARTE UM	**UM FALSO GOSTO DE VITÓRIA, 2001–2002**	
CAPÍTULO UM	Uma Missão Confusa	3
CAPÍTULO DOIS	"Quem São os Bandidos?"	17
CAPÍTULO TRÊS	O Projeto de Construção da Pátria	29
PARTE DOIS	**A GRANDE DISTRAÇÃO, 2003–2005**	
CAPÍTULO QUATRO	A Reflexão Tardia sobre o Afeganistão	43
CAPÍTULO CINCO	Levantando um Exército das Cinzas	55
CAPÍTULO SEIS	Islã Para Leigos	67
CAPÍTULO SETE	Jogando dos Dois Lados	77
PARTE TRÊS	**O TALIBÃ RETORNA, 2006–2008**	
CAPÍTULO OITO	Mentiras e Rodeios	91
CAPÍTULO NOVE	Uma Estratégia Incoerente	103
CAPÍTULO DEZ	Os Senhores da Guerra	115
CAPÍTULO ONZE	Uma Guerra contra o Ópio	129

PARTE QUATRO	**EXCESSOS DE OBAMA, 2009-2010**	
CAPÍTULO DOZE	Dobrando a Aposta	145
CAPÍTULO TREZE	"Um Poço de Dinheiro Escuro e sem Fim"	157
CAPÍTULO CATORZE	De Amigo a Inimigo	169
CAPÍTULO QUINZE	Consumido pela Corrupção	183
PARTE CINCO	**A REALIDADE DESMORONA, 2011-2016**	
CAPÍTULO DEZESSEIS	Em Guerra com a Verdade	199
CAPÍTULO DEZESSETE	Inimigo Interno	213
CAPÍTULO DEZOITO	A Grande Ilusão	227
PARTE SEIS	**BECO SEM SAÍDA, 2017-2021**	
CAPÍTULO DEZENOVE	A Vez de Trump	239
CAPÍTULO VINTE	O Narco-Estado	249
CAPÍTULO VINTE E UM	Conversando com o Talibã	259
	Agradecimentos	*271*
	Comentários sobre as Fontes	*277*
	Notas	*281*
	Referências	*313*
	Índice	*317*
	Sobre o Autor	*321*

Apenas uma imprensa livre e irrestrita pode efetivamente expor as mentiras do governo. E a principal das responsabilidades de uma imprensa livre é o dever de impedir que qualquer parte do governo engane o povo e o envie a terras distantes para morrer por doenças e por ofensivas estrangeiras.

— Hugo L. Black, juiz da Suprema Corte, concordando com a maioria no *New York Times Co. v. Estados Unidos*, também conhecido como o caso dos Papéis do Pentágono, de 30 de junho de 1971. A Suprema Corte decidiu, por 6 a 3, que o governo dos EUA não poderia impedir o *New York Times* nem o *Washington Post* de publicar a história secreta do Departamento de Defesa sobre a Guerra do Vietnã.

Prefácio

Duas semanas depois dos ataques de 11 de setembro, enquanto os Estados Unidos se preparavam para a guerra no Afeganistão, um repórter fez uma pergunta direta ao secretário de Defesa, Donald Rumsfeld: "As autoridades norte-americanas mentiriam para a mídia sobre as operações militares a fim de enganar o inimigo?"

Rumsfeld estava no tablado da sala de reuniões do Pentágono. O prédio ainda cheirava a fumaça e combustível de avião, de quando o voo 77 da American Airlines explodiu na parede oeste, matando 189 pessoas. O secretário de defesa começou a resposta parafraseando uma citação do primeiro-ministro britânico Winston Churchill: "Em tempos de guerra, a verdade é tão preciosa que deve ser sempre acompanhada por um guarda-costas de mentiras." Rumsfeld explicou como os Aliados, antes do Dia D, fizeram uma campanha de desinformação, chamada de Operação Guarda-costas, para confundir os alemães a respeito de quando e onde a invasão de 1944 à Europa Ocidental ocorreria.

Parecia que Rumsfeld estava justificando a prática de espalhar mentiras durante a guerra, mas então ele recuou e insistiu que nunca faria tal coisa. "A resposta à sua pergunta é: não, não consigo imaginar uma situação do tipo", disse ele. "Não me lembro de ter mentido para a imprensa. Não pretendo e parece-me que não haverá razões para isso. Há dezenas de maneiras de evitar adotar uma postura mentirosa. E eu não faço isso."

Questionado se o mesmo poderia ser esperado de todos os outros membros do Departamento de Defesa, Rumsfeld fez uma pausa e deu um sorrisinho.

"Você só pode estar brincando", falou.

A assessoria de imprensa do Pentágono riu. Era um Rumsfeld clássico: sagaz, enérgico, espontâneo, persuasivo. Ex-lutador famoso de Princeton, ele era um mestre em não se deixar ser imobilizado.

Doze dias depois, em 7 de outubro de 2001, os militares dos EUA começaram a bombardear o Afeganistão. Ninguém previu que isso se tornaria a guerra mais prolongada da história norte-americana — mais do que a Primeira Guerra Mundial, a Segunda Guerra Mundial e a Guerra do Vietnã juntas.

Diferentemente da Guerra do Vietnã, ou daquela que eclodiria no Iraque em 2003, a decisão de tomar uma ação militar contra o Afeganistão foi baseada no apoio público quase unânime. Abalados e irritados com os devastadores ataques terroristas da Al-Qaeda, os norte-americanos esperavam que seus líderes defendessem sua pátria com a mesma determinação que tiveram após o ataque japonês a Pearl Harbor. Três dias depois do 11 de Setembro, o Congresso aprovou uma lei que autorizava o governo Bush a entrar em guerra contra a Al-Qaeda e contra qualquer país que a abrigasse.

Pela primeira vez, a Organização do Tratado do Atlântico Norte (Otan) invocou o Artigo 5, o compromisso coletivo da aliança de defender qualquer um de seus Estados-membros sob ataque. O Conselho de Segurança das Nações Unidas condenou unanimemente os "horríveis ataques terroristas" e apelou a todos os países para que levassem os perpetradores à justiça. Até potências hostis expressaram solidariedade para com os Estados Unidos. No Irã, milhares de pessoas participaram de vigílias à luz de velas, e os extremistas pararam de gritar "Morte aos Estados Unidos!" nas orações semanais pela primeira vez em 22 anos.

Com um apoio tão forte, as autoridades norte-americanas não precisaram mentir ou fazer floreios para justificar a guerra. Mesmo assim, os líderes da Casa Branca, do Pentágono e do Departamento de Estado logo começaram a dar falsas garantias e a encobrir reveses do campo de batalha. Com o passar dos meses e dos anos, a dispersão tornou-se mais arraigada. Os comandantes militares e os diplomatas acharam mais difícil reconhecer os erros e fazer avaliações honestas e claras em público.

Ninguém queria admitir que a guerra que começou como uma retaliação justa havia se deteriorado e se perdido. De Washington a Cabul, uma conspiração velada para mascarar a verdade se estabeleceu. Omissões inexoravelmente levaram a enganos e desembocaram em absurdos completos.

Duas vezes — em 2003 e, novamente, em 2014 — o governo dos EUA declarou o fim das operações de combate, episódios ilusórios desconectados da realidade local.

O presidente Barack Obama prometeu acabar com a guerra e levar todas as tropas para casa, mas não o fez, porque, em 2016, seu segundo mandato se aproximava do fim. Os norte-americanos estavam cansados de conflitos intermináveis no exterior. Desiludidas, muitas pessoas passaram a ignorar o que acontecia.

Naquela época, eu já tinha quase sete anos como repórter especializado, cobrindo o Pentágono e os militares dos EUA para o *Washington Post*. Cobri quatro secretários de Defesa e cinco comandantes de guerra diferentes, viajando com oficiais militares de alto escalão para o Afeganistão e para as regiões vizinhas em muitas ocasiões. Antes disso, trabalhei por seis anos como correspondente estrangeiro do *Washington Post*, escrevendo sobre a Al-Qaeda e seus afiliados terroristas no Afeganistão, Paquistão, Oriente Médio, Norte da África e Europa.

Como muitos jornalistas, eu sabia que o Afeganistão estava uma bagunça. Passei a desconsiderar as declarações vazias dos militares dos Estados Unidos de que eles estavam sempre progredindo e no caminho certo. O *Washington Post* e outras organizações de notícias expuseram problemas sistêmicos da guerra durante anos. Livros e memórias entregaram relatos privilegiados de batalhas cruciais no Afeganistão e lutas políticas internas em Washington. Mas eu sentia que todos haviam negligenciado o quadro geral.

Como a guerra se degenerou em um impasse sem nenhuma perspectiva realista de uma vitória duradoura? Os Estados Unidos e seus aliados inicialmente esmagaram o Talibã e a Al-Qaeda em 2001. O que os fez saírem dos trilhos? Ninguém fez um levantamento público completo dos fracassos estratégicos nem apresentou uma explicação implacável sobre como a campanha se desintegrou.

Até hoje, não houve nenhuma versão do Afeganistão da Comissão do 11 de Setembro, que responsabilizaria o governo por sua incapacidade de prevenir o pior ataque terrorista em solo norte-americano. Nem o Congresso convocou uma versão do Afeganistão das Audiências Fulbright, quando os senadores questionaram agressivamente a Guerra do Vietnã. Com tantas pessoas de ambos os partidos responsáveis por uma infinidade de erros, poucos líderes políticos quiseram atribuir culpa a alguém ou, tampouco, assumi-la.

No verão de 2016, recebi uma notícia de que uma obscura agência federal, o Gabinete do Inspetor-geral Especial para a Reconstrução do Afeganistão, ou SIGAR, havia entrevistado centenas de participantes da guerra e que muitos descarregaram frustrações reprimidas. O SIGAR fizera as entrevistas para um projeto intitulado Lições Aprendidas [*Lessons Learned*], que tinha como objetivo diagnosticar falhas políticas no Afeganistão para que os Estados Unidos não repetissem aqueles erros no futuro.

Em setembro daquele ano, o SIGAR começou a publicar uma série de relatórios do Lições Aprendidas que destacavam os problemas ocorridos no Afeganistão. Mas os relatórios, carregados de balelas governamentais, omitiram as duras críticas e as acusações que ouvi nas entrevistas.

A missão de um jornalista investigativo é descobrir quais verdades o governo está escondendo e revelá-las ao público. Então, entrei com pedidos respaldados pela Lei de Liberdade de Informação junto ao SIGAR buscando transcrições, notas e gravações das entrevistas do Lições Aprendidas. Argumentei que o público tinha o direito de conhecer as críticas internas do governo à guerra — a verdade nua e crua.

A cada vez, o SIGAR atrasava e resistia aos pedidos — uma resposta hipócrita para uma agência que o Congresso havia criado a fim de prestar contas das enormes somas de dólares dos contribuintes gastos na guerra. O *Post* teve que entrar com dois processos federais para obrigar o SIGAR a liberar os documentos do Lições Aprendidas. Depois de um litígio de 3 anos, o SIGAR finalmente revelou mais de 2 mil páginas de notas não publicadas de entrevistas com 428 pessoas que desempenharam papéis diretos na guerra — de generais e diplomatas a auxiliares e funcionários afegãos.

A agência editou partes dos documentos e ocultou a identidade da maioria das pessoas que entrevistou. Mas as entrevistas mostraram que muitos altos funcionários norte-americanos encaravam a guerra como um desastre absoluto, contradizendo um coro de declarações públicas otimistas de funcionários da Casa Branca, do Pentágono e do Departamento de

Estado que garantiam aos norte-americanos, ano após ano, que eles estavam fazendo progresso no Afeganistão.

Falando francamente, porque presumiram que seus comentários não se tornariam públicos, as autoridades norte-americanas confessaram ao SIGAR que os planos de guerra tinham falhas fatais e que Washington desperdiçara bilhões de dólares tentando tornar o Afeganistão uma nação moderna. As entrevistas também expuseram as tentativas fracassadas do governo dos Estados Unidos de conter a corrupção descontrolada, construir um exército afegão e uma força policial competentes e prejudicar o próspero comércio de ópio do Afeganistão.

Muitos dos entrevistados descreveram esforços explícitos e sustentados do governo dos EUA para enganar deliberadamente o público. Eles disseram que oficiais do quartel-general em Cabul — e da Casa Branca — rotineiramente distorciam as estatísticas para fazer parecer que os Estados Unidos estavam vencendo a guerra, quando esse, claramente, não era o caso.

Surpreendentemente, os generais comandantes admitiram que tentaram lutar na guerra sem uma estratégia funcional:

"Não havia plano de campanha. Simplesmente nada", reclamou o general do Exército Dan McNeill, que serviu duas vezes como comandante dos EUA durante o governo Bush.

"Não havia uma estratégia coerente de longo prazo", disse o general britânico David Richards, que liderou as forças dos EUA e da Otan de 2006 a 2007. "Tentávamos obter uma única abordagem coerente de longo prazo — uma estratégia adequada —, mas, em vez disso, tínhamos só um monte de táticas."

Outras autoridades disseram que os Estados Unidos fracassaram na guerra desde o início, cometendo erros de cálculo em cima de erros de julgamento: "Não sabíamos o que estávamos fazendo", disse Richard Boucher, que atuou como principal diplomata do governo Bush para a Ásia Central e do Sul.

"Não tínhamos a menor noção do que estávamos empreendendo", reforçou o general de três estrelas Douglas Lute, que serviu como czar de guerra da Casa Branca sob os mandatos de Bush e Obama.

Douglas Lute lamentou que tantos soldados norte-americanos tenham perdido a vida. Mas, em um afastamento chocante da convenção para um general de três estrelas, ele foi além e sugeriu que o governo havia desperdiçado esses sacrifícios.

"Se o povo norte-americano soubesse a magnitude dessa disfunção... 2.400 vidas perdidas", disse Lute. "Quem assumirá que isso foi em vão?"

Ao longo de duas décadas, mais de 775 mil soldados norte-americanos foram enviados ao Afeganistão. Destes, mais de 2.300 morreram lá e 21 mil voltaram para casa feridos. O governo dos Estados Unidos não calculou um total abrangente de quanto gastou em despesas relacionadas à guerra, mas a maioria das estimativas ultrapassa US$1 trilhão.

Com suas descrições diretas de como os Estados Unidos ficaram presos em uma guerra distante, bem como da determinação do governo de ocultar isso do público, as entrevistas do Lições Aprendidas se assemelharam amplamente aos Papéis do Pentágono, a história ultrassecreta do Departamento de Defesa da Guerra do Vietnã. Quando vazaram, em 1971, os Papéis do Pentágono causaram rebuliço. Eles revelaram que o governo há muito mentia para o público sobre como os Estados Unidos acabaram se envolvendo na Guerra do Vietnã.

Encerrado em 47 volumes, o estudo de 7 mil páginas foi baseado inteiramente em documentos internos do governo: cabogramas diplomáticos, memorandos de tomada de decisão, relatórios de inteligência. Para preservar o sigilo, o secretário de Defesa Robert McNamara emitiu uma ordem proibindo os autores de entrevistar qualquer pessoa.

O projeto Lições Aprendidas não enfrentou tais restrições. Funcionários do SIGAR realizaram suas entrevistas entre 2014 e 2018, principalmente com funcionários que serviram durante os anos Bush e Obama. Diferentemente dos Papéis do Pentágono, nenhum dos documentos do Lições Aprendidas foi originalmente classificado como segredo de governo. Uma vez que o *Washington Post* pressionou para torná-los públicos, entretanto, outras agências federais intervieram e tornaram confidencial parte do material após o fato.

As entrevistas do Lições Aprendidas contínham poucas revelações sobre as operações militares, mas corriam por toda parte torrentes de críticas que refutavam a narrativa oficial da guerra, desde seus primeiros dias até o início do governo Trump.

Para complementar as entrevistas do Lições Aprendidas, obtive centenas de memorandos anteriormente confidenciais sobre a guerra no Afeganistão que Rumsfeld ditou ou recebeu entre 2001 e 2006. Chamados de "flocos de neve" por Rumsfeld e sua equipe, os memorandos são breves instruções ou comentários que o chefe do Pentágono ditava a seus subordinados, não raro, várias vezes ao dia.

Rumsfeld tornou público um número seleto de seus flocos de neve em 2011, postando-os online em conjunto com suas memórias, *Known and Unknown* [*Conhecido e Desconhecido*, em tradução livre]. Mas a maior parte de sua coleção de flocos de neve — uma nevasca de papelada, composta por cerca de 59 mil páginas — permaneceu confidencial.

Em 2017, em resposta a um processo da Lei de Liberdade da Informação [Freedom of Information Act — FOIA], movido pelo Arquivo de Segurança Nacional, um instituto de pesquisa sem fins lucrativos com sede na Universidade George Washington, o Departamento de Defesa começou a liberar o restante dos flocos de neve de Rumsfeld em uma base contínua. O Arquivo os compartilhou comigo.

Redigidos no estilo brusco de Rumsfeld, muitos dos flocos de neve anteciparam problemas que continuariam a assombrar os militares dos EUA mais de uma década depois. "Não tenho clareza sobre quem são os bandidos no Afeganistão", reclamou Rumsfeld em um memorando para seu chefe de inteligência — quase dois anos após o início da guerra.

Também obtive várias entrevistas orais que a Associação para Estudos e Treinamento Diplomático, sem fins lucrativos, conduziu com funcionários que serviram na embaixada dos Estados Unidos em Cabul. Essas entrevistas forneceram uma perspectiva direta de oficiais do Serviço de Relações Exteriores que desabafaram sobre a ignorância fundamental de Washington sobre o Afeganistão e sobre seu manejo incorreto da guerra.

À medida que fui absorvendo gradualmente todas as entrevistas e os memorandos, ficou claro para mim que eles constituíam uma história secreta da guerra — uma avaliação inflexível do conflito sem fim. Os documentos também mostraram que as autoridades norte-americanas mentiram repetidamente ao público sobre o que estava acontecendo no Afeganistão, assim como ocorrera no Vietnã.

Aproveitando os talentos de uma legião de funcionários da redação, o *Washington Post* publicou, em dezembro de 2019, uma série de artigos sobre os documentos. Milhões de pessoas leram a série, que incluiu um banco de dados das entrevistas e flocos de neve que o *Post* publicou online como um serviço público.

O Congresso, que em grande parte ignorou a guerra por anos, realizou várias audiências para discutir e debater as descobertas. Em depoimentos, generais, diplomatas e outros funcionários admitiram que o governo não foi honesto com o público. Legisladores de todas as tendências políticas expressaram raiva e frustração.

"É um registro condenatório", disse o deputado Eliot Engel (Democrata pelo estado de N.Y.), presidente do Comitê de Relações Exteriores da Câmara. "Isso ressalta a falta de uma conversa pública honesta entre o povo norte-americano e seus líderes sobre o que estávamos fazendo no Afeganistão." O senador Rand Paul (Republicano pelo estado de Kentucky) chamou a série do *Washington Post* de "extraordinariamente preocupante. Ela retrata um esforço de guerra dos EUA gravemente prejudicado pela escalada militar, sofrendo de uma ausência completa de objetivos claros e alcançáveis."

As revelações tocaram na ferida. Muitos norte-americanos sempre suspeitaram de que o governo havia mentido para eles sobre a guerra, e ficaram furiosos. O público ansiava por mais evidências, por mais verdades sobre o que realmente acontecera.

Eu sabia que o Exército dos EUA havia conduzido algumas entrevistas orais com soldados que serviram no Afeganistão e publicado algumas monografias acadêmicas sobre eles, mas logo descobri que o Exército tinha uma coleção valiosa desses documentos.

Entre 2005 e 2015, o projeto Experiência de Liderança Operacional [*Operational Leadership Experience*], do Exército — parte do Instituto de Estudos de Combate em Fort Leavenworth, Kansas —, entrevistou mais de 3 mil soldados que serviram na "Guerra Global ao Terror". A maioria lutou no Iraque, mas um grande número se deslocou para o Afeganistão.

Passei semanas examinando as entrevistas não confidenciais e transcritas na íntegra e reservei mais de seiscentas que destacavam veteranos do Afeganistão. As histórias orais do Exército continham relatos vívidos em primeira mão, principalmente de oficiais subalternos destacados em campo. Também obtive um número menor de entrevistas orais conduzidas pelo Centro de História Militar do Exército dos EUA, em Washington, D.C.

Como o Exército autorizou as entrevistas para pesquisas históricas, muitos soldados foram mais abertos sobre suas experiências do que provavelmente seriam com um jornalista trabalhando em uma notícia. Coletivamente, eles apresentaram uma perspectiva crua e honesta sobre as deficiências da guerra, o outro lado dos pontos de discussão promovidos pela chefia do Pentágono.

Encontrei outra provisão de documentos reveladores na Universidade da Virgínia. Desde 2009, o Miller Center, afiliado apartidário da universidade, que é especializada em história política, dirige um projeto de história oral da presidência de George W. Bush. O Miller Center entrevistou cerca de cem pessoas que trabalharam com Bush, incluindo funcionários importantes da administração, consultores externos, legisladores e líderes estrangeiros.

A maioria consentiu nas entrevistas, com a condição de que as transcrições permanecessem confidenciais por muitos anos — ou até depois da morte deles. A partir de novembro de 2019, o Miller Center abriu partes de seu arquivo George W. Bush ao público. Para meus propósitos, o momento era perfeito. Obtive algumas transcrições de entrevistas de história oral com comandantes militares, membros do gabinete e outros altos funcionários que supervisionaram a guerra no Afeganistão.

Mais uma vez, as entrevistas de história oral da Universidade da Virgínia revelaram um grau incomum de franqueza. O general do corpo de fuzileiros navais Peter Pace, que atuou como presidente e vice-presidente do Estado-Maior Conjunto das Forças Armadas no governo Bush, lamentou não ter falado ao público sobre quanto tempo as guerras no Afeganistão e no Iraque poderiam durar.

"Eu precisava dizer ao povo norte-americano que não se tratavam de meses e anos, mas de décadas", disse Pace. "Como não fiz isso, e, pelo que sei, nem o presidente Bush, acho que o povo norte-americano tinha uma visão de que seria tudo ligeiro."

Este livro não objetiva ser um registro exaustivo da guerra dos Estados Unidos no Afeganistão. Tampouco é uma história militar que se detém em operações de combate. Em vez disso, é uma tentativa de explicar o que deu errado e como três presidentes consecutivos e seus governos falharam em dizer a verdade.

Dito isso, *Documentos do Afeganistão* é baseado em entrevistas com mais de mil pessoas que desempenharam um papel direto na guerra. As entrevistas, as histórias orais e os flocos de neve de Rumsfeld do Lições Aprendidas abrangem mais de 10 mil páginas de documentos. Não editados nem filtrados, eles revelam as vozes das pessoas — desde as que fizeram política em Washington até as que lutaram nas montanhas e nos desertos do Afeganistão — conscientes de que a versão oficial da guerra apresentada ao povo norte-americano era falsa ou, na melhor das hipóteses, fortemente floreada.

Ainda assim, em público, quase nenhum alto funcionário do governo teve a coragem de admitir que os Estados Unidos estavam lentamente perdendo uma guerra que os norte-americanos antes apoiavam esmagadoramente. Com seu silêncio cúmplice, os líderes militares e políticos evitaram a responsabilização e se esquivaram de reavaliações que poderiam ter mudado o resultado do conflito ou, pelo menos, o encurtado. Em vez disso, eles optaram por enterrar seus erros e deixar a guerra à deriva.

PARTE UM

UM FALSO GOSTO DE VITÓRIA

2001—2002

CAPÍTULO UM

Uma Missão Confusa

O Marine One, o helicóptero presidencial de topo branco, pousou suavemente na grama perfeitamente aparada do Campo de Desfile do Instituto Militar da Virgínia por volta das 10h do dia 17 de abril de 2002, uma manhã quente e ensolarada de primavera no Vale Shenandoah. Em Cameron Hall, a arena de basquete da escola, cerca de 2 mil cadetes tentavam não suar em seus uniformes de gala cinza e branco engomados, enquanto esperavam para dar as boas-vindas ao comandante supremo. Quando o presidente George W. Bush subiu ao palco, alguns minutos depois, piscando, acenando e mostrando os polegares retos, o público se levantou e explodiu em aplausos.

Bush tinha motivos para sorrir e se deleitar com a atenção. Seis meses antes, ordenara que os militares dos Estados Unidos fossem à guerra no Afeganistão para retaliar os ataques terroristas de 11 de setembro, que mataram 2.977 pessoas na cidade de Nova York, no norte da Virgínia e em Shanksville, na Pensilvânia. Diferentemente de qualquer outra guerra na história norte-americana, essa começou repentina e inesperadamente, provocada por um inimigo sem Estado incrustado em um país sem litoral do outro lado do globo. Mas o sucesso inicial da campanha militar superou as expectativas até mesmo dos comandantes de campo mais otimistas. A vitória chegou de bandeja.

Contando com uma combinação de poder aéreo destruidor, de senhores de guerra apoiados pela CIA e de equipes de comando em terra, os Estados Unidos e seus aliados derrubaram o governo liderado pelo Talibã em Cabul em menos de seis semanas e mataram ou capturaram centenas de combatentes da Al-Qaeda. Os líderes sobreviventes da rede terrorista, incluindo Osama bin Laden, esconderam-se ou fugiram para outros países.

Houve poucas baixas norte-americanas. Na época do discurso de Bush, vinte soldados norte-americanos haviam morrido no Afeganistão — um a mais do que os mortos durante a invasão norte-americana de quatro dias à ilha caribenha de Granada, em 1983. Os encontros com forças hostis tornaram-se tão esporádicos que alguns soldados reclamaram de tédio. Muitas unidades já haviam voltado para casa. Restaram cerca de 7 mil soldados norte-americanos.

A guerra transformou a posição política de Bush. Embora ele tivesse conquistado a presidência na disputada eleição de 2000 com uma margem mínima de votos, as pesquisas mostraram que 75% dos norte-americanos aprovavam seu desempenho no trabalho à época. Em seus comentários na academia militar, Bush avaliou com confiança os próximos meses. Com o Talibã derrotado e a Al-Qaeda em fuga, ele disse que a guerra havia passado para uma segunda fase, com os Estados Unidos focados na eliminação de células terroristas em outros países. Ele alertou que a violência no Afeganistão poderia aumentar novamente, mas ofereceu garantias de que tinha a situação sob controle.

Aludindo às desastrosas incursões da Grã-Bretanha e da União Soviética nos últimos dois séculos, Bush prometeu que os Estados Unidos evitariam o destino de outras grandes potências que invadiram o Afeganistão. "Foi um sucesso inicial, seguido por longos anos de dificuldades e por um fracasso final", disse ele. "Não vamos repetir esse erro."

Mesmo assim, o discurso de Bush mascarou preocupações que circulavam entre os principais membros de sua equipe de liderança. Enquanto o presidente voava para o sudoeste da Virgínia naquela manhã, seu secretário de Defesa, Donald Rumsfeld, pensava em voz alta no Pentágono, onde trabalhava em um escritório no terceiro andar, na ala externa do prédio. Diferentemente das mensagens tranquilizadoras que Bush e ele haviam transmitido em público durante meses, Rumsfeld temia muito que os militares dos EUA pudessem ficar presos no Afeganistão e que não tivessem uma estratégia de saída bem definida.

Às 9h15, ele cristalizou seus pensamentos e ditou um breve memorando, um hábito de longa data. Ele escreveu tantos, que sua equipe os chamou de flocos de neve — notas do chefe em papel branco que se acumulavam em suas mesas. Esse em questão foi marcado como confidencial e enviado a quatro altos funcionários do Pentágono, incluindo o presidente e o vice-chefe do Estado-Maior Conjunto das Forças Armadas.

"Posso estar impaciente. Na verdade, sei que estou um pouco impaciente", escreveu Rumsfeld no memorando de uma página. "Nunca vamos tirar os militares dos Estados Unidos do Afeganistão a menos que tenhamos o cuidado de ver se está acontecendo algo que proporcionará a estabilidade necessária para a nossa partida."

"Socorro!", acrescentou.

Rumsfeld teve o cuidado de manter suas dúvidas e apreensões em sigilo, assim como fizera algumas semanas antes, quando se sentou para uma longa entrevista à MSNBC. Durante a transmissão de 28 de março, ele se gabou de ter esmagado o inimigo e disse que não adiantava negociar com os remanescentes do Talibã, muito menos com a Al-Qaeda. "A única coisa que você pode fazer é bombardeá-los e tentar matá-los. Foi isso o que fizemos, e funcionou. Eles foram embora. E o povo afegão está muito melhor."

Como Bush, Rumsfeld cultivou uma imagem de líder corajoso e decidido. O âncora da MSNBC, Brian Williams, reforçou isso bajulando o secretário de Defesa, elogiando a "bravata" de Rumsfeld e sugerindo que ele era o "homem mais confiante" dos EUA. "Ele preside uma guerra como nenhum outro e se tornou, indiscutivelmente mais do que qualquer outra pessoa, a face pública e a voz dessa guerra", disse Williams aos telespectadores.

A única questão difícil veio quando Williams perguntou a Rumsfeld se ele alguma vez se sentiu tentado a mentir sobre a guerra durante suas frequentes entrevistas coletivas no Pentágono. "Quantas vezes você foi forçado a distorcer a verdade naquela sala de reuniões pelas vidas norte-americanas que estão em jogo?"

"Simplesmente nenhuma", respondeu Rumsfeld. "Nossa credibilidade é muito mais importante do que fazer floreios." E acrescentou: "Faremos exatamente o que for necessário para proteger a vida dos homens e mulheres uniformizados e para que nosso país seja bem-sucedido, mas isso não envolve mentir."

Pelos padrões de Washington, Rumsfeld não estava mentindo — mas também não estava sendo honesto. Horas antes de gravar a entrevista para a MSNBC, o secretário de Defesa ditou um floco de neve para dois funcionários contendo uma visão completamente diferente sobre como as coisas estavam indo no Afeganistão.

"Estou começando a me preocupar com o fato de estarmos à deriva", escreveu ele no memorando confidencial.

No início da guerra, a missão parecia direta e limitada: derrotar a Al-Qaeda e evitar uma repetição dos ataques de 11 de setembro. Em 14 de setembro de 2001, em uma votação quase unânime, o Congresso prontamente autorizou o uso da força militar contra a Al-Qaeda e seus apoiadores.*

Quando o Pentágono lançou os primeiros ataques aéreos contra o Afeganistão, em 7 de outubro, ninguém esperava que o bombardeio continuaria inabalável por vinte anos. Em um discurso televisionado naquele dia, Bush disse que a guerra tinha dois objetivos limitados: interromper o uso do Afeganistão pela Al-Qaeda como base de operações terroristas e atacar a capacidade militar do regime do Talibã.

O comandante supremo também prometeu às Forças Armadas clareza de propósito. "Para todos os homens e mulheres em nossas Forças Armadas", declarou, "digo o seguinte: sua missão está definida. Os objetivos são claros".

Os estrategistas militares são ensinados a nunca começar uma guerra sem ter um plano para encerrá-la. No entanto, nem Bush nem ninguém em sua administração articularam publicamente como, quando ou em que condições pretendiam encerrar as operações militares no Afeganistão.

Nos primeiros dias da guerra e durante o restante de sua presidência, Bush se esquivou de questões sobre por quanto tempo as tropas norte-americanas teriam que lutar no Afeganistão. Ele não queria aumentar as expectativas ou limitar as opções de seus generais comprometendo-se com um cronograma. Mas ele sabia que os norte-americanos tinham memórias dolorosas da última vez em que o país travou uma guerra terrestre interminável na Ásia, e tentou amenizar as preocupações de que a história pudesse se repetir.

---

* O Senado aprovou a legislação por 98 votos a 0, e a Câmara dos Representantes a aprovou por 420 votos a 1. A deputada Barbara Lee (Democrata pelo estado da Califórnia) foi a única dissidente.

Durante uma entrevista coletiva em horário nobre concedida no dia 11 de outubro de 2001 na Sala Leste da Casa Branca, um repórter perguntou a Bush à queima-roupa: "Você pode evitar ser arrastado para um atoleiro semelhante ao do Vietnã no Afeganistão?"

Bush tinha uma resposta pronta. "Aprendemos algumas lições muito importantes no Vietnã", disse ele. "Talvez a lição mais importante que aprendi tenha sido a de que você não pode travar uma guerra de guerrilha com forças convencionais. É por isso que expliquei ao povo norte-americano que estamos envolvidos em um tipo diferente de guerra."

"As pessoas me perguntam: 'Quanto tempo isso vai durar?'", acrescentou. "Essa frente de batalha em particular durará o tempo necessário para levar a Al-Qaeda à justiça. Pode acontecer amanhã, pode acontecer daqui a um mês, pode demorar um ou dois anos, mas prevaleceremos."

Anos depois, em declarações confidenciais a entrevistadores do governo, muitos funcionários dos EUA que desempenharam papéis fundamentais na guerra ofereceram julgamentos severos sobre a tomada de decisões durante os estágios iniciais do conflito. Eles disseram que as metas e os objetivos da guerra logo se desviaram para direções que pouco tinham a ver com o 11 de Setembro. Eles também admitiram que Washington teve dificuldades para definir com precisão o que esperava realizar em um país que a maioria das autoridades norte-americanas não entendia.

"Se eu fosse escrever um livro, sua mensagem seria: 'Os EUA vão para a guerra sem saber por quê'", disse um ex-funcionário não identificado de alto escalão do Departamento de Estado em uma entrevista para o Lições Aprendidas. "Entramos reflexivamente depois do 11 de Setembro sem saber o que estávamos tentando alcançar. Eu gostaria de poder ter escrito um livro sobre ter um plano e um jogo definido antes da investida."

Outros disseram que ninguém se preocupou em fazer, muito menos em responder, várias perguntas óbvias.

"O que estávamos realmente fazendo naquele país? Entramos depois do 11 de Setembro para derrotar a Al-Qaeda no Afeganistão, mas a missão se perdeu", disse um funcionário não identificado dos EUA que trabalhou com o representante civil especial da Otan no Afeganistão de 2011 a 2013, em uma entrevista ao Lições Aprendidas. "Os nossos objetivos também estavam confusos: quais eram? Construção da pátria? Direitos da mulher?"

Richard Boucher, que serviu como principal porta-voz do Departamento de Estado no início da guerra e mais tarde se tornou o diplomata dos EUA para o Sul da Ásia, disse que os Estados Unidos tentaram fazer muito e nunca estabeleceram uma estratégia realista de saída.

"Se já houve alguma noção de escalada militar, ela ocorreu no Afeganistão", disse ele em uma entrevista ao Lições Aprendidas. "Começamos dizendo que nos livraríamos da Al-Qaeda para que eles não pudessem mais nos ameaçar e passamos a dizer que íamos acabar com o Talibã. [Então dissemos] que nos livraríamos de todos os grupos com os quais o Talibã trabalha."

Além disso, informa Boucher, os Estados Unidos estabeleceram uma meta "impossível": criar um governo estável ao estilo norte-americano no Afeganistão, com eleições democráticas, uma Suprema Corte em funcionamento, uma autoridade anticorrupção, um ministério da mulher e milhares de escolas públicas recém-construídas e com currículos modernizados. "É tentar construir um governo sistemático *à la* Washington, D.C.", acrescentou ele, "em um país que não funciona dessa forma".

Com pouca discussão pública, o governo Bush mudou suas metas e seus objetivos logo depois de começar a bombardear o Afeganistão, em outubro de 2001. Nos bastidores, os militares traçavam seus planos de guerra em tempo real.

O capitão de corveta Philip Kapusta, oficial da Marinha que serviu como planejador das Forças de Operações Especiais, disse que as ordens iniciais do Pentágono no outono de 2001 eram pouco específicas. Não estava claro, por exemplo, se Washington queria punir o Talibã ou removê-lo do poder. Ele disse que muitos oficiais do Comando Central dos EUA — o quartel-general encarregado de combater a guerra — não achavam que o plano funcionaria e o viam como um substituto para ganhar tempo de modo a desenvolver uma estratégia mais refinada.

"Recebemos orientações gerais como: 'Ei, queremos lutar contra o Talibã e a Al-Qaeda no Afeganistão'", disse Kapusta em uma entrevista de história oral do Exército. "Na verdade, no plano original, a mudança de regime não era necessariamente um objetivo. Não foi descartada, mas não era o que majoritariamente buscávamos."

Em 16 de outubro, o Conselho de Segurança Nacional de Bush aprovou um documento de estratégia atualizado. O documento secreto de seis páginas — anexado a um dos flocos de neve de Rumsfeld e posteriormente tornado público — exigia a eliminação da Al-Qaeda e o fim do regime do Talibã, mas listava poucos objetivos concretos além disso.

A estratégia concluiu que os Estados Unidos deveriam "tomar medidas para contribuir com um Afeganistão pós-Talibã mais estável", mas antecipou que as tropas dos EUA não ficariam por muito tempo: "Os EUA não deveriam se comprometer com qualquer envolvimento militar pós-Talibã, uma vez que os EUA estarão fortemente engajados no esforço antiterrorismo em todo o mundo."

Desconfiado do histórico do Afeganistão de aprisionar invasores estrangeiros, o governo Bush queria colocar o mínimo possível de pés norte-americanos naquele solo.

"Rumsfeld disse que a nossa suposição era a de que usaríamos uma pequena força dos EUA no Afeganistão porque queríamos evitar a grande marca que os soviéticos deixaram", disse Douglas Feith, subsecretário de Política do Pentágono, em uma entrevista de história oral na Universidade da Virgínia. "Não queríamos provocar uma reação xenófoba dos afegãos. Os soviéticos colocaram 300 mil caras lá e falharam. Não queríamos recriar esse erro."

Em 19 de outubro, as primeiras forças de Operações Especiais dos EUA entraram no Afeganistão, juntando-se a um punhado de oficiais da CIA já integrados à Aliança do Norte, uma coalizão de senhores da guerra antiTalibã. Aeronaves dos EUA com base na região levaram um enorme poder de fogo pelos céus. Apesar de toda a ajuda dos EUA, as forças desorganizadas da Aliança do Norte não conseguiram ganhar muito terreno contra os combatentes do Talibã e da Al-Qaeda.

No Halloween, durante uma reunião no fim da manhã com altos escalões em seu escritório no Pentágono, Rumsfeld se dirigiu a Feith e ao general do Corpo de Fuzileiros Navais Peter Pace, o vice-chefe do Estado-Maior Conjunto das Forças Armadas, e disse-lhes que precisavam repensar a estratégia de guerra. O impaciente secretário de Defesa disse que queria um novo plano por escrito e que Feith e Pace tinham quatro horas para concluí-lo, de acordo com a entrevista de história oral concedida por Feith.

Feith e Pace deixaram a suíte de Rumsfeld e marcharam pelo corredor da ala externa do Pentágono até o escritório de Feith. Eles foram acompanhados pelo major-general da Força Aérea Michael Dunn, que liderou a equipe de planejamento do Estado-Maior Conjunto. Com os dois generais olhando por cima de seus ombros, Feith, de 48 anos, sentou-se à frente de seu computador e esboçou uma nova análise estratégica para Rumsfeld, algo que normalmente levaria meses e legiões de funcionários para ser concluído.

Foi uma cena estranha em vários aspectos. Um intelectual formado em Harvard, com lábios franzidos, óculos redondos e que nunca serviu de uniforme, Feith deixou muitos generais malucos por presumirem que ele sabia mais sobre as operações militares do que eles. O general do exército Tommy Franks, um homem rude de Oklahoma encarregado da guerra, mais tarde chamaria Feith de "o cara mais estúpido da face da Terra". Outro general de quatro estrelas do Exército, George Casey, descreveu Feith em uma entrevista de história oral da Universidade da Virgínia como "intransigente" e alguém com quem era quase impossível de se trabalhar, acrescentando: "Ele sempre achava que estava certo e era tão tenaz em seus argumentos e em suas posições que ficava muito difícil."

Talvez de forma improvável, Feith se deu bem com Pace, que lutou no Vietnã como líder de pelotão de fuzileiros e serviu na Somália, na Coreia e em outros locais durante seus 34 anos na Marinha. Juntos, sem perder de vista o relógio, desenvolveram novas diretrizes estratégicas para o Afeganistão e as entregaram a Rumsfeld a tempo de cumprir o prazo final da tarde. "No decorrer, virei-me para Pace e disse algo como: 'Isso é um pouco estranho, não é?'", relembrou Feith. "É como as noites em claro na época da faculdade."

O jornal revisitou algumas questões óbvias sobre a campanha militar: "Onde estamos? Quais são nossos objetivos? Quais são nossas suposições? O que podemos fazer?" Feith estava orgulhoso do produto final. Em sua entrevista de história oral, ele deixou implícito que seu chefe também o aprovava. "Foi, em miniatura, uma análise estratégica adequada do ponto de vista de Rumsfeld. Se houver urgência, você não pode estudar nada até a exaustão."

Dias depois, muitos oficiais norte-americanos ficaram chocados quando a maré da batalha mudou abruptamente a seu favor. Com a ajuda dos EUA, as forças da Aliança do Norte tomaram o controle de várias cidades importantes em pouco tempo: Mazar-e-Sharif, em 9 de novembro; Herat, em 12 de novembro; Cabul, no dia seguinte; e Jalalabad, no outro.

Kapusta, o planejador de guerra das Operações Especiais, estava sentado em uma sala de conferências no quartel-general do Comando Central, em Tampa, com um grupo de oficiais superiores, maravilhados com o progresso. "Um dos caras disse — logo depois que Cabul caiu — 'Ei, vocês não acreditavam que essa merda funcionaria, né?!' E todos na sala menearam a cabeça em concordância."

Os líderes do Pentágono ficaram igualmente perplexos com a rápida reviravolta dos acontecimentos. "Lá para novembro, estávamos nos perguntando quanto do país poderíamos retomar ou assumir antes das férias. Poderíamos avançar o suficiente para sobreviver ao inverno?", disse Pace, o general da Corpo de Fuzileiros Navais, em uma entrevista de história oral à Universidade da Virgínia. "Agora seremos donos de todo o país antes do Natal. Você pensaria: 'Nossa, incrível.'"

Tendo derrubado o Talibã de forma um tanto inesperada, os comandantes militares dos EUA não estavam preparados para as consequências e não sabiam o que fazer. Eles temiam que o Afeganistão caísse no caos, mas também temiam que, se enviassem mais forças terrestres dos EUA para preencher o vácuo, fossem responsabilizados pelos muitos problemas do país. Como resultado, o Pentágono despachou algumas tropas extras para ajudar na caça a bin Laden e a outros líderes da Al-Qaeda, mas limitou sua visibilidade e suas tarefas tanto quanto possível.

Naquele momento, era o suficiente para impedir que o Afeganistão se dilacerasse. Em público, Rumsfeld agia como se não tivesse duvidado do plano geral de guerra nem por um minuto.

"Acho que o que estava acontecendo nas fases anteriores saiu exatamente como o planejado. As condições para o que precisava ser feito foram estabelecidas", disse Rumsfeld durante uma triunfante entrevista coletiva em 27 de novembro na sede do Comando Central, em Tampa. Ele lançou um golpe sarcástico aos repórteres que haviam levantado o espectro do Vietnã. "Parecia que nada estava acontecendo. Na verdade, parecia que estávamos — todos juntos agora! — em um atoleiro."

No início, o Exército dos EUA estava tão decidido a abreviar sua estada no Afeganistão que se recusou a importar amenidades básicas para deixar as tropas mais confortáveis. Os soldados que queriam roupas limpas tinham que transportar as sujas de helicóptero para uma base de apoio temporária no vizinho Uzbequistão.

Para o Dia de Ação de Graças, o Exército fez uma pequena concessão à limpeza e despachou uma equipe de dois homens para instalar o primeiro chuveiro na Base Aérea de Bagram, no norte do Afeganistão — à época, lar de cerca de duzentos soldados das Forças Especiais e de dezenas de soldados aliados.

"Alguns dos caras estavam lá havia uns trinta dias, então eles precisavam de um banho", disse o major Jeremy Smith, o intendente que supervisionava a unidade de lavanderia no Uzbequistão, em uma entrevista de história oral ao Exército. Seus superiores não queriam enviar pessoal nem equipamento extra para Bagram, mas acabaram cedendo.

"Por fim, eles disseram: 'Tudo bem, vamos em frente, vamos fazer isso'", lembrou Smith. "Mas significava: 'Não temos certeza de quanto tempo ficaremos aqui, não temos certeza sobre um monte de coisas, então nossa presença aqui será a mínima possível. Qual é o menor número de pessoas que pode enviar?' O mínimo que pude enviar foram duas. 'Qual é a configuração mínima de chuveiros que você pode enviar?' 'Bem, ele foi projetado para doze pessoas, mas o menor que podemos enviar de forma realista é um chuveiro para seis cabeças.' O misturador, a caldeira e as bombas foram todos projetados para um chuveiro de doze cabeças, então, um desses para apenas seis tinha uma pressão de água muito boa. Todo mundo gostou."

Com o tempo, Bagram aumentou de tamanho até se tornar uma das maiores bases militares dos EUA no exterior. Quando Smith voltou a Bagram, uma década depois, para uma segunda viagem de serviço, foi saudado por uma cidade em pleno funcionamento, com um shopping center, uma concessionária da Harley-Davidson e cerca de 30 mil soldados, civis e empreiteiros. "Mesmo antes de o avião parar", disse Smith, "reconheci imediatamente as montanhas e depois disso notei que tinha o mesmo cheiro. Em seguida, descendo, foi tipo: 'Caramba! Não reconheço quase nada.'"

Em dezembro de 2001, entretanto, apenas 2.500 soldados norte-americanos estavam em solo em todo o Afeganistão. Rumsfeld permitiu que o número aumentasse lentamente, mas impôs limites estritos. No final de janeiro, mais militares dos EUA estavam cobrindo os Jogos Olímpicos de Inverno de 2002, em Salt Lake City (4.369), do que servindo no Afeganistão (4.003).

Muitas das tropas no sul do Afeganistão ficaram em uma pista de pouso perto de Kandahar, onde as condições eram ainda mais primitivas do que em Bagram, a cerca de 480 quilômetros. "Havia apenas um ponto de chuveiro em todo o lugar", disse o major David King, do 160º Regimento de Aviação de Operações Especiais, em uma entrevista de história oral ao Exército. "Você tinha que planejar o uso de um tubo de urina e cagar em um barril e o queimar com óleo diesel... Não havia nenhum vagão de mel* ou penicos de porta ou essas coisas, pelo menos naquele ponto."

Quando o major Glen Helberg, oficial de infantaria, chegou ao campo aéreo de Kandahar, em janeiro de 2002, passou a noite em um saco de dormir na terra do deserto. "Era poeira lunar, e choveu naquela noite, então a água corria por baixo das abas da tenda. Acordei, e algumas das minhas coisas estavam flutuando", disse ele em uma entrevista de história oral ao Exército.

Quando a unidade de Helberg partiu, seis meses depois, os soldados estavam dormindo em camas, em vez de no chão. Ninguém imaginava que o campo empoeirado de Kandahar estava destinado a se tornar um gigantesco centro de combate em uma escala semelhante à de Bagram. Em alguns momentos, ele se tornava o campo de aviação mais movimentado entre Delhi e Dubai, com 5 mil decolagens e pousos por semana.

Em vez disso, naquele momento, parecia que a guerra já havia atingido o auge e o estágio de limpeza. Em uma entrevista de história oral ao Exército, o major Lance Baker, oficial de inteligência, disse que circularam rumores de que sua unidade, a 10ª Divisão de Montanha, "não tinha mais nada para fazer, não havia mais combates, o Afeganistão acabara. Vamos para casa!".

Em junho de 2002, o major do Exército Andrew Steadman e seu batalhão de paraquedistas desembarcaram em Kandahar, todos entusiasmados para caçar a Al-Qaeda — e acabaram não fazendo nadica de nada. "Os caras só jogavam videogame", disse ele em uma entrevista de história oral ao Exército. "Eles malhavam de manhã e faziam treinamentos à tarde."

No leste do Afeganistão, perto da fronteira com o Paquistão, o pelotão de rifles do major do Exército Steven Wallace também teve dificuldade em encontrar alguém para lutar. "Ficamos lá por oito semanas e não tivemos um único tiroteio", disse ele aos historiadores do Exército. "Na verdade, foi muito chato."

---

* Gíria que faz referência a um vagão que transporta os excrementos. (N. da T.)

Superficialmente, o Afeganistão parecia estar se estabilizando. As Nações Unidas sediaram uma conferência em Bonn, na Alemanha, que estabeleceu um plano de governança para o Afeganistão em dezembro de 2001. Hamid Karzai, líder tribal pashtun e trunfo da CIA, que falava inglês fluentemente, foi escolhido como líder interino. Grupos humanitários e dezenas de países doadores entregaram a tão necessária ajuda.

O governo Bush ainda estava receoso de se perder, mas as vitórias militares rápidas e decisivas aumentaram a confiança das autoridades norte-americanas, e eles apontaram novos objetivos.

Stephen Hadley, vice-conselheiro de Segurança Nacional da Casa Branca na época, disse que a guerra passou para "uma fase ideológica", na qual os Estados Unidos decidiram introduzir a liberdade e a democracia no Afeganistão como alternativa ao terrorismo. Para que isso acontecesse, as tropas norte-americanas precisavam prolongar sua permanência.

"Originalmente, dissemos que não construímos nações, mas não há como garantir que a Al-Qaeda não volte sem fazer isso", disse Hadley em uma entrevista ao Lições Aprendidas. "Não queríamos nos tornar ocupantes ou oprimir os afegãos. Mas, depois que o Talibã foi eliminado, não queríamos jogar fora esse progresso."

Quando Bush fez seu discurso para os cadetes do Instituto Militar da Virgínia, em abril de 2002, ele havia definido um conjunto de objetivos muito mais ambiciosos para a guerra. Os Estados Unidos, disse ele, são obrigados a ajudar o Afeganistão a construir um país livre do terrorismo, com um governo estável, um novo exército nacional e um sistema educacional para meninos e meninas. "A verdadeira paz só será alcançada quando dermos ao povo afegão os meios para realizar suas próprias aspirações", acrescentou.

Bush agora prometia que os Estados Unidos transformariam o país empobrecido que havia sido traumatizado pela guerra e pelos conflitos étnicos nos últimos 25 anos. Os objetivos eram nobres e elevados, mas Bush não ofereceu especificações ou parâmetros de referência para alcançá-los. Em seu discurso no Instituto, ele também se esquivou da questão de quanto custaria ou quanto tempo poderia levar, dizendo apenas: "Vamos ficar até a missão terminar."

Foi um erro clássico não aderir a uma estratégia clara com objetivos concisos e alcançáveis. Ainda assim, poucas pessoas expressaram preocupação com o fato de os Estados Unidos terem se comprometido com uma missão sem um fim definido. Aqueles que levantaram dúvidas foram ignorados. "Quando fomos ao Afeganistão, todo mundo falava em um ou dois anos, e eu disse a eles que teríamos sorte se saíssemos em vinte anos", disse Robert Finn, embaixador dos Estados Unidos no Afeganistão de 2002 a 2003, em uma entrevista ao Lições Aprendidas.

Durante anos, os comandantes militares mais graduados relutaram em reconhecer que haviam cometido erros estratégicos fundamentais. Tommy Franks, o general do Exército que supervisionou o início da guerra, acreditava que havia cumprido seu dever: derrotar a Al-Qaeda e derrubar o Talibã. "Quantos ataques mais ocorreram no solo dos EUA patrocinados pelo Afeganistão?", questionou Franks em uma entrevista de história oral à Universidade da Virgínia. "Dá um tempo. Resolvemos um problema."

Quanto a definir o futuro do Afeganistão, Franks pensava que era responsabilidade de outra pessoa: "Agora, criamos outras adversidades, e não cuidamos dos séculos, se não milênios, de pobreza e de todos os problemas que ocorrem no Afeganistão", disse ele. "Deveríamos ter traçado isso como um objetivo? Não cabe a mim dizer isso. Muitas vezes fiquei feliz porque o presidente nunca me perguntou: 'Bem, devemos fazer isso?', porque eu teria dito: 'Esse é o seu trabalho, não o meu.'"

Não foi a última vez que Franks liderou uma invasão, mas falhou em planejá-la adequadamente para a ocupação do pós-guerra.

Seis meses após o início da guerra, os Estados Unidos cometeram o erro arrogante de presumir que o conflito havia terminado com sucesso, nos termos norte-americanos. Osama bin Laden ainda estava solto, mas, fora isso, as pessoas em Washington pararam de prestar muita atenção ao Afeganistão e passaram a se preocupar com outro país da região: o Iraque.

Em maio de 2002, um novo general de três estrelas do Exército chegou ao Afeganistão para assumir o comando das forças norte-americanas. Dan McNeill, veterano do Vietnã de 54 anos e oriundo da Carolina do Norte, disse que o Pentágono já estava tão focado no Iraque que lhe deu pouca orientação.

"Não havia nenhum plano de campanha nos primeiros dias", afirmou McNeill em uma entrevista ao Lições Aprendidas. "Rumsfeld ficaria animado se houvesse algum aumento no número de botas no chão."

Quando o outono chegou, até mesmo o comandante supremo se distraiu e se esqueceu de detalhes importantes sobre a guerra.

Na tarde de 21 de outubro, Bush estava trabalhando no Salão Oval quando Rumsfeld entrou com uma pergunta rápida: o presidente queria se encontrar naquela semana com o general Franks e com o general McNeill?

Bush parecia perplexo, de acordo com um floco de neve que Rumsfeld escreveu mais tarde naquele dia.

"Ele perguntou: 'Quem é o general McNeill?'", lembrou Rumsfeld. "Respondi que ele é o general encarregado do Afeganistão. Ele disse: 'Bem, não preciso me encontrar com ele.'"

CAPÍTULO DOIS

"Quem São os Bandidos?"

Em agosto de 2002, um relatório incomum da zona de guerra chamou a atenção de Rumsfeld e de outros altos funcionários do Pentágono. Escrito pelo membro de uma equipe de comandos aliados em busca de alvos de alto valor, o e-mail de quatorze páginas apresentava em primeira mão um relato não filtrado das condições no sul do Afeganistão.

"Saudações do exuberante Kandahar", começava. "Anteriormente conhecido como 'Lar do Talibã'. Agora conhecido como 'Buraco de Merda.'"

Parte resumo de inteligência e parte livro de viagem irônico, o e-mail não confidencial foi escrito por Roger Pardo-Maurer, um Boina Verde de 38 anos com credenciais atípicas. Nascido em Connecticut, o graduado de Yale juntou-se aos contrarrevolucionários da Nicarágua na década de 1980 e trabalhou como consultor comercial e de investimentos durante a década de 1990. Ele servia no Departamento de Defesa como subsecretário adjunto para Assuntos do Hemisfério Ocidental — o equivalente civil de um general de 3 estrelas — quando sua unidade da Reserva do Exército foi ativada, após os ataques de 11 de setembro.

Conhecido por seu senso de humor no escritório, as observações de Pardo-Maurer no *front* se tornaram uma leitura obrigatória para seus colegas do Pentágono. Ele descreveu de forma memorável o verão sufocante de Kandahar como "um ambiente submarciano quase venusiano de calor, poeira e ar ressecado que o atordoa, raspa suas córneas, produz enxaquecas e sangramentos nasais constantes pela obstrução dos seios da face e estala sua pele em locais sensíveis e inesperados".

"Se há uma paisagem menos acolhedora para os seres humanos em qualquer lugar da Terra, além do Saara, dos polos e dos caldeirões do Kilauea, não consigo imaginar e certamente não pretendo ir para lá", acrescentou.

No e-mail, Pardo-Maurer retratou impiedosamente outros atores no palco da guerra. Sua unidade ficava no que era conhecido como Vila das Forças Especiais, no Campo Aéreo de Kandahar, uma favela de tendas e barracos de madeira compensada que abrigava "um formidável bando" de comandos barbudos dos Estados Unidos e das nações aliadas.

Pardo-Maurer descreveu os SEALs da Marinha como "valentões" conhecidos por sua "arrogância desordeira", incluindo a vez em que destruíram o pátio da unidade de forças especiais da Nova Zelândia e soltaram as cobras de estimação do comandante. Ele classificou os agentes da CIA como "idiotas grosseiros e vaidosos" que perdiam horas comprando artesanato afegão.

Ele falou com respeito dos comandos do Canadá, chamando-os de "provavelmente o bando mais mortal da cidade, mas também o mais amigável", conhecido por compartilhar pizza de prato fundo e manter um santuário a Elvis em seu complexo. Quanto aos afegãos, ele zombou dos kandaharis como "um bando de vadios oprimidos".

Naquele verão em Washington, as autoridades do Pentágono disseram repetidamente ao Congresso e ao público que o Talibã havia sido destruído; a Al-Qaeda, dispersada; e os campos de treinamento terroristas do Afeganistão, fechados. Mas Pardo-Maurer advertiu seus colegas de que a guerra estava longe do fim e de que o inimigo não estava vencido.

"O tempo é essencial aqui", observou ele no e-mail, que escreveu durante cinco dias em meados de agosto. "A situação em que estamos agora é a de que a Al-Qaeda lambeu suas feridas e está se reagrupando no sudeste, com a conivência de alguns senhores da guerra insatisfeitos e dos traficantes paquistaneses. A luta a tiros ainda está a pleno vapor. Ao longo das províncias fronteiriças, você não pode chutar uma pedra sem os bandidos se aglomerando como formigas, cobras e escorpiões."

Deixando de lado as descrições líricas de Pardo-Maurer, as tropas norte-americanas lutaram para distinguir os bandidos de todos os demais no Afeganistão. Os combatentes do Talibã e da Al-Qaeda se moviam em pequenos grupos e usavam os mesmos chapéus e calças largas que os civis locais, misturando-se à população. Só porque alguém carregava um AK-47, isso não o tornava automaticamente um combatente. Armas de fogo entraram aos montes no país desde a invasão soviética de 1979, e os afegãos as acumulavam para autoproteção.

Em um nível mais amplo, os Estados Unidos entraram na guerra com apenas uma vaga ideia de contra quem estavam lutando — um erro fundamental do qual nunca se recuperariam.

Embora bin Laden e a Al-Qaeda tenham declarado guerra aos Estados Unidos em 1996, bombardeado duas embaixadas dos EUA na África Oriental, em 1998, e quase afundado o USS *Cole* no Iêmen, em 2000, as agências de segurança nacional dos Estados Unidos deram uma atenção limitada à rede terrorista e não a viram como uma ameaça ao território continental dos Estados Unidos.

"A realidade é que no 11 de Setembro não sabíamos merda nenhuma sobre a Al-Qaeda", disse Robert Gates, que atuou como diretor da CIA no início dos anos 1990 e mais tarde substituiu Rumsfeld como secretário de Defesa, em uma entrevista de história oral à Universidade da Virgínia. "Se tivéssemos um grande banco de dados e soubéssemos exatamente do que se trata a Al-Qaeda, quais são suas capacidades e coisas assim, algumas dessas medidas não teriam sido necessárias. Mas o fato é que acabamos de ser atacados por um grupo do qual não sabíamos nada."

O governo Bush cometeu outro erro básico ao confundir a linha divisória entre a Al-Qaeda e o Talibã. Os dois grupos compartilhavam uma ideologia religiosa extremista e um pacto de apoio mútuo, mas perseguiam metas e objetivos diferentes.

A Al-Qaeda era majoritariamente uma rede de árabes, não afegãos, com presença e visão globais; bin Laden passou seus dias conspirando para derrubar a família real saudita e outros autocratas do Oriente Médio aliados dos Estados Unidos. O líder da Al-Qaeda vivia no Afeganistão apenas porque havia sido expulso de seu refúgio anterior, no Sudão.

Em contraste, as preocupações do Talibã eram inteiramente locais. A maioria de seus seguidores pertencia às tribos pashtun, no sul e no leste do Afeganistão, que há anos guerreavam com outros grupos étnicos e pessoas influentes pelo controle do país. O Talibã protegeu bin Laden e construiu uma forte aliança com a Al-Qaeda, mas os afegãos não tiveram parte nos sequestros do 11 de Setembro e não há evidências de que tivessem conhecimento prévio dos ataques.

O governo Bush visou o Talibã porque seu líder, o mulá Mohammed Omar, recusou-se a entregar bin Laden após o 11 de Setembro. Na prática, porém, os militares dos EUA fizeram pouca distinção entre o Talibã e a Al-Qaeda, classificando-os todos como bandidos.

Em 2002, poucos seguidores da Al-Qaeda permaneceram no Afeganistão. Centenas foram mortos ou capturados, enquanto o restante fugiu para o Paquistão, o Irã e outros países.

Os Estados Unidos e seus aliados ficaram lutando contra o Talibã e outros militantes da região — uzbeques, paquistaneses, tchetchenos. Portanto, nas duas décadas seguintes, a guerra no Afeganistão foi travada contra pessoas que nada tinham a ver com o 11 de Setembro.

Jeffrey Eggers, um SEAL da Marinha que serviu no Afeganistão e trabalhou na equipe do Conselho de Segurança Nacional sob os mandatos de Bush e Obama, disse que a maior parte do mundo sentiu que os Estados Unidos tinham uma justificativa para tomar medidas militares no Afeganistão em resposta aos ataques de 11 de setembro. Mas, depois que a presença da Al-Qaeda no Afeganistão diminuiu, as autoridades norte-americanas não recuaram nem reavaliaram contra quem mais estavam lutando ou por quê.

"As complexidades levarão muito tempo para serem reveladas. Toda a nossa resposta pós-11 de Setembro está sujeita a questionamentos devido a essa complexidade crescente. Por que tornamos o Talibã o inimigo quando fomos atacados pela Al-Qaeda? Por que queremos derrotar o Talibã? Por que pensamos que era necessário construir um estado hiperfuncional para renunciar ao retorno do Talibã?", questionou Eggers em uma entrevista do Lições Aprendidas. "Por que, se estávamos focados na Al-Qaeda, falávamos sobre o Talibã? Por que estávamos falando sobre o Talibã o tempo todo, em vez de focar nossa estratégia na Al-Qaeda?"

Um dos motivos pelos quais a guerra se arrastou por tanto tempo foi porque os Estados Unidos nunca entenderam realmente o que motivou seus inimigos a lutar. No início da guerra, quase nenhum funcionário dos EUA tinha uma compreensão elementar da sociedade afegã ou havia visitado o país desde o fechamento da embaixada norte-americana em Cabul, em 1989. Para um estrangeiro leigo, as brechas da história do Afeganistão e as complexas divisões tribais, étnicas e religiosas eram desconcertantes. Era muito mais fácil dividir o país em dois lados: mocinhos e bandidos.

Qualquer pessoa disposta a ajudar os Estados Unidos a lutarem contra a Al-Qaeda e o Talibã qualificava-se como um mocinho — independentemente da moral. Balançando sacos de dinheiro como isca, a CIA recrutou criminosos de guerra, traficantes de drogas, contrabandistas e ex-comunistas. Embora essas pessoas fossem úteis, em geral, achavam os norte-americanos fáceis de manipular.

Um dos poucos norte-americanos que tinham mais do que uma familiaridade passageira com a cultura afegã era Michael Metrinko, um lendário oficial do Serviço de Relações Exteriores. Ele visitou o Afeganistão pela primeira vez em 1970, quando estava no Corpo da Paz, "basicamente ficando chapado como um hippie na época", como descreveu em uma entrevista diplomática de história oral. Ele serviu por vários anos como oficial político no vizinho Irã e foi destacado para a embaixada dos Estados Unidos em Teerã em 1979, quando ele e dezenas de outros norte-americanos foram feitos reféns por revolucionários.

Em janeiro de 2002, o Departamento de Estado enviou Metrinko, de 55 anos, a Cabul para ajudar a reabrir a embaixada dos EUA ali e servir como chefe da seção política. Fluente em farsi — semelhante ao dari, uma das línguas nacionais do Afeganistão —, por causa de seu serviço no Irã, ele era o raro diplomata norte-americano que conseguia conversar com os afegãos em sua língua nativa.

Metrinko disse que os afegãos aprenderam que, se queriam eliminar um rival pessoal em uma luta pelo poder, uma apropriação de terras ou uma disputa comercial, tudo o que precisavam fazer era dizer aos norte-americanos que seu inimigo pertencia ao Talibã.

"Muito do que chamamos de atividade do Talibã era, na verdade, algo tribal, uma rivalidade ou velhas rixas", disse ele. "Isso me foi explicado incontáveis vezes por anciãos tribais, sabe, aqueles velhos com suas longas barbas brancas que se sentavam e conversavam por uma ou duas horas. Eles riam de algumas das coisas que estavam acontecendo. O que sempre diziam era que os soldados norte-americanos não entendiam, mas o que eles achavam que era um ato do Talibã era, na verdade, uma rixa que remontava a mais de cem anos naquela família em particular."

Metrinko desdenhava em particular dos agentes da CIA que inundavam o país e tentavam se misturar. "Havia muitas pessoas que não falavam uma palavra da língua e andavam por aí com barbas e roupas engraçadas, e achavam que tinham noção do que estava acontecendo. Eu julgava todos — 99% deles, que seja — como amadores", disse Metrinko, que serviu em duas viagens diferentes no Afeganistão, em 2002 e 2003. "No que diz respeito a qualquer conhecimento real do que estava acontecendo, onde eles estavam, o que tentavam fazer, o passado, o presente, o futuro, ele era nulo." No campo, as tropas norte-americanas também não conseguiam distinguir amigos de inimigos. Em entrevistas de história oral ao Exército, eles disseram que definir e identificar o inimigo fora um problema que persistiu por todo o conflito.

O major Stuart Farris, oficial do 3º Grupo de Forças Especiais que serviu na província de Helmand em 2003, disse que a missão de sua unidade era capturar e matar "milícias anticoalizão", uma descrição vaga e abrangente do inimigo. Mas seus soldados muitas vezes não sabiam quem se qualificava para o rótulo.

"Havia muito crime. Era difícil determinar se as pessoas eram realmente do Talibã ou apenas criminosos", disse ele. "É onde estavam muitos dos problemas. Tivemos que descobrir quem eram os bandidos, se eles estavam no escopo de nossa missão, quais deles deveríamos alvejar e quais eram apenas criminosos e bandidos."

O major Thomas Clinton Jr., oficial da Marinha que serviu em Kandahar, supôs que provavelmente falava com cerca de uma dúzia de afegãos todas as semanas sem perceber que eram combatentes do Talibã.

"A qualquer momento, você pode se encontrar no meio do Velho Oeste", disse ele. "Os caras diriam que o Talibã estava atirando contra nós. Bem, como diabos você sabe que é o Talibã? Pode ser apenas algum local com suas particularidades, você bem sabe."

O general Eric Olson, que se deslocou para o sul do Afeganistão como comandante da 25ª Divisão de Infantaria, disse que muitas das forças hostis que suas tropas encontraram eram, na verdade, apenas "caipiras" de pequenas cidades e vilarejos. "Não tenho certeza se eram talibãs", disse ele. "Essas pessoas passaram a vida inteira, acredito, opondo-se ao governo central e protegendo seu território."

Em uma entrevista ao Lições Aprendidas, um assessor militar não identificado de uma equipe das Forças Especiais do Exército disse que até os soldados de elite, que deveriam ter uma compreensão diferenciada do campo de batalha, não sabiam contra quem lutar. "Eles pensavam que eu iria até eles com um mapa para lhes mostrar onde vivem os mocinhos e os bandidos", disse o assessor militar. "Foram necessárias várias conversas para eles entenderem que eu não tinha essa informação em mãos. No início, eles apenas perguntavam: "Mas quem são os bandidos, onde eles estão?"

No Pentágono, as coisas tampouco estavam claras.

"Não tenho a mínima ideia de quem são os bandidos", reclamou Rumsfeld em um floco de neve quase dois anos após o início da guerra. "Somos terrivelmente deficientes em inteligência humana."

Em dezembro de 2001, os Estados Unidos perderam duas oportunidades de ouro que poderiam ter encerrado a guerra de forma rápida e favorável.

No início do mês, uma massa crítica de relatórios de inteligência indicou que o Inimigo Público Número Um — bin Laden — havia buscado refúgio com cerca de 500 a 2 mil combatentes da Al-Qaeda em um grande complexo de túneis fortificados e cavernas em Tora Bora, cerca de 50 quilômetros a sudeste da cidade de Jalalabad.

O distrito montanhoso próximo à fronteira com o Paquistão era um esconderijo natural e óbvio para o líder da Al-Qaeda. Osama bin Laden financiou a construção de estradas e bunkers em Tora Bora durante a guerra dos anos 1980, contra os soviéticos, e passou um tempo lá depois de retornar ao Afeganistão, em 1996.

Em 3 de dezembro, o general do Exército Tommy Franks, chefe do Comando Central dos Estados Unidos, ordenou uma campanha de bombardeio contra os combatentes da Al-Qaeda em Tora Bora, que continuou 24 horas por dia durante 2 semanas. Uma pequena força de cerca de 100 comandos dos EUA e de agentes da CIA guiou os ataques aéreos do solo e recrutou dois senhores da guerra afegãos e suas milícias para perseguir a pé a força da Al-Qaeda.

No entanto, os delinquentes afegãos se mostraram pouco confiáveis e resistentes a lutar, e as bombas não conseguiram encontrar seu alvo mais procurado. Temendo que bin Laden pudesse escapar pela fronteira desprotegida com o Paquistão, a CIA e os comandantes da Força Delta do Exército imploraram ao Comando Central que enviasse reforços.

Insistente em manter sua estratégia de guerra de pegadas leves, Franks recusou. "Talvez me pergunte: 'Por que não enviou?' Veja o contexto político dos EUA àquela época. Qual foi o apetite de se posicionar... outros 15 mil ou 20 mil norte-americanos no Afeganistão? Por que faríamos isso?", questionou em uma entrevista de história oral à Universidade da Virgínia.

Mas ninguém pedira tantas tropas. Os comandantes da CIA e da Força Delta disseram esperar de 800 a 2 mil Rangers do Exército, fuzileiros navais e outros pessoais. Apesar disso, uma ajuda dessa magnitude nunca chegou, e bin Laden e seus confederados sobreviventes da Al-Qaeda escaparam.

Durante o ápice da luta em Tora Bora, o major do Exército William Rodebaugh, oficial de logística da 10ª Divisão de Montanha, estava a cerca de 160 quilômetros, na Base Aérea de Bagram, monitorando o tráfego da batalha por rádio. Em 11 de dezembro, ele ouviu uma conversa no rádio sobre um grande acontecimento — um relato de avistamento de bin Laden — e ficou surpreso quando sua unidade não foi chamada para ir ao local.

"Estaríamos prontos se nos chamassem", disse ele em uma entrevista de história oral ao Exército. "Sempre me pergunto o que teria acontecido se eles o tivessem encontrado naquela noite ou se tivessem pedido ao nosso batalhão para ir e ajudar, o que nunca ocorreu."

Não há garantia de que mais forças norte-americanas em Tora Bora teriam levado à morte ou à captura de bin Laden. A altitude e o terreno tornavam as manobras difíceis, e um ataque terrestre em grande escala apresentava muitos riscos. Mas também não há dúvida de que sua fuga prolongou a guerra no Afeganistão. Politicamente, era impossível para os Estados Unidos levarem suas tropas de volta para casa enquanto o arquiteto dos ataques de 11 de setembro vagasse pela região.

Em resposta às críticas de que haviam perdido sua melhor chance de pegar bin Laden, Franks e Rumsfeld tentaram semear dúvidas entre o público sobre o líder da Al-Qaeda ter realmente estado em Tora Bora em dezembro de 2001 — apesar de descobertas posteriores e conclusivas, em oposição às do Comando de Operações Especiais dos Estados Unidos, da CIA e do Comitê de Relações Exteriores do Senado.

Quando surgiu a questão da vulnerabilidade de Bush, durante sua campanha de reeleição em 2004, Franks escreveu um artigo no *New York Times* declarando: "O Sr. bin Laden nunca esteve ao nosso alcance." Oito dias depois, com o aval de Rumsfeld, o Pentágono levantou pontos de discussão duvidosos, dizendo que "a alegação de que os militares dos EUA permitiram que Osama bin Laden escapasse de Tora Bora em dezembro de 2001 é totalmente falsa e foi refutada pelos comandantes daquela Operação".

Anos depois, em sua entrevista de história oral, Franks continuou a rejeitar as evidências de que bin Laden estivera em Tora Bora.

"No mesmo dia em que alguém me disse pela primeira vez 'Tora Bora é o lugar, Franks. Ele está lá', recebi um relatório da inteligência declarando que bin Laden fora visto no dia anterior, em um lago recreativo a noroeste de Kandahar, e que fora identificado em algum lugar nas áreas ocidentais desgovernadas do Paquistão", disse ele.

Depois da Batalha de Tora Bora, levaria uma década até que os Estados Unidos pudessem localizar bin Laden novamente. Naquela época, o número de soldados norte-americanos no Afeganistão havia disparado para 100 mil — 40 vezes o número em dezembro de 2001.

No início, os Estados Unidos também perderam uma oportunidade diplomática de encerrar a guerra. Enquanto bin Laden se enterrava nas montanhas em Tora Bora, uma variedade eclética de poderosos mediadores afegãos se reunia em Bonn, na Alemanha, para regatear o futuro do país com diplomatas dos EUA, da Ásia Central e da Europa. Liderado pelas Nações Unidas, o encontro aconteceu no Petersberg, um hotel e centro de conferências do governo alemão situado em uma colina arborizada com vista para o Rio Reno.

O Petersberg serviu como quartel-general do Alto Comissariado Aliado para a Alemanha após a Segunda Guerra Mundial e sediou várias cúpulas, incluindo negociações em 1999 para encerrar a guerra em Kosovo. As Nações Unidas convidaram os afegãos a Bonn para acordar um período provisório de compartilhamento de poder. A ideia era acabar com a longa guerra civil do Afeganistão levando todos os criadores de problemas em potencial, internos e externos, para a berlinda.

Estavam presentes duas dúzias de delegados de quatro facções afegãs diferentes — uma mistura de senhores da guerra, expatriados, monarquistas e ex-comunistas —, além de seus assessores e parasitas. Funcionários do Irã, do Paquistão, da Rússia, da Índia e de outros países da região também participaram.

Como a conferência foi realizada durante o mês sagrado muçulmano do Ramadã, a maioria dos delegados jejuou durante o dia e negociou até tarde da noite. O hotel garantiu aos hóspedes que havia retirado a carne de porco do menu, embora o álcool ainda estivesse disponível mediante solicitação.

Em 5 de dezembro, os delegados chegaram a um acordo que foi saudado como um triunfo diplomático. Hamid Karzai foi nomeado como líder interino do Afeganistão e definiu o processo para redigir uma nova constituição e realizar eleições nacionais. Mas o Acordo de Bonn tinha uma falha fatal, que foi esquecida na época: excluía o Talibã.

Nesse ponto da guerra, a maioria das autoridades norte-americanas via o Talibã como um inimigo derrotado, um erro de julgamento do qual eles se arrependeriam. Alguns líderes do Talibã demonstraram disposição de se render e se envolver nas discussões sobre o futuro do Afeganistão, mas o governo Bush e seus senhores da guerra na Aliança do Norte se recusaram a negociar, rotulando o Talibã como terroristas que mereciam a morte ou a prisão.

"Um grande erro que cometemos foi tratar o Talibã da mesma forma que fizemos com a Al-Qaeda", disse Barnett Rubin, acadêmico norte-americano especialista em Afeganistão que serviu como conselheiro das Nações Unidas durante a conferência de Bonn, em uma entrevista ao Lições Aprendidas. "Os principais líderes do Talibã estavam interessados em dar uma chance ao novo sistema, mas não lhes permitimos."

Embora fosse fácil demonizar o Talibã, por causa de sua brutalidade e do fanatismo religioso, ele se mostrou grande e arraigado demais à sociedade afegã para ser erradicado. O movimento surgiu em Kandahar, em 1994, e atraiu apoio, especialmente dos pashtuns, para restaurar a ordem no Afeganistão e marginalizar os odiados senhores da guerra, que haviam dilacerado o país para preservar seu próprio poder e seus feudos.

"Todos queriam que o Talibã desaparecesse", disse Rubin em uma segunda entrevista ao Lições Aprendidas. "Não havia muito apetite para o que chamamos de redução de ameaças, para a diplomacia regional e para conduzir o Talibã pelo processo de paz."

Todd Greentree, oficial do Serviço de Relações Exteriores que passou anos no Afeganistão, disse que isso foi outro exemplo da ignorância dos Estados Unidos sobre o país. "Um dos erros lamentáveis que ocorreram depois do 11 de Setembro foi, em nossa ânsia de nos vingarmos, termos violado o modo de guerra afegão. Quando um lado vence, o outro lado abaixa as armas e se reconcilia com o lado que venceu. Era isso o que o Talibã queria fazer", disse ele em uma entrevista diplomática de história oral. "Nossa insistência em caçá-los como se fossem todos criminosos, e não apenas adversários que haviam perdido, foi o que provocou o crescimento da insurgência, mais do que qualquer outra coisa."

Lakhdar Brahimi, diplomata argelino que serviu como principal representante da ONU durante a conferência de Bonn, admitiu mais tarde que foi um grande erro excluir o Talibã das negociações, chamando isso de "o pecado original".

James Dobbins, diplomata norte-americano veterano que orientou as conversas em Bonn com Brahimi, reconheceu em uma entrevista ao Lições Aprendidas que Washington não percebeu a gravidade do erro. "Acho que houve uma oportunidade perdida nos meses subsequentes, quando vários líderes do Talibã e figuras influentes se renderam ou se ofereceram, incluindo, de acordo com um relato, o próprio mulá Omar", disse Dobbins. Ele acrescentou que estava entre aqueles que presumiram erroneamente que o Talibã "havia sido fortemente desacreditado e era improvável que voltasse".

Outra oportunidade de reconciliação não se apresentaria por anos. Levaria mais de uma década de guerra paralisada até que os Estados Unidos e o Talibã finalmente concordassem em manter conversas face a face.

Para o homem que lideraria essas negociações, a guerra fechara o círculo. Um afegão-americano, Zalmay Khalilzad nasceu em Mazar e Sharif e cresceu em Cabul, até ir para os Estados Unidos na adolescência. Ele serviu como membro do Conselho de Segurança Nacional na Casa Branca de Bush durante a conferência de Bonn e como embaixador dos EUA no Afeganistão de 2003 a 2005. Treze anos depois, o governo Trump o chamou de volta ao serviço governamental, nomeando-o como enviado especial para negociações com o Talibã. Ao todo, ele passaria mais tempo na presença do Talibã do que qualquer outra autoridade norte-americana.

Em uma entrevista ao Lições Aprendidas, Khalilzad disse que a guerra mais longa dos EUA poderia ter ficado na história como uma das mais curtas se os Estados Unidos estivessem dispostos a falar com o Talibã em dezembro de 2001. "Talvez não tenhamos sido ágeis ou sábios o suficiente para chegar ao Talibã desde o início. Pensamos que eles tinham sido derrotados e que precisavam ser levados à justiça, em vez de que deveriam ser acomodados ou que alguma reconciliação fosse feita", disse ele.

CAPÍTULO TRÊS

O Projeto de Construção da Pátria

Quando dignitários dos EUA visitaram Cabul, no fim de dezembro de 2001, para a inauguração do governo interino do Afeganistão, eles encontraram banheiros transbordando no palácio presidencial. Lá fora, uma espessa névoa de fumaça pairava sobre as ruínas da capital; a maioria dos afegãos queimava madeira ou carvão para se manterem aquecidos. Os poucos prédios públicos que ainda estavam de pé haviam sido despojados dos vidros de suas janelas, dos fios de cobre, dos cabos telefônicos e das lâmpadas. Não que isso importasse. Os serviços telefônico e elétrico de Cabul não funcionavam havia anos.

Ryan Crocker, um arabista de 52 anos do Serviço de Relações Exteriores, chegou dias depois para ajudar a reabrir a embaixada dos Estados Unidos e servir como embaixador interino. Visto que Cabul não tinha um aeroporto em funcionamento, ele pousou na base aérea dos Estados Unidos, em Bagram, a 50 quilômetros.

Crocker chegou a Cabul "após ter dirigido por quilômetros e quilômetros de áreas fantasma" e ter atravessado um rio, porque a ponte estava destruída. As cenas o lembravam de fotografias das avenidas entupidas de escombros em Berlim, por volta de 1945. Ele descobriu que o complexo da embaixada dos Estados Unidos havia sobrevivido a anos de bombardeios em Cabul, embora seu encanamento quebrado não estivesse em melhor estado do que os encanamentos entupidos do palácio presidencial. Em um prédio, cerca de cem guardas da Marinha tinham que compartilhar um único banheiro. Em outra parte do complexo, cinquenta civis tinham que se contentar com um chuveiro funcionando.

Quando Crocker se sentou para uma série de reuniões introdutórias com Hamid Karzai, percebeu que o Afeganistão enfrentava desafios maiores do que reparar a devastação física infligida por anos de guerra. "Ali estava um líder de autoridade interina, que não tinha autoridade real e nada com que trabalhar, nenhum exército, nenhuma polícia, nenhum serviço civil, nenhuma sociedade em funcionamento", disse Crocker em uma entrevista ao Lições Aprendidas.

Depois que os Estados Unidos invadiram o Afeganistão, o presidente George W. Bush disse ao povo norte-americano que eles não ficariam presos ao fardo e às despesas da "construção da pátria". Mas essa promessa presidencial, repetida por seus dois sucessores, acabou sendo uma das maiores falácias pronunciadas sobre a guerra.

A construção da pátria foi exatamente o que os Estados Unidos tentaram fazer no Afeganistão devastado pela guerra — em escala colossal. Entre 2001 e 2020, Washington gastou mais na construção da pátria no Afeganistão do que em qualquer outro país, alocando US$143 bilhões para reconstrução, programas de ajuda e forças de segurança afegãs. Ajustado pela inflação, isso é mais do que os Estados Unidos gastaram na Europa Ocidental com o Plano Marshall após a Segunda Guerra Mundial.

Diferentemente do Plano Marshall, o projeto de construção da pátria para o Afeganistão se extraviou desde o início e ficou ainda mais fora de controle à medida que a guerra persistia. Em vez de levar estabilidade e paz, os Estados Unidos inadvertidamente construíram um governo afegão corrupto e disfuncional, que dependia do poder militar dos EUA para sobreviver. Mesmo nos melhores dos cenários, as autoridades norte-americanas projetaram que o Afeganistão precisaria de bilhões de dólares a mais em ajuda, anualmente, por décadas.

Durante duas décadas de patrocínio norte-americano, a campanha infeliz para transformar o Afeganistão em uma nação moderna oscilou de extremo a extremo em termos de financiamento. No início, quando os afegãos mais precisavam de ajuda, o governo Bush insistiu em uma abordagem mesquinha ao mesmo tempo em que pressionava o Afeganistão a construir do zero uma democracia e instituições nacionais. Mais tarde, o governo Obama compensou inundando o país com mais ajuda do que ele poderia absorver, criando um novo conjunto de problemas insolúveis. Durante todo o processo, o empreendimento foi prejudicado por arrogância, incompetência, lutas internas burocráticas e planejamento aleatório.

"Quer dizer, o prognóstico é desfavorável. Gastamos muito dinheiro e há pouco para mostrar", disse Michael Callen, economista da Universidade da Califórnia em San Diego que se especializou no setor público afegão, em uma entrevista ao Lições Aprendidas. "O que seria contrafactual se não tivéssemos gastado dinheiro? Eu não sei. Talvez fosse pior. Provavelmente, seria pior, mas quanto pior?"

Nenhuma nação precisava tanto ser refeita quanto o Afeganistão em 2001. Historicamente pobre, havia sido consumido por guerras constantes desde a invasão soviética, duas décadas antes. De uma população de aproximadamente 22 milhões, cerca de 3 milhões fugiram do país. O analfabetismo e a desnutrição afetaram a maioria dos que permaneceram. Com o inverno chegando, as agências de ajuda alertaram que 1 em cada 3 afegãos corria o risco de morrer de fome.

Naquele ponto, entretanto, o governo Bush ainda não havia decidido se queria se comprometer com uma campanha de construção nacional de longo prazo ou deixar os problemas do Afeganistão para outros resolverem.

Em 2000, Bush havia chegado à Casa Branca professando uma aversão a dispendiosas complicações estrangeiras. Durante a campanha presidencial, ele havia destroçado o governo Clinton por comprometer as Forças Armadas em "exercícios de construção nacional" na Somália, no Haiti e nos Bálcãs. "Não acho que nossas tropas devam ser usadas para o que é chamado de construção nacional", disse ele durante um debate com seu oponente democrata, Al Gore. "Acho que nossas tropas deveriam ser usadas para lutar e vencer a guerra." Quando o texano franco e direto ordenou aos militares dos EUA que começassem a bombardear o Afeganistão, ele assegurou aos norte-americanos que as Nações Unidas — e não Washington — "assumiriam a chamada construção da pátria".

Quando Crocker chegou ao Afeganistão, em janeiro de 2002, pensou que deixar seus problemas para outros "teria sido algo muito difícil de justificar e defender, dadas as condições extraordinárias do país e o sofrimento do povo afegão". Mas ele não foi autorizado a fazer grandes promessas durante sua breve passagem de três meses em Cabul.

Em relatórios enviados a Washington, funcionários da Agência dos EUA para o Desenvolvimento Internacional (USAID) fizeram avaliações sombrias sobre a capacidade dos afegãos de estabilizar seu país sem uma ajuda maciça. Um alto funcionário da USAID que assessorava o governo afegão observou que o país não tinha bancos nem moeda corrente; os senhores da guerra imprimiam sua própria moeda, em grande parte, sem valor. Existia um Ministério das Finanças, mas 80% do pessoal não sabia ler nem escrever.

"É difícil explicar às pessoas o quão ruim era o Afeganistão nos primeiros anos", disse um funcionário não identificado da USAID em uma entrevista ao Lições Aprendidas. "Teria sido mais fácil se eles não tivessem nada. Tivemos que destruir o que estava lá para começar a construir outra coisa."

Richard Boucher, o porta-voz chefe do Departamento de Estado, visitou Cabul em janeiro de 2002 com o secretário de Estado Colin Powell. Karzai convidou os diplomatas norte-americanos ao palácio presidencial de paredes de pedra para participar de uma reunião em seu novo gabinete, que parecia uma versão cinematográfica vazia do norte-americano, em Washington. Trinta pessoas se aglomeraram ao redor da mesa, incluindo a ministra de Assuntos Femininos, um novo cargo que os norte-americanos insistiram em criar para o novo governo afegão.

"Era exatamente como o gabinete norte-americano. Eles estavam sentados, mas não tinham nada", disse Boucher em uma entrevista ao Lições Aprendidas. "O diretor do Banco Central estava nos contando de quando abriu os cofres e não havia nada dentro. Não havia dinheiro, nem moeda, nem ouro; nada do que alguém esperaria achar ali."

Mas Karzai e seu gabinete mantiveram suas maneiras, insistindo em uma demonstração tradicional de hospitalidade afegã. "De alguma forma, os afegãos conseguiram oferecer um almoço incrível. Um enorme banquete com pilhas de arroz e de carne de cabra", disse Boucher. "Eles eram pessoas capazes, mas não tinham nada com que administrar um governo, então foi tudo feito do zero, tanto em termos organizacionais quanto materiais."

Quando o desespero do Afeganistão ficou claro para todo o mundo, Bush suavizou sua posição sobre a construção da pátria. Durante o discurso sobre o Estado da União, em janeiro de 2002, o presidente elogiou o espírito do povo afegão e prometeu: "Seremos parceiros na reconstrução do país."

As palavras levaram um sorriso ao rosto barbudo de Karzai. Ele havia sido chamado para o discurso como um convidado de honra e designado a um cobiçado assento ao lado da primeira-dama, Laura Bush. Karzai agarrou seu chapéu de lã de cordeiro e curvou-se ligeiramente quando os legisladores o aplaudiram de pé. Junto a ele, no camarote da primeira-dama, estava uma mulher de óculos com um lenço branco na cabeça: Sima Samar, a nova ministra afegã de Assuntos Femininos.

Apesar de sua nova retórica sobre a parceria com os afegãos, Bush agarrou-se a suas inclinações mesquinhas. Em uma conferência internacional de doadores para o Afeganistão, antes do discurso do presidente sobre o Estado da União, os Estados Unidos prometeram US$296 milhões em ajuda à reconstrução e estenderam uma linha de crédito de US$50 milhões. Combinado, o montante era menos da metade de 1% do que Washington acabaria gastando para reconstruir o Afeganistão durante as duas décadas seguintes.

Bush também se recusou a enviar tropas norte-americanas para uma força internacional de manutenção da paz em Cabul, porque não queria que o Pentágono se desviasse de sua missão de perseguir a Al-Qaeda e o Talibã. O Pentágono concordou em assumir a responsabilidade pelo treinamento de um novo exército afegão, mas apenas como parte da divisão de trabalho entre os aliados dos Estados Unidos para a construção de uma nação.

Segundo o acordo, os alemães aceitaram a tarefa de criar uma nova força policial afegã, os italianos concordaram em ajudar os afegãos a reformular seu sistema judiciário, e os britânicos se ofereceram para desencorajar os fazendeiros afegãos a cultivar ópio — historicamente, a principal cultura do país. Nos anos seguintes, cada um dos aliados deixou de cumprir suas atribuições.

Em entrevistas ao Lições Aprendidas, vários funcionários do governo Bush disseram que ninguém queria chamar atenção para o fato de que o presidente estava quebrando gradualmente seus votos de campanha sobre a construção da pátria. Mas disseram que Bush e outros na Casa Branca temiam repetir o erro que Washington cometeu durante a década de 1990, quando parou de prestar atenção ao Afeganistão depois que rebeldes apoiados pelos EUA forçaram o Exército Soviético a se retirar — deixando o caos em seu rastro.

"Libertamos as fúrias e voltamos para casa", disse Stephen Hadley, que atuou como vice-conselheiro de segurança nacional de Bush durante seu primeiro mandato na Casa Branca. Hadley e muitas outras autoridades temiam que o país explodisse novamente na guerra civil e que a Al-Qaeda retornasse caso os Estados Unidos não conseguissem estabilizar o Afeganistão dessa vez.

"A construção de uma nação não era prioridade. Mas chegamos lá e percebemos que não poderíamos ir embora", revela um funcionário não identificado dos EUA. Outra autoridade norte-americana não identificada disse que, embora fosse claro para os internos que a política "mudara de anti para pró-construção nacional", a mudança nunca foi explicitada nos documentos de estratégia.

Ainda assim, as expectativas permaneceram baixas. Richard Haass, diplomata sênior que serviu como coordenador especial do governo Bush para o Afeganistão após os ataques do 11 de Setembro, disse: "Havia um profundo sentimento de impossibilidade no Afeganistão", e o governo dos EUA "não estava disposto a fazer um investimento significativo".

Haass se lembra de ter dado um *briefing* durante o outono de 2001 para Bush, Powell, Rumsfeld e para a conselheira de Segurança Nacional Condoleezza Rice, com o vice-presidente Dick Cheney conectado por vídeo de um local não revelado.

"Simplesmente não havia apetite pelo que se pode chamar de política ambiciosa", disse Haass. "A sensação era a de que se poderia investir muito, sem ter um aproveitamento equivalente. Eu não chamaria a relação entre investimento e retorno no Afeganistão de cética, mas de pessimista."

Como a estratégia geral de guerra, a campanha de construção da pátria sofreu com a falta de objetivos e padrões claros. "Ao fazermos uma reconstrução, quais são os objetivos e a teoria que a embasa?", um alto funcionário não identificado do governo Bush questionou em uma entrevista ao Lições Aprendidas. "Precisamos de uma teoria, em vez de apenas enviar alguém como eu e lhe dizer: 'Vá ajudar o presidente Karzai.'"

As divisões internas se endureceram. No Departamento de Estado, diplomatas e funcionários da USAID lutaram para fazer mais, argumentando que apenas os Estados Unidos tinham os recursos e a influência para colocar o Afeganistão no caminho certo. No Pentágono, Rumsfeld e seus assessores recuaram, argumentando que seria um erro assumir a responsabilidade por todos os problemas do Afeganistão.

Crocker, que mais tarde serviria como embaixador dos EUA em Bagdá, disse que Rumsfeld e outros neoconservadores abordaram as guerras no Afeganistão e no Iraque da mesma maneira. Ele resumiu a mentalidade de Rumsfeld desta forma: "'Nosso trabalho é matar os bandidos, então vamos matar os bandidos. Quem se importa com o que acontece a seguir? Isso é problema deles. E, se em uma década e meia tivermos que entrar e matar mais bandidos, faremos isso também, mas não nos envolveremos na construção da pátria."

James Dobbins, o diplomata que ajudou a organizar a Conferência de Bonn, em 2001, disse que o resultado dessas disputas filosóficas raramente era ambíguo. O Pentágono, que tinha todas as armas e uma influência política incomparável, sempre conseguia o que queria.

"Não havia como o Departamento de Estado conseguir que o Departamento de Defesa ou Don Rumsfeld fizessem o que ele queria. Era difícil o suficiente para a Casa Branca e quase impossível para o Departamento de Estado", disse Dobbins em uma entrevista ao Lições Aprendidas.

Embora muitos funcionários do Serviço de Relações Exteriores retratassem Rumsfeld como um bicho-papão intransigente, outros funcionários consideravam a crítica excessivamente simplista. Eles disseram que Rumsfeld não tinha problemas com a reconstrução. Ele só não queria que os militares fossem sobrecarregados com um trabalho que pensava que os civis deveriam fazer.

Após anos de cortes no orçamento, entretanto, a USAID era uma agência reduzida e dependente de empreiteiros para realizar seu trabalho. O restante do Departamento de Estado e outros braços do governo também não tinham capacidade para mitigar a longa lista de problemas do Afeganistão. Isso facilitou para Rumsfeld culpar outras agências pela falta de progresso.

Em um memorando de 20 de agosto de 2002 para Bush, Rumsfeld argumentou que "o problema crítico no Afeganistão não é realmente um problema de segurança, mas o lento progresso feito no âmbito civil". Ele concordou que o governo incipiente de Karzai precisava de mais ajuda — financeira e outras —, mas alertou que o envio de mais tropas dos EUA para estabilizar e reconstruir o Afeganistão poderia sair pela culatra.

"O resultado seria que as forças dos EUA e da coalizão cresceriam em número e correríamos o risco de acabar sendo tão odiados quanto os soviéticos foram", escreveu Rumsfeld. "Em qualquer caso, sem uma reconstrução bem-sucedida, nenhuma quantidade adicional de forças de segurança seria suficiente. Os soviéticos tinham mais de 100 mil soldados e falharam."

Marin Strmecki, conselheiro civil de Rumsfeld, chamou o chefe do Pentágono de "figura incompreendida". Ele disse que Rumsfeld acreditava que era essencial fortalecer as instituições do governo afegão, mas não queria que os afegãos se tornassem perpetuamente dependentes de Washington. "Muitas vezes, era mais fácil nós mesmos fazermos as coisas do que orientar as pessoas a fazê-las, dado o nível muito baixo de capital humano após 25 anos de guerra", disse Strmecki em uma entrevista ao Lições Aprendidas. Ele acrescentou que a preocupação de Rumsfeld era a de que os Estados Unidos se enredassem tão profundamente nas funções básicas do Afeganistão que jamais pudessem se desvencilhar.

Mas os Estados Unidos alguma vez tiveram um plano para fazer isso? Em sua entrevista ao Lições Aprendidas, Stephen Hadley admitiu que a Casa Branca de Bush trabalhou para criar um modelo eficaz de construção nacional no Afeganistão. Mesmo em retrospecto, ele disse que era difícil imaginar uma abordagem que teria tido sucesso.

"Originalmente, dissemos que não construiríamos uma nação, mas não havia como garantir que a Al-Qaeda não voltaria sem ela", disse ele. "Simplesmente não tínhamos um modelo de estabilização pós-conflito que funcionasse. Era um tiro no escuro. Eu não tinha confiança de que, se agíssemos de novo, faríamos melhor."

Não era preciso ser um cientista político das melhores universidades ou um membro do Conselho de Relações Exteriores para ver que o Afeganistão precisava de um sistema melhor de governo. Dividido por tribos rivais e senhores de guerra implacáveis, o país tinha uma história volátil de golpes, assassinatos e guerras civis.

O Acordo de Bonn, de 2001, estabeleceu um cronograma para os afegãos chegarem a um acordo sobre uma nova estrutura política. A *loya jirga* — uma assembleia tradicional de anciãos e de líderes — deveria escrever uma Constituição dentro de dois anos. Tecnicamente, cabia aos afegãos decidir como queriam governar seu país. Mas o governo Bush os convenceu a adotar uma solução norte-americana: uma democracia constitucional regida por um presidente eleito por voto popular.

Em muitos aspectos, o novo governo parecia uma versão rudimentar de Washington. O poder estaria concentrado na capital, Cabul. Uma burocracia federal começou a brotar em todas as direções, cultivada por dólares e legiões de conselheiros ocidentais.

No entanto, havia uma diferença fundamental. O governo Bush pressionou os afegãos a consolidarem o poder nas mãos de seu presidente, com poucos controles ou balanços. Parte do motivo foi restringir a influência dos muitos senhores de guerra regionais do Afeganistão. Porém, o mais importante, Washington achava que tinha o homem perfeito para governar o Afeganistão: Karzai, um líder tribal falante da língua inglesa que os norte-americanos protegiam.

Em entrevistas ao Lições Aprendidas, vários funcionários dos EUA e da Europa que estiveram diretamente envolvidos nas deliberações de construção da pátria admitiram que a decisão de colocar tanto poder nas mãos de um homem foi um erro de cálculo desastroso. O sistema rígido entrava em conflito com a tradição afegã, caracterizada por uma mistura de autoridade descentralizada e costumes tribais. E, mesmo que no início os norte-americanos se dessem bem com Karzai, a relação se destruiria em momentos críticos.

"Em retrospectiva, a pior decisão foi centralizar o poder", afirmou um funcionário anônimo da União Europeia. Um alto funcionário alemão não identificado acrescentou que teria feito mais sentido construir lentamente uma democracia a partir do zero, começando em nível municipal: "Após a queda do Talibã, pensávamos que precisávamos de um presidente de imediato, mas estávamos errados."

Um alto funcionário não identificado dos EUA disse que estava surpreso com o fato de o Departamento de Estado pensar que uma presidência no estilo norte-americano funcionaria no Afeganistão. "Dava a impressão de que eles nunca tinham trabalhado no exterior", disse ele. "Por que criamos um governo centralizado em um lugar que nunca havia tido um?"

Até mesmo alguns funcionários do Departamento de Estado disseram que ficaram perplexos. "No Afeganistão, nossa política era criar um governo central forte, o que era idiota, porque o Afeganistão não tinha uma história de governo central forte", disse um diplomata norte-americano não identificado. "O prazo para a criação de um governo central forte é de cem anos, o que não tínhamos."

"Não sabíamos o que estávamos fazendo", acrescentou Richard Boucher, o ex-porta-voz-chefe do Departamento de Estado. "A única vez que este país funcionou adequadamente foi quando era um grupo errante de tribos e senhores de guerra presididos por alguém de certa eminência, capaz de centralizá-los para não lutarem muito entre si. Acho que essa ideia que adotamos, de formar um governo estadual como um estado dos EUA ou algo assim, estava errada e nos condenou a quinze anos de guerra, em vez de dois ou três."

Mesmo os soldados norte-americanos que não tinham familiaridade com a história e com a cultura afegã antes de chegar disseram que ficou óbvio que tentar impor um governo forte e centralizado era tolice. Em entrevistas de história oral do Exército, eles descreveram os afegãos como instintivamente hostis aos mediadores do poder nacional, com pouca noção do que uma burocracia em Cabul poderia realmente fazer.

"Foi preciso provar para muitas pessoas por que o governo era importante para elas, por serem pessoas alheias a essa realidade", disse o coronel Terry Sellers, que serviu como comandante de batalhão na província de Uruzgan. "O governo central, pelo menos até aquele ponto, em muitos locais, não tinha sido um provedor para elas, e elas sequer entendiam ou viam benefícios em ter um governo centralizado: 'Criei minhas ovelhas, cabras e vegetais neste pedaço de terra por centenas de anos sem um governo central. Por que preciso de um agora?'"

Outros oficiais do Exército disseram que muitas vezes cabia a eles explicar aos afegãos o que um governo faz e como funciona uma democracia. O coronel David Paschal, oficial de infantaria que serviu por seis meses na província de Ghazni, no leste do Afeganistão, disse que sua unidade distribuiu pôsteres de Karzai para moradores que nunca tinham visto uma imagem de seu presidente antes.

Veterano das Guerras dos Bálcãs, na década de 1990, Paschal disse que, quando os militares dos EUA e seus aliados da Otan estabeleceram a democracia na Bósnia e em Kosovo, eles começaram com eleições para chefes de distrito e trabalharam em prol de estabelecer uma votação regional e nacional. "Fizemos exatamente o oposto no Afeganistão. Fizemos com que votassem para presidente primeiro — e a maioria dessas pessoas nem sabia o que significava votar. Sim, elas tinham tinta roxa nos dedos, mas não entendiam a importância de votar", disse ele. "Acho que é muito desafiador no âmbito rural. Lembro-me de uma vez que tínhamos uma unidade em patrulha e as pessoas perguntavam: 'O que os russos estão fazendo aqui?' Aquelas pessoas nem sabiam que os norte-americanos já estavam lá havia alguns anos."

O major Thomas Clinton Jr., oficial da Marinha, disse que os soldados afegãos que treinou não eram diferentes do norte-americano médio: eles queriam acesso à estradas, escolas, água e outros serviços básicos. Mas achava difícil explicar a eles como o sistema de governo norte-americano pagava por essas funcionalidades.

"Os afegãos acham que os norte-americanos cagam dinheiro", disse Clinton. "Eu falava sobre tributação e todas essas coisas... Eles perguntavam o que eram os impostos. Comecei explicando que era um sistema muito parecido com o de seus senhores da guerra, que cobravam impostos das pessoas. 'Ah, não, isso é só roubo.' Então tive que esmiuçar a ideia de impostos. Os policiais ficaram encantados, porque não conheciam o conceito de impostos."

"Não existia o conceito real de um governo central que tivesse todo esse poder abrangente de Asadabad a Herat, no oeste, até Kalat e Kandahar, no sul, e Spin Boldak, e Mazar-e-Sharif, no norte", acrescentou. "Então, tínhamos que os instruir."

O tenente-coronel Todd Guggisberg, oficial do Exército destacado para o quartel-general da Otan em Cabul, disse ter dúvidas de que os afegãos algum dia adotariam um governo moderno e centralizado. "Eles têm uma longa história de lealdade à família e à tribo, então o cara sentado em Chaghcharan não dá a mínima para quem é o presidente Hamid Karzai e o fato de que ele está no comando de Cabul", disse ele. "Isso me lembra um filme do Monty Python em que o rei passa cavalgando por algum camponês na terra e diz: 'Eu sou o rei', e o camponês se vira e responde: 'O que é rei?'"

PARTE DOIS

A GRANDE DISTRAÇÃO

2003—2005

CAPÍTULO QUATRO

A Reflexão Tardia sobre o Afeganistão

Seis semanas após a invasão do Iraque, em 1º de maio de 2003, o comandante supremo embarcou em outro voo para fazer outro discurso vitorioso com uma audiência militar como pano de fundo. Diferentemente de sua visita ao Instituto Militar da Virgínia, um ano antes, nessa, seu discurso seria transmitido ao vivo pelas redes durante o horário nobre.

Em vez de pegar o avião presidencial de costume, Bush vestiu um macacão de voo verde, colocou um capacete branco e embarcou em um avião de guerra S-3B Viking da Marinha, que esperava para transportá-lo a um ponto de encontro a 50 quilômetros da costa de San Diego. A parte de trás do jato estava marcada como "Navy 1". Passaram-se mais de três décadas desde que Bush voara com a Guarda Aérea Nacional do Texas, mas a tripulação da Marinha o deixou assumir rapidamente os controles da cabine antes de pousar no USS *Abraham Lincoln*, um porta-aviões nuclear que voltava da guerra do Golfo Pérsico.

Milhares de marinheiros aplaudiram quando Bush desceu do avião e trocou saudações com membros da tripulação na cabine de comando. O presidente se misturou e posou para fotos antes de vestir um terno civil para fazer seu discurso enquanto o sol mergulhava no Oceano Pacífico. Em frente a uma bandeira ondulante em vermelho, branco e azul proclamando "Missão cumprida", Bush anunciou que "importantes operações de combate terminaram" e agradeceu aos militares dos EUA pelo "trabalho bem executado" na Operação Iraque Livre.

Na verdade, o pior no Iraque ainda estava por vir, e a visita de Bush ao porta-aviões o assombraria como o maior erro de relações públicas de sua presidência. Isso também ofuscou uma afirmação igualmente absurda que seu secretário de Defesa fizera horas antes sobre a guerra no Afeganistão.

Viajando em um rombudo avião de transporte militar C-17 cinza, Rumsfeld pousou em Cabul na tarde de 1º de maio para uma visita de quatro horas que atraiu muito menos atenção do que a viagem de Bush ao porta-aviões. O comboio de Rumsfeld percorreu as ruas decrépitas da capital até o palácio presidencial, onde se encontrou com Karzai e seu gabinete.

Depois, eles deram uma entrevista coletiva conjunta em uma sala de recepção com painéis de madeira que parecia não ter sido reformada há décadas. O presidente afegão começou dizendo que estava surpreso ao ver tantos jornalistas internacionais. "Achei que todos tivessem ido para o Iraque", brincou Karzai em inglês. "Vocês ainda está aqui? Ótimo. Isso significa que o mundo está interessado no Afeganistão."

Quando chegou sua vez, Rumsfeld leu um roteiro semelhante ao de Bush e declarou que as principais operações de combate também haviam terminado no Afeganistão. "A maior parte deste país hoje é tolerante, é segura", disse ele.

O secretário de Defesa moderou sua declaração acrescentando que "bolsões de resistência" e outros perigos ainda existiam — uma barreira que Bush repetiu sobre o Iraque. Mas, como no Iraque, a luta no Afeganistão estava longe de terminar. As operações de combate se intensificariam novamente e se tornariam muito mais mortais. Mais de 95% das baixas dos Estados Unidos na guerra mais longa da sua história ainda estavam por ocorrer.

Em entrevistas de história oral, oficiais do Exército que serviram no Afeganistão em 2003 disseram que a afirmação de Rumsfeld de que o combate havia terminado era absurda. "Só nos restava rir", disse o tenente-coronel Mark Schmidt, oficial das Forças Especiais com experiência em operações psicológicas. "Ainda havia muita luta acontecendo... Francamente, estávamos só matando pessoas. Voávamos, cumpríamos uma missão por algumas semanas e então partíamos — e é claro que o Talibã simplesmente voltaria."

Durante sua coletiva de imprensa em Cabul, Rumsfeld disse que a missão no Afeganistão mudaria de combate para "operações de estabilização"

— jargão militar para manutenção da paz e construção da pátria. Mas os oficiais do Exército não disseram nada sobre as reais mudanças.

"Basicamente, não houve ordem escrita, não houve mais nada sobre isso", disse o coronel Thomas Snukis, que chegou naquele verão para servir como oficial do Estado-Maior no quartel-general em Bagram. "Ainda havia muita ação de combate acontecendo."

Outros sugeriram que as observações de Rumsfeld eram uma combinação de pensamento positivo e um desejo de seguir em frente. "Acho que Washington provavelmente perdeu um pouco de interesse no Afeganistão", disse o coronel Tucker Mansager, outro oficial que chegou em julho de 2003, depois de servir como adido militar em Varsóvia. "Isso não quer dizer que fomos negligenciados, mas, claramente, as pessoas estavam mais de olho no Iraque."

Logo ficou claro que a decisão de Bush de invadir o Iraque foi um erro titânico — não apenas para o Iraque, mas para o Afeganistão.

A Guerra do Iraque foi um empreendimento muito maior no início. Exigiu uma força de invasão de 120 mil soldados norte-americanos, cerca de 13 vezes o número para o Afeganistão. Em seu excesso de confiança pela rápida derrota do Talibã, o governo Bush percebeu que poderia lidar com duas guerras ao mesmo tempo. Foi uma suposição precipitada, que desafiou a história e o bom senso.

"Existem certos tipos de conclusões básicas políticas sobre as quais é difícil legislar. Primeiro, sabe como é, invadir apenas um país de cada vez. Estou falando sério", disse James Dobbins, o diplomata dos EUA que ajudou a negociar o Acordo de Bonn, em uma entrevista ao Lições Aprendidas.

Durante a década de 1990, Dobbins foi mandado como enviado especial a um local problemático após o outro: Somália, Haiti, Bósnia e Kosovo. Ele escreveu vários livros sobre suas experiências, incluindo *The Beginner's Guide to Nation-Building* [*O Guia do Iniciante para a Construção de Nações*, em tradução livre]. Embora Bush tenha criticado Clinton por enviar militares dos EUA para países devastados pela guerra em missões de construção nacional, pelo menos Clinton não tentou atacar dois de uma só vez, disse Dobbins.

"Se você olhar para o governo Clinton, muito conscientemente ele não invadiu o Haiti antes de se retirar da Somália. Não fez nada a respeito dos

Bálcãs até se retirar do Haiti. E não fez nada sobre Kosovo até que a Bósnia se estabilizou", disse Dobbins. "As operações exigem muito tempo e atenção de alto nível, e vamos sobrecarregar o sistema se fizermos mais de uma ao mesmo tempo."

O Iraque representou uma enorme distração desde o início. Os militares norte-americanos começaram a fazer planos para tomar Bagdá em dezembro de 2001, enquanto bin Laden estava fugindo de Tora Bora. No dia seguinte ao Natal, o general Tommy Franks estava trabalhando na sede do Comando Central em Tampa quando Rumsfeld ligou do Pentágono e o convocou para uma reunião secreta no rancho isolado de Bush, no Texas central, de acordo com a entrevista de história oral de Franks à Universidade da Virgínia.

"O presidente quer vê-lo em Crawford", informou Rumsfeld a Franks por telefone. "Esteja pronto para falar com o presidente sobre o que você está pensando a respeito do Iraque."

Em 48 horas, o general partiu para a pequena cidade de Crawford a fim de informar ao presidente sobre as opções militares para o Iraque. Entre outras questões, Bush e Rumsfeld perguntaram a Franks se ele achava que era demais para um único comandante supervisionar uma guerra no Iraque — se fosse o caso — e a guerra no Afeganistão ao mesmo tempo. Franks os convenceu de que poderia lidar com as duas operações de seu posto de Comando Central em Tampa.

Em sua história oral, Franks defendeu a decisão de permitir que administrasse as duas guerras. Ele disse que nunca negligenciou o Afeganistão e observou que os níveis de tropas na verdade aumentaram com o início da Guerra do Iraque. "Portanto, essa ideia de as pessoas tirarem os olhos da bola no Afeganistão simplesmente não é verdade", disse ele. "Isso não quer dizer que fizemos tudo certo, mas o que não fizemos certo não foi por falta de atenção." Mas outras autoridades norte-americanas disseram que não havia dúvida de que o governo Bush desviara o olhar do Afeganistão. Muitos na Casa Branca e no Pentágono pensaram que não havia mais nada a fazer além de pegar bin Laden e amarrar algumas pontas soltas.

Em agosto de 2002, "por vários motivos, o governo Bush já havia concluído que o Afeganistão estava acabado", afirmou Philip Zelikow, membro do conselho consultivo de inteligência estrangeira de Bush, em uma entrevista de história oral à Universidade da Virgínia.

A maioria das autoridades norte-americanas presumiu erroneamente que o Talibã nunca mais representaria uma ameaça séria. Em seu discurso de Missão Cumprida, Bush declarou categoricamente: "Destruímos o Talibã." Robert Finn, que serviu como embaixador dos Estados Unidos no Afeganistão de 2002 a 2003, disse em uma entrevista ao Lições Aprendidas que imaginou que os remanescentes do Talibã poderiam sobreviver, "mas basicamente seriam bandidos incômodos nas montanhas".

Esse erro de cálculo estratégico repercutiu na cadeia de comando. Com o Pentágono preocupado com o Iraque, a já nebulosa missão no Afeganistão tornou-se ainda mais nebulosa para as unidades em campo.

O major Gregory Trahan, oficial da 82ª Divisão Aerotransportada, disse que as tropas não tinham certeza de seus objetivos. "Antes de partirmos, meus soldados queriam saber se estávamos indo para lá em busca de ajuda humanitária ou para — no vernáculo do soldado — matar pessoas", lembrou ele em uma entrevista de história oral ao Exército.

O major Phil Bergeron, oficial de artilharia que se deslocou para Kandahar em 2003, disse que nunca conseguiu entender o quadro geral. "Tínhamos o Iraque na época, então ele simplesmente puxou todo o nosso foco", contou aos historiadores do Exército.

Em uma entrevista ao Lições Aprendidas, um funcionário não identificado dos EUA, que trabalhou na Casa Branca e no Pentágono durante a administração Bush, disse que o trabalho no Afeganistão ficou para trás em relação ao Iraque a partir da primavera de 2002. Naquele ponto, os norte-americanos servindo em todos os níveis no Afeganistão recalibraram suas expectativas; seu trabalho era simplesmente evitar a derrota.

"Tanto em termos materiais quanto políticos, tudo parecia focar o Iraque", disse o oficial dos EUA. "Era difícil aceitar a realidade de que todo o seu portfólio era um esforço secundário ou, na pior das hipóteses, uma missão de 'economia de forças'. Seu trabalho não era ganhar, era não perder. Emocional e psicologicamente, isso era difícil."

Durante o verão de 2003, os militares dos EUA perderam rapidamente o controle da guerra no Iraque. Cinquenta soldados norte-americanos morreram lá nas seis semanas seguintes ao discurso de Missão Cumprida de Bush, e ninguém conseguiu encontrar as armas de destruição em massa que Saddam Hussein supostamente estava escondendo.

Ainda assim, o governo Bush assegurou ao público que tudo estava sob controle. Em uma coletiva de imprensa no dia 18 de junho no Pentágono, Rumsfeld menosprezou a insurgência iraquiana como "bolsões de marginais". Ele também disse que a coalizão militar liderada pelos Estados Unidos estava "fazendo um bom progresso" — uma frase duvidosa que ele e outros funcionários do Pentágono repetiriam incontáveis vezes sobre as duas guerras nos anos seguintes.

Enquanto isso, os marginais ficavam mais fortes. Em agosto, os insurgentes explodiram a embaixada da Jordânia e a sede das Nações Unidas em Bagdá. Trabalhadores da ONU e de organizações humanitárias fugiram do país. Como se isso não bastasse, em outubro, a Al-Qaeda divulgou um vídeo de bin Laden. De sua localização não revelada, o cérebro do 11 de Setembro zombou dos norte-americanos por terem ficado "atolados nos pântanos do Tigre e do Eufrates".

Naquele mesmo mês, um novo general do Exército chegou para assumir o comando da cada vez mais esquecida guerra no Afeganistão. O general de três estrelas David Barno era natural de Endicott, Nova York, uma pequena cidade na camada sul do estado. Depois de se formar em West Point, ele liderou uma companhia de Rangers do Exército que invadiu Granada em 1983 e um batalhão que saltou de paraquedas no Panamá durante a invasão de 1989 daquele país.

Barno desembarcou no Afeganistão em um momento turbulento. O Pentágono reduziu o tamanho do quartel-general em Bagram, e, devido a uma rotatividade inesperada, Barno foi o quarto general comandante em seis meses. As operações foram igualmente instáveis no lado diplomático, onde a embaixada dos Estados Unidos não teve um embaixador permanente por um longo período.

"Todo o esforço no Afeganistão foi desviado", disse Barno em uma entrevista de história oral ao Exército. "Havia uma tremenda disfuncionalidade na unidade de comando dentro do Afeganistão, nas Forças Armadas."

Barno ergueu um novo quartel-general — o Comando das Forças Combinadas do Afeganistão — e o transferiu da Base Aérea de Bagram para o complexo da embaixada em Cabul, de modo que pudesse trabalhar mais estreitamente com os diplomatas. Como seus aposentos, ele ocupou um meio-trailer localizado a apenas 15 metros do trailer duplo reservado para o embaixador.

Deixando de lado as condições apertadas, Barno teve problemas para formar sua equipe. Comandos de militares nos Estados Unidos disseram que havia falta de oficiais disponíveis por causa do Iraque. Mas Barno disse que estava claro que eles viam a guerra no Afeganistão como um retrocesso e não queriam enviar seu melhor pessoal. Isso o enfureceu.

"Nenhuma das pessoas que o Exército me enviou eram pessoas que um dia seriam generais", disse ele. "O Exército foi inútil, para ser generoso... Eles claramente tinham o Iraque em mente, mas não havia nenhum interesse em nos fornecer nada além do nível mínimo absoluto de apoio."

No início, Barno teve que se contentar com oficiais do Estado-Maior de patente anormalmente baixa. Quando ele pressionou por atualizações, os serviços enviaram reservistas que estavam sem uniforme havia anos. "Uma variedade extraordinária de pessoas que estavam no fim da linha", como descreveu Barno. Muitos eram mais velhos do que o general de três estrelas — ele tinha 49 —, e a equipe, brincando, chamava-se de a seção mais avançada do mundo da Associação Norte-americana de Pessoas Aposentadas.

Embora o Afeganistão não fosse tão violento quanto o Iraque, a natureza do conflito estava mudando e se tornando mais preocupante. Dias depois da chegada de Barno, funcionários das Nações Unidas com base em Cabul deram-lhe uma bronca sobre o agravamento da segurança no sul e no leste do país e o desafiaram a fazer algo.

O general ordenou que seu escasso pessoal do quartel-general revisse a estratégia de guerra. Eles concluíram que — como no Iraque — uma rebelião popular estava criando raízes. Os militares precisariam mudar de um foco estreito na caça de terroristas para "uma clássica campanha de contrainsurgência", com o objetivo de ganhar o apoio de civis afegãos pegos no meio do conflito.

O problema era que os militares não realizavam uma campanha de contrainsurgência desde a Guerra do Vietnã. Para descobrir o que fazer, Barno vasculhou 3 livros sobre guerra contrarrevolucionária que lera como cadete de West Point, mais de 25 anos antes. "Não tínhamos qualquer doutrina militar dos EUA naquele momento para nos guiar", disse ele. "Nenhum de nós tinha tido grandes treinamentos em contrainsurgência, então estávamos meio que com problemas para pensar em como fazê-la."

Enquanto isso, outras dúvidas intrínsecas surgiram nas suítes executivas do Pentágono. Em 16 de outubro de 2003, Rumsfeld ditou um floco de neve para um punhado de generais e assessores com uma pergunta provocativa: "Estamos ganhando ou perdendo a Guerra Global contra o Terror?"

Rumsfeld estava pessimista. "Está bastante claro que a coalizão pode vencer no Afeganistão e no Iraque de uma forma ou de outra, mas será um trabalho longo e difícil", concluiu no memorando de duas páginas.

Alguém vazou o floco de neve para o *USA Today*, o que desencadeou uma cascata de cobertura de notícias sobre a possibilidade de o secretário de Defesa ter mentido para o público sobre as guerras. Rumsfeld foi forçado a dar uma entrevista coletiva para tratar da controvérsia. A princípio, tentou brincar com isso, dizendo que sua esposa, Joyce, havia lhe perguntado se "mourejar" era realmente uma palavra; então ele brigou com os repórteres sobre a definição do dicionário. Ele negou que o governo Bush estivesse "enfeitando" as guerras em público. "O que fizemos foi apresentar, com o melhor de nossa capacidade, uma visão muito direta, precisa e equilibrada do que vemos acontecer", disse ele.

Desafiando a declaração de Rumsfeld sobre o fim do combate, o Talibã se reagrupou lentamente. Durante a segunda metade de 2003, os militares dos Estados Unidos acharam necessário lançar três grandes ofensivas: a Operação *Mountain Viper*, a Operação *Mountain Resolve* e a Operação *Avalanche*. Mantendo o tema alpino, as forças dos EUA deram início à Operação *Mountain Blizzard* e à Operação *Mountain Storm* no início de 2004.

Mas, com a Guerra do Iraque decaindo, o governo Bush decidiu que era mais importante do que nunca minimizar os combates e mostrar o Afeganistão como um sucesso. Em dezembro de 2003, Rumsfeld visitou Cabul e fez uma visita rápida à cidade de Mazar-e-Sharif, no norte. Questionado por um repórter se ele temia que o Talibã estivesse voltando, ele negou. "Eles não terão essa oportunidade", disse ele. "À medida que eles se reunirem em algo mais do que um ou dois... serão mortos ou capturados." Ao retornar a Washington, Rumsfeld disse ao conselho de curadores do American Enterprise Institute, um *think tank* conservador, que "sinais de progresso estão por toda parte" e que "o Afeganistão já se livrara do momento mais crítico".

Em janeiro de 2004, Zalmay Khalilzad, o diplomata afegão-americano que fixou residência no trailer duplo da embaixada como o novo embaixador dos EUA, escreveu um artigo no *Washington Post* elogiando os afegãos por realizarem a *loya jirga*, a assembleia tradicional, para elaborar uma nova Constituição, que abraçava a democracia e os direitos das mulheres. No fim do artigo, Khalilzad mencionou como um aparte que as tropas norte-americanas poderiam ter que permanecer no Afeganistão por vários anos. "Dadas as apostas envolvidas, devemos permanecer comprometidos pelo tempo que for necessário para ter sucesso", escreveu ele.

O artigo fez com que outros diplomatas em Cabul revirassem os olhos, pois o consideravam a versão mais positiva possível do que estava acontecendo no Afeganistão. Thomas Hutson, um oficial político, contou que esbarrara com um estrategista de relações públicas no refeitório da embaixada dos EUA que lhe disse que vinte pessoas se uniram para escrever o artigo de Khalilzad. Ele se perguntou por que o governo estava pagando a tantas pessoas para redigirem comunicados de imprensa entusiasmados sobre a guerra.

Hutson cresceu na minúscula cidade de Red Cloud, Nebraska, antes de embarcar em uma carreira no Serviço de Relações Exteriores que o levou ao Irã, à Rússia, aos Bálcãs, à Nigéria, a Taiwan, ao Quirguistão e a Barbados. Tendo visto grande parte do mundo, ele tinha poucas ilusões sobre o que seria necessário para transformar o Afeganistão em um país estável.

Poucos dias depois da publicação do artigo, Hutson conversava com um oficial militar britânico quando um jornalista perguntou quanto tempo eles achavam que as tropas norte-americanas e britânicas poderiam precisar ficar. "Respondemos quase simultaneamente", relembrou Hutson em uma entrevista diplomática de história oral. "O coronel disse: 'Quarenta anos', e eu: 'Verifique com meu neto.'"

À medida que o Afeganistão se distanciava e o Iraque queimava, as rivalidades latentes dentro do gabinete de guerra de Bush ficavam mais acaloradas. As maiores brigas geralmente envolviam Rumsfeld e Powell. Ambos os homens eram obstinados, com personalidades autoconfiantes, e pensavam em concorrer à presidência.

Único secretário de Defesa duas vezes na história, Rumsfeld lutou em Princeton, pilotou caças na Marinha, dirigiu empresas listadas na Fortune 500 e mostrou poucos sinais de enfraquecimento aos 70 anos. General quatro estrelas aposentado, Powell foi um herói da primeira Guerra do Iraque, o único afro-americano a servir como presidente do Estado-Maior Conjunto e, de certa forma, a figura política mais popular dos EUA.

Cada um culpava o outro e suas equipes pelos fiascos nas zonas de guerra. Rumsfeld reclamava que o Departamento de Estado e a USAID haviam frustrado os programas de reconstrução e estabilização. Powell via Rumsfeld e seus auxiliares civis como ideólogos neoconservadores que abusavam dos militares.

Sua rivalidade às vezes borbulhava à superfície e se tornava mesquinha durante as reuniões na Casa Branca, de acordo com Pace, o general do Corpo de Fuzileiros Navais.

"Os dois secretários ficavam alfinetando um ao outro. O secretário Powell dizia algo, e Rumsfeld implicava com a forma que ele pronunciava algumas palavras", revela Pace, que foi vice-presidente do Estado-Maior Conjunto de 2001 a 2005.

Da cabeceira da mesa, a conselheira de Segurança Nacional Condoleezza Rice tinha que entrar na briga. "Ela dizia: 'Agora, Don; agora, Colin'", lembra Pace em sua entrevista de história oral à Universidade da Virgínia. "Condi, que Deus a abençoe, simplesmente entrava na sala dizendo: 'Ok, rapazes, deem um tempo.'"

Rumsfeld promoveu sua reputação de capataz que prosperava em uma agenda implacável, mas havia sinais de que o estresse das guerras estava afetando sua saúde. Embora o secretário de Defesa tenha mantido isso em segredo, em dezembro de 2003 ele ficou "muito doente" por cerca de três meses, de acordo com Pace. Questionado na entrevista de história oral se queria dizer que Rumsfeld estava sofrendo de exaustão nervosa, Pace respondeu: "Não sei. Ele estava muito doente. Ele tentou encobrir isso e conseguiu, acho, mas foi durante aquela época em que ele basicamente disse — palavras de Pete Pace, não dele —: 'Dane-se. Se Condi e Colin querem comandar o show, deixe-os.'"*

Os traços de liderança de Rumsfeld — ele governava pelo medo — geraram um ressentimento entre os generais. Em uma entrevista de história

---

* Rumsfeld não divulgou publicamente quaisquer problemas de saúde graves durante esse período ou em sua autobiografia 2011, *Known and Unknown* [*Conhecido e Desconhecido*, em tradução livre]. Ele não respondeu à solicitação de comentar a afirmação de Pace.

oral à Universidade da Virgínia, o general de três estrelas Douglas Lute do Exército disse que Rumsfeld desprezava as pessoas de uniforme que não agiam pela equipe. "Quando você vê uma liderança cindida, nociva e desrespeitosa, isso o prejudica", disse ele.

Tommy Franks, outro líder teimoso, não suportou Rumsfeld logo de início e se ressentiu dele por questionar seus planos de guerra para o Afeganistão, embora mais tarde tenha passado a admirar o secretário de Defesa por seu patriotismo. "Don Rumsfeld não é o cara mais fácil do mundo para os líderes militares lidarem", disse Franks em sua entrevista de história oral à Universidade da Virgínia. "Sendo o cara contraditório que é — tenha em mente a questão da personalidade —, ele automaticamente não gostava de nada, nunca."

Os oficiais militares de Cabul desfrutaram um relativo alívio quando Rumsfeld se fixou no Iraque, de 2002 até o primeiro semestre de 2004. Em junho de 2004, entretanto, ele disse a seus comandantes que queria realizar videoconferências semanais sobre o Afeganistão. A primeira eleição presidencial do país aconteceria em outubro — um passo importante na campanha de construção da pátria —, e Rumsfeld queria garantir que tudo estivesse nos trilhos.

A notícia do renovado interesse do secretário de Defesa gerou pânico no quartel-general de Barno. Os oficiais do Estado-Maior preocuparam-se tanto com o desencadeamento da ira de Rumsfeld, que passaram a maior parte da semana se preparando para uma videoconferência que geralmente durava menos de uma hora.

O general Peter Gilchrist, oficial do Exército britânico que serviu como subcomandante de Barno, disse que ficou surpreso com o quanto Rumsfeld intimidava seus colegas norte-americanos. "Foi um verdadeiro choque cultural para mim", revelou Gilchrist em uma entrevista de história oral. "Você precisava ver aqueles caras — e eram homens ótimos, crescidos, inteligentes e sensatos, mas uns molengas quando se tratava de encarar o secretário de Defesa."

Junto a Rumsfeld nas reuniões do Pentágono, estava um grupo imponente de altos escalões e secretários-adjuntos. Em Cabul, a equipe respondia às perguntas por meio de um minúsculo monitor de vídeo apoiado na parte de trás do trailer de um intérprete na embaixada. Barno chamou as sessões de "muito contenciosas, dolorosas, difíceis e atribuladas" e disse que exigiam um "esforço exaustivo", que "quase nos destruía". Em algum momento, ele acabou persuadindo o Pentágono a reduzir as conferências para duas vezes por mês, o que ele dizia ainda ser "pouco sustentável".

Parte da razão pela qual as reuniões eram tão dolorosas era porque Rumsfeld fazia perguntas inteligentes, que expunham problemas centrais. O coronel Tucker Manager disse que o Estado-Maior não conseguia provar que a estratégia de guerra estava funcionando. Embora eles coletassem todos os tipos de estatísticas, era difícil saber quais conclusões tirar.

"O secretário Rumsfeld acabava conosco. Ele sempre perguntava: 'Onde estão suas medidas de eficácia? Como você pode progredir?'", disse Mansager em uma entrevista de história oral ao Exército. "Eu trabalhava muitas horas, fazia muitas coisas, e algumas vezes, em meus diários, escrevia: 'Estamos progredindo?' Então por que há tanta frustração?"

Apesar de suas dúvidas internas sobre a guerra, o governo Bush manteve o otimismo em público. Em agosto de 2004, Rumsfeld fez um discurso em Phoenix e citou indicador após indicador de progresso no Afeganistão: um *boom* na construção de rodovias, um aumento nos registros de eleitores, mais energia nas ruas. Ele afastou as evidências de que a insurgência estava se espalhando. "Não há absolutamente nenhuma maneira de sermos derrotados militarmente no Afeganistão", afirmou. No mês seguinte, enquanto fazia campanha para um segundo mandato na Casa Branca, Bush foi ainda mais longe e declarou falsamente que o Talibã "não existia mais".

Em outubro de 2004, a eleição presidencial afegã ocorreu, em grande parte sem contratempos. Karzai venceu de forma convincente e garantiu mais cinco anos no palácio. Foi uma boa notícia para o governo dos Estados Unidos, especialmente em comparação com o Iraque, em relação ao qual o Pentágono ainda estava se recuperando do escândalo de tortura na prisão de Abu Ghraib e de um banho de sangue sectário.

Em uma coletiva de imprensa no Pentágono, Rumsfeld saudou a votação como o sinal mais claro de progresso no Afeganistão. Ele também aproveitou a oportunidade para zombar dos céticos. "Todo mundo disse que isso não funcionaria no Afeganistão. 'Eles nunca fizeram isso em 500 anos, e o Talibã está se reorganizando; eles entrarão lá e matarão todo mundo. Estamos em um atoleiro.' Eis que o Afeganistão teve uma eleição. Impressionante."

Três anos depois, o ponto alto da guerra chegou.

CAPÍTULO CINCO

Levantando um Exército das Cinzas

Em 2003, os Estados Unidos depositaram suas esperanças de encerrar a guerra em uma extensão de terra destruída ao lado de um cemitério de tanques soviéticos na extremidade leste da capital. Conhecido como Centro de Treinamento Militar de Cabul, o local degradado funcionava como um campo de treinamento para o novo Exército nacional afegão. Todas as manhãs, os instrutores retiravam voluntários afegãos de seus quartéis gelados para ensiná-los a arte de ser soldado. Se os recrutas sobrevivessem às péssimas condições de saneamento e evitassem as antigas minas enterradas ao redor da propriedade, eles poderiam ganhar cerca de US$2,50 por dia para defender o governo afegão.

A estrada que ia de Cabul ao campo de treinamento estava tão cheia de buracos que o motorista do major-general Karl Eikenberry teve que ziguezaguear a uma velocidade que variava entre 8km/h e 16km/h. Como chefe do Escritório de Cooperação Militar na embaixada dos Estados Unidos, o trabalho de Eikenberry era criar, do zero, um exército nativo de 70 mil homens para proteger o fraco governo afegão de uma série de inimigos: o Talibã, a Al-Qaeda, outros insurgentes e senhores de guerra renegados.

General estudioso e falante de mandarim, Eikenberry tinha em seu histórico duas viagens de serviço como adido militar em Pequim. Em 11 de setembro, ele escapou por pouco da morte quando o voo 77 da American Airlines colidiu com o Pentágono e as ondas de impacto o jogaram contra a parede de seu escritório na ala externa; duas pessoas que trabalhavam nas proximidades morreram. Quando chegou ao Centro de Treinamento

Militar de Cabul, a cena difícil lembrou-o do sofrimento que o Exército Continental de George Washington suportou em Valley Forge durante o inverno de 1777.

"Todo mundo estava tendo noites muito difíceis", disse Eikenberry em uma entrevista de história oral ao Exército. "Foi um conjunto extraordinário de desafios."

Como os afegãos não tinham dinheiro, coube aos Estados Unidos e a seus aliados pagar pelo novo exército e lhes fornecer os treinadores e o equipamento. A Alemanha, aliada da Otan, com a ajuda do Departamento de Estado e de outros países, concordou em supervisionar um programa paralelo para recrutar e treinar 62 mil oficiais para uma força policial nacional afegã.

Na primavera de 2003, Eikenberry estabeleceu um novo comando para supervisionar o enorme esforço de treinamento do Exército afegão. Ele o chamou de Força-tarefa Phoenix, para simbolizar o renascimento do Estado afegão das, como ele mesmo disse, "cinzas dos trinta anos de uma guerra muito brutal". Toda a estratégia de guerra dos EUA dependia do programa. Assim que os afegãos pudessem enviar forças de segurança competentes para proteger seu próprio território, os militares norte-americanos e seus aliados poderiam voltar para casa.

Ano após ano, as autoridades norte-americanas garantiam a seu povo que o plano estava funcionando e elogiavam as forças afegãs. Em junho de 2004, o general de três estrelas David Barno, comandante das forças dos Estados Unidos no Afeganistão, gabou-se aos repórteres de que o Talibã e a Al-Qaeda tinham medo de lutar contra o Exército afegão, "porque, quando o fazem, os terroristas ficam em segundo lugar".

Três meses depois, Walter Sharp, general de três estrelas do Exército e diretor de planos estratégicos e políticas do Estado-Maior Conjunto do Pentágono, testemunhou perante o Congresso que o Exército afegão estava "atuando admiravelmente" e o chamou de "o principal pilar" da segurança do país. Em uma série de pontos de discussão divulgados ao mesmo tempo, o Pentágono gabou-se de que o Exército afegão havia se tornado "uma força altamente profissional e multiétnica".

Na realidade, o projeto fracassou desde o início e desafiaria todas as tentativas de fazê-lo funcionar. Washington subestimou enormemente quanto as forças de segurança afegãs custariam, quanto tempo levaria para treiná-las e quantos soldados e policiais seriam necessários para combater a insurgência, cada vez maior, do país.

O governo Bush agravou os erros de cálculo agindo muito lentamente para fortalecer as forças de segurança afegãs durante os primeiros anos da guerra, quando o Talibã representava uma ameaça mínima. Então, depois que o Talibã se recuperou, o governo dos EUA tentou treinar muitos afegãos rápido demais.

"Temos as forças afegãs que merecemos", disse Douglas Lute, um general de três estrelas do Exército que serviu como czar da guerra no Afeganistão na Casa Branca sob os mandatos de Bush e de Obama, em uma entrevista ao Lições Aprendidas. Se o governo dos Estados Unidos tivesse intensificado o treinamento "quando o Talibã estava fraco e desorganizado, as coisas poderiam ter sido diferentes", acrescentou Lute. "Em vez disso, fomos para o Iraque. Se comprometêssemos dinheiro deliberadamente e mais cedo, poderíamos ter um resultado diferente."

O Pentágono também cometeu um erro fundamental ao projetar o Exército afegão como um fac-símile dos militares dos Estados Unidos, forçando-o a adotar regras, costumes e estruturas semelhantes, apesar das grandes diferenças de cultura e de conhecimento.

Quase todos os recrutas afegãos foram privados de educação básica durante as décadas de turbulência do país. Estima-se que de 80% a 90% não sabiam ler nem escrever. Alguns não sabiam contar nem reconheciam cores. Mesmo assim, os norte-americanos esperavam que eles entendessem apresentações em PowerPoint e operassem sistemas complexos de armas.

Mesmo as comunicações simples representavam um desafio. Os treinadores e conselheiros de combate dos EUA precisavam de um grupo de intérpretes que traduzissem o inglês para três línguas afegãs distintas: dari, pashto e uzbeque. Quando as palavras falhavam, as tropas gesticulavam muito com as mãos ou desenhavam na terra.

O major Bradd Schultz, que serviu na Força-tarefa Phoenix em 2003 e em 2004, recordou sobre quando tentava explicar aos soldados afegãos recém-formados como era embarcar em uma aeronave militar. "Quando vocês chegarem lá, haverá uma coisa chamada de helicóptero", disse ele em uma entrevista de história oral ao Exército. "Era tipo: 'Isto é um avião, pode tocar.'"

Em outra entrevista de história oral ao Exército, o major Brian Doyle, instrutor de Geografia da Academia Militar dos Estados Unidos em West Point, contou como foi a tutoria de uma classe de jovens oficiais afegãos em Cabul. Quando ele explicava a importância das marés altas e baixas durante a invasão do Dia D na Normandia, seu intérprete, um médico treinado que Doyle descreveu como "um homem muito inteligente", interrompeu-o e disse: "Marés? O que são marés?" Doyle explicou aos afegãos, sem litoral, que é quando as águas do oceano sobem e descem. "Bem, parecia que eu tinha acabado de lhes dizer que o mundo é redondo, quando pensavam que era plano. Eles ficaram tipo: 'O que você quer dizer com a água sobe e desce?'"

Robert Gates, que mais tarde serviu como secretário de Defesa de Bush e de Obama, disse que as metas dos EUA para as forças de segurança afegãs eram "ridiculamente modestas" durante os primeiros anos da guerra e que o Pentágono e o Departamento de Estado nunca estabeleceram uma abordagem consistente.

"Continuamos mudando os caras que estavam encarregados de treinar as forças afegãs, e, a cada vez que um novo cara entrava, ele mudava a dinâmica do treinamento", disse Gates em uma entrevista de história oral à Universidade da Virgínia. "A única coisa que todos tinham em comum era que estavam tentando treinar um exército ocidental, em vez de descobrir os pontos fortes dos afegãos como povo lutador e, em seguida, construir alguma coisa a partir disso."

No início, o Pentágono enfatizou suas expectativas minimalistas para o Exército afegão ao tentar construí-lo com baixo custo. Em um floco de neve de janeiro de 2002, Rumsfeld julgou como "louco" um pedido do governo interino afegão de US$466 milhões por ano para treinar e equipar 200 mil soldados. Três meses depois, ele enviou um memorando furioso a Colin Powell ao saber que o Departamento de Estado havia comprometido os Estados Unidos a cobrir 20% das despesas do Exército afegão. Rumsfeld achava que os aliados é que deveriam pagar a conta.

"Os EUA gastaram bilhões de dólares para libertar o Afeganistão e lhe fornecer segurança. Estamos gastando uma fortuna todos os dias", escreveu Rumsfeld. "A postura dos EUA deve ser neutra. Já estamos fazendo mais do que qualquer outro."

Powell respondeu em um memorando que era "intrinsecamente simpático" aos argumentos de Rumsfeld, mas ele não recuava: "Reconhecendo que é improvável que outros arquem com esses fardos de forma adequada, a menos que os Estados Unidos liderem o caminho, prometemos fazer nossa parte justa."

Nas duas décadas seguintes, Washington gastaria exponencialmente mais em assistência para o governo afegão: mais do que US$85 bilhões, a maior despesa de toda a extravagância de construção de uma nação.

Durante o governo Bush, acirrou-se o debate sobre o quão grandes deveriam ser as forças de segurança afegãs e quem deveria pagar por elas. "A maneira como tudo é resolvido é a mesma para resolver tudo em Washington — não resolver nada", disse Marin Strmecki, um influente conselheiro civil de Rumsfeld, em uma entrevista ao Lições Aprendidas.

Zalmay Khalilzad, funcionário da Casa Branca de Bush antes de servir como embaixador dos EUA em Cabul de 2003 a 2005, disse que o governo afegão reduziu seu pedido original e solicitou a Washington que pagasse por forças de segurança com 100 mil a 120 mil militares armados. Mas ele disse em uma entrevista ao Lições Aprendidas que Rumsfeld exigiu mais cortes e manteve o programa de treinamento como "refém" até que os afegãos concordassem em limitar o número para 50 mil.

Com o passar dos anos, à medida que o Talibã se fortalecia, os norte-americanos e os afegãos seriam forçados a levantar o limite várias vezes para evitar a derrota na guerra. Por fim, os Estados Unidos pagaram para treinar e manter uma força de segurança afegã com 352 mil pessoas, com cerca de 227 mil alistadas no Exército e 125 mil pertencentes à polícia nacional. "Então estávamos lutando em 2002, 2003, por causa desses números", disse Khalilzad, referindo-se ao limite de 50 mil pessoas de Rumsfeld. "Agora estamos falando sobre Deus sabe o quê, 300 mil ou o que quer que seja."

A disputa política sobre o tamanho das forças de segurança afegãs foi exacerbada por outra lacuna: o governo dos Estados Unidos não tinha habilidade nem capacidade para criar exércitos estrangeiros do zero. Assim como havia se esquecido de como lutar contra uma insurgência desde o Vietnã, os militares dos EUA não construíam nada na escala do Exército afegão há décadas. Os Boinas Verdes se especializaram em treinar pequenas unidades de outros países, não exércitos inteiros. O Pentágono tentou resolver isso de improviso e mostrou sua falta de preparo.

"Não dá para inventar como fazer operações de infantaria no início de uma guerra. Não dá para inventar como fazer artilharia no início de uma guerra", disse Strmecki. "No momento, é tudo *ad hoc*. Não há doutrina, nem ciência. Isso é feito de maneira muito desigual. Criar forças de segurança para outra sociedade é o ato político mais importante que você fará. Isso requer muita reflexão e sofisticação."

Inicialmente, em 2003, o Pentágono designou uma brigada ativa do Exército da 10ª Divisão de Montanha para comandar a Força-tarefa Phoenix. No momento em que estava se estabelecendo, no entanto, o governo Bush decidiu ir à guerra no Iraque, colocando uma pressão imediata sobre as unidades militares de todo o mundo. A brigada da Força-tarefa Phoenix se retirou e foi substituída por uma coleção heterogênea e insuficiente de tropas da Guarda Nacional e reservistas do Exército. "Nossa incapacidade de acompanhar... tornou-se um desafio muito agudo", disse Eikenberry.

Muitos não tinham experiência em treinar soldados estrangeiros e não sabiam o que deveriam estar fazendo no Afeganistão até chegarem lá. O sargento da equipe, Anton Berendsen, disse que estava se preparando para deslocar-se ao Iraque em 2003, quando recebeu ordens de última hora para desviar para o Afeganistão e se juntar à Força-tarefa Phoenix. "Você está no interior e é tipo: 'O que faremos agora?'", disse ele em uma entrevista de história oral ao Exército. "Crescer foi muito difícil."

O major Rick Rabe, engenheiro da Guarda Nacional da Califórnia, chegou ao Centro de Treinamento Militar de Cabul no verão de 2004 para supervisionar o treinamento básico. Sob pressão para produzir mais soldados afegãos, ele triplicou o número de recrutas alistados no programa de doze semanas. Mas os padrões sofreram. Na verdade, havia poucos padrões. Os recrutas podem ser reprovados nos testes de certificação ou desaparecer sem permissão, mas não serão expulsos do campo de treinamento.

"Você não poderia falhar no treinamento básico", disse Rabe em uma entrevista de história oral ao Exército. Qualificações fracas tornaram-se uma piada aberta. "Contanto que conseguissem puxar o gatilho cinquenta vezes, não importava se acertassem em alguma coisa. Contanto que a bala fosse na direção certa, eles eram bons."

Mesmo em condições ideais, os militares norte-americanos vislumbraram que levaria vários anos até que o Exército afegão conseguisse operar por conta própria. No campo, os batalhões afegãos fizeram parceria com as tropas norte-americanas, mas os norte-americanos fizeram a maior parte dos combates. Conselheiros de combate e mentores dos EUA foram incorporados às unidades afegãs para lhes fornecer orientação, mas muitas vezes descobriam que os afegãos não tinham habilidades básicas de combate e que precisavam de treinamento constante.

O major Christopher Plummer, oficial de infantaria, chegou ao quartel-general dos Estados Unidos em Cabul em 2005 para coordenar o treinamento e o campo de batalha do Exército afegão. Depois de ouvir reclamações frequentes sobre a fraca pontaria das tropas afegãs, ele visitou o Centro de Treinamento Militar de Cabul para observar os recrutas no campo de tiro.

"Claro, não foi surpresa para ninguém quando voltei com um relatório dizendo que aqueles caras eram incapazes de atingir um elefante a dez metros", recordou Plummer em uma entrevista de história oral ao Exército. Dos oitocentos recrutas em treinamento básico na época, apenas oitenta passaram no teste de tiro ao alvo — mas, ainda assim, todos tiveram permissão para se formar. "Eles estavam apenas cumprindo as regras", disse ele.

A princípio, o Pentágono equipou o Exército afegão com fuzis AK-47 de fabricação russa: um rifle simples, fácil de usar e praticamente indestrutível. Muitos afegãos estavam familiarizados com a arma, mas, em vez de mirarem com cuidado, eles usaram um método que os conselheiros militares dos EUA ridicularizaram chamando de "entregar para Deus". Os soldados afegãos muitas vezes desperdiçavam toda a sua munição durante um tiroteio sem matar ninguém, forçando as tropas norte-americanas a irem em seu resgate, de acordo com o major Gerd Schroeder, um instrutor itinerante de armas de fogo que foi enviado ao Afeganistão em 2005.

Schroeder certa vez levou um batalhão afegão a um campo de tiro perto de Kandahar para o trabalho de remediação. Adepto do ensino pelo exemplo, ele espetou uma vara comprida em uma melancia e a enfiou no chão. "Você dizia: 'Tudo bem, senhor soldado afegão, agora acerte aquela melancia', e eles atiravam a esmo, deixando a fruta ilesa", disse Schroeder em uma entrevista de história oral ao Exército.

Em seguida, Schroeder pediu a um soldado norte-americano para fazer uma demonstração. "E ele colocou uma bala direto na melancia — um tiro." As lições foram sendo assimiladas aos poucos. "Antes, eles não tinham nenhuma compreensão de tiro ao alvo", revelou ele. "Simplesmente lançavam tantos tiros quanto pudessem para ver se acertavam em alguma coisa."

Alguns soldados afegãos eram combatentes veteranos que tiveram um bom desempenho na batalha. Mas, quando as balas começaram a voar, muitos afegãos foram pegos no momento e esqueceram seu treinamento, disse o tenente-coronel Michael Slusher, oficial da Guarda Nacional do Kansas que integrou uma unidade afegã.

"Eles saem e correm direto para o fogo", contou ele em uma entrevista de história oral ao Exército. "É meio louco, porque o inimigo se sentará nessas posições defensivas e apenas deixará esses caras correrem para cima deles. Eles correrão pela encosta da montanha atrás deles, atirando e gritando. São valentes, mas não é assim que agimos."

O major John Bates, outro guarda nacional que atuou como treinador integrado, elogiou sua companhia afegã, chamando-a de "unidade especial", por ter lutado de forma coesa durante três anos. Mas alguns princípios básicos eram difíceis de aprender. Bates dizia que os assessores dos EUA precisavam ensinar aos afegãos o conceito de cuidar de suas próprias armas, em vez de apenas pegar uma que fosse útil.

"Na verdade, escrevemos seus nomes nas armas para que o primeiro sargento pudesse caminhar pela fileira e vê-los nelas", informou ele em uma entrevista de história oral ao Exército. Outra revelação para os afegãos foi que os uniformes eram de vários tamanhos, e as botas esquerdas tinham um formato diferente das direitas. "Recebemos um carregamento de botas, e aqueles caras nunca tinham medido os pés, então não sabiam quanto calçavam", disse Bates.

Não que isso importasse com os calçados defeituosos que frequentemente recebiam. "No primeiro dia, na metade da missão, a sola das botas saiu completamente", lembra ele.

Ensinar os afegãos a dirigir veículos militares foi outra aventura. "Ou mandavam ver no acelerador ou pisavam com tudo no freio, um ou outro", disse o sargento Jeff Janke, treinador da Guarda Nacional de Wisconsin. "Se eles batessem em algo, não havia nenhuma responsabilidade por isso. O pensamento deles era: 'O treinador me trará um novo. Este está quebrado.'"

Durante a primavera de 2004, o major Dan Williamson, treinador da Força-tarefa Phoenix, precisava mostrar aos soldados afegãos como operar um caminhão de carga de 2,5 toneladas com transmissão manual de 6 velocidades. Ele encontrou um local isolado em uma base militar perto de Cabul, onde nada poderia ser derrubado. Primeiro, os afegãos tentaram aprender a dirigir em linha reta para a frente e para trás, com instrutores norte-americanos no assento do passageiro e intérpretes agarrados à carroceria. Em seguida, praticaram fazer curva em uma pista oval de terra.

"Aqueles caras eram uma ameaça para a sociedade", afirmou Williamson em uma entrevista de história oral ao Exército. "Eles largavam o volante, agarravam o câmbio com as duas mãos e olhavam para a marcha, não para a estrada. Eles não conseguiam engrenar, e os caminhões iam para qualquer lado." Os intérpretes que os acompanhavam, acrescentou, tinham que "ter estômago".

À medida que o Exército afegão se expandia, os Estados Unidos empreenderam uma maratona de construções de bases e quartéis para seus parceiros. Os projetos obedeciam às especificações dos Estados Unidos, mas era comum deixarem os afegãos perplexos.

Um oficial militar dos EUA disse em uma entrevista ao Lições Aprendidas que os afegãos confundiam os mictórios com bebedouros. Banheiros que eles deveriam usar sentados eram outra novidade perigosa. "Percebemos que as mercadorias estavam sendo quebradas porque os soldados se agachavam sobre elas, como costumavam fazer, ou se machucavam ao escorregar e bater com o joelho na parede", disse o major Kevin Lovell, oficial do Corpo de Engenheiros do Exército, em uma entrevista de história oral.

Os toalheiros também não duravam muito. Os afegãos amarravam e torciam as roupas molhadas neles, o que os arrancava das paredes. Eles jogavam roupas encharcadas sobre aquecedores elétricos, causando curto-circuito. Esses problemas poderiam ter sido evitados, disse Lovell, "se tivéssemos tido um pouco menos de arrogância e pensado em como aqueles caras viviam, para seguir seus padrões".

As cozinhas e os refeitórios, com design norte-americano, também não funcionaram. Os afegãos preferiam cozinhar refeições comunitárias em uma panela enorme sobre uma chama aberta, fervendo arroz, carne e outros ingredientes em um único guisado. "Eles ficam parados descalços e usam uma colher gigante para mexer o arroz. Não é muito higiênico", disse o major Matthew Little, outro oficial do Corpo de Engenheiros do Exército, em uma entrevista de história oral ao Exército. Em uma base, cozinheiros afegãos realocaram os fogareiros longe das aberturas de ar instaladas pelo empreiteiro, sem perceber para que serviam.

"A cozinha inteira se encheu de fumaça, que se espalhou pela área de jantar, e as paredes beges ficaram pretas", disse Little. "Você entrava lá e tinha que lavar o uniforme depois."

Em outro caso, ele disse que um líder do Exército afegão pediu para cavar uma trincheira aberta ao longo do chão da cozinha para que os cozinheiros pudessem jogar seus dejetos nela e "simplesmente mandá-los para o sistema de drenagem a jusante. Uma espécie de rio, acho, ou um pequeno riacho que poderia estar no oeste dos velhos tempos".

Os conselheiros e os treinadores de combate dos Estados Unidos deram aos soldados afegãos análises contraditórias sobre a questão mais importante: sua disposição para lutar. Alguns elogiaram sua dedicação e determinação, enquanto outros reclamaram de preguiça e indiferença. Entretanto, dado que a estratégia de guerra dos Estados Unidos dependia do desempenho do Exército afegão, o Pentágono prestou surpreendentemente pouca atenção à questão de saber se os afegãos estavam dispostos a morrer por seu governo.

O absenteísmo era um problema crônico. Depois do acampamento, os soldados geralmente recebiam vários dias de folga antes de terem que se apresentar para o serviço, em um novo local. Muitos recebiam seu primeiro pagamento e desapareciam. Outros apareciam, mas sem uniforme, equipamento ou arma, tendo-os vendido por um dinheiro extra. Um grande número de soldados se apresentava esporadicamente ou tarde. Nenhum batalhão afegão operava com força total, o que só intensificava a pressão para recrutar e treinar substitutos.

O major Charles Abeyawardena, oficial de planejamento estratégico do Centro do Lições Aprendidas do Exército em Fort Leavenworth, Kansas, chegou ao Afeganistão em 2005 para entrevistar conselheiros de combate dos EUA e altos oficiais afegãos sobre suas experiências. Como um aparte, decidiu perguntar aos soldados afegãos de baixo escalão por que eles se alistaram. Ele disse que suas respostas ecoavam aquelas geralmente dadas pelas tropas norte-americanas: salário sólido, servir ao país, oportunidade de fazer algo novo na vida.

Mas, quando perguntou se permaneceriam no Exército afegão depois que os Estados Unidos partissem, as respostas o assustaram. "A maioria, quase todas as pessoas com quem conversei, respondeu: 'Não'", revelou Abeyawardena em uma entrevista de história oral ao Exército. "Eles voltariam a cultivar ópio ou maconha, ou algo assim, porque isso dava dinheiro. Isso me surpreendeu demais."

Por mais difícil que fosse treinar o Exército afegão, as tentativas de criar uma força policial nacional produziram um desastre ainda maior. A Alemanha concordou em supervisionar o treinamento da polícia no início de 2002, mas logo ficou sobrecarregada. O governo alemão investiu dinheiro insuficiente no programa, lutou para encontrar policiais alemães dispostos a irem ao Afeganistão a fim de servir como treinadores e confinou aqueles que o fizeram em uma zona pacífica no norte. Por fim, os Estados Unidos intervieram e assumiram a maior parte da responsabilidade.

De 2002 a 2006, os norte-americanos gastaram dez vezes mais em treinamento policial do que os alemães, mas não tiveram um desempenho melhor. O Departamento de Estado terceirizou o programa para empreiteiros privados, que cobraram altas taxas, mas apresentaram resultados ruins. O treinamento para recrutas da polícia era breve — geralmente, apenas de duas a três semanas —, e o salário, péssimo.

Em parte porque ganhavam pouco, muitos policiais se tornaram chantagistas que extorquiam com subornos as pessoas que deveriam proteger. "Eles são tão corruptos que, se sua casa for roubada e você chamar a polícia... a polícia aparecerá e roubará sua casa pela segunda vez", disse o major Del Saam, um guarda nacional que trabalhou com as forças de segurança afegãs, em uma entrevista de história oral ao Exército.

Autoridades do Pentágono reclamaram que o péssimo programa de treinamento da polícia do Departamento de Estado estava minando a estratégia de guerra. Em fevereiro de 2005, Rumsfeld encaminhou um relatório confidencial à secretária de Estado, Condoleezza Rice, sobre a Polícia Nacional Afegã, ou ANP [Afghan National Police]. O relatório foi intitulado "Histórias de Terror da ANP" e descrevia como a maioria dos policiais era analfabeta, mal equipada e despreparada.

"Por favor, dê uma olhada", escreveu Rumsfeld em um floco de neve que acompanhava o relatório. "Esta é a situação da Polícia Nacional do Afeganistão. Trata-se de um problema grave. Minha impressão é a de que a situação é tão crítica, que estas duas páginas ainda são um eufemismo."

No verão de 2005, os militares dos EUA assumiram a maior parte da responsabilidade pelo treinamento da polícia. Embora o Pentágono tivesse mais recursos e pessoal para lidar com o problema do que o Departamento de Estado, ele não conseguiu desfazer o nó de expectativas que Washington havia criado.

Por um lado, os Estados Unidos e seus aliados queriam impor um sistema de aplicação da lei no estilo ocidental para manter a estabilidade e a ordem. Por outro, o Pentágono queria que a polícia afegã lutasse contra os insurgentes, assim como o Exército fazia, e treinou-a como força paramilitar. De qualquer forma, a noção de um policial uniformizado carregando um distintivo e uma arma para fazer cumprir as leis do estado era estranha para a maioria dos afegãos, especialmente nas áreas rurais.

O major Saam, da Guarda Nacional, disse que os afegãos estavam acostumados a resolver disputas de maneira diferente. "Se você tem um problema, não vai à polícia, mas ao ancião da aldeia", informou. "Ele estabelece as regras à medida que as situações se desenrolam. Não há Estado de direito. Se ele gostar de você, dirá: 'Ei, isso é muito bom'. Se não, dirá: 'Dê-me algumas cabras ou ovelhas, ou o mataremos imediatamente.'"

Em tais situações, códigos de conduta tribais ou religiosos que estavam em vigor por gerações geralmente determinavam os resultados. A inserção de policiais na equação gerou confusão e problemas.

"Eles têm dificuldade em imaginar o que estamos tentando fazer com as forças policiais. Eles não entendem como isso se encaixa em sua cultura", disse Saam. "Os norte-americanos estão tentando forçá-los a algo que entendemos, mas que eles não conseguem visualizar."

Foi um erro que os Estados Unidos repetiram incontáveis vezes.

CAPÍTULO SEIS

Islã Para Leigos

À medida que militares dos EUA se instalavam no Afeganistão, mobilizaram equipes das Forças Especiais para realizar operações para influenciar as emoções, o pensamento e o comportamento dos afegãos comuns e de seus líderes. Conhecidas como operações psicológicas, as táticas eram uma antiga forma de guerra não convencional para moldar a opinião popular em favor dos objetivos norte-americanos e minar a vontade do inimigo de lutar. Boinas Verdes e militares contratados em equipes de operações psicológicas estudaram culturas estrangeiras para que pudessem explorar nuances religiosas, linguísticas e sociais em seu benefício.

Mas os especialistas em operações psicológicas e outros soldados que caíram de paraquedas no Afeganistão estavam operando no escuro. Anos após o início da guerra, as Forças Armadas dos EUA quase não tinham um pessoal uniformizado que falasse dari ou pashto fluentemente. Poucos soldados tinham ao menos uma noção remota da história do Afeganistão, de seus costumes religiosos e de sua dinâmica tribal.

Quando o major Louis Frias, oficial do 8º Batalhão PSYOP de Fort Bragg, Carolina do Norte, foi enviado ao Afeganistão, em julho de 2003, ele se preparou lendo o livro *Islam For Dummies* [publicado no Brasil como *Islã Para Leigos*, pela editora Alta Books] durante o voo. Ele aprendeu sozinho algumas frases em dari, mas as distorcia tanto que os afegãos imploravam que ele falasse apenas inglês. "Eu me senti um idiota", revelou ele em uma entrevista de história oral ao Exército.

Frias liderou uma pequena equipe de operações psicológicas que trabalhou na embaixada dos Estados Unidos e distribuiu roteiros e pôsteres de rádio para construir apoio para os princípios democráticos e as forças de segurança afegãs. Mas o maior projeto da equipe era a criação de uma história em quadrinhos. A ideia partiu de um soldado que Frias conhecera no refeitório, que a sugeriu como forma de manipular a mente dos jovens afegãos. Então, a equipe de operações psicológicas decidiu criar uma história em quadrinhos sobre a importância do voto, centrada em uma história sobre crianças jogando futebol, porque, como Frias dissera, "o futebol é fundamental no Afeganistão".

Na história em quadrinhos, um grupo de crianças de diferentes tribos e grupos étnicos chutava uma bola quando um velho sábio aparecia com um livro de regras. Símbolo da nova Constituição afegã, o livro de regras não apenas ditava como as crianças deveriam jogar, mas também apresentava um novo processo para escolher um capitão de equipe — por meio do voto.

"Todas as crianças diziam que seriam o líder, e o velho sábio chegava e dizia: 'Vocês precisam votar em uma pessoa para ser o líder do time de futebol'", disse Frias. "Essa era a história do nosso gibi." A equipe mostrou rascunhos dos quadrinhos para crianças que frequentavam as feiras, e elas deram "um bom *feedback*", de acordo com Frias.

Mas o projeto encontrou atrasos e obstáculos burocráticos. Diplomatas da embaixada dos Estados Unidos e comandantes militares de Cabul e Bagram insistiam em revisar as ilustrações. "Todos queriam dar um pitaco", disse Frias. Quando sua viagem de seis meses terminou, e ele voltou para Fort Bragg, a revista em quadrinhos ainda não tinha sido impressa, e ele nunca chegou a ver a versão final. "Disseram-me que ia para a produção", contou ele. "O que não sei é qual efeito teve."

Uma segunda equipe de operações psicológicas baseada em Bagram também aproveitou o futebol como meio de propaganda. A partir de 2002, a equipe de Bagram distribuiu mais de mil bolas de futebol com a bandeira afegã preta, vermelha e verde, e a frase "paz e unidade" em dari e pashto. As bolas se tornaram um sucesso entre os jovens de todo o país, e a equipe de operações psicológicas considerou o programa um grande sucesso.

Outros tiveram suas dúvidas. O general de divisão do Exército Jason Kamiya, comandante das forças norte-americanas em Bagram de 2005 a 2006, encontrou as bolas de futebol um dia e decidiu fazer um experimento.

Ele levou um par de bolas em uma viagem à província de Paktika, no leste do Afeganistão. Quando uma multidão de crianças se reuniu em torno de seu jipe, ele lançou uma das bolas de futebol. Enquanto as crianças a chutavam alegremente, Kamiya percebeu que nenhuma delas se preocupara em olhar para a bandeira ou para a frase "paz e união" gravada nas bolas.

Ao retornar a Bagram, ele aconselhou a tripulação de operações psicológicas a repensar suas táticas e usar o bom senso. "Eu disse: 'Olha, rapazes, nosso trabalho no Afeganistão não é treinar o próximo time de futebol olímpico afegão, certo?", afirmou ele em uma entrevista de história oral ao Exército. "A bola de futebol é um meio de passar a mensagem. Não é *a* mensagem."

Mas, em vez de abandonarem a propaganda do futebol, os agentes da equipe de operações psicológicas voltaram a se comprometer com ela. Eles desenharam outra bola, com as bandeiras de vários países, incluindo a da Arábia Saudita, que representa a declaração de fé do Alcorão em escrita árabe. Esperando que os novos itens fossem altamente populares, as equipes de operações psicológicas distribuíram amplamente as bolas de futebol e até mesmo as jogaram de helicópteros — o que só serviu para desencadear protestos públicos de afegãos furiosos que achavam que colocar palavras sagradas em uma bola era um sacrilégio.

"Um versículo do Alcorão em algo que você chuta seria um insulto em qualquer país muçulmano", disse Mirwais Yasini, membro do Parlamento afegão, à BBC. Os militares dos EUA foram forçados a apresentar um pedido público de desculpas.

As equipes de operações psicológicas não foram as únicas que tiveram dificuldades para compreender o Afeganistão. Ignorância cultural e mal-entendidos atormentaram unidades militares dos EUA durante toda a guerra, dificultando sua capacidade de conduzir operações, coletar inteligência e fazer julgamentos táticos. A maioria das tropas ficou posicionada na zona de guerra por seis a doze meses. Quando começavam a se sentir confortáveis em seus arredores, geralmente era hora de ir para casa. Seus substitutos não treinados repetiam o ciclo, ano após ano.

As tropas deveriam receber um pouco de instrução sobre línguas afegãs, costumes e tudo o que, segundo a cultura, deve-se ou não fazer, antes de saírem dos Estados Unidos. Mas, em muitas instalações militares, os oficiais disseram que tal treinamento era inútil ou adaptado às massas maiores de tropas que se dirigiam ao Iraque, com base na suposição equivocada de que as pessoas de todos os países muçulmanos distantes eram iguais.

Em 2005, o major Daniel Lovett, oficial de artilharia de campo da Guarda Nacional do Tennessee, apresentou-se ao treinamento pré-desdobramento em Camp Shelby, uma ampla base no sul do Mississippi que datava da Primeira Guerra Mundial. Durante a aula de conscientização cultural, o instrutor abriu a apresentação em PowerPoint dizendo: "Tudo bem, quando vocês chegarem ao Iraque..." Lovett interrompeu-o para dizer que sua unidade estava indo para outra guerra, mas o instrutor rebateu: "Ah, Iraque, Afeganistão. É a mesma coisa."

A indiferença irritou Lovett, que havia sido designado para servir como conselheiro do Exército afegão e ansiava por boas ideias. "Nossa missão era toda voltada para a conscientização cultural", disse ele em uma entrevista de história oral ao Exército. "Nossa missão era desenvolver relacionamentos pessoais... para termos legitimidade e credibilidade com relação às pessoas com quem tentávamos trabalhar. Vou lhe dizer que foi difícil. Foi um trabalho difícil. Estávamos preparados para ir e fazer aquilo? Devo dizer que, naquela época, absolutamente não."

O treinamento em outras bases geralmente não era melhor. James Reese, o major do Exército escolhido para servir em uma força-tarefa de Operações Especiais no Afeganistão, disse que os instrutores em Fort Benning, Geórgia, tentaram ensinar árabe — amplamente falado no Iraque, mas uma língua estrangeira no Afeganistão —, em vez de dari ou pashto. "O treinamento geral", disse ele, "foi um desperdício".

O major Christian Anderson disse que o treinamento em Fort Riley, um posto do Exército nas planícies do Kansas, "foi horrível" e não fez nada para prepará-lo para a tarefa de assessorar uma unidade da polícia de fronteira afegã. Só da perspectiva geográfica, ele já pensava que o treinamento tático pré-implantado era uma tolice.

"Eu acreditava que precisávamos treinar nosso pessoal para aquilo que de fato encararíamos. O Afeganistão tem muitas montanhas, certo? Tora Bora, Hindu Kush, todas essas coisas — montanhas", disse Anderson em uma entrevista de história oral ao Exército. "O Afeganistão não tem pântanos, então por que treinávamos unidades em Fort Polk, Louisiana? Por que treinávamos... em Fort Riley, que era tão plano quanto uma mesa de jantar?"

As lições que abordavam as peculiaridades culturais do Afeganistão, em oposição ao Iraque, eram desatualizadas ou simplesmente ridículas.

O major Brent Novak, membro do corpo docente de West Point que serviu como instrutor convidado em uma academia militar em Cabul, compareceu ao treinamento de pré-desdobramento em Fort Benning, em 2005. Ele teve que assistir a aulas sobre sobrevivência a ataques nucleares, químicos e biológicos — embora tais ameaças não existissem no Afeganistão. A cultura afegã recebeu apenas uma menção superficial.

Um *slide* de PowerPoint de Fort Benning advertia sobre fazer sinal de positivo com o polegar, porque os afegãos o consideravam um gesto rude. "Quando cheguei lá, porém, as crianças me davam sinal de positivo, e fiquei tipo: 'Nossa, essas crianças querem me ofender?'", lembrou Novak em uma entrevista de história oral ao Exército. Depois de suportar uma enxurrada de polegares erguidos, o norte-americano, totalmente leigo, perguntou a um intérprete o que ele havia feito para ser ofendido. O tradutor explicou pacientemente que um polegar para cima significava "bom trabalho" ou "vá em frente".

Em retrospecto, os oficiais disseram que gostariam que alguém lhes tivesse ensinado as boas maneiras afegãs: desenvolver relacionamentos pessoais, aprender algumas palavras da língua, evitar gritar ou perder a cabeça e aceitar ofertas para beber chá.

O major do Exército Rich Garey, que liderou uma companhia de soldados no leste do Afeganistão em 2003 e em 2004, disse que demorou um pouco para aprender a desacelerar. "Entrávamos caçando, rastreávamos o ancião da vila e perguntávamos onde os bandidos estavam. Sempre nos diziam que não havia bandidos lá, embora estivéssemos muito perto da fronteira com o Paquistão", disse ele. "Obviamente, havia bandidos, mas não agíamos da maneira certa para obter esse tipo de informação."

Em outra entrevista de história oral ao Exército, o major Nikolai Andresky disse que lamentava não ter aprendido mais sobre os ritmos básicos da sociedade afegã antes de ser destacado, em 2003, para treinar soldados afegãos. Finalmente, ocorreu-lhe que precisava trabalhar no ritmo dos afegãos, em vez de esperar que eles se adaptassem às formas norte-americanas de agir.

"Se você tivesse me dito que não existia tal coisa como uma reunião de uma hora no Afeganistão, eu não teria acreditado em você. Depois de ter estado lá, sei que é verdade. Não é nada parecido. Se houver uma reunião, ela deve durar pelo menos três horas", disse Andresky. "Eles começam agradecendo a Alá e então basicamente agradecem a todos entre Alá e eles na cadeia de comando. Todo palestrante faz isso, então, se tirasse essa parte, provavelmente economizaria cerca de duas horas. Eu só queria ter um melhor entendimento da cultura."

As tropas norte-americanas, geralmente com pressa, achavam difícil suprimir sua impaciência e se controlar. "O tempo é crucial para os norte-americanos", disse o major William Woodring, oficial da Guarda Nacional do Alasca, em uma entrevista de história oral ao Exército. "O tempo lá, entretanto, não significa nada. Tentávamos forçá-los a fazer coisas em nosso tempo, o que eles não entendiam. Muitos deles nem tinham relógio, tampouco sabiam ver as horas. Tentávamos forçá-los a partir para uma missão em um determinado momento, e eles não conseguiam entender por quê. 'Por que temos que sair nessa hora?'"

Como instituição, os militares dos EUA enfatizaram a importância de mostrar respeito pelo Islã, a religião oficial do Estado do Afeganistão, onde cerca de 85% da população era muçulmana sunita. Mas a falta sistêmica de educação cultural e religiosa fez com que alguns soldados dos EUA tivessem visões estereotipadas ou preconceituosas dos afegãos.

"A cultura de desonestidade e de corrupção parece prevalecer em culturas muçulmanas há milhares de anos", disse o major Christopher Plummer, que serviu em 2005 como oficial de treinamento e campo do Exército afegão, em uma entrevista de história oral ao Exército.

Outros viam o Islã como intolerante e concluíam que era impossível superar as diferenças. "No mundo islâmico, é do jeito deles ou a morte. Todo mundo que não é muçulmano é um infiel, de acordo com seu Maomé", disse John Davis, um oficial aposentado do Exército que serviu como mentor para o Ministério da Defesa do Afeganistão, em uma entrevista de história oral ao Exército. "Temos que superar o aspecto religioso, mas ele está ligado ao Talibã, que afirma estar tentando manter uma abordagem purista e fundamentalista do Islã para controlar o país e se livrar dos infiéis."

No entanto, muitas tropas desenvolveram uma visão mais matizada. Embora os afegãos fossem fortemente identificados como muçulmanos, Thomas Clinton, major da Marinha, percebeu que isso não significava necessariamente que eles fossem profundamente devotos. "Eles são como qualquer outro religioso dos EUA", disse ele em uma entrevista de história oral ao Exército. "Há católicos, batistas e protestantes ultrarradicais, e aqueles que dizem que foram criados em uma certa religião, mas não vão mais à igreja." Dos jovens soldados afegãos que treinou, ele disse que apenas alguns oravam cinco vezes por dia ou iam à mesquita regularmente.

Com a notável exceção de Zalmay Khalilzad, o afegão-americano que serviu como embaixador por quase dois anos, a maioria dos diplomatas norte-americanos também estava em território desconhecido. Como a embaixada dos Estados Unidos foi fechada de 1989 a 2002, quase ninguém havia visitado o Afeganistão antes da invasão dos Estados Unidos.

O Departamento de Estado contou com vários especialistas regionais em suas fileiras que serviram em outras partes do sul e da Ásia Central, mas poucos se ofereceram para ir a Cabul. Para preencher o vazio, foi convocada uma combinação de novatos do Serviço de Relações Exteriores e de veteranos, que foram convencidos a voltarem à ativa.

"A própria embaixada era uma organização muito, muito pequena, muito jovem, com um número extraordinariamente limitado de pessoas que não tinham uma grande experiência", disse o general de três estrelas David Barno, comandante militar dos EUA de 2003 a 2005, em uma entrevista de história oral ao Exército. Como as tropas, os diplomatas normalmente cumpriam curtos períodos de seis a doze meses antes de seguirem em frente. Como resultado, a sabedoria veterana na embaixada era perpetuamente escassa.

Muitos afegãos acharam a desconexão cultural igualmente chocante, especialmente aqueles das áreas rurais, que raramente viam o mundo exterior e nunca assistiam à televisão norte-americana ou aos filmes de Hollywood. A visão de soldados norte-americanos blindados e vestidos com camuflagem, com óculos reflexivos enrolados em seus rostos e fios saindo de suas cabeças, evocava uma aura extraterrestre.

"Para provavelmente 90% a 95% dos afegãos com os quais interagi, poderíamos muito bem ser alienígenas", disse o major Clint Cox, oficial do Exército que serviu em Kandahar. "Eles pensavam que podíamos ver através das paredes com nossos óculos de sol."

O major Keller Durkin, que foi enviado duas vezes ao Afeganistão com a 82ª Divisão Aerotransportada, disse que foi difícil causar uma boa primeira impressão para os afegãos. "Uma das coisas em que acredito firmemente é que um norte-americano todo preparado para a guerra se parece com os stormtroopers de *Star Wars*, e essas podem não ser as melhores pessoas para tentar conquistar corações e mentes", disse ele em uma entrevista de história oral ao Exército.

O major Alvin Tilley, soldado afro-americano, lembrou-se de ter passado por aldeias em que as pessoas nunca haviam visto uma pessoa de pele negra antes. "As crianças olhavam para mim tipo: 'Ah, meu Deus. O que é isso?!' Elas esfregavam os rostos, e perguntei ao meu intérprete o que elas estavam fazendo, então ele me disse: "Ah, elas pensam que a sua cor desbota."

Morador de uma cidade nos Estados Unidos, Tilley disse que ficou igualmente surpreso ao ver tantas cabanas de barro primitivas sem eletricidade ou água. "Você caminha por lá e sente que Moisés vai aparecer andando pelas ruas", disse ele. "Aquilo foi mais um choque cultural do que qualquer outra coisa."

Entre os lugares que evocaram imagens do Antigo Testamento para os soldados norte-americanos, estava a província de Uruzgan, no centro-sul do Afeganistão. Rodeada por cadeias de montanhas e terreno desidratado, Uruzgan ardia quente no verão e congelava no inverno. Os agricultores ganhavam a vida cuidando de lotes de ópio tolerante à seca. Lar de tribos conservadoras pashtun, o filho mais famoso da província era o mulá Mohammed Omar, o líder espiritual caolho do Talibã.

O major do Exército, William Burley, líder da equipe de assuntos civis, entregou uma ajuda humanitária à região rural de Shin Kay de Uruzgan em 2005. Ele disse que os moradores carentes de lá tinham poucas fontes de água e estavam tão isolados que era comum os jovens se casarem com seus primos.

"Odeio dizer isso, mas havia muitos problemas por consanguinidade. O chefe do distrito tinha três polegares", disse ele em uma entrevista de história oral ao Exército.

Como oficial das Forças Especiais, Burley estava isento dos padrões normais de higiene do Exército, então ele deixou crescer tantos pelos faciais quanto possível, para se adequar aos habitantes locais. "Teria sido uma gafe cultural séria eu não ter barba", acrescentou. "Eles conseguiam agarrar meu queixo, e, na cultura deles, se você consegue agarrar a barba, pode confiar no cara."

Outros exercícios de construção de confiança foram mais difíceis para os norte-americanos abraçarem. Em todo o país, anciãos tribais e militares afegãos demonstravam sua amizade e sua fidelidade caminhando de mãos dadas com outros homens. As tropas norte-americanas tinham que aceitar o gesto quando oferecido ou arriscariam ofender seus anfitriões.

"Um homem norte-americano andar pela cidade segurando a mão de outro homem? Sim, isso era...", disse o major do Exército Christian Anderson, o oficial que treinou a polícia de fronteira afegã, fazendo uma pausa para buscar a palavra certa. "Mas eu fazia aquilo porque era insultante não o fazer."

Sob uma perspectiva norte-americana, pode ser difícil dizer quando a prática era platônica ou quando representava outra coisa. A homossexualidade fora proibida pelo Talibã e considerada tabu entre os adultos, mas não era incomum que homens afegãos com posses cometessem uma forma de abuso sexual conhecida como *bacha bazi*, ou jogo de rapazes.

Oficiais militares afegãos, senhores de guerra e outros detentores de poder proclamavam seu status mantendo secretários ou outros tipos de serventes adolescentes do sexo masculino como escravos sexuais. As tropas norte-americanas se referiam à prática como "quinta-feira do amor ao homem", porque os pederastas afegãos forçavam os meninos a se fantasiarem ou a dançarem nas noites de quinta-feira, antes do início do fim de semana afegão. Embora os soldados norte-americanos tenham ficado nauseados com o abuso, seus comandantes os instruíram a olhar para o outro lado, porque não queriam perder aliados na luta contra o Talibã.

O major Woodring, oficial da Guarda Nacional do Alasca, disse que a quinta-feira de amor ao homem foi um choque quando ele se juntou ao Exército afegão por um ano como treinador. "Compreender todo o estilo de vida dos afegãos foi um desafio", revela ele. Os soldados norte-americanos tiveram dificuldade em reconhecer como os homens afegãos podiam ter opiniões extremamente conservadoras sobre as mulheres, mas flertar com outros homens e ostentar que faziam sexo com meninos.

"Você precisava colocar seus sentimentos de lado e entender que aquele não era o seu país", disse Woodring. "Você tinha que aceitar o que eles faziam e não expressar seus sentimentos pessoais sobre a cultura deles. Olhar para mulheres é proibido. Mesmo se um jovem de 17 anos olhar para uma mulher, pode ser morto por isso. Nada disso nos foi ensinado, entretanto, em nenhum de nossos treinamentos. Você precisava entender que as pessoas podiam bater em você."

Quando se tratava de receber uma proposta de casamento, os fatores de risco incluíam uma aparência bem jovem e um barbear liso — características que se aplicavam à maioria das tropas norte-americanas (quase 90% eram homens).*

O major Randy James, oficial de inteligência da aviação, relembrou um encontro tenso em 2003, quando um afegão se aproximou de um soldado norte-americano com cara de bebê em sua unidade e declarou: "Você é minha esposa." Felizmente, o incidente não explodiu em violência.

"Não saiu do controle; nada de ruim aconteceu", disse James em uma entrevista de história oral ao Exército. "Mas não foi um momento feliz para ele ou para qualquer outra pessoa ao redor."

---

* As mulheres desempenharam um papel crucial na guerra, com muitas servindo em funções de combate. Em agosto de 2020, 55 mulheres soldados norte-americanas foram mortas no Afeganistão e mais de 400 foram feridas, de acordo com o Departamento de Defesa.

CAPÍTULO SETE

Jogando dos Dois Lados

E m 2003, enquanto o Talibã e a Al-Qaeda intensificavam seus ataques repentinos contra os Estados Unidos e as forças aliadas, não havia mistério quanto à origem dos guerrilheiros. Eles se reagruparam do outro lado da fronteira de 2.500 quilômetros do Afeganistão com o Paquistão.

A maioria se escondeu nas remotas áreas tribais pashtuns do Paquistão, que historicamente resistiram à autoridade dos funcionários do governo em Islamabad e, antes deles, dos vice-reis coloniais britânicos. Para os insurgentes, era o refúgio perfeito, cercado por montanhas e desertos. Também estava fora do alcance das tropas norte-americanas, que foram proibidas de entrar em território paquistanês soberano.

Para as forças dos EUA estacionadas ao longo da fronteira, as restrições as ataram em um jogo interminável de gato e rato. Mas havia um problema mais fundamental: de que lado estavam os paquistaneses afinal?

A resposta ficou bastante clara em 25 de abril de 2003, um dia ensolarado de primavera, quando alguns homens fortemente armados vestidos de preto passaram pela cidade paquistanesa de Angur Ada, a 2.260 metros de altitude. Os homens armados desapareceram em meio à mata rasteira ao longo de uma serra do lado afegão da fronteira. A cerca de 6 quilômetros de distância, em um minúsculo posto avançado do Exército dos EUA, chamado de Base Shkin, o então capitão Gregory Trahan, comandante de companhia da 82ª Divisão Aerotransportada, estava lendo um livro com sua bebida em punho.

Tinha sido um dia tranquilo em Shkin, nomeada em homenagem a uma aldeia afegã próxima e posicionada estrategicamente perto de um posto de controle de fronteira no estado de Paktika. A base ficava empoleirada em uma encosta para que os cerca de cem soldados dos EUA estacionados lá pudessem vigiar os infiltrados do Talibã se esgueirando do Vaziristão do Sul. A base quadrada cobria uma área de terra com a metade do tamanho de um campo de futebol. Além das torres de vigia em cada canto, o complexo era protegido por muralhas de lama seca de 1 metro de espessura, arame farpado triplo e paredes antiexplosão cheias de rocha. Tais barreiras eram conhecidas como barreiras HESCO.

Trahan e seus soldados da Companhia Bravo, 3º Batalhão, estavam em Shkin havia seis semanas e tinham criado uma rotina de patrulhas. Depois do almoço, um soldado entrou nos aposentos de Trahan para dizer que ele precisava ir ao centro de operações táticas. O capitão largou o livro para descobrir o que estava acontecendo.

Um drone Predator da CIA orbitando no alto avistou os homens armados vestidos de preto. Os analistas de inteligência presumiram que eles eram hostis. Trahan imaginou que poderiam ser os mesmos guerrilheiros que haviam disparado foguetes de 107mm contra Shkin vários dias antes, do topo de uma colina próxima ao lado afegão da fronteira. Os foguetes chegaram perto o suficiente para quebrar janelas, embora ninguém tenha se ferido. Ele sabia que seria difícil capturar os insurgentes, mas decidiu tentar mesmo assim.

Trahan organizou uma patrulha de cerca de vinte soldados norte-americanos e vinte combatentes aliados de uma milícia afegã local, e saiu em um comboio de Humvees e caminhões. Eles se registraram na estação de controle de fronteira e pararam em algumas casas próximas, mas nenhum dos moradores relatou ter visto nada.

"Do momento em que saímos até o momento em que revistamos aquelas poucas casas, cerca de uma hora e meia se passou — e eu estava pronto para partir, pensando que nada sairia dali", disse Trahan em uma entrevista de história oral ao Exército. O crepúsculo se aproximava, mas ele decidiu que a patrulha deveria explorar o local em que os insurgentes haviam lançado foguetes da última vez. "Era em um terreno acidentado, mas podíamos levar veículos até lá", afirmou ele.

Enquanto a patrulha subia a sinuosa trilha de terra colina acima, um dos caminhões quebrou. Os outros três veículos continuaram subindo. A patrulha desceu e avançou lentamente em três direções. A mata rasteira e as depressões no terreno obscureciam seus campos de visão. Liderando um grupo, Trahan avistou um acampamento com cantis de água, sacos de estopa e um esconderijo de foguetes de 107mm. De repente, o ar explodiu em um tiroteio de fogo de armas pequenas. "Parecia que estávamos completamente cercados, e eu não tinha ideia de onde aquilo vinha", disse ele.

Enquanto os norte-americanos e seus aliados afegãos lutavam para se proteger, o inimigo os derrubou de várias direções com fuzis AK-47, granadas e pelo menos uma metralhadora pesada. Trahan se esquivou de uma granada, mas tiros de AK-47 o atingiram uma vez no capacete, arranhando seu crânio; duas vezes na perna direita; e uma vez na perna esquerda. Quando ele foi atingido, outros soldados viram uma névoa vermelha jorrar de trás de seu corpo.

As tropas norte-americanas pediram ajuda pelo rádio e pediram fogo de morteiro da base de Shkin para tentar escapar da emboscada. Era arriscado, visto que os guerrilheiros inimigos haviam se aproximado e estavam a menos de 10 metros de seus veículos.

O bombardeio funcionou, forçando os atacantes a recuarem e dando à patrulha uma chance de se reagrupar. No momento em que reuniram os caídos e rolaram colina abaixo em segurança, viram que sete norte-americanos estavam gravemente feridos.

Trahan sobreviveu, mas dois morreram mais tarde: o soldado Jerod Dennis, jovem de 19 anos de Antlers, Oklahoma, uma cidade pequena onde concluíra o colégio 10 meses antes; e o aviador de primeira classe da Força Aérea, Raymond Losano, um controlador aéreo tático de Del Rio, Texas, que acabara de comemorar seu aniversário de 24 anos em Shkin e tinha deixado uma mulher grávida e uma filha de 2 anos.

Os helicópteros evacuaram Trahan e os outros feridos de Shkin. Trahan passou por várias cirurgias, mas uma lembrança dolorosa da emboscada permaneceu com ele por muito tempo depois do fim da luta: o papel hostil não oficial do Paquistão na guerra.

Quando o inferno começou, no topo da colina, os guardas de fronteira do Paquistão posicionados no posto de controle, a 1.500 quilômetros de distância, entraram na luta disparando granadas propelidas por foguetes, tratando os insurgentes como amigos e as forças norte-americanas como inimigas. "Acho que os paquistaneses pensaram que estávamos atirando neles — e começaram a atirar em nossa formação", disse Trahan.

De que lado o Paquistão estava foi uma dúvida que atormentou os norte-americanos por duas décadas. Não importava quantas tropas o Pentágono enviasse ao Afeganistão, ou quantas bases de fogo construísse, o fluxo de insurgentes e armas do Paquistão para a zona de guerra continuava aumentando. A fronteira entre Afeganistão e Paquistão, equivalente à distância entre São Paulo e Recife, era impossível de isolar. O terreno era um paraíso para contrabandistas, com as montanhas Hindu Kush se elevando mais alto do que as Montanhas Rochosas.

Além dos desafios geográficos, os analistas militares dos EUA e a CIA tiveram uma grande dificuldade em discernir as raízes organizacionais da insurgência dentro do Paquistão e em determinar quem, exatamente, estava fornecendo ao Talibã dinheiro, armas e treinamento. Mas o suprimento de combatentes que cruzam a fronteira nunca acabou, e o governo do Paquistão não foi capaz — ou não quis — impedi-lo.

"Se estivéssemos lá para matar ou capturar remanescentes do regime do Talibã e da Al-Qaeda, o maior desafio seria obter informações oportunas e precisas", disse Trahan. Relatórios de inteligência de quartéis-generais militares, acrescentou ele, "inevitavelmente diziam que eles pensavam que havia uma área que permitia aos caras circularem livremente pela fronteira. Bem, aqueles caras não faziam apenas isso. Eles eram financiados de alguma forma, recebiam equipamentos, eles tinham que comer. Em outras palavras, era um sistema. Como atacaríamos aquele sistema? Acho que nunca tivemos respostas para essas perguntas".

No caso do tiroteio de abril de 2003, que feriu Trahan e matou dois soldados norte-americanos, as respostas sobre quem era o responsável demoraram quase uma década para aparecer, e apenas por acaso.

Em 2011, as autoridades italianas prenderam um refugiado do Norte da África com um passado itinerante, que admitiu ser um agente da Al-Qaeda. Ibrahim Suleiman Adnan Harun, 40 anos, viajou para o Afeganistão antes dos ataques do 11 de Setembro e passou por uma sequência de campos de treinamento da Al-Qaeda. Após a invasão norte-americana, ele cruzou a fronteira do Paquistão para o Vaziristão, onde se reportou a Abdul Hadi al-Iraqi, um adjunto sênior de bin Laden, e ajudou a liderar a emboscada contra as tropas norte-americanas perto de Shkin. Harun foi ferido no ataque e fugiu de volta para o Paquistão. Mas ele abandonou um Alcorão de bolso e um diário no topo da colina. Mais tarde, os investigadores confirmaram que as impressões digitais no livro sagrado correspondiam às dele.

A Itália extraditou Harun para os Estados Unidos em 2012. Seu julgamento na Corte Federal, na cidade de Nova York em 2017, revelou novos detalhes sobre como a liderança central da Al-Qaeda se refugiara no Paquistão e reconstruíra suas operações lá. O júri ouviu testemunhos sobre como os comandantes da Al-Qaeda recompensaram Harun pelo sucesso da emboscada em Shkin, dando-lhe uma missão mais ambiciosa: construir a rede da Al-Qaeda na África Ocidental e bombardear a embaixada dos EUA na Nigéria. O plano da embaixada falhou, mas o júri condenou Harun por vários crimes relacionados ao terrorismo, incluindo conspiração para assassinar norte-americanos em Shkin. Ele foi condenado à prisão perpétua.*

Ao longo da fronteira, as suspeitas sobre o papel do Paquistão na insurgência se intensificaram depois que a companhia de Trahan e outras unidades da 82ª Divisão Aerotransportada saíram do Afeganistão em 2003 e foram substituídas pela 10ª Divisão de Montanha.

Em agosto de 2003, mais dois soldados norte-americanos foram mortos perto de Shkin durante um tiroteio com insurgentes que haviam cruzado a fronteira. Em setembro, outro soldado norte-americano foi morto durante um tiroteio de doze horas contra dezenas de guerrilheiros da Al--Qaeda e do Talibã; mais uma vez, as forças do governo paquistanês que guardam a fronteira entraram na briga atirando foguetes contra os norte--americanos. Em outubro, dois empreiteiros que trabalhavam para a CIA foram mortos em uma emboscada perto de Shkin por outro grupo de combatentes que havia atravessado o Paquistão.

---

* O julgamento também destacou a pressão sobre as tropas norte-americanas que serviram em várias missões de combate. O Exército enviou Trahan ao Iraque apenas cinco meses depois de ele ter sido ferido em Shkin. O sargento Conrad Reed, que sobreviveu ao impacto direto de uma granada em Shkin, mais tarde foi enviado três vezes ao Iraque e disse ao júri que estava se preparando para retornar ao Afeganistão em 2018. De acordo com as estatísticas do Pentágono, mais de 28 mil soldados foram enviados ao Afeganistão cinco ou mais vezes.

Os militares do Paquistão e sua poderosa agência de espionagem — a Inter-Services Intelligence, ou ISI — tinham uma longa história de apoio a insurgentes no Afeganistão.

Durante a década de 1980, a ISI aliou-se à CIA na operação secreta que canalizava armas para rebeldes afegãos que lutavam contra o Exército soviético. Depois que os russos bateram em retirada, a ISI continuou a apoiar muitos dos mesmos guerrilheiros durante a guerra civil do Afeganistão e ajudou a colocar o Talibã no poder. Na época dos sequestros do 11 de Setembro, o Paquistão era um dos três únicos países — junto com a Arábia Saudita e os Emirados Árabes Unidos — que mantinham relações diplomáticas com o governo liderado pelo Talibã, em Cabul.

Após os ataques terroristas aos Estados Unidos, Washington coagiu o governante militar do Paquistão, general Pervez Musharraf, a romper os laços com o Talibã. Superficialmente, Musharraf fez uma manobra rápida e se tornou um aliado crucial do governo Bush.

Ele permitiu que os militares dos EUA usassem os portos marítimos, as rotas terrestres e o espaço aéreo do Paquistão para chegar ao Afeganistão. Sob sua direção, a ISI trabalhou em conjunto com a CIA para prender vários líderes da Al-Qaeda no Paquistão, incluindo os conspiradores do 11 de Setembro Ramzi Binalshibh e Khalid Sheikh Mohammed. Em troca de recompensas dos EUA, o Paquistão também deteve e entregou centenas de supostos membros do Talibã. Embora muitos tenham sido presos por motivos duvidosos, os norte-americanos os transportaram em massa para a prisão naval dos Estados Unidos, na Baía de Guantánamo, em Cuba.

As autoridades norte-americanas sabiam que Musharraf estava enfrentando pressões em casa para limitar sua cooperação, mas achavam que poderiam influenciá-lo com dinheiro. "Se queremos que os paquistaneses realmente travem a guerra contra o terrorismo onde ele está, que é em seu país, não acham que devemos conseguir uma boa grana para que possamos facilitar a transição de Musharraf de onde ele está para onde precisamos dele?", escreveu Rumsfeld em um floco de neve de 25 de junho de 2002 para Doug Feith, o chefe do setor de políticas do Pentágono.

Para a alegria de Islamabad, a grana acabou sendo generosa: cerca de US$10 bilhões em ajuda em 6 anos, grande parte na forma de assistência militar e contraterrorismo.

Mesmo assim, o governo Bush demorou a reconhecer que Musharraf e a ISI jogavam dos dois lados. Em entrevistas ao Lições Aprendidas, as autoridades norte-americanas disseram que Bush investiu muita confiança pessoal em Musharraf. Disseram que Bush encobriu as evidências persistentes de que os militares paquistaneses regidos por Musharraf ainda apoiavam o Talibã, usando os mesmos canais secretos e táticas que desenvolveram para ajudar os guerrilheiros antissoviéticos durante os anos 1980.

Embora o Paquistão não quisesse alienar Washington, sua elite militar estava determinada a influenciar o Afeganistão em longo prazo e — por causa da política regional e de fatores étnicos — via o Talibã como seu melhor veículo para exercer controle.

O Talibã era composto principalmente de pashtuns afegãos que compartilhavam laços culturais, religiosos e econômicos com 28 milhões de pashtuns que viviam nas áreas tribais do Paquistão. Em contraste, Islamabad não confiava nos senhores da guerra uzbeques, tadjiques e hazaras que compunham a Aliança do Norte do Afeganistão, por causa de seu relacionamento estreito com a arquirrival Índia.

"Por causa da confiança pessoal das pessoas em Musharraf e das coisas que ele continuava a fazer para ajudar a monitorar um bando da Al-Qaeda no Paquistão, houve uma falha em perceber o jogo duplo que ele começou a jogar no fim de 2002 e no início de 2003", disse Marin Strmecki, o conselheiro civil de Rumsfeld, em uma entrevista ao Lições Aprendidas. "Vocês estão vendo os incidentes de segurança começarem a aumentar, e isso está fora dos refúgios seguros. Acho que os afegãos, e o próprio Karzai, estão trazendo isso à tona constantemente, mesmo no início de 2002. Eles estão encontrando ouvidos antipáticos por causa da crença de que o Paquistão estava nos ajudando muito com a Al-Qaeda."

Outras autoridades norte-americanas admitiram não enxergar as intenções do Paquistão porque presumiram erroneamente que o Talibã havia sido derrotado de vez. "Isso acabou se revelando um erro, em grande parte porque descartou a probabilidade de que o Paquistão continuasse a ver o Talibã como um substituto útil e ajudaria essencialmente a ressuscitá-lo", disse James Dobbins, o diplomata dos EUA que ajudou a organizar a Conferência de Bonn, em 2001. "Acho que não foi percebido por ninguém na época. O papel do Paquistão não foi realmente reconhecido em Washington por sete ou oito anos."

As autoridades paquistanesas argumentaram que estavam fazendo grandes sacrifícios em nome de Washington e colocando em risco a estabilidade de seu país. Em dezembro de 2003, Musharraf escapou de duas tentativas de assassinato que o Paquistão atribuiu à Al-Qaeda. Na mesma época, curvando-se à pressão norte-americana, ele enviou 80 mil soldados às áreas tribais para proteger a fronteira. Centenas de soldados paquistaneses foram mortos em confrontos com militantes, desencadeando uma reação política interna. Embora os sacrifícios e desafios de Musharraf fossem reais, eles também facilitaram para que ele e sua liderança militar eliminassem sugestões de que estavam sendo enganosos ou deixando de fornecer ajuda suficiente aos Estados Unidos.

Todo mundo tinha uma teoria sobre quem era o culpado pela insurgência transfronteiriça. O major-general Eric Olson serviu no Afeganistão de 2004 a 2005 como comandante-geral da 25ª Divisão de Infantaria. Em uma entrevista de história oral ao Exército, explicou que havia duas "escolas de pensamento". Uma, segundo ele, "dizia que todos os problemas no Afeganistão estavam ligados ao Paquistão e à sua incapacidade de controlar as províncias fronteiriças. A outra, que todos os problemas no Paquistão tinham origem no Talibã, que nós permitimos sair do Afeganistão".

O major Stuart Farris, oficial das Forças Especiais que se deslocou três vezes para o Afeganistão durante a década de 2000, e compareceu regularmente a conversas tripartites com oficiais militares norte-americanos, afegãos e paquistaneses para discutir problemas de segurança ao longo da fronteira.

"A percepção norte-americana e afegã era a de que os paquistaneses não estavam fazendo o suficiente em seu país para perseguir e atacar esses terroristas — o Talibã e a Al-Qaeda, que afirmamos estarem lá", disse Farris em uma entrevista de história oral ao Exército. Em resposta, "os paquistaneses diriam: 'Eles não estão se escondendo em nosso país. Eles estão se escondendo no Afeganistão. Acho que todos nós sabemos a verdade sobre isso. Isso foi um desafio".

Os comandantes paquistaneses eram militares de carreira cujo porte e as maneiras profissionais geralmente davam a eles um ar de credibilidade. Muitos haviam participado de programas de intercâmbio militar nos Estados Unidos e falavam um inglês com sotaque britânico que, aos ouvidos norte-americanos, soava suave e sofisticado. Nesse sentido, eram um contraste com os oficiais afegãos sem instrução e inexperientes com quem os norte-americanos faziam parceria diariamente.

"Aqueles generais paquistaneses eram bem-educados, bem-vestidos e muito articulados, e então seu homólogo [afegão] vestia um uniforme três vezes maior, um par de botas muito grande e luvas que não lhe serviam", relatou Farris. "Costumávamos nos reunir uma vez por mês. Havia uma sensação de que éramos todos grandes amigos, e todos davam tapinhas nas costas uns dos outros, dizendo a cada um que faríamos as coisas acontecerem. Depois que todos saíssem, no entanto, isso simplesmente voltaria ao *status quo* e nunca mais aconteceria. Isso me deixou com a sensação de que todo o processo era só uma perda de tempo e um monte de conversa barata sem ação."

Apesar das dúvidas de suas tropas em campo, os comandantes militares dos EUA elogiaram os paquistaneses em público. "Gostaria de fazer um grande elogio aos esforços agressivos em andamento do governo e das Forças Armadas do Paquistão para eliminar os santuários terroristas", disse o general Barno, comandante das forças dos EUA no Afeganistão, a repórteres em junho de 2004.

Sete meses depois, em uma entrevista à National Public Radio, Barno minimizou a possibilidade de bin Laden estar escondido no Paquistão, muito menos de que as autoridades possam estar o abrigando. "Acho que isso é muito especulativo em termos de estimativa de onde ele pode estar, mas posso dizer que o governo do Paquistão provou ser um grande aliado aqui", disse ele.

Rumsfeld foi ainda mais efusivo. Em um discurso em agosto de 2004 em Phoenix, o secretário de Defesa elogiou Musharraf, chamando o ditador militar de "corajoso", "atencioso" e "um parceiro excelente nesta guerra global contra o terror". Ele disse que Washington estava "muito feliz" e "muito grata" por Musharraf estar no poder, acrescentando: "Ele tem, sem dúvida, uma das tarefas mais difíceis de qualquer líder governamental que eu possa imaginar."

Em particular, os conselheiros de Rumsfeld o advertiram para que fosse menos crédulo. Em junho de 2006, o secretário de Defesa recebeu um memorando do general da reserva do Exército, Barry McCaffrey, que acabara de retornar de uma viagem de investigação ao Afeganistão e ao

Paquistão. McCaffrey relatou que a intriga sobre os verdadeiros motivos de Islamabad estava correndo solta.

"A questão central parece ser que os paquistaneses estão armando uma traição gigante em que absorvem US$1 bilhão por ano dos EUA à medida que fingem apoiar seus objetivos de criar um Afeganistão estável — enquanto, na verdade, apoiam ativamente as operações transfronteiriças do Talibã (que eles criaram)", escreveu McCaffrey no memorando.

O general não conseguiu responder definitivamente sua própria questão, mas indicou que estava inclinado a dar o benefício da dúvida a Musharraf. "A teia de paranoias e insinuações de ambos os lados da fronteira é difícil de avaliar", acrescentou McCaffrey. "No entanto, não acredito que o presidente Musharaff [sic] esteja jogando um jogo duplo deliberado."

Outros discordaram. Dois meses após o relatório de McCaffrey, Rumsfeld recebeu um memorando secreto de quarenta páginas de Strmecki, que acabara de retornar de sua visita ao Afeganistão para avaliar o estado da guerra. Em seu relatório, Strmecki falou menos sobre o Paquistão.

"O presidente Pervez Musharraf não fez a escolha estratégica de cooperar plenamente com os Estados Unidos e o Afeganistão para suprimir o Talibã", escreveu ele. "Desde 2002, o Talibã tem desfrutado um santuário no Paquistão que possibilitou o recrutamento, o treinamento, o financiamento, os equipamentos e a infiltração de combatentes. A ISI do Paquistão fornece algum apoio operacional ao Talibã, embora o nível em que essa assistência é autorizada dentro do governo paquistanês ainda não esteja claro."

Na maioria das reuniões oficiais, o Paquistão continuou a negar a cumplicidade com o Talibã. Mas ocasionalmente alguns líderes paquistaneses deixaram escorregar sua máscara.

Ryan Crocker, que havia servido brevemente como o principal diplomata dos EUA no Afeganistão em 2002, voltou à região dois anos depois para se tornar embaixador no Paquistão. Em uma entrevista ao Lições Aprendidas, ele disse que seus interlocutores paquistaneses reclamavam que Washington abandonara a região após a retirada soviética do Afeganistão, em 1989, deixando que Islamabad lidasse com a guerra civil que eclodiu na porta ao lado. Essa história, disseram a Crocker, explicava por que o Paquistão havia apoiado o Talibã no passado, embora lhe garantissem que esses dias haviam acabado.

Mas, em uma ocasião, Crocker teve uma conversa excepcionalmente franca com o chefe da ISI: o general de três estrelas Ashfaq Kayani. Fumante inveterado com olhos escuros e esquivos que tendia a resmungar, o espião mestre paquistanês era bem conhecido dos norte-americanos desde o início de sua carreira, quando frequentou a escola de infantaria do Exército dos EUA em Fort Benning, Geórgia, e sua faculdade para funcionários em Fort Leavenworth, Kansas, como oficial de intercâmbio.

Crocker se lembra de ter estimulado Kayani, como sempre fazia, a reprimir os líderes do Talibã que se acreditava terem se refugiado no Paquistão. Em vez de negar sua presença, Kayani pela primeira vez deu uma resposta nua e crua.

"Ele disse: 'Sabe, sei que você acha que estamos limitando nossas apostas, e você está certo. Fazemos isso porque um dia você irá embora novamente, será como o Afeganistão pela primeira vez, terá terminado sua parte, mas ainda estaremos aqui, porque não podemos mudar o país de lugar. E a última coisa que queremos, com todos os nossos outros problemas, é transformar o Talibã em um inimigo mortal; então, sim, estamos limitando nossas apostas."

PARTE TRÊS

O TALIBÃ RETORNA

2006—2008

CAPÍTULO OITO

Mentiras e Rodeios

O homem-bomba chegou à Base Aérea de Bagram em um Corolla, no fim da manhã de 27 de fevereiro de 2007. Ele passou pela polícia afegã no primeiro posto de controle, seguiu pela estrada por mais 400 metros na direção do portão principal e se aproximou do segundo posto controlado por soldados norte-americanos. Em meio a poças de lama e a uma multidão de pedestres e veículos, ele acionou seu colete de explosivos.

A explosão matou dois norte-americanos e um sul-coreano que integrava a coalizão internacional: o soldado Daniel Zizumbo, um rapaz de 27 anos de Chicago que apreciava pirulitos; o sargento Yoon Jang-Ho, o primeiro militar sul-coreano a morrer em um conflito estrangeiro desde a Guerra do Vietnã, e Geraldine Marquez, uma funcionária da Lockheed Martin que acabara de celebrar seu 31º aniversário. A explosão também tirou a vida de vinte trabalhadores afegãos que estavam na base naquele dia em busca de trabalho.

Um convidado VIP, que tentava manter sua presença em Bagram em sigilo, saiu ileso da explosão: o vice-presidente Dick Cheney.

Cheney havia entrado na zona de guerra no dia anterior para uma visita surpresa à região. Vindo de Islamabad a bordo do *Força Aérea Dois*, ele pretendia passar poucas horas no Afeganistão para conversar com o presidente Hamid Karzai. Porém, como o clima ruim impediu sua aterrissagem em Cabul, Cheney teve que passar a noite em Bagram, a cerca de 50 quilômetros da capital. A base ilustrava o aumento da presença de seu governo no Afeganistão: construída em 2001, ela se transformara em uma grande instalação com 9 mil soldados, fornecedores e outros prestadores de serviços.

Poucas horas depois, o Talibã convocou uma coletiva para assumir a responsabilidade pelo atentado e apontar que Cheney fora o alvo. Oficiais norte-americanos receberam a notícia com sarcasmo e acusaram os insurgentes de espalharem mentiras em uma campanha de guerra psicológica. Segundo eles, o vice-presidente estava a 1 quilômetro, na outra extremidade da base, e não correra nenhum risco. Os oficiais afirmaram que o Talibã não poderia ter planejado um ataque contra Cheney em tão pouco tempo, pois a visita não fora divulgada com antecedência e os planos de viagem haviam mudado no último minuto.

"A versão do Talibã, de que o ataque visava a atingir o vice-presidente, é absurda", disse o coronel Tom Collins, porta-voz das forças dos EUA e da Otan.

Mas eram os oficiais norte-americanos que estavam escondendo a verdade.

Em uma entrevista de história oral ao Exército, o então capitão Shawn Dalrymple, comandante de companhia da 82ª Divisão Aerotransportada e responsável pela segurança em Bagram, disse que a notícia da presença de Cheney havia vazado. Segundo ele, o homem-bomba viu um comboio de veículos saindo do portão frontal e se explodiu porque pensou que Cheney estava entre os passageiros.

O erro não foi muito distante da realidade. O vice-presidente partiria para Cabul em outro comboio trinta minutos depois, segundo Dalrymple, que planejara as movimentações de Cheney junto com o Serviço Secreto.

"Os insurgentes sabiam. A notícia estava em todos os jornais, apesar de todo o sigilo", disse Dalrymple. "Eles viram um comboio saindo pelo portão com um utilitário blindado e pensaram que era ele... Isso chamou muita atenção para o fato de que Bagram não era um lugar seguro. Havia uma ligação direta com os insurgentes."

Apesar das declarações públicas, os oficiais norte-americanos ficaram tão preocupados com a possibilidade de o Talibã atacar Cheney na viagem a Cabul, que criaram um estratagema. O plano consistia em sair de Bagram por um portão que raramente era usado. Membros do comboio se deslocariam nos SUVs normalmente reservados para o alto escalão. Cheney viajaria com Dalrymple em um pesado veículo militar equipado com uma metralhadora. "Ninguém imaginaria que ele estaria viajando no blindado", disse Dalrymple.*

Esse plano foi descartado após o atentado suicida. Os oficiais concluíram que viajar pela estrada era arriscado demais para Cheney. Ele então esperou o tempo melhorar e voou até Cabul para a reunião com Karzai. Cheney partiu do Afeganistão naquela tarde em um avião militar C-17, sem mais incidentes.

Mas o episódio marcou a escalada em duas frentes da guerra. Ao tomar como alvo o vice-presidente na fortaleza de Bagram, o Talibã demonstrou sua capacidade de infligir ataques massivos em locais importantes, bem longe dos redutos dos insurgentes no sul e no leste do Afeganistão.

Além disso, ao mentir sobre o risco real que os insurgentes criaram para Cheney, os militares norte-americanos consolidaram seu padrão de enganar o público sobre muitos aspectos da guerra, de eventos discretos à situação geral. As revelações seletivas e egoístas deram lugar a distorções intencionais e, algum tempo depois, a invencionices descaradas.

Para os Estados Unidos e seus aliados da Otan e do Afeganistão, o ano anterior havia sido terrível em todos os sentidos. Em 2006, o número de ataques suicidas aumentou quase cinco vezes, e o número de bombas nas estradas dobrou, em comparação com 2005. Os refúgios do Talibã na fronteira com o Paquistão alimentavam o problema, e Washington não podia fazer quase nada sobre isso. Antes de chegar a Bagram, Cheney teve uma reunião com Pervez Musharraf, presidente do Paquistão, para convencê-lo a eliminar esses locais. O líder paquistanês não ofereceu nenhuma ajuda e disse que seu governo já fizera "o máximo possível".

---

* Um ano após o ataque fracassado a Cheney, o capitão Dalrymple ajudaria a resgatar o homem destinado a se tornar o próximo vice-presidente dos Estados Unidos: Joseph Biden. Em fevereiro de 2008, dois helicópteros Black Hawk transportando três membros do Comitê de Relações Exteriores do Senado — Biden, John Kerry e Chuck Hagel — e outros integrantes da equipe foram forçados a fazer um pouso de emergência em uma tempestade de neve a cerca de 20 quilômetros de Bagram. Dalrymple liderou um comboio terrestre para resgatar os senadores, que estavam visitando a zona de guerra com o major-general do Exército David Rodriguez. O comboio voltou em segurança com os VIPs para Bagram cinco horas depois.

Nessa época, os Estados Unidos estavam se saindo pior na Guerra do Iraque, um conflito bem maior que concentrava 150 mil soldados norte-americanos, um número 6 vezes maior do que no Afeganistão. Em janeiro de 2007, Bush anunciou que enviaria um reforço de 21.500 soldados ao Iraque e pediu ao Congresso que aprovasse US$94 bilhões em despesas emergenciais. Diante da calamidade no Iraque, o governo Bush queria desesperadamente evitar a percepção de outra derrota no Afeganistão.

Consequentemente, com a chegada do ano novo, os comandantes norte-americanos no Afeganistão manifestaram um grau tão alto de otimismo injustificado e infundado, que suas declarações poderiam ser interpretadas como uma campanha de desinformação.

"Estamos dominando a situação", afirmou o major-general Robert Durbin, comandante responsável pelo treinamento das forças de segurança afegãs, a um grupo de repórteres em 9 de janeiro de 2007. Ele ainda mencionou que o Exército e a polícia afegã "seguem demonstrando um grande progresso a cada dia".

O major-general Benjamin Freakley, comandante da 10ª Divisão de Montanha, fez uma avaliação ainda mais otimista algumas semanas depois. "Estamos vencendo", disse ele, em uma coletiva realizada em 27 de janeiro. Apesar do aumento dos atentados a bomba no ano anterior, Freakley afirmou que as forças dos EUA e do Afeganistão haviam obtido um "grande avanço" e "derrotado o Talibã e os terroristas contrários à nação em toda parte". Quanto aos insurgentes, ele disse que os rebeldes "não atingiram nenhum de seus objetivos" e estavam "cada vez mais acuados". Freakley minimizou o aumento dos ataques suicidas, que seriam um sinal de "desespero" do Talibã.

Três dias depois, Karl Eikenberry, agora um general de três estrelas em seu segundo turno no Afeganistão, visitou Berlim a fim de angariar apoio entre os europeus para as forças da Otan. Como comandante de guerra, ele disse que os aliados estavam "bem posicionados para obter sucesso" em 2007 e sugeriu que o Talibã estava em pânico. "Em nossa avaliação, eles estão em uma corrida contra o tempo", acrescentou Eikenberry.

O papo alegre dos generais contrariava um ano de relatórios de inteligência indicando que a insurgência havia ganhado força. As histórias sobre o desespero do Talibã contradiziam totalmente os documentos sigilosos que apontavam a crença inabalável dos guerrilheiros de que a dinâmica e o tempo estavam ao seu lado.

Em fevereiro de 2006, Ronald Neumann, embaixador dos Estados Unidos no Afeganistão, informou autoridades em Washington, por meio de um cabograma diplomático confidencial, sobre o alerta de um confiante líder do Talibã: "Vocês têm todos os relógios, mas nós temos todo o tempo."

A onda de ataques suicidas e bombas nas estradas (táticas importadas do Iraque pelos insurgentes) deixou os oficiais norte-americanos com medo de uma "Ofensiva do Tet em Kandahar", segundo disse uma autoridade não identificada do governo Bush em uma entrevista ao Lições Aprendidas, fazendo referência à violenta campanha das forças norte-vietnamitas que reduziu o apoio à Guerra do Vietnã em 1968. "A virada ocorreu no fim de 2005, e no início de 2006, quando finalmente percebemos que havia uma insurgência capaz de nos infligir uma derrota", afirmou o oficial. "Deu tudo errado no fim de 2005."

Neumann chegou a Cabul para servir como principal diplomata dos Estados Unidos em julho de 2005. Filho de um ex-embaixador dos EUA no Afeganistão, ele havia passado um verão agradável lá em sua juventude, quando, recém-casado, viajou pelo país, acampando e montado em cavalos e iaques durante uma época de paz em 1967. Quando Neumann voltou, 38 anos depois, o Afeganistão já estava em guerra constante havia 25 anos. Ele logo informou aos seus superiores em Washington que a violência estava obviamente prestes a aumentar ainda mais.

"No outono de 2005, o general Eikenberry e eu já havíamos relatado que haveria um aumento muito grande da insurgência no próximo ano, em 2006, e que a situação ficaria muito mais violenta, bem pior", revelou Neumann em uma entrevista para a elaboração de uma história oral da diplomacia. Apesar dessa terrível previsão, Washington hesitou em enviar mais tropas e recursos. Segundo Neumann, ele solicitou US$600 milhões a título de ajuda econômica adicional para o governo afegão, mas o governo Bush aprovou apenas US$43 milhões.

"Ninguém nunca me disse: 'Esse dinheiro vai para o Iraque'", mencionou Neumann. "Mas foi o que aconteceu."

No início, muitas autoridades em Washington não acreditavam que o Talibã representava um perigo sério. Até mesmo alguns líderes militares na zona de conflito subestimavam o Talibã e pensavam que, embora controlasse algumas áreas na zona rural, o grupo não ameaçava em nada o governo de Cabul. "Acreditamos que a força do Talibã foi muito reduzida", disse o general Bernard Champoux, subcomandante de uma força-tarefa dos EUA entre 2004 e 2005, em uma entrevista para a elaboração de uma história oral do Exército.

Paul Toolan, um capitão das Forças Especiais que serviu na província de Helmand em 2005, disse que muitos oficiais dos EUA se equivocavam ao ver a guerra como uma missão de manutenção da paz e reconstrução. Ele tentava explicar a quem quisesse ouvir que o conflito havia se intensificado e que o Talibã consolidara seu poder de fogo. "Se não fizermos do jeito certo, vamos permitir que esses caras façam da nossa vida um inferno por muitos anos aqui", alertou.

Mas o governo Bush minimizou as advertências internas e exaltou a guerra para o grande público. Em uma entrevista concedida em dezembro de 2005 ao apresentador da CNN Larry King, Rumsfeld disse que tudo estava indo tão bem, que o Pentágono logo traria de volta entre 2 mil e 3 mil soldados, cerca de 10% das forças do país no Afeganistão.

"É um resultado direto do avanço que está sendo feito no país", declarou Rumsfeld.

Porém, dois meses depois, o gabinete de Rumsfeld e outras autoridades em Washington receberam mais um alerta confidencial do embaixador em Cabul. Em um cabograma sinistro datado de 21 de fevereiro de 2006, Neumann antecipava que "a violência aumentará nos próximos meses", com mais atentados suicidas em Cabul e em outras grandes cidades. Ele culpava os refúgios do Talibã no Paquistão e advertia que, se esse problema não fosse resolvido, poderia resultar "no ressurgimento da ameaça estratégica que provocou nossa intervenção há quatro anos". Ou seja, um novo 11 de Setembro.

No cabograma, Neumann expressou seu receio pela diminuição do apoio popular caso as expectativas não fossem administradas. "Para mim, era importante preparar o público norte-americano para evitar surpresas e a percepção de uma reviravolta", disse ele em sua entrevista para a história oral da diplomacia.

Mas o público não obteve tanta transparência da administração Bush. Em uma visita presidencial ao Afeganistão pouco após o envio do cabograma pelo embaixador, Bush não mencionou o aumento da violência nem o ressurgimento do Talibã. Ele apenas exaltou melhorias como a implementação da democracia, da imprensa livre, de escolas para meninas e de uma crescente classe empresarial.

"Ficamos impressionados com o progresso do seu país", disse Bush a Karzai em uma coletiva realizada em 1º de março.

Duas semanas depois, em uma teleconferência da Base Aérea de Bagram com os repórteres que cobriam o Pentágono, o major-general Freakley negou que o Talibã e a Al-Qaeda estivessem mais fortes. Os surtos de violência, segundo o general, eram causados pelo clima mais quente e pela ofensiva realizada por suas forças.

"Estamos levando a luta ao inimigo", disse o comandante da 10ª Divisão de Montanha. "Se houver um aumento na violência nas próximas semanas e meses, provavelmente será devido às operações ofensivas realizadas pelo Exército Nacional Afegão, pela Polícia Nacional Afegã e pelas forças da coalizão." Ele acrescentou: "Estou afirmando que o progresso no Afeganistão é estável, e vocês podem confirmar isso."

Em outra coletiva do Pentágono realizada em maio, o major-general Durbin apresentou um relatório otimista sobre o estado das forças de segurança afegãs. Ele disse que as tropas haviam conseguido "desmantelar e destruir" seus inimigos e que o Exército afegão obtivera um avanço "notável" no recrutamento.

O general de duas estrelas fechou sua apresentação com elogios às forças afegãs e convidou os jornalistas a visitarem o país para ver com seus próprios olhos. "Acredito que vocês ficarão tão impressionados quanto eu com o progresso", disse Durbin.

Ainda em maio, alguém veio conferir a situação. O general reformado Barry McCaffrey era um herói da primeira Guerra do Golfo e fora diretor do Office of National Drug Control Policy (ONDCP), órgão dedicado ao combate às drogas, no governo Clinton. Ele já não estava na ativa havia uma década, mas os militares o convidaram para visitar o Afeganistão e o Paquistão e fazer uma avaliação independente. A missão não foi divulgada.

McCaffrey entrevistou cerca de cinquenta oficiais do alto escalão durante uma semana. Em um relatório de nove páginas, ele elogiou os comandantes e destacou vários sucessos, mas não pegou leve em sua conclusão: o Talibã estava longe de ser derrotado e a guerra estava "se deteriorando". McCaffrey avaliou que o Talibã era bem treinado, "muito agressivo e inteligente em suas táticas", e tinha acesso a "armas excelentes". Não havia nenhum pânico ou corrida contra o tempo, e os insurgentes "logo adotariam a estratégia de 'esperar pela nossa saída'", acrescentou ele.

Por outro lado, McCaffrey apontou que o Exército afegão "estava miseravelmente desprovido de recursos" e que seus soldados tinham pouca munição, além de armas de menor qualidade do que o Talibã. Ele avaliou a polícia afegã como inútil. "Eles estão em uma condição desastrosa: mal equipados, corruptos, incompetentes, mal liderados e mal treinados, assolados pelas drogas." No cenário mais favorável, segundo as previsões de McCaffrey, demoraria quatorze anos (até 2020) para que as forças de segurança afegãs conseguissem operar sem a ajuda dos EUA.

O relatório percorreu a cadeia de comando até Rumsfeld e o Estado-Maior Conjunto. "Teremos surpresas muito desagradáveis nos próximos 24 meses", alertou McCaffrey. "A liderança nacional está apavorada com a possibilidade de sairmos de fininho do Afeganistão nos próximos anos, deixando o abacaxi para a Otan e causando outro colapso total."

Como se as conclusões de McCaffrey já não fossem suficientemente preocupantes, Rumsfeld logo recebeu outra dose cavalar de realidade. Em 17 de agosto de 2006, Marin Strmecki, um conselheiro civil bastante próximo do secretário de Defesa, apresentou um relatório secreto de quarenta páginas intitulado "A Encruzilhada do Afeganistão". Strmecki viajou à zona de guerra para apurar os fatos e chegou a muitas das conclusões de McCaffrey. Ele aprofundou as dúvidas em torno da confiabilidade e da viabilidade dos aliados de Washington em Cabul.

Segundo Strmecki, o governo afegão era corrupto e ineficaz e deixava um vácuo de poder em muitas regiões que o Talibã sabia aproveitar. "O inimigo não é muito forte, mas o governo afegão é muito fraco", acrescentou Strmecki, reproduzindo um comentário que ouvira com frequência durante sua visita.

Nessa época, a embaixada dos Estados Unidos em Cabul lidava com uma nova onda de pessimismo interno. O embaixador Neumann enviou outro cabograma confidencial sombrio para Washington em 29 de agosto, iniciando o documento com a seguinte afirmação: "Não estamos vencendo no Afeganistão."

Duas semanas após o aviso do embaixador, Eikenberry concedeu uma entrevista à ABC News por ocasião do 5º aniversário dos ataques de 11 de setembro e ofereceu uma versão mais açucarada para o público. "Estamos vencendo", disse o general, acrescentando: "Mas ainda não vencemos." Ao ser questionado sobre a possibilidade de os Estados Unidos serem derrotados, Eikenberry respondeu: "A derrota não é uma opção no Afeganistão."

Naquele outono, os redatores de Rumsfeld incrementaram a campanha de otimismo com um novo conjunto de pontos de discussão intitulado "Afeganistão: Cinco Anos Depois". Cheio de positividade, o documento destacava mais de 50 fatos e dados animadores, do número de afegãs treinadas para o "manejo otimizado de aves" (mais de 19 mil) à "velocidade média nas estradas" (um aumento de até 300%).

"Cinco anos depois, há uma infinidade de boas notícias", afirma o documento. "Embora em alguns círculos tenha se popularizado o hábito de chamar o Afeganistão de guerra esquecida e de apontar que os Estados Unidos perderam o foco, os fatos desmentem os mitos."

Rumsfeld achou brilhante. "Este artigo", escreveu ele em um floco de neve datado de 16 de outubro, "é uma excelente peça. Como podemos utilizá-lo? Em uma reportagem? Um artigo de opinião? Um *release*? Uma coletiva de imprensa? Todas as opções? Acho que o texto deve ser direcionado a um grande número de pessoas". Ele enviou uma cópia para a Casa Branca, e sua equipe encaminhou uma versão do documento a repórteres e postou o texto no site do Pentágono.

Se os líderes do Pentágono e os generais em Cabul e Bagram tivessem escutado seus soldados, teriam ouvido uma mensagem muito diferente. O sargento John Bickford, um rapaz de 26 anos de Lake Placid, em Nova York, passou grande parte do ano de 2006 na província de Paktika, no leste do Afeganistão. Ele serviu na 10ª Divisão de Montanha, instalada na Base de Vanguarda Tillman, assim batizada em homenagem a Pat Tillman, um jogador da NFL [Liga Nacional de Futebol] que se alistou no Exército após o 11 de Setembro e foi morto por fogo amigo dois anos depois. Situada a 60 quilômetros ao norte de Shkin, em uma pequena área acidentada que se estendia até o Paquistão, a base ficava a menos de 2 quilômetros da fronteira, entre duas rotas de infiltração inimigas que vinham do Vaziristão do Norte.

Bickford disse que o conflito no local foi "dez vezes pior" do que observara em sua primeira missão no leste do Afeganistão, três anos antes. Sua unidade travava combates com os insurgentes entre quatro e cinco vezes por semana durante o verão de 2006. O inimigo destacou até duzentos combatentes para tomar os postos de observação dos Estados Unidos.

"Dissemos que derrotamos o Talibã, mas eles estavam no Paquistão, se reagrupando e planejando, e agora voltaram mais fortes do que nunca", disse ele em uma entrevista para a elaboração de uma história oral do Exército. "Todos os ataques e as emboscadas deles eram bem organizados; eles sabiam o que estavam fazendo."

Em agosto de 2006, Bickford liderava uma patrulha em um Humvee blindado quando seu comboio se deparou com uma emboscada dos insurgentes, que dispararam granadas contra o grupo. Uma delas explodiu parte da blindagem do veículo de Bickford. Outra atingiu o mesmo local e penetrou no interior do Humvee. Estilhaços dilaceraram a coxa, a panturrilha, o tornozelo e o pé direito de Bickford. A equipe repeliu o ataque, mas seus dias como soldado de infantaria acabaram ali.

Bickford passou três meses usando cadeira de rodas e muletas enquanto se recuperava no Hospital Militar Walter Reed, em Washington. Durante o tratamento, ele refletiu sobre os desafios encarados pelos Estados Unidos no Afeganistão. "Essas pessoas são muito inteligentes e são o inimigo, mas merecem muito respeito e nunca, nunca, nunca devem ser subestimadas", afirmou ele.

Porém, cinco anos após o início da guerra, os militares norte-americanos ainda não compreendiam seus inimigos e as motivações deles para lutar.

Paul Toolan, capitão das Forças Especiais que serviu na província de Helmand, disse que as tropas norte-americanas muitas vezes não sabiam quem estava atirando nelas nem por quê. Em uma área, poderiam ser narcotraficantes protegendo seu território. Em outra, poderiam ser "opositores radicais focados no combate ao governo". Em outro local, poderia ser uma milícia hostil sob as ordens de uma autoridade corrupta local. "Essa é uma questão importante no Afeganistão: contra quem você está lutando? São os caras certos?"

Alguns ataques decorriam de ressentimentos que já persistiam havia gerações ou séculos. O major Darryl Schroeder, especialista em operações de guerra psicológica de Redding, na Califórnia, atuou como conselheiro da polícia afegã em 2006. Ele dizia que suas forças conseguiam percorrer certas áreas de Kandahar sem receber nenhum tiro. Porém, quando as tropas britânicas seguiam por essas rotas, eram atacadas.

"Quando perguntávamos por quê, os afegãos diziam: 'Porque os britânicos mataram meu avô e meu bisavô'", revelou Schroeder em uma entrevista para uma história oral do Exército. "São muitos os motivos das pessoas para lutar lá."

Porém, mesmo depois de ouvir a explicação inteira, os norte-americanos ainda não conseguiam compreender as forças que moviam a insurgência. Foi sobretudo essa incapacidade que os condenou a uma guerra repetitiva ano após ano.

Quando chegou ao Afeganistão, em 2006, o general James Terry, subcomandante da 10ª Divisão de Montanha, achava que, com sua experiência pessoal, poderia compreender melhor as complexidades da zona rural do país. Nativo das montanhas do norte da Geórgia, Terry contava que sua bisavó era Cherokee e que um de seus avôs era fazendeiro, e o outro, contrabandista de bebidas. Ele cresceu durante os turbulentos anos 1960 e 1970, época em que Lester Maddox, um demagogo populista, era governador da Geórgia, e George Wallace, outro racista ferrenho, governava o estado do Alabama.

"Então, alguém logo poderia imaginar que eu entendo um pouco de clãs, tribos, tráfico de substâncias ilegais e corrupção", disse Terry em uma entrevista para a elaboração de uma história oral do Exército.

Ainda assim, Terry via o inimigo como um enigma. Um dia, ele se sentou para conversar com um general afegão em busca de esclarecimento. "Eu disse: 'Fale o que você sabe sobre o Talibã'", lembrou Terry. "Ele olhou para mim e, por meio de um intérprete, respondeu: 'De que Talibã você está falando?'"

"O Talibã, fale-me sobre o Talibã", repetiu Terry.

"Existem três tipos, sobre qual você quer saber", perguntou o general afegão.

"Fale sobre os três", disse Terry. "Explique cada um deles."

O general afegão então explicou a seu aliado norte-americano que um tipo de Talibã eram "os terroristas radicais". Outro grupo só "queria saber de si". O resto eram "os pobres e os ignorantes influenciados pelos outros dois grupos".

"Para fazer algo de verdade, você tem que separar os dois grupos dos pobres e dos ignorantes", disse o general afegão. "Então haverá estabilidade e prosperidade no Afeganistão."

Era uma explicação simplista demais, mas Terry achou que fazia mais sentido do que as outras versões que ouvira até ali. "Era um cara muito perspicaz", observou ele.

CAPÍTULO NOVE

Uma Estratégia Incoerente

O veterano da Guerra Fria acordou antes das 5h da manhã naquele domingo (5 de novembro de 2006) para iniciar sua missão clandestina. Robert Gates, que aos 63 anos era reitor da Texas A&M University, não trabalhava para o governo desde o fim de seu mandato como diretor da CIA, 13 anos antes. Porém, a Casa Branca lhe pedira pessoalmente, e ele se sentiu na obrigação de ajudar.

Enigmático nativo do meio-oeste com doutorado em História da Rússia e da União Soviética, Gates teve o cuidado de sair de sua casa, no *campus* da College Station, sem chamar atenção. Ele seguiu em seu carro na direção noroeste por duas horas, atravessando a região central do Texas até chegar à modesta cidade de McGregor. Observando as instruções que recebera, Gates entrou no estacionamento de um supermercado da rede Brookshire Brothers. Seu contato estava esperando em um Dodge Durango branco com vidros fumê. Gates entrou no carro, e eles seguiram por mais 24 quilômetros na direção norte até o Rancho Prairie Chapel, onde encontrariam o responsável pela convocação: o presidente Bush.

O Durango passou pelos pontos de controle e deixou Gates em um prédio de um pavimento, longe da sede do rancho. Bush queria esconder o visitante dos outros hóspedes, que haviam sido convidados para o aniversário de 60 anos de sua esposa. As eleições legislativas de novembro de 2006 ocorreriam dois dias depois. O presidente temia que, com o vazamento da presença de Gates no rancho, o público desconfiasse de seus planos para mudar a composição de seu gabinete. Os eleitores poderiam interpretar isso como o reconhecimento de que as guerras estavam indo mal.

Reservadamente, Bush já havia decidido demitir Donald Rumsfeld e precisava de um substituto para o cargo de secretário de Defesa. Rumsfeld alienara o Congresso e os aliados da Otan com sua gestão ineficiente no Iraque, e sua personalidade combativa desgastara sua imagem perante o público. Bush tinha ouvido elogios sobre Gates, que atuara no governo de seu pai, e queria ouvir suas ideias sobre como retificar as guerras do Iraque e do Afeganistão.

Eles conversaram por uma hora, principalmente sobre o Iraque. Gates disse que apoiava o plano ainda não divulgado de Bush de enviar um reforço de 25 mil a 40 mil soldados para o Iraque, mesmo que essa expansão da guerra contrariasse a opinião pública. Porém, Gates também disse que o presidente dera um passo maior que as pernas no Afeganistão e precisava de uma nova estratégia para o país.

"A meu ver, nossas metas eram muito ambiciosas no Afeganistão, que estava sendo negligenciado. Precisávamos refinar essas metas", disse Gates em uma entrevista para uma história oral da Universidade da Virgínia. Para ele, as aspirações democráticas e a agenda de construção nacional do governo Bush para o Afeganistão "eram uma quimera" que demoraria gerações para ser concretizada.

Gates defendia uma estratégia reduzida, baseada em "esmagar o Talibã, enfraquecê-lo ao máximo, consolidar as forças de segurança afegãs para que elas mesmas possam eliminar ou controlar o Talibã e impedir que outro grupo use novamente o país como plataforma de lançamento contra nós; e só."

Gates pegou uma carona de volta para o supermercado e depois dirigiu até a College Station. No fim da tarde, ele recebeu uma ligação de Joshua Bolten, chefe de gabinete da Casa Branca, que lhe pediu para pegar um avião rumo a Washington. O presidente queria fazer uma coletiva um dia após a eleição para apresentar Gates como o novo chefe do Pentágono.

O taciturno ex-chefe de espionagem representava uma nova liderança e uma mudança de temperamento com relação ao impetuoso e polarizador Rumsfeld. Porém, Gates teria dificuldades para tirar os militares norte-americanos do Afeganistão. Na verdade, ele acabaria enviando um número bem maior de soldados para lutar e morrer na guerra, em um fluxo que Rumsfeld jamais teria imaginado.

Apesar dos comentários positivos em público, Bush e sua equipe de segurança nacional sabiam que sua estratégia no Afeganistão não estava funcionando. Ninguém tinha uma ideia clara do objetivo, e não havia nenhum cronograma ou marco para fins de referência.

Diante da situação complexa no Iraque, os Estados Unidos contavam com seus aliados da Otan para assumir mais responsabilidades no Afeganistão em 2006. Os militares norte-americanos continuariam controlando as operações no leste do Afeganistão, ao longo da fronteira com o Paquistão, mas a Otan se encarregaria da liderança no sul do país, onde o Talibã estava ganhando força. Os britânicos se deslocaram para os desertos da província de Helmand, os holandeses enviaram tropas para Uruzgan, e os canadenses assumiram o controle de Kandahar, a área onde surgiu o Talibã.

Em maio, o general de três estrelas britânico David Richards chegou a Cabul para comandar as forças da Otan. Poucos meses depois, ele também assumiu o comando das tropas dos EUA no leste, marcando a primeira vez que os norte-americanos e seus aliados da Otan serviram sob a mesma bandeira no Afeganistão. Veterano de conflitos extensos como os de Serra Leoa, Timor-Leste e Irlanda do Norte, Richards comandava uma força combinada de 35 mil soldados de 37 países, um dado notável em qualquer documento.

Em público, Richards defendia seu papel como comandante da primeira missão de combate da Otan fora da Europa. Reservadamente, porém, ele estava assustado com a ausência de visão estratégica por parte da coalizão e com sua incapacidade de estabelecer os objetivos da guerra.

"Não havia nenhuma estratégia coerente de longo prazo", disse ele em uma entrevista ao projeto Lições Aprendidas. "Tentamos formular uma abordagem coerente de longo prazo (uma estratégia adequada), mas acabamos obtendo muitas táticas."

Aos 54 anos de idade, Richards queria adotar uma estratégia de contrainsurgência com o intuito de conquistar apoio popular para o governo afegão. Nessa abordagem, a Otan atuaria em distritos específicos, eliminaria os focos de guerrilha e ajudaria os afegãos a estabilizar a área com projetos de reconstrução. Porém, o quadro se revelou mais complexo do que o esperado para a Organização.

Em setembro de 2006, sob as ordens de Richards, as forças canadenses e aliadas lançaram a Operação Medusa, uma ofensiva cujo objetivo era tomar o controle do distrito de Panjwai, um reduto do Talibã na província de Kandahar. A operação rapidamente começou a dar errado.

No primeiro dia, o Talibã fez uma emboscada e forçou os canadenses a recuarem. No dia seguinte, um caça A-10 Warthog da Força Aérea dos EUA (uma aeronave que voa em baixas altitudes e tem dentes assustadores pintados no cone do nariz) atirou por engano contra um pelotão canadense, "arrebentando todos ali", segundo Richards. Os canadenses queriam cancelar a operação, mas Richards lhes disse que seria uma humilhação para a Otan e persuadiu o grupo a continuar.

Depois de duas semanas, a força liderada pelo Canadá venceu a batalha, matando centenas de combatentes do Talibã. Porém, os aliados sofreram baixas muito pesadas: dezenove soldados canadenses e britânicos morreram e dezenas ficaram feridos. Para piorar, os aliados não conseguiram manter a segurança em Panjwai, e os insurgentes retornaram gradualmente. Richards disse que os canadenses "estavam moídos" e com forças reduzidas, pois também precisavam proteger a cidade de Kandahar, uma prioridade mais alta. Os "canadenses travaram uma batalha difícil e quase foram derrotados, então estavam todos exaustos", lembra Richards.

Para que a estratégia de contrainsurgência desse certo, Richards precisava de mais tropas, bem como apoio financeiro e força de trabalho para a reconstrução. Porém, a aliança não forneceu nenhum desses itens em volume suficiente.

Em sua entrevista ao projeto Lições Aprendidas, Richards lembrou de uma reunião tensa com um antipático Rumsfeld na época do desastre de Panjwai. O chefe do Pentágono perguntou por que a guerra estava se deteriorando no sul do país. Richards respondeu que faltava dinheiro e pessoal. "Então, Rummy disse: 'Como assim, general?' Respondi: 'Não temos tropas nem recursos suficientes e ampliamos nossas expectativas.' Ele retrucou: 'Não concordo, general. Prossiga.'"

Washington teve muitas frustrações com seus aliados. Cada membro da Otan impôs restrições específicas para ingressar na coalizão para o Afeganistão. Algumas beiravam o ridículo.

A Alemanha não permitia que seus soldados participassem de missões de combate e patrulha noturnas ou saíssem do norte do Afeganistão, uma região mais tranquila. Porém, permitia que consumissem grandes quantidades de álcool. Em 2007, o governo alemão enviou 980 mil litros de cerveja artesanal e 68 mil litros de vinho para atender aos seus 3.500 soldados na zona de guerra.

Por outro lado, as tropas norte-americanas travavam a maioria dos combates e quase não bebiam. A Ordem Geral nº 1 (a maior restrição aplicada no âmbito das Forças Armadas dos EUA) proibiu o consumo de álcool nas bases norte-americanas para evitar ofensas aos muçulmanos abstêmios do Afeganistão.

"Percebemos que estávamos totalmente dedicados, mas nem sempre víamos essa dedicação em outros aliados", disse Nicholas Burns, embaixador dos Estados Unidos na Otan durante o governo Bush, em uma entrevista ao projeto Lições Aprendidas. "Era uma questão difícil na Otan."

O quartel-general da coalizão liderada pela Otan, conhecido formalmente como Força Internacional de Assistência à Segurança (ISAF), ficava em um grande prédio amarelo ao lado da embaixada dos Estados Unidos no bairro de Wazir Akbar Khan, em Cabul. Atrás dos altos muros de concreto, o complexo da ISAF se destacava como um oásis na capital e tinha um jardim bem cuidado.

Porém, dentro do prédio, a coalizão travava uma batalha contra a disfunção burocrática. Representantes dos 37 países precisavam coordenar as operações, tomar decisões sobre pessoal e resolver conflitos políticos. A rotatividade constante dificultava a situação. Os membros da coalizão limitavam a atuação dos representantes a turnos curtos, geralmente entre três e seis meses. Quando os recém-chegados se habituavam, já tinham que treinar seus substitutos.

Em 2007, o major Brian Patterson, piloto da Força Aérea dos EUA, passou quatro meses na sede da ISAF, encarregado do centro de operações de apoio aéreo no horário noturno. Ele controlava Harriers britânicos, F-16s holandeses e Mirages e Rafales franceses, bem como caças e bombardeiros norte-americanos. Porém, o malabarismo com os recursos e as restrições exigia calma e paciência. Os caças alemães Tornado, por exemplo, só podiam ser usados em emergências específicas.

Patterson definia a sede como "uma organização Frankenstein", que priorizava a inclusão em detrimento da eficiência. "Gostamos de linhas retas, de organização, mas, se formos a um quartel-general da Otan, será uma bagunça só. A situação é muito complexa", disse ele em uma entrevista para a elaboração de uma história oral do Exército. "É como um jardim de infância, onde todos podem brincar, todos têm sua vez de falar." (Porém, trabalhar na Otan tinha uma vantagem: os norte-americanos podiam beber. "Havia vários bares na base, algo muito positivo", admitiu Patterson.)

Se os norte-americanos tinham queixas legítimas sobre a coalizão, seus parceiros também nutriam ressentimentos com relação aos Estados Unidos. Depois do 11 de Setembro, o Canadá e os membros europeus da Otan enviaram tropas ao Afeganistão em demonstração de solidariedade. Porém, os participantes da aliança passaram a achar que Washington minimizava sua importância e suas contribuições, especialmente quando a guerra se transformou em uma missão sem fim definido e o Pentágono começou a se preocupar com o Iraque.

Em dezembro de 2006, o secretário de Defesa britânico Desmond Browne enviou uma carta a Rumsfeld destacando a falta de uma estratégia para a guerra e solicitando uma reunião de ministros aliados para "aperfeiçoar o aspecto político" da missão militar. Rumsfeld, já com os dias contados no cargo, classificou a ideia como "elogiável", mas disse que repassaria a solicitação para Gates, que aguardava a confirmação da sua nomeação pelo Senado. Os ministros da Otan se reuniram dois meses depois, mas nada mudou. Como Gates lembrou tempos depois, suas três prioridades eram: "Iraque, Iraque e Iraque." Sem a liderança dos EUA, a missão no Afeganistão estagnou. "Não havia centro. Não havia propósito em comum", disse um oficial não identificado da Otan em uma entrevista ao Lições Aprendidas. "De fato, não havia urgência na definição da estratégia."

Os líderes norte-americanos se prepararam para um ano difícil em 2007, sabendo que seria complexo interromper a expansão da insurgência. Havia carência de reforços. Os aliados da Otan rejeitaram os pedidos de tropas adicionais. O Iraque exauria os recursos financeiros do Pentágono. "No jargão militar da época, eu estava 'sem Schlitz'. Não tinha mais nada para mandar", disse Gates em sua entrevista para a história oral.

Porém, em público, os líderes expressavam total confiança em sua abordagem. Em um discurso de fevereiro de 2007 no *think tank* conservador American Enterprise Institute, Bush informou que sua administração havia concluído "uma revisão total da nossa estratégia" e anunciou uma nova "estratégia para o sucesso".

No entanto, exceto pelo compromisso de expandir o Exército e a polícia afegã, a nova estratégia era bastante antiga. Bush não deu nenhuma indicação de que havia implementado o conselho recebido de Gates três meses antes, na reunião no rancho, para condensar os objetivos da guerra. Na verdade, ele declarou que seu ambicioso objetivo não era apenas "derrotar os terroristas", mas transformar o Afeganistão em "uma nação estável, moderada e democrática, que respeita os direitos de seus cidadãos".

"Para alguns, pode parecer uma tarefa impossível. Mas não é", disse Bush. "Nos últimos cinco anos, obtivemos um progresso real."

Porém, até mesmo o novo comandante de guerra do presidente tinha dificuldades em entender a estratégia para o sucesso".

O general de uma estrela Dan McNeill chegou a Cabul para assumir o comando das forças dos EUA e da Otan poucos dias antes do discurso de Bush. Era o segundo turno de comando no Afeganistão daquele soldado de cabelos grisalhos natural do leste da Carolina do Norte. Como Richards, seu predecessor britânico, McNeill rapidamente concluiu que os Estados Unidos e a Otan não tinham uma estratégia de guerra coerente. De fato, o conflito entrara no piloto automático e não havia nenhum roteiro ou local de destino.

"Em 2007, não havia nenhum plano de campanha da Otan; havia muitos textos e conversas, mas nenhum plano", lembrou McNeill em uma entrevista ao projeto Lições Aprendidas. "As instruções se limitavam a matar os terroristas e a consolidar o Exército afegão. Além disso, não devíamos fraturar a aliança, e só."

Seis anos após o início do conflito, ainda não havia consenso sobre os objetivos da guerra. Algumas autoridades achavam que os objetivos deveriam incluir o combate à pobreza e à mortalidade infantil. Outros, como Bush, falavam sobre liberdade e democracia. A altivez e a falta de clareza deixavam o general de quatro estrelas atônito. "Tentei encontrar alguém que me falasse qual era a definição da vitória, mesmo antes de ir para lá, mas ninguém conseguia fazer isso", revelou McNeill.

Os soldados de baixa patente na zona de conflito também percebiam que não havia nenhuma estratégia. Para eles, a missão não oficial era segurar as pontas no Afeganistão para controlar a situação enquanto os militares dos EUA invadiam o Iraque. "O Iraque absorvia todos os recursos, tempo e atenção", disse o tenente-coronel Richard Phillips, que chefiou um hospital de campanha no leste do Afeganistão em 2007, em uma entrevista para uma história oral do Exército. "O Afeganistão não era nada... Era uma preocupação secundária para todos."

O major Stephen Boesen, oficial da Guarda Nacional de Iowa, descreveu o esforço de guerra dos EUA como "apenas cumprindo tabela" e sem "nenhum tipo de estratégia", quando serviu, em 2007, como assessor militar para forças de infantaria afegãs. Para Boesen, os comandantes seniores não conseguiam articular expectativas ou marcos de referência.

Quando voltou para casa, ele previu, com precisão, que a guerra continuaria sem rumo nos próximos anos. "Fico triste em dizer que meus filhos provavelmente atuarão na mesma missão quando chegarem à maioridade se não resolvermos as coisas por lá", disse Boesen aos historiadores do Exército.

Na primavera de 2007, a Casa Branca reconheceu que precisava de uma assessoria estratégica melhor. Stephen Hadley, conselheiro de Segurança Nacional, persuadiu Bush a nomear um "czar" para coordenar a estratégia e a articulação política das guerras do Iraque e do Afeganistão. Bush escolheu o general de três estrelas Douglas Lute, diretor de operações do Estado-Maior Conjunto no Pentágono, nascido no estado de Indiana, formado em West Point e veterano de Kosovo e da primeira Guerra do Iraque.

Refletindo o foco do governo Bush, Lute estimou que passou 85% do tempo no Iraque e apenas 15% no Afeganistão em seu novo cargo. Na sabatina no Senado, os parlamentares só lhe fizeram uma pergunta sobre a guerra no Afeganistão, a respeito dos santuários do Talibã no Paquistão. Apesar dos discursos de Bush sobre sua "estratégia para o sucesso", Lute descobriu que poucas pessoas na Casa Branca haviam esboçado qualquer tipo de visão estratégica para o Afeganistão.

"Não tínhamos nenhuma compreensão básica sobre o Afeganistão, não sabíamos o que estávamos fazendo", lembrou Lute em uma entrevista ao projeto Lições Aprendidas. "O que estamos tentando fazer? Não tínhamos a menor ideia sobre a natureza daquela tarefa." Lute insistiu que não estava sendo hiperbólico. "É muito pior do que se imagina. Há uma lacuna básica de compreensão no fronte, objetivos exagerados, dependência excessiva das Forças Armadas e falta de compreensão dos recursos necessários."

No fim de 2007, as notícias ficaram mais sombrias. Houve um novo recorde anual de mortes de militares norte-americanos. As baixas de civis em atentados suicidas aumentaram 50%. A produção de ópio atingiu um novo recorde, e o Afeganistão passou a responder por 90% da oferta mundial.

No entanto, para os legisladores, a Casa Branca, os jornalistas e outros norte-americanos obcecados pelo Iraque, a guerra no Afeganistão passava quase despercebida. Quando o país gerava algum destaque, os comandantes militares minimizavam o ressurgimento do Talibã como algo que beirava o ridículo.

Em uma participação no canal PBS, em dezembro de 2007, o general McNeill recorreu ao velho discurso militar de que a violência não estava aumentando devido ao crescente poder do Talibã, mas porque as forças dos EUA e da Otan estavam atacando agressivamente o inimigo. "Determinamos que não podemos esperar por eles, vamos atrás deles", disse ele.

A entrevistadora Gwen Ifill não se convenceu. "Mas o Talibã, segundo as informações que recebemos anteriormente, havia sido derrotado, eliminado", disse ela. "Eles continuam firmes e fortes?"

"Bem, essa afirmação não veio de mim", respondeu McNeill. "Eles se infiltraram em áreas que eram inacessíveis para nós, e agora estamos entrando nesses locais."

Embora a guerra no Iraque tivesse usado todas as tropas disponíveis dos EUA, em janeiro de 2008, o Pentágono obteve um pouco mais de Schlitz. O país anunciou o envio de mais 3 mil soldados para o Afeganistão, totalizando um contingente de 28 mil militares norte-americanos.

Em uma coletiva realizada em fevereiro, McNeill tratou de jogar um verniz nas condições negativas do front. Ele disse aos repórteres que cobriam o Pentágono que a decisão de enviar mais tropas demonstrava que os Estados Unidos e a Otan estavam ganhando, não perdendo.

"Segundo um ditado militar, temos que mandar reforços sempre que tivermos algum sucesso", sustentou ele. "Queremos mais resultados positivos em 2008." McNeill afirmou novamente que a insurgência havia estagnado, embora os relatórios da inteligência militar indicassem uniformemente que ela estava em metástase.

O comandante supremo reforçou essa mensagem em um discurso dois dias depois. Durante a Conferência da Ação Política Conservadora, Bush novamente minimizou os críticos que definiam o Afeganistão como um atoleiro. "Fincamos o pé e obtivemos os resultados", disse ele. "O Talibã, a Al-Qaeda e seus aliados estão em fuga."

Reservadamente, porém, Bush estava preocupado. Embora faltasse menos de um ano para terminar seu segundo mandato, ele decidiu reformular a estratégia de guerra outra vez. Seu czar Lute e uma equipe de assessores viajaram ao Afeganistão em maio de 2008 com o intuito de produzir uma avaliação para a Casa Branca. Nessa mesma ocasião, o Departamento de Estado e o Estado-Maior Conjunto também analisaram a estratégia no Pentágono.

Nenhuma das agências achava que os militares dos EUA estavam à beira da derrota. Embora estivesse se recuperando, o Talibã ainda era fraco demais para tomar Cabul ou outra cidade importante. No entanto, para Lute, era evidente que as condições não favoreciam os Estados Unidos e estavam piorando em uma espiral de degradação. A escala dos ataques, a dispersão geográfica dos insurgentes e os níveis de violência vinham aumentando havia três anos consecutivos.

Em um relatório compilado após sua viagem, Lute atribuiu muitas falhas às cadeias de comando bagunçadas que haviam se consolidado entre os aliados. Um slide de PowerPoint ilustrava o que ele chamou de "problema das dez guerras". A equipe de Lute visitou Kandahar (um ninho do Talibã) e encontrou várias forças da coalizão atuando em objetivos opostos: tropas convencionais dos EUA e da Otan, a CIA, forças de operações especiais, o Exército afegão, a polícia afegã e instrutores e conselheiros de combate, entre outras.

"Foram encontradas dez, e o problema é que nenhuma delas estava se comunicando com as outras", disse Lute em uma entrevista para a elaboração de uma história oral da Universidade da Virgínia. "A mão esquerda não falava com a direita."

Por exemplo, os SEALs da Marinha e os membros da Força Delta do Exército "se deslocavam e atacavam um complexo à noite, mas o Exército convencional não sabia se as forças estavam chegando ou saindo. O sol nascia, e de repente surgia um prédio em chamas. Uma unidade da infantaria convencional se dirigia até lá para averiguar o ocorrido e apaziguar a comunidade local. Isso acontecia o tempo todo".

No geral, a revisão da estratégia de 2008 chegou a muitas das conclusões obtidas nas revisões anteriores, realizadas em 2003, 2006 e 2007. Todas apontavam que o conflito havia sido negligenciado em prol do Iraque e recomendavam que o governo dos EUA dedicasse mais tempo, dinheiro e recursos ao Afeganistão.

Durante as revisões da estratégia, os generais continuaram divulgando relatórios tranquilizadores para o público. Quando seu turno de dezesseis meses chegou ao fim, em junho de 2008, McNeill emitiu comentários otimistas sobre as conquistas dos Estados Unidos e da Otan sob seu comando. Ele citou "muitos sinais visíveis de progresso": novas estradas, melhorias no sistema de saúde, escolas maiores e melhores.

"Quero dizer apenas que está havendo avanço lá. Certamente há progresso no setor de segurança. Há progresso na reconstrução", disse ele em uma coletiva de despedida no Pentágono. "Portanto, novamente, acredito que as projeções são boas e que o progresso continuará."

No entanto, os meses passaram, e a estratégia de guerra permaneceu indefinida. Ficou mais difícil ignorar as contradições entre a conversa alegre dos generais e a realidade desanimadora no local.

No verão de 2008, os comandantes norte-americanos servindo no país concluíram que os 3 mil soldados adicionais que haviam chegado no início do ano eram insuficientes. Eles pediram mais reforços ao Pentágono. Porém, com a eleição presidencial se aproximando, o governo Bush decidiu deixar o pedido para o próximo ocupante da Casa Branca.

Ainda assim, nenhum general queria admitir que não conseguiria derrotar o Talibã.

Em setembro, o major-general Jeffrey Schloesser, comandante das forças dos EUA no leste do Afeganistão, concedeu uma coletiva para destacar o "progresso estável" de suas tropas. Escolhendo as palavras com cuidado, ele disse que precisava de mais soldados "para continuar obtendo bons avanços em tempo hábil".

Ao ser questionado à queima-roupa por um repórter que perguntou se ele estaria ganhando a guerra, Schloesser hesitou. "Veja bem, na verdade... eu... acredito que estamos obtendo um certo progresso estável", respondeu ele. "É uma vitória lenta, eu acho."

Ainda naquele mês, o secretário de Defesa Gates visitou Cabul para conversar com o general David McKiernan, que, aos 57 anos, comandava as forças dos EUA e da Otan no país. Nascido na Geórgia, McKiernan servira como comandante das forças terrestres na invasão do Iraque, cinco anos antes. Agora ele também pressionava o governo para que mais tropas fossem enviadas ao Afeganistão.

Em uma coletiva, McKiernan afirmou que o Talibã não tinha condições de vencer a guerra. Porém, em um momento de rara sinceridade, ele apontou que os Estados Unidos também não tinham certeza da vitória. "Não estamos perdendo, mas as vitórias estão vindo mais devagar em alguns locais do que em outros", disse McKiernan.

Em poucas semanas, seus comentários ficaram mais pessimistas. "Em grandes áreas do Afeganistão, não vemos progresso", contou ele aos repórteres durante uma visita a Washington, em outubro. "Não posso dizer que tudo está indo bem… É uma luta difícil. Portanto, a ideia de que a situação pode piorar antes de melhorar certamente é uma possibilidade."

A mudança de tom de McKiernan foi crucial. Pela primeira vez um comandante da guerra no Afeganistão fazia um relato franco e honesto ao público sobre as mudanças no campo de batalha.

Ele não ficaria muito tempo no cargo.

CAPÍTULO DEZ

Os Senhores da Guerra

Em dezembro de 2006, o grupo ativista Human Rights Watch exortou publicamente o Afeganistão a confrontar seu passado tumultuado criando um tribunal especial para investigar senhores da guerra suspeitos de cometer atrocidades durante a guerra civil do país na década de 1990. A organização com sede em Nova York citou e incriminou uma lista de dez supostos criminosos de guerra que ainda estavam foragidos.

O apelo por justiça e responsabilidade escancarou uma ferida que Washington há muito tempo tentava ignorar. Vários senhores da guerra da lista ocupavam cargos importantes no governo afegão e tinham relações estreitas com o governo dos Estados Unidos. Seus registros brutais eram de conhecimento comum no Afeganistão, mas a lista constrangeu o governo Bush e serviu como um lembrete de que ele se uniu a um elenco complicado de personagens para lutar contra o Talibã e contra a Al-Qaeda.

No entanto, em vez de se distanciarem dos senhores da guerra por causa da má publicidade, as autoridades norte-americanas procuraram consolá-los. Dois dias antes do Natal, Richard Norland, o diplomata número dois da embaixada dos Estados Unidos em Cabul, fez uma visita privada a uma das figuras mais notórias da lista, o general Abdul Rashid Dostum, para lhe assegurar de que os Estados Unidos ainda valorizavam sua amizade.

Homem forte, impiedoso e apaixonado por uísque, Dostum comandava uma milícia uzbeque que bombardeou e saqueou Cabul no início da década de 1990, deixando a capital em ruínas. Em 2001, seus combatentes mataram centenas de prisioneiros do Talibã sufocando-os em contêineres.

Dostum foi acusado de sequestro e agressão sexual a rivais políticos. Mas ele também atendia às ordens da CIA e do Pentágono, de modo que as autoridades norte-americanas queriam preservar a aliança.

Quando Norland e outros diplomatas norte-americanos chegaram à nova mansão de Dostum na capital, no distrito de Sherpur — um bairro novo-rico popular entre os aproveitadores da guerra —, encontraram o senhor da guerra em um estado de espírito melancólico. Abalado com as críticas do Human Rights Watch, Dostum, de 52 anos, reclamou que seus oponentes também estavam espalhando boatos de que ele estava tramando um golpe contra o governo central e conspirando secretamente com o Talibã.

"Já fui chamado de tantos nomes que não sobrou mais nenhum", disse Dostum, de acordo com um cabograma secreto que Norland escreveu resumindo a visita. "Meu pecado foi lutar pelo meu país."

Norland, oficial de carreira do Serviço de Relações Exteriores, acomodou-se em uma cadeira estofada e fez o possível para acalmar a "quase paranoia" de Dostum, dizendo ao senhor da guerra que "seria uma boa ideia para ele ter um papel positivo na formação dos eventos atuais". No cabograma, entretanto, Norland disse a autoridades de Washington que Dostum permanecia tão odioso como sempre, relatando rumores de que recentemente estuprara um jovem empregado doméstico e ordenara que seus guardas espancassem e estuprassem um membro do Parlamento afegão. "Histórias sobre sua embriaguez são constantes", acrescentou o diplomata.

Embora Dostum tenha negado as acusações, o episódio representou mais uma virada incômoda na longa, tóxica e codependente relação entre os senhores da guerra do Afeganistão e o governo dos Estados Unidos.

A parceria datava da década de 1980, quando a CIA secretamente entregou armas e suprimentos aos comandantes dos mujahedin — os guerrilheiros islâmicos que lutavam contra o Exército Vermelho e o regime comunista afegão. A aliança CIA-mujahedin pressionou os soviéticos a se retirarem, em 1989. Posteriormente, em 1992, o estado afegão entrou em colapso, e o país mergulhou na guerra civil.

Os líderes mujahedins se voltaram uns contra os outros, e as facções armadas dividiram ainda mais o país de forma completamente arbitrária. Comandantes de vários grupos — que geralmente eram baseados em tribos e etnias — ficaram conhecidos como senhores da guerra e governavam como ditadores regionais. Embora a CIA tivesse reduzido seus contatos com os senhores da guerra durante a década de 1990, o governo dos EUA abraçou novamente muitos deles após o 11 de Setembro para lutar contra o Talibã.

Depois de tirar o Talibã do poder, o governo Bush queria que os senhores da guerra apoiassem o novo governo afegão, então engoliu as preocupações sobre seus históricos de direitos humanos. Mas a tolerância de Washington com tal comportamento alienou e irritou muitos afegãos, que viam os senhores da guerra como corruptos, incorrigíveis e a raiz dos problemas do país.

O Talibã era cruel e opressor. O grupo massacrou milhares, tratou as mulheres como bens móveis e decapitou pessoas em espetáculos públicos durante seu governo, de 1996 a 2001. Mas, em comparação com os senhores da guerra, um número substancial de afegãos via o Talibã como o menor dos dois males e o creditava por sua devoção religiosa e administração consistente, embora severa, da justiça baseada na lei islâmica.

Sarah Chayes, uma jornalista que morou em Kandahar durante os anos 2000 e mais tarde serviu como conselheira civil para os militares dos EUA, disse que os Estados Unidos estavam tão "obcecados em perseguir" o Talibã depois do 11 de Setembro, que não conseguiram entender o lado negativo da parceria com bandidos como Dostum. "Baseados na ideia de que o inimigo do meu inimigo é meu amigo, contávamos com os senhores da guerra", e os ajudávamos a tomar o poder, disse ela em uma entrevista ao Lições Aprendidas. "Não sabíamos que a população estava entusiasmada com o Talibã expulsando os senhores da guerra."

Dentro do governo Bush, as opiniões sobre os senhores da guerra divergiam muito. Vários diplomatas — embora não todos — tampavam o nariz quando tinham de se envolver com eles. A CIA, que atribuía menor prioridade à moralidade pessoal e aos direitos humanos, tratava os senhores da guerra como parceiros vitais e cimentava sua lealdade com presentes em dinheiro. Alguns comandantes militares norte-americanos admiravam os mais notórios senhores da guerra por sua capacidade de impor ordem em suas regiões de origem. Outros argumentavam que eles mereciam a prisão ou até a morte.

Andre Hollis, que serviu como oficial sênior do Pentágono para as políticas de drogas do governo Bush, disse que o governo dos EUA adotou uma abordagem "esquizofrênica" com os senhores da guerra desde o início e nunca corrigiu isso. "Era inconsistente entre as agências e dentro delas", relatou em uma entrevista ao Lições Aprendidas.

Dostum ocupava um nicho especial no panteão dos senhores da guerra. Ex-combatente corpulento com sobrancelhas rebeldes e bigode grosso, ele lutou ao lado dos comunistas soviéticos e afegãos contra os mujahedin durante os anos 1980. Depois que os russos partiram, ele manteve o comando de milhares de caças uzbeques, apoiados por tanques e uma pequena frota de aeronaves. Ele expandiu sua base de poder nas cidades do norte de Sheberghan e Mazar-e-Sharif, fomentando um culto à personalidade ao espalhar sua imagem em outdoors.

Durante a guerra civil na década de 1990, ele se aliou — e traiu — quase todas as outras facções em algum momento. Por duas vezes, fugiu do país para evitar a captura pelo Talibã. Em maio de 2001, voltou a se juntar à coalizão de senhores da guerra conhecida como Aliança do Norte em uma última tentativa de impedir o Talibã de tomar as poucas partes do Afeganistão que ainda não controlava.

O *timing* de Dostum provou ser de sorte. Poucos meses depois, pequenas equipes de agentes paramilitares da CIA e soldados das Forças Especiais chegaram ao norte do Afeganistão em busca de vingança pelos sequestros do 11 de Setembro nos Estados Unidos. Eles se juntaram às forças cercadas de Dostum como conselheiros de combate e — apoiados pelo poder aéreo avassalador dos EUA — orquestraram uma ofensiva que forçou o Talibã a abandonar Mazar-e-Sharif e Kunduz, outra cidade importante no norte.

Milhares de combatentes do Talibã se renderam à milícia de Dostum no fim de novembro de 2001, mas isso desencadeou outro conjunto de problemas. Centenas de talibãs, que Dostum aprisionara em um forte decrépito perto de Mazar-e-Sharif, organizaram uma revolta sangrenta que durou vários dias. Dezenas de homens de Dostum e um oficial da CIA — Johnny Micheal Spann — foram mortos no levante, junto com pelo menos duzentos talibãs.

À medida que a revolta se desenrolava, os comandantes de Dostum colocaram cerca de 2 mil outros prisioneiros do Talibã que haviam sido apreendidos perto de Kunduz em contêineres de transporte hermeticamente fechados. Um comboio os levou por 320 quilômetros até outra prisão em Sheberghan. Quando os contêineres chegaram, a maioria dos prisioneiros tinha morrido sufocada ou baleada pelas forças de Dostum. Suas mortes permaneceram secretas até o início de 2002, quando jornalistas e grupos de direitos humanos descobriram evidências de que os prisioneiros haviam sido enterrados em valas comuns no deserto perto de Sheberghan. Organizações ativistas exortaram o governo afegão e o dos EUA a conduzirem investigações de crimes de guerra. O governo dos EUA abriu um inquérito depois que Bush deixou o cargo, mas ninguém foi responsabilizado.

Autoridades norte-americanas disseram publicamente que não sabiam das mortes do comboio até que a mídia divulgou a história, apesar da estreita relação que a CIA e o pessoal das Forças Especiais mantinham com Dostum e sua equipe. Mas os documentos mostram que o governo Bush e Dostum não mediram esforços para manter as linhas de comunicação nos níveis mais altos. Poucas semanas após a morte dos prisioneiros, Dostum despachou uma calorosa carta de fim de ano de seu posto de comando para a Casa Branca.

"Caro presidente dos EUA, George W. Bush!", escreveu Dostum na nota digitada, que listava um código postal militar dos EUA como endereço de retorno. "Aceite minhas saudações primordiais pelo dia de Ano-Novo! O povo afegão, em paz após um longo período de sofrimentos, é grato por seus esforços nesse sentido."

"Desejo a Vossa Excelência boa saúde, grandes sucessos e muita sorte", acrescentou.

Em vez de interceptar a missiva do senhor da guerra, o Pentágono teve um cuidado especial para entregá-la. Em 9 de janeiro, o general Tommy Franks, chefe do Comando Central dos Estados Unidos, enviou a carta por fax diretamente para Donald Rumsfeld, que, por sua vez, ditou um floco de neve ordenando a sua equipe que garantisse que as saudações de Dostum chegassem à mesa de Bush. "Dostum é um dos comandantes da Aliança do Norte", rabiscou um dos assessores de Rumsfeld no floco de neve. "Ele acabou por ser um guerreiro e tanto — e nossas forças trabalharam muito bem com ele."

Enquanto os afegãos tentavam solidificar seu novo governo, em 2002 e em 2003, Dostum trabalhava contra eles. Suas forças lutavam contra milícias rivais enquanto competiam pela supremacia nas províncias do norte. Ele resistiu aos apelos internacionais para desmobilizar suas tropas e entregar seu armamento pesado ao governo de Cabul.

O apoio dos EUA a Dostum permaneceu inabalável, apesar de seus métodos disruptivos. Em abril de 2003, o deputado Dana Rohrabacher, congressista republicano do sul da Califórnia, visitou Hamid Karzai no palácio presidencial e instou-o a dar mais poder a Dostum no novo governo. Estranhamente, o legislador dos EUA também pediu a Karzai que parasse de ligar para Dostum e para sua laia de "senhores da guerra", sugerindo que ele usasse um termo menos pejorativo, como "líder étnico", de acordo com um cabograma diplomático dos EUA descrevendo a reunião.

Karzai estava incrédulo. Ele chamou Dostum de "fora da lei" e apontou que seus combatentes haviam entrado em um tiroteio poucos dias antes, matando dezessete pessoas. Ele advertiu que se Dostum e outros senhores da guerra não parassem de matar, estuprar e saquear, os afegãos desejariam o retorno do Talibã. "Karzai observou que o que as pessoas realmente querem é viver sob a lei, e estão começando a reclamar que, sob o Talibã, pelo menos, havia lei e ordem", concluiu o cabograma.

Outros diplomatas norte-americanos tentaram, mas não conseguiram persuadir Dostum a se tornar menos beligerante. Thomas Hutson, conferencista dari que serviu como oficial político em Mazar-e-Sharif em 2003 e em 2004, fazia questão de visitar Dostum a cada duas semanas. Ele levava charutos para construir um relacionamento com o homem que descreveu como "um Tito stalinesco com cara de bebê".

Hutson esperava poder convencer Dostum a deixar o Afeganistão voluntariamente e lançava uma variedade de ideias mal-acabadas. Ele se ofereceu para contratá-lo como produtor executivo de alguns filmes em que o diplomata estava envolvido. Como isso não deu certo, ele sugeriu que Dostum — famoso hipocondríaco — viajasse para a ilha de Granada para tratamento médico, esperando que o senhor da guerra gostasse do clima caribenho e nunca mais voltasse.

Em outras ocasiões, Hutson assumiu uma postura mais dura e disse a Dostum que precisava pensar de forma realista sobre o que acontecera com outros como ele, que já haviam sido aliados dos Estados Unidos, como o xá do Irã e o presidente do Haiti, Jean-Bertrand Aristide.

"Dostum nunca tinha ouvido falar de Aristide ou do Haiti. Salientei que ele tinha feito um acordo com os EUA, o que lhe permitiu sobreviver. Sugeri então que ele, Dostum, também considerasse fazer um acordo que o permitisse deixar o negócio de senhor da guerra", lembrou Hutson em uma entrevista diplomática de história oral. "Não acho que ele tenha levado muito a sério nenhuma de minhas sugestões, mas continuei dizendo ao pessoal da embaixada e, até certo ponto, ao pessoal de Washington para fazerem a Dostum uma oferta que ele não pudesse recusar."

Em abril de 2004, as autoridades norte-americanas perderam a paciência com Dostum quando sua milícia desafiou o governo de Cabul e assumiu brevemente o controle da província de Faryab, no norte, forçando o governador nomeado por Karzai a fugir. Os comandantes militares dos EUA ordenaram que um bombardeiro B-1 fizesse várias passagens baixas sobre a casa de Dostum, em Sheberghan, um aviso de que ele havia cruzado um limite.

Mesmo assim, vários meses depois, os norte-americanos não resistiram em lançar uma tábua de salvação para seu velho amigo. No inverno de 2004, um dos assessores do senhor da guerra fez uma ligação em pânico para o coronel do Exército David Lamm, chefe do Estado-Maior do Comando das Forças Combinadas do quartel-general dos EUA em Cabul. Dostum estava muito doente, e seus médicos pensaram que ele estava morrendo. Será que os norte-americanos poderiam ajudá-lo?

Lamm pensou em dizer que não. Ele sabia que a morte de Dostum poderia resolver muitos problemas. Em vez disso, concordou em levar Dostum de Mazar-e-Sharif para o centro médico para traumas dos Estados Unidos, na Base Aérea de Bagram, a fim de fazer alguns exames. Um coronel de Bagram ligou para Lamm com o resultado: o hábito de beber do senhor da guerra havia prejudicado seu fígado. Ele estava morrendo. A única esperança era transportá-lo para um hospital avançado. O coronel de Bagram recomendou o Hospital Militar Walter Reed, em Washington.

"E eu disse: 'Ele está indo para Washington? Temos que tratar um senhor da guerra em Walter Reed? O embaixador não vai aceitar isso'", relatou Lamm em uma entrevista de história oral ao Exército. Eles escolheram uma alternativa: o Centro Médico Regional Landstuhl, um importante hospital do Exército dos EUA na Alemanha. "E então mandamos Dostum para Landstuhl, e eles o curaram. Eles deram um jeito nele e arranjaram o equipamento de que ele precisaria para permanecer vivo."

Quando Dostum voltou para casa, ele convidou Lamm e outras autoridades norte-americanas para irem até lá, em Cabul, para um banquete comemorativo e agradeceu-lhes por terem salvado sua vida. Mas ele voltou a seus caminhos problemáticos em pouco tempo e permaneceu uma força desestabilizadora na política afegã por anos.*

Em entrevistas ao Lições Aprendidas, altos funcionários do governo Bush defenderam sua política de senhor da guerra e disseram que, mesmo em um cenário árduo, fizeram o melhor que podiam.

Depois de derrotarem o Talibã, em 2001, eles disseram que sua tarefa mais difícil foi persuadir os senhores da guerra a dispersar suas milícias e a jurar fidelidade ao novo governo, chefiado por Karzai. Os exércitos e os arsenais dos senhores da guerra eram sua fonte de poder e a chave para sua sobrevivência pessoal.

A campanha de desarmamento teve um grande sucesso, mas levou anos de bajulação. O governo Bush não queria desarmar à força os senhores da guerra porque isso exigiria um grande influxo de tropas norte-americanas e dilaceraria ainda mais o Afeganistão.

Os senhores da guerra "tinham trinta anos de guerra civil no currículo. Eles não estavam prestes a entregar tudo só porque os norte-americanos disseram que seria uma boa ideia", argumentou Robert Finn, o embaixador dos Estados Unidos de 2002 a 2003.

A abordagem acarretou um lado negativo gritante. Em troca do desarmamento, os Estados Unidos e Karzai tiveram que garantir aos senhores da guerra um papel no novo governo e dar-lhes legitimidade política.

Marin Strmecki, o conselheiro civil de Rumsfeld, disse que o Pentágono e o Departamento de Estado não tinham ilusões sobre como os senhores da guerra podiam ser horríveis e reconheceu que eles representavam "uma ameaça mortal à legitimidade do regime que estavam ajudando a estabelecer".

"Acho que quem diminui o que foi conquistado nessa fase está sendo um pouco injusto. A eliminação de exércitos privados foi um marco político importante para normalizar a política do país", disse Strmecki. Dostum e outros senhores da guerra, observou ele, tinham "sérios arsenais de coisas",

---

* Em 2014, o *Washington Post* relatou que Dostum estava recebendo cerca de US$70 mil por mês em fundos da CIA direcionados ao palácio presidencial afegão. Em uma entrevista ao repórter do *Post* Joshua Partlow, Dostum negou ter recebido tais pagamentos, bem como uma variedade de outras acusações contra ele. "Isso é apenas propaganda contra mim", disse ele.

incluindo mísseis de curto alcance de fabricação soviética. "Quando eles não têm seus exércitos particulares, isso é bom por si só. Você pode então lidar com eles, se continuarem a se comportar mal."

Mas, ao recebê-los no governo, os norte-americanos fizeram dos senhores da guerra um elemento permanente do novo sistema político — bem como um problema perpétuo. Muitos senhores da guerra geravam enormes fluxos de receita por meios ilícitos, como tráfico de drogas e coleta de subornos, que aumentavam à medida que eles se tornavam funcionários de alto escalão. Como resultado, a corrupção logo se tornou uma característica definidora do governo.

Em 2005, algumas autoridades norte-americanas começaram a perceber que ajudaram a criar um Frankenstein. Em setembro, Ronald Neumann, o embaixador dos EUA, enviou um cabograma confidencial a Washington avisando que o Afeganistão enfrentava uma "crise de corrupção" que representava "uma grande ameaça ao futuro do país". Neumann admitiu que o governo dos Estados Unidos era parcialmente culpado por causa de seu "envolvimento com algumas figuras desagradáveis", mas ele queria que Karzai "assumisse uma posição moral elevada" e demitisse "alguns dos funcionários mais notoriamente corruptos de seu governo".

No topo da lista mais famosa de Neumann estavam Ahmed Wali Karzai, poderoso corretor de Kandahar que por acaso era meio-irmão do presidente, e Gul Agha Sherzai, ex-comandante mujahedin conhecido como "o Bulldozer".

Ambos os homens, no entanto, eram politicamente intocáveis. Além de ser irmão do presidente, Ahmed Wali Karzai trabalhava em estreita colaboração com a CIA e recebia contratos lucrativos do Exército dos EUA.*

Em 2001, Sherzai ajudou as forças dos EUA a capturarem Kandahar, e, mais tarde, serviu como governador de Nangahar, uma província oriental que incluía a cidade crucial de Jalalabad. Como governador, ele acumulou uma fortuna economizando impostos e recebendo propinas, mas também manteve uma rede de incentivos dentro do governo dos Estados Unidos.

Seus apoiadores incluíam o chefe de Neumann no Departamento de Estado: Richard Boucher, o ex-porta-voz chefe que se tornou secretário ad-

---

* Em julho de 2011, Ahmed Wali Karzai foi assassinado por um membro de sua equipe de segurança, em Kandahar.

junto de Estado para a Ásia Central e do Sul. Boucher admirava Sherzai pela maneira como mantinha a paz em sua província distribuindo cargos de indicação e contratos governamentais. Ele se recordou de ter visitado Jalalabad uma vez e perguntado a Sherzai se ele precisava de mais ajuda para projetos de construção.

"Ele respondeu: 'Preciso de cinco escolas, cinco faculdades, cinco represas e cinco rodovias'", contou Boucher em uma entrevista ao Lições Aprendidas. "Eu disse: 'Bem, Ok, mas por que cinco?' E ele: 'Eu tenho estas quatro tribos aqui, e a quinta é para todas as outras'. Achei uma das coisas mais engraçadas que já ouvi e agora acho que foi uma das coisas mais inteligentes que já ouvi."

Boucher disse que era melhor canalizar contratos para afegãos que "provavelmente pegariam 20% para uso pessoal ou para seus parentes e amigos" do que dar o dinheiro para "um bando de especialistas norte-americanos caros", que desperdiçariam de 80% a 90% dos fundos em despesas gerais e lucros. "Prefiro que o dinheiro desapareça no Afeganistão do que em Washington", disse ele. "Provavelmente, no final, isso garantirá que mais dinheiro chegue aos aldeões, talvez por meio de cinco camadas de funcionários corruptos, mas ainda chegará a algum aldeão."

Mas outros disseram que os Estados Unidos e seus aliados eram tolos em dar tanta moral a senhores da guerra como Sherzai e em encorajar o comportamento corrupto. Em uma entrevista ao Lições Aprendidas, Nils Taxell, especialista sueco em anticorrupção que serviu no Afeganistão, zombou de autoridades estrangeiras por justificar Sherzai como "um idiota benevolente" porque "ele não pegou ou guardou tudo para si, deixou um pouco para os outros".*

Como fizeram com Sherzai, as autoridades norte-americanas tinham uma relação de amor e ódio com outro senhor da guerra: Sher Mohammad Akhundzada, governador da província de Helmand de 2001 a 2005. Apelidado de "SMA" pelos norte-americanos, ele era conhecido por impor a ordem implacavelmente, mas igualmente famoso por seu papel na próspera indústria do ópio de Helmand.

---

* Sherzai permaneceu ativo na política afegã e negou as acusações de irregularidades quando concorreu, sem sucesso, à presidência, em 2014. "Não há evidências contra mim", disse ele à NBC News. "Se eu estivesse envolvido em corrupção, teria arranha-céus em Dubai e milhões de dólares em bancos estrangeiros!"

O tenente-coronel da Marinha Eugene Augustine, que serviu em Helmand em 2004 e 2005, disse que as suspeitas sobre o envolvimento de SMA e seus principais assessores de segurança no tráfico de drogas dificultaram o avanço dos projetos de reconstrução patrocinados pelos Estados Unidos. "Sempre houve uma questão de corrupção e, com toda a produção de papoula e de drogas acontecendo em Helmand, esses caras sempre tiveram isso como um ponto de interrogação por trás deles, não apenas de mim, mas da sede superior, da inteligência", disse Augustine em uma entrevista de história oral ao Exército. "Todo mundo estava sempre tipo: 'Esses caras estão envolvidos com drogas?' Esse sempre era o assunto por trás de toda conversa — aquele jogo de xadrez contínuo de corrupção, quem estava ganhando dinheiro."

Em 2005, agentes de narcóticos norte-americanos e afegãos invadiram os escritórios de Akhundzada e encontraram um estoque enorme — nove toneladas — de ópio. Ele negou qualquer irregularidade. Mas, sob pressão internacional, Karzai o destituiu do cargo de governador. Na ausência da mão de ferro de SMA, a província logo se tornou um ímã para os insurgentes, e seu problema de tráfico de drogas explodiu. Algumas autoridades norte-americanas lamentaram sua saída.

McNeill, duas vezes comandante militar dos Estados Unidos no Afeganistão, descreveu SMA como "um tirano simplório", mas disse que foi eficaz como governador porque "manteve os outros bandidos à distância". Em uma entrevista ao Lições Aprendidas, ele chamou a remoção de Akhundzada de um "grande erro". Ele disse que os britânicos exigiram a remoção de SMA antes de assumirem a responsabilidade pela segurança em Helmand como parte de uma nova estrutura de comando da Otan.

"SMA estava sujo, mas manteve a estabilidade porque as pessoas tinham medo dele", disse McNeill. "Não é bom, e não estou defendendo dançar com o diabo, mas talvez com um de seus discípulos, e esse era SMA."*

Talvez o mais poderoso e desafiador senhor da guerra com quem os Estados Unidos tiveram de lidar tenha sido Mohammed Qasim Fahim Khan, um comandante da milícia tadjique. Como general sênior da Aliança

---

* Akhundzada, que se tornou senador provincial, não se desculpou por suas táticas implacáveis. Em entrevista à agência de notícias britânica *Telegraph*, ele disse que, depois de ser demitido do governo, 3 mil de seus seguidores mudaram de lado e se juntaram ao Talibã "porque perderam o respeito pelo governo".

do Norte, Fahim Khan desempenhou um papel fundamental ao ajudar os militares dos EUA a derrubarem o Talibã, em 2001. Posteriormente, ele garantiu o cargo como ministro da Defesa no novo governo do Afeganistão.

Em público, a administração de Bush tratou Fahim Khan como VIP e deu-lhe as boas-vindas ao Pentágono com um cordão de honra. Em particular, as autoridades norte-americanas o viam como uma presença corrupta e desestabilizadora e temiam que ele tentasse lançar um golpe violento.

O senhor da guerra de barba preta teve uma história tensa com Karzai. Em 1994, Fahim Khan supervisionou a polícia secreta do governo afegão e ordenou a prisão de Karzai — vice-ministro das Relações Exteriores na época — sob suspeita de espionagem. Karzai foi capturado e interrogado, e seu destino parecia sombrio. Mas, em um momento providencial, um foguete colidiu com o prédio em que ele estava detido, permitindo sua fuga.

Como ministro da Defesa de 2001 a 2004, Fahim Khan instalou seus aliados no Exército afegão e controlou as forças de segurança em Cabul. As autoridades norte-americanas estavam tão preocupadas com a possibilidade de ele tentar derrubar Karzai — que não tinha uma milícia própria para protegê-lo —, que forneceram guarda-costas norte-americanos ao líder afegão.

Fahim Khan gostava de sua reputação de terrível e pouco fez para esconder seu envolvimento com o tráfico de drogas. Russell Thaden, coronel aposentado do Exército dos EUA que serviu como chefe de inteligência das forças da Otan em Cabul de 2003 a 2004, disse que o ministro da Defesa certa vez explodiu de raiva ao saber que as forças dos EUA e as da Grã-Bretanha bombardearam em conjunto um grande laboratório de drogas no norte do Afeganistão.

"Fahim Khan tinha ficado muito nervoso até saber a qual laboratório de drogas se referiam", disse Thaden em uma entrevista de história oral ao Exército. "Não era um dos seus, então ele ficou bem com isso."

Ryan Crocker, que atuou como embaixador dos EUA no Afeganistão no início de 2002, lembrou um encontro horripilante quando Fahim Khan o informou despreocupadamente que outro ministro do governo afegão havia sido assassinado por uma multidão no aeroporto de Cabul.

"Ele ria enquanto relatava isso", disse Crocker em uma entrevista ao Lições Aprendidas. "Mais tarde, muito depois, e não sei se alguma vez foi verificado ou não, descobriu-se que o próprio Khan mandara matar o ministro. Mas saí daqueles primeiros meses com a sensação de que, mesmo para os padrões afegãos, estava na presença de uma pessoa totalmente má."

Crocker voltou ao Afeganistão anos depois para servir durante uma segunda temporada como embaixador durante o governo Obama. A essa altura, Fahim Khan havia retornado ao poder como vice-presidente do Afeganistão — e ainda fazia Crocker se arrepiar. "Quando voltei, senti que ele não estava diretamente envolvido nas principais estratégias ou decisões operacionais, mas que estava mais interessado em ganhar ainda mais milhões ilícitos, e que Karzai tinha que lidar com ele com muito cuidado, porque poderia ser perigoso, e, sem dúvida, isso era verdade", afirmou Crocker. "Eu o teria considerado capaz de qualquer iniquidade."

Fahim Khan morreu de causas naturais em 2014. Mas, em sua entrevista ao Lições Aprendidas, dois anos depois, o embaixador disse que ainda estava assombrado pelas memórias do senhor da guerra.

"Verifico quase todos os dias, e, pelo que eu sei, ele ainda está morto", disse Crocker.

CAPÍTULO ONZE

Uma Guerra contra o Ópio

Em março de 2006, uma frota de tratores agrícolas Massey Ferguson espalhou-se pelas planícies áridas da província de Helmand, lar dos campos de papoula mais férteis do mundo. Arrastando pesados trenós de metal, os tratores esmagavam fileiras de tenras papoulas verdes que tinham crescido até a altura dos bezerros, mas ainda faltavam semanas para a colheita. Um pequeno exército de trabalhadores empunhando gravetos cobriu o terreno que os Massey Fergusons não podiam alcançar, marchando sobre campos irrigados por canais e golpeando os caules de papoula um por um.

A invasão dos campos de papoula marcou o início da Operação River Dance, anunciada pelos Estados Unidos como uma grande escalada em sua guerra contra o ópio. Em teoria, a campanha de erradicação de dois meses foi uma missão conjunta dos governos dos EUA e do Afeganistão. Mas o trabalho e os custos não foram divididos igualmente. Forças de segurança afegãs e terceirizadas atacaram as papoulas e sujaram suas botas enquanto conselheiros militares dos EUA e agentes do Departamento de Estado e da Delegacia de Tóxicos e Entorpecentes vigiavam e forneciam orientação. Os contribuintes norte-americanos, por sua vez, cobriram as despesas operacionais.

As papoulas afegãs — a planta da qual o ópio é extraído para fazer heroína — dominaram o mercado global de drogas por décadas. Mas a produção atingiu novos patamares após a invasão liderada pelos Estados Unidos, em 2001. Agricultores que passavam por dificuldades aproveitaram-se do colapso do regime do Talibã e semearam o máximo possível da safra comercial. Em 2006, oficiais dos EUA estimaram que as papoulas estavam alimentando um terço de toda a produção econômica do Afeganistão e fornecendo de 80% a 90% do ópio mundial.

O *boom* das drogas acompanhou o renascimento do Talibã, e a administração de Bush concluiu que a receita dos narcóticos estava sustentando o retorno da insurgência. Como resultado, o governo pressionou por uma repressão ao ópio em Helmand, a província do sul em que os agricultores cultivavam a maior parte das papoulas do Afeganistão.

Assim que a Operação River Dance começou, oficiais norte-americanos e afegãos a proclamaram publicamente como um tremendo sucesso. Mohammed Daud, o governador recentemente empossado de Helmand, prometeu que, dentro de dois meses, "não haverá ópio nesta província". O brigadeiro-general Benjamin Freakley, comandante da 10ª Divisão Montanha, chamou River Dance de "muito encorajadora" e disse: "Isso é um bom presságio para o futuro."

John Walters, secretário antidrogas do governo Bush, visitou o Afeganistão enquanto a Operação River Dance estava em andamento. Ao retornar a Washington, ele disse a repórteres do Departamento de Estado que o país estava "fazendo um enorme progresso" e que "o cenário estava melhorando a cada dia". Ele elogiou o governador de Helmand por estar "na vanguarda" da guerra contra o ópio e afirmou que todos os fazendeiros, líderes religiosos e oficiais locais da província apoiavam a campanha de erradicação.

Nada disso era verdade.

A Operação River Dance saiu pela culatra em todos os aspectos. Em cabogramas diplomáticos e entrevistas de história oral ao Exército, as autoridades norte-americanas descreveram a operação como uma calamidade mal planejada que vacilou desde o início. "Dizem que foi um sucesso. Acho que isso é simplesmente besteira", disse o tenente-coronel Michael Slusher, oficial da Guarda Nacional de Kentucky que aconselhava os soldados afegãos durante a campanha. Toda a operação, acrescentou ele, "não valia nada".

Os tratores ficavam presos nas valas e atolados nos campos. Bulldozers e veículos militares quebravam com frequência. Usar gravetos para golpear as plantas mostrou-se uma abordagem tão ineficiente, que os líderes logo a descartaram, considerando-a um exercício inútil.

Em 24 de abril, a campanha sofreu outro golpe, quando uma aeronave alugada pelo Departamento de Estado, com dezesseis pessoas a bordo — sendo a maioria de agentes antidrogas dos EUA —, bateu em uma fileira de casas de tijolos de barro em Helmand. Na época, oficiais dos EUA e da Otan disseram apenas que os dois pilotos ucranianos haviam morrido, enquanto as notícias acrescentavam que duas garotas afegãs no solo também morreram.

Mas Mike Winstead, coronel do Exército dos EUA que ajudou a coordenar a Operação River Dance, disse que a devastação foi muito pior. Em uma entrevista de história oral ao Exército, ele disse que correu para o local e ajudou a remover os corpos de cerca de quinze afegãos de suas casas destruídas. Ele também recuperou uma pasta com documentos confidenciais da aeronave destruída e uma sacola com US$250 mil em dinheiro, que o Departamento de Estado havia enviado para pagar o exercício antipapoula.

O percalço destacou a futilidade da campanha. "Não tenho certeza se estávamos fazendo o melhor no final dela", disse Winstead. "Estávamos com sérias dificuldades."

Para piorar as coisas, conforme a estação de cultivo se desenrolava e as papoulas desabrochavam em exibições espetaculares de flores rosa e brancas, muitos afegãos das equipes de erradicação desapareceram.

De acordo com um cabograma diplomático dos Estados Unidos, a maioria dos portadores de gravetos "desertou de seus cargos" assim que descobriram que podiam ganhar muito mais colhendo ópio para os fazendeiros do que matando as plantas para o governo afegão. Os fazendeiros ofereciam salários cinco vezes maiores do que os do governo, pagos em dinheiro ou em remédios. Ao final da Operação River Dance, o número de erradicadores havia diminuído de quinhentos para menos de cem.

Para encobrir o desastre, as autoridades afegãs mentiram em seus relatórios públicos sobre quantos acres de papoulas haviam destruído, exagerando os resultados várias vezes. Em dois cabogramas diplomáticos enviados a Washington em maio, a embaixada dos Estados Unidos em Cabul admitiu que apenas "uma quantidade modesta" da colheita de papoula fora destruída e lançou dúvidas sobre as estatísticas oficiais afegãs. Mesmo assim, o Departamento de Estado validou para o Congresso os números falsos como se fossem precisos, citando-os como evidência de uma missão bem-sucedida.

A Operação River Dance teve sucesso em enfurecer os fazendeiros de papoula de Helmand. Para sabotar os erradicadores, eles plantaram bombas caseiras e outras armadilhas no solo e inundaram seus campos para atolar os tratores. Muitos culparam os norte-americanos por arruinarem seu sustento. Eles ficaram especialmente indignados com o fato de os norte-americanos estarem destruindo um produto consumido principalmente no Ocidente. "Vários aldeões me perguntavam: 'Coronel, por que vocês estão erradicando algo que sua gente usa e deseja?' Eles não conseguiam entender", disse Winstead.

As autoridades norte-americanas recuaram quando ficou evidente que seus aliados do governo afegão estavam embolsando uma grande parte dos lucros do ópio de Helmand e usando a Operação River Dance para punir seus concorrentes no comércio de drogas. Bem no início da operação, os norte-americanos perceberam que estavam sendo usados.

Um cabograma diplomático de 3 de maio, assinado pelo embaixador dos EUA, Ronald Neumann, apontou o vice-governador de Helmand e o chefe de polícia como "indivíduos muito corruptos". O cabograma admitia que o cinturão principal de papoula da província tinha saído praticamente ileso porque as terras ali estavam sob o controle de "líderes tribais poderosos" e de funcionários com "interesses e influência significativos". A polícia afegã também solicitou suborno de agricultores em troca de poupar seus campos da erradicação. Isso colocou as autoridades norte-americanas em risco de serem vistas como cúmplices de uma grande reviravolta.

O major Douglas Ross, conselheiro militar dos EUA integrado a uma unidade de soldados afegãos, chamou a River Dance de "operação ilegal" e temeu que isso desencadeasse uma revolta em massa contra as forças dos EUA e do Afeganistão. "Se alguém está lá extorquindo as pessoas e estamos lhes fornecendo segurança, estamos enviando a mensagem errada", disse ele em uma entrevista de história oral ao Exército. "Acredite em mim, meu cabelo ficou branco no fim dessa operação." A campanha de erradicação prejudicou principalmente os agricultores pobres, que não tinham ligações políticas nem dinheiro para pagar subornos. Alienados e desamparados, eles se tornaram recrutas perfeitos para o Talibã.

"Noventa por cento da renda das pessoas da província de Helmand são decorrentes da venda de papoula. Agora estamos levando isso embora", disse o coronel Dominic Cariello, oficial da Guarda Nacional de Wisconsin que aconselhou uma unidade do Exército afegão durante a operação, em uma entrevista de história oral ao Exército. "Sim, é claro que eles vão pegar em armas e atirar em você. Você acabou de tirar o sustento deles. Eles têm uma família para alimentar."

Os fazendeiros que não se ofereciam para se juntar à insurgência eram recrutados de qualquer maneira. Antes do plantio, muitos agricultores assinavam acordos com traficantes de drogas prometendo lhes entregar uma quantidade fixa de resina de ópio seca, ou "goma de papoula", no fim da safra. Com suas safras destruídas, eles foram pressionados a pagar suas dívidas.

"Para os traficantes, não fazia diferença onde conseguiam a goma de papoula, mas diziam: 'Eu lhe dei US$2 mil no inverno passado, você me deve 18 quilos; se não me der a goma de papoula, vou matar você, sua esposa e seus filhos. Ou então, pode pegar esta arma e me ajudar a lutar contra os norte-americanos'", revelou o major John Bates, assessor do vice-comandante das forças dos EUA no Afeganistão, em uma entrevista de história oral ao Exército. "Estávamos decepcionando toda a província", acrescentou. "Helmand explodiu."

Antes da Operação River Dance, Helmand representava um setor relativamente tranquilo na guerra com o Talibã. Mas, depois que a operação começou, os insurgentes chegaram. "A campanha de erradicação também parece ter atraído mais talibãs para lutar em Helmand, talvez em um esforço para proteger seus próprios interesses financeiros e ganhar o favor da população local ao 'proteger' suas plantações de papoula", relatou Neumann no cabograma de 3 de maio. Duas semanas depois, outro cabograma da embaixada dos EUA relatou que a segurança em Lashkar Gah, a capital da província, era "muito ruim e só piorava".

O aumento da violência coincidiu com a chegada das tropas britânicas a Helmand, em maio, como parte de uma reorganização das forças da Otan planejada anteriormente. Os britânicos se viram despreparados e oprimidos. "Assim que passamos o controle aos britânicos, em uma semana, eles sofreram muito com tropas mortas e feridas em combate", disse Slusher, da Guarda Nacional de Kentucky. "Os chefões do narcotráfico entraram pesado, o Talibã também, e tudo ficou muito difícil."

Apesar dos elogios públicos de oficiais norte-americanos e afegãos, a Operação River Dance havia se transformado em um dos maiores erros estratégicos da guerra. Em vez de aumentar a confiança no governo afegão e privar o Talibã de receitas, a campanha de Helmand de 2006 ajudou a transformar a região em um reduto letal para a insurgência.

As forças dos EUA, da Otan e do Afeganistão pagariam caro pelo erro durante o restante da guerra.

Os agricultores afegãos cultivaram variedades da papoula do ópio — *Papaver somniferum* — por gerações. Com um pouco de irrigação, as plantas prosperam em climas quentes e secos. Elas cresciam especialmente bem no vale do Rio Helmand, graças a uma extensa rede de canais financiados pelos contribuintes norte-americanos. Na década de 1960, a Agência dos Estados Unidos para o Desenvolvimento Internacional construiu os canais para estimular a produção de algodão e outras safras no sul do Afeganistão durante a Guerra Fria.

Em plena floração, as flores de papoula parecem majestosas em tons incandescentes de branco, rosa, vermelho ou roxo. Depois que as pétalas caem, o caule é coberto por um casulo do tamanho de um ovo. Na colheita, os agricultores abrem os casulos para drenar uma seiva branca leitosa que é seca e transformada em resina. Para o Afeganistão, é uma safra comercial ideal. Diferentemente de frutas, vegetais e grãos, a resina não apodrece nem atrai pragas, e pode ser facilmente armazenada e transportada por longas distâncias.

Os traficantes levam a resina do ópio para laboratórios de drogas ou refinarias, onde é processada em morfina e em heroína. O ópio afegão alimenta a demanda por heroína na Europa, no Irã e em outras partes da Ásia. Um dos poucos mercados que ele não domina é o dos Estados Unidos, que obtém a maior parte de sua heroína do México.

Ironicamente, o único poder que conseguiu restringir a indústria de drogas afegã foi o Talibã.

Em julho de 2000, quando o Talibã controlava a maior parte do país, seu líder solitário e caolho, o mulá Mohammad Omar, declarou que o ópio era contra os princípios do islamismo e proibiu o cultivo de papoulas. Para a surpresa do resto do mundo, a proibição funcionou. Com medo de cruzar o Talibã, os fazendeiros afegãos imediatamente pararam de plantar papoulas. As Nações Unidas estimaram que o cultivo da papoula caiu 90% de 2000 a 2001.

O decreto gerou tumulto nos mercados globais de heroína e perturbou a economia afegã. Anos depois, os afegãos relembraram o momento com admiração e disseram que ele mostrava a relativa infelicidade dos Estados Unidos e de seus aliados do governo afegão nas batalhas do ópio.

"Quando o Talibã ordenou que parassem o cultivo de papoula, o mulá Omar fez vista grossa. Ninguém cultivou papoula depois que a ordem foi aprovada", disse Tooryalai Wesa, ex-governador da província de Kandahar, em uma entrevista ao Lições Aprendidas. "Agora, bilhões de dólares chegaram e foram doados ao Ministério de Combate a Entorpecentes. Na verdade, não diminuiu nada. O cultivo de papoula até aumentou."

O Talibã esperava que a proibição do ópio, em 2000, ganhasse o favor de Washington e atraísse os Estados Unidos a fornecerem ajuda humanitária. Mas essas esperanças desapareceram quando a Al-Qaeda — que havia sido protegida pelo Talibã — lançou os ataques de 11 de setembro.

Assim que os militares dos EUA invadiram e retiraram o Talibã do poder, em 2001, os agricultores afegãos voltaram a semear suas papoulas. As autoridades norte-americanas e seus aliados reconheceram que o problema provavelmente seria uma bola de neve, mas não conseguiram chegar a um acordo sobre o que fazer.

Os militares dos EUA estavam concentrados na caça aos líderes da Al-Qaeda. O Departamento de Estado estava ocupado tentando solidificar o novo Estado afegão. Embora as papoulas não tivessem nada a ver com o motivo pelo qual os Estados Unidos declararam guerra, membros do Congresso pressionaram o governo Bush para priorizar a questão.

Michael Metrinko, o diplomata dos EUA que sobreviveu ao cativeiro durante a crise dos reféns iranianos, disse: "Todos do Congresso levantaram o assunto imediatamente", quando visitaram o complexo da embaixada dos EUA em Cabul, em 2002. Em uma entrevista diplomática de história oral, ele mencionou uma conversa que teve com um legislador não identificado que se recusou a abandonar a questão. "Olhei para o deputado e disse: 'Deputado, ainda não temos um banheiro funcionando aqui na embaixada.

Compartilho um com cerca de cem outros homens. Até onde você quer que eu vá tentando erradicar a produção de papoula do outro lado do país?'"

O presidente Bush convenceu as Nações Unidas e os aliados europeus a conceberem uma estratégia para combater a papoula de ópio. Na primavera de 2002, as autoridades britânicas, que concordaram em assumir o comando, fizeram uma oferta irresistível. Elas concordaram em pagar aos fazendeiros de papoula afegãos US$700 por acre — uma fortuna no país empobrecido e devastado pela guerra — para destruir suas plantações.

A notícia do programa de US$30 milhões desencadeou um frenesi de cultivo de papoula. Os agricultores plantaram o máximo de papoulas que puderam, oferecendo parte de sua colheita aos britânicos para destruição, enquanto vendiam o restante no mercado aberto. Outros colheram a seiva do ópio antes de destruir suas plantas e foram pagos de qualquer maneira. "Os afegãos, como a maioria das outras pessoas, estavam bastante dispostos a aceitar grandes somas de dinheiro e a prometer qualquer coisa, sabendo que você iria embora", disse Metrinko. "Os britânicos chegavam e distribuíam somas de dinheiro, e os afegãos diziam: 'Sim, sim, sim, vamos queimar tudo agora', e os britânicos iam embora. Eles então obtinham duas fontes de renda da mesma safra."

Em uma entrevista ao Lições Aprendidas, Anthony Fitzherbert, um especialista agrícola britânico, chamou o programa de troca de papoulas de "um ato terrível de ingenuidade crua", dizendo que as pessoas responsáveis "não tinham conhecimento das nuances e não sei se elas realmente se importavam".

Em 2004, enquanto os fazendeiros afegãos cultivavam mais solo para cultivar papoulas e os britânicos lutavam para lidar com a situação, o governo Bush começou a reconsiderar se deveria se envolver. Mas a burocracia dos EUA carecia de consenso e orientação sobre a forma de lidar com o problema. O Escritório de Assuntos Internacionais de Entorpecentes e Segurança do Departamento de Estado, ou INL, deveria supervisionar a política dos Estados Unidos. Mas o INL destacou apenas um funcionário para a embaixada dos EUA em Cabul na época, de acordo com o general de três estrelas David Barno, comandante das forças dos EUA de 2003 a 2005.

Os militares dos EUA tinham exponencialmente mais recursos do que o Departamento de Estado, mas os comandantes hesitaram em tocar no assunto. Eles não viam o combate aos traficantes de drogas como parte de sua missão e temiam que atacar os fazendeiros colocasse suas tropas em risco. A CIA relutava em comprometer suas relações com os senhores da guerra por causa das drogas. Os aliados da Otan também não conseguiam chegar a um acordo sobre o que fazer.

"Não havia nenhuma coordenação e havia muita luta interagências — não apenas entre suas agências, mas entre elas e as nossas, as agências britânicas", disse o major-general britânico Peter Gilchrist, que serviu como subcomandante de Barno de 2004 a 2005 em uma entrevista de história oral ao Exército. "Então era disfuncional. Simplesmente não dava certo. Não estávamos conseguindo tração nenhuma."

Em novembro de 2004, o secretário de Defesa Donald Rumsfeld enviou um floco de neve para Doug Feith, o chefe de política do Pentágono, para reclamar da abordagem sem objetivo do governo Bush. "Com respeito à estratégia de drogas para o Afeganistão, ela parece não estar sincronizada — ninguém está no comando", escreveu ele.

Como o número de ataques suicidas e outros ataques aumentou de 2004 a 2006, membros do Congresso e agentes da DEA [agência de combate ao narcotráfico dos EUA] e do INL argumentaram que os lucros do ópio estavam alimentando a insurgência. Outras autoridades norte-americanas responderam que as fontes de financiamento e as motivações por trás da insurgência eram mais complexas, mas perderam o debate. O governo Bush decidiu ser mais duro com os plantadores de papoula afegãos e reservar US$1 bilhão por ano para programas como a Operação River Dance.

Ao declarar o ópio um inimigo, os Estados Unidos efetivamente abriram uma segunda frente na guerra no Afeganistão.

Barnett Rubin, o especialista acadêmico em Afeganistão e ex-conselheiro da ONU, disse que o governo Bush entendeu mal os fatores por trás do ressurgimento do Talibã. "De alguma forma, chegamos à explicação de que eram as drogas: o Talibã lucra com as drogas, e, portanto, as drogas causam o Talibã", disse ele em uma entrevista ao Lições Aprendidas.

Ao mesmo tempo, pessoas além do Talibã estavam enriquecendo com o tráfico de drogas. Governadores, senhores da guerra e outros altos funcionários afegãos que supostamente eram aliados de Washington ficaram viciados nos lucros do ópio, recebendo uma parte dos fazendeiros e dos traficantes que operavam em suas áreas de influência. Autoridades dos EUA e da Otan reconheceram tardiamente que a corrupção relacionada às drogas estava minando a guerra mais ampla e ameaçando transformar o Afeganistão no que eles chamavam de "narco-Estado".

Em um floco de neve de outubro de 2004, Rumsfeld relatou a vários altos funcionários do Pentágono que a ministra da Defesa francesa, Michèle Alliot-Marie, estava preocupada que a indústria do ópio pudesse enfraquecer o controle do presidente Hamid Karzai no poder. "Ela achava importante agir logo, para evitar uma situação em que o dinheiro das drogas elegesse o Parlamento afegão, e o Parlamento afegão então se opusesse a Karzai e corrompesse o governo", escreveu Rumsfeld.

Um ano depois, Neumann soou um alarme semelhante. "Muitos de nossos contatos temem, corretamente, que o florescente setor de narcóticos possa fazer com que a corrupção fique totalmente descontrolada", escreveu Neumann em um cabograma confidencial de setembro de 2005 para autoridades em Washington. "Eles temem que a montanha de dinheiro ilegal do cultivo, do processamento e do tráfico de ópio possa estrangular o legítimo Estado do Afeganistão em seu berço."

Mas as autoridades norte-americanas permaneceram em dúvida sobre o que fazer.

Depois que a Operação River Dance demonstrou a loucura de atacar campos de papoula com tratores e gravetos, alguns funcionários do governo Bush e membros do Congresso pressionaram para adotar uma abordagem mais agressiva que aquela que Washington apoiara na Colômbia para combater o tráfico de cocaína. Uma parte central desse programa, conhecido como Plano Colômbia, foi a pulverização aérea de herbicidas para erradicar os pés de coca. O governo Bush saudou o Plano Colômbia como um sucesso, apesar das preocupações de que os herbicidas pudessem causar câncer.

Algumas autoridades norte-americanas duvidaram de que isso funcionaria no Afeganistão por essas e outras razões. John Wood, membro do Conselho de Segurança Nacional na Casa Branca de Bush, disse em uma entrevista ao Lições Aprendidas que o então presidente da Colômbia, Álvaro Uribe, era um aliado confiável que apoiava a pulverização aérea: "Uribe era um líder confiável e ligava a insurgência às drogas. Os militares colombianos foram competentes."

Em contraste, as forças de segurança afegãs eram muito mais fracas, e Karzai, o presidente afegão, menos comprometido. Em público, Karzai declarou uma "guerra santa" contra as papoulas e chamou o negócio de "mais perigoso do que o terrorismo". Mas, em particular, ele tinha sérias dúvidas.

Karzai e seus ministros resistiram à proposta dos EUA de fumigação. Eles temiam que os herbicidas pudessem envenenar a água e os alimentos e que os afegãos rurais se rebelassem se seu governo permitisse que estrangeiros liberassem substâncias estranhas do céu. "Karzai achou que isso seria visto pelos afegãos como uma guerra química contra eles", disse Zalmay Khalilzad, o embaixador dos EUA em Cabul de 2003 a 2005, em uma entrevista ao Lições Aprendidas.

Em outro nível, as autoridades afegãs sabiam que, se a pulverização funcionasse, esmagaria a única parte da economia nacional que estava prosperando. E isso alienaria ainda mais os afegãos rurais.

"Incitar Karzai a montar uma campanha eficaz contra o narcotráfico foi como pedir a um presidente norte-americano que interrompesse todas as atividades econômicas dos EUA a oeste do Mississippi", disse Ronald McMullen, que atuou como diretor do escritório do INL afegão-paquistanês, em uma entrevista diplomática de história oral. "Essa era a magnitude do que pedíamos aos afegãos."

Os líderes militares dos Estados Unidos foram igualmente cautelosos quanto à fumigação, apesar do apoio do governo Bush a ela. A maioria dos comandantes via o ópio como um problema de execução da lei. Eles também se preocupavam com os riscos potenciais à saúde de suas tropas e tinham *flashbacks* da Guerra do Vietnã, quando as forças dos EUA pulverizaram o Agente Laranja — um desfolhante tóxico — nas selvas tropicais.

A reticência dos militares irritou os membros do Congresso. Politicamente, era difícil explicar aos eleitores por que os norte-americanos estavam lutando uma guerra para resgatar um país que produzia mais ópio do que qualquer outro no mundo. Não ajudou quando os jornais publicaram fotos de soldados norte-americanos patrulhando a pé os campos de papoula em plena floração (a maioria das unidades norte-americanas tinha ordens de não interferir na agricultura).

Pouco depois do início da Operação River Dance, em março de 2006, uma delegação do Congresso liderada pelo deputado Peter Hoekstra (republicano pelo estado de Michigan) visitou o Afeganistão para discutir os esforços de erradicação com autoridades norte-americanas, afegãs e britânicas. O INL providenciou que alguns dos legisladores visitassem o centro de Helmand de helicóptero.

Congressistas de olhos arregalados viam papoulas crescendo em todos os lugares: perto de propriedades, dentro de complexos com paredes de lama, até mesmo ao redor da capital provincial de Lashkar Gah, de acordo com um cabograma diplomático confidencial resumindo a visita. "Os campos de papoula eram realmente onipresentes. Centenas de grandes campos de papoula podiam ser vistos facilmente dos helicópteros em vários estágios de crescimento. Muitos deles estavam em plena floração", dizia a mensagem.

Mesmo assim, alguns diplomatas norte-americanos seniores diziam que entendiam a relutância dos militares em transformar fazendeiros e trabalhadores do campo em inimigos. "Solidarizo-me com as tropas. Se eu estivesse com meu colete à prova de balas e houvesse papoula, diria apenas que eram lindas flores", disse Richard Boucher, que supervisionou a política do Sul da Ásia para o Departamento de Estado de 2004 a 2008. "Eles não estavam lá para cortar flores e em seguida tomar tiro de alguém."

Durante o mandato de Neumann como embaixador, de 2005 a 2007, ele e outros funcionários da embaixada dos Estados Unidos em Cabul tentaram persuadir membros visitantes do Congresso de que os Estados Unidos precisavam adotar uma abordagem de longo prazo. Ele achava que os afegãos levariam muitos anos para transformar sua economia rural e encontrar alternativas realistas para o cultivo de papoulas.

Em uma entrevista ao Lições Aprendidas, Neumann disse que havia uma "pressão desesperada por resultados de curto prazo". A erradicação terrestre e a pulverização aérea foram "impulsionadas pelo Congresso, que queria ver algo tangível", acrescentou ele, embora estivesse claro que não havia uma solução simples. "Washington não entendeu que um esforço antinarcótico bem-sucedido seria a função de um esforço gigantesco de desenvolvimento rural."

No fim de 2006, estava claro que a Operação River Dance havia realizado pouco. Naquele ano, o Afeganistão teve uma colheita recorde de ópio, com um aumento de 59% no número de acres cultivados, de acordo com estimativas da ONU. O ano seguinte foi ainda mais abundante, pois o cultivo aumentou mais 16%.

Em 2007, a Casa Branca nomeou um novo embaixador dos EUA para o Afeganistão: William Wood, anteriormente o principal diplomata dos EUA na Colômbia e um forte defensor da pulverização aérea. Apelidado de "Conta Química", Wood pressionou Karzai a aceitar uma grande campanha de fumigação. Mas, àquela altura, o líder afegão ficou desconfiado e duvidou das garantias de Washington de que os herbicidas fossem seguros. Mesmo depois de receber um apelo pessoal de Bush, Karzai disse não. Foi sua resposta final.

Em janeiro de 2008, Richard Holbrooke, ex-embaixador dos EUA nas Nações Unidas, destruiu a guerra do governo Bush contra o ópio em uma coluna de opinião no *Washington Post*. Ele disse que a ênfase na erradicação "poderia ser o programa mais ineficaz da história da política externa norte-americana".

"Não é apenas um desperdício de dinheiro. Na verdade, fortalece o Talibã e a Al-Qaeda", escreveu Holbrooke. Ele pediu um reexame das "desastrosas políticas de drogas" do governo dos EUA no Afeganistão.

Ele logo passaria a agir do seu jeito.

PARTE QUATRO

EXCESSOS DE OBAMA

2009—2010

CAPÍTULO DOZE

Dobrando a Aposta

Com sua habitual cara de paisagem, Robert Gates caminhava decidido para a sala de instruções do Pentágono em 11 de maio de 2009, para uma entrevista coletiva organizada às pressas. Em sua mão esquerda, segurava uma declaração de quatro páginas, dobrada para que ninguém pudesse espiar. Ele se sentou a uma mesa ao lado do almirante Mike Mullen, o presidente do Estado-Maior Conjunto das Forças Armadas, para enfrentar cerca de trinta jornalistas que não tinham ideia do motivo de terem sido convocados. Exceto pelo clique das câmeras, a sala estava em silêncio.

O secretário de Defesa, que detestava conversa fiada, foi direto ao assunto. Ele falou brevemente sobre as notícias do dia: um sargento do Exército dos EUA inexplicavelmente matara cinco colegas militares em uma clínica de saúde no Iraque. Ainda sombrio, Gates começou a ler sua declaração. Após uma cuidadosa revisão das operações no Afeganistão, ele concluiu que os militares dos EUA "poderiam e deveriam fazer melhor" e que a guerra exigia "um novo pensamento e novas abordagens".

Então ele deu a grande notícia: cinco dias antes, ele havia demitido o general do Exército David McKiernan, comandante das tropas dos EUA e da Otan no Afeganistão. Embora o Pentágono fosse notoriamente sujeito a vazamentos, Gates manteve a bomba em segredo. Até mesmo os repórteres que haviam viajado com Gates para o Afeganistão na semana anterior e se encontrado com McKiernan não tinham ideia do ocorrido.

145

Dois anos e meio após seu mandato no Pentágono, Gates ganhou a reputação de ser um chefe nada sentimental que responsabilizava o alto escalão. Mas demitir um comandante de guerra era uma coisa completamente diferente. O último caso notável ocorreu em 1951, quando o presidente Truman substituiu o general Douglas MacArthur por insubordinação durante a Guerra da Coreia.

No entanto, Gates era melhor em salvaguardar seu segredo do que em explicar por que havia tomado uma ação tão drástica. Ele disse que McKiernan não recusou nenhuma ordem, nem fez nada de errado. "Não foi nada específico", disse ele, apenas era "tempo para uma nova liderança e novos olhos".

O almirante Mullen foi igualmente enigmático. Ele disse que estava "muito encorajado com o progresso feito" em partes do Afeganistão, mas mesmo assim pensava que era "hora de mudar".

A imprensa olhou para Gates e Mullen com ceticismo. Barbara Starr, uma correspondente intransigente da CNN e presença constante nos corredores do Pentágono, incitou-os a uma resposta mais completa. "É apenas perda de confiança?", perguntou ela. "Eu não ouvi nada ainda — sinto muito — sobre por que vocês dois acham que ele não conseguiu fazer o trabalho."

Gates repetiu a frase de que era apenas hora de uma mudança. Ele observou que o presidente Barack Obama, o novo comandante supremo, revelara sua "estratégia abrangente" para a guerra seis semanas antes e concordara em enviar mais 21 mil soldados ao Afeganistão, elevando o total dos EUA para cerca de 60 mil. Dadas todas as mudanças, Gates disse que ele e Mullen queriam um novo comandante de guerra: o general do Exército Stanley McChrystal, um guerreiro de Operações Especiais que trabalhara para Mullen no Estado-Maior Conjunto.

Superficialmente, a remoção abrupta de McKiernan fazia pouco sentido. Gates e Mullen foram os que o colocaram no cargo onze meses antes. McKiernan vinha implorando por mais tropas e equipamentos desde que desembarcara no Afeganistão. Agora, com os reforços finalmente a caminho, ele era demitido.

Mas McKiernan violou uma regra tácita. Nos últimos dias do governo Bush, ele se tornou o primeiro general no Afeganistão a admitir que a guerra estava indo mal. Diferentemente de outros oficiais comandantes, ele não enganou o público com uma linguagem floreada. Ele foi direto até o fim.

No que acabou sendo sua última coletiva de imprensa em Cabul, em 6 de maio de 2009, McKiernan descreveu a guerra como um "impasse" no sul e "uma luta muito dura" no leste. Horas depois, em um jantar privado no quartel-general, Gates lhe disse que estava acabado.

Quer Gates ou Mullen pretendessem ou não, eles enviaram uma mensagem para o resto das Forças Armadas dos Estados Unidos: estavam demitindo o general comandante por dizer a verdade.

Dias antes de sua demissão, McKiernan confidenciou a outros oficiais no Afeganistão que suas avaliações francas e pedidos repetidos por mais tropas incomodaram altos funcionários do Pentágono. Em uma reunião com o brigadeiro-general do Exército John Nicholson, comandante regional em Kandahar, McKiernan disse: "Talvez tenhamos feito um trabalho bom demais explicando como é ruim aqui", de acordo com o major Fred Tanner, assistente militar de Nicholson.

Em retrospecto, McKiernan já deveria saber seu destino, disse Tanner em uma entrevista de história oral ao Exército. "Ele falou aquilo de forma profissional. Ele não estava zangado. Mas agora olho para trás e percebo que ele ainda não tinha entendido bem."

A mudança no topo chegou às manchetes, mas não conseguiu resolver os problemas subjacentes. Em vez disso, gerou mais dúvidas e incertezas sobre a errática estratégia de guerra dos Estados Unidos.

Obama venceu as eleições em 2008 depois de prometer encerrar a impopular guerra no Iraque e prestar mais atenção à Guerra do Afeganistão. A maioria dos norte-americanos na época ainda via a guerra no Afeganistão como uma causa justa em função do 11 de Setembro.

Depois de assumir o cargo, Obama manteve Gates — um republicano — como secretário de Defesa e o colocou no comando do que o presidente chamou de uma nova "estratégia abrangente" para o Afeganistão. Obama disse que enfatizaria mais diplomacia com o Paquistão, onde os líderes do Talibã e os da Al-Qaeda encontraram refúgio e renovaram suas redes. Mas a nova estratégia se assemelhava muito à antiga. Obama manteve o plano de Bush de conter a insurgência e fortalecer o governo afegão até que este pudesse se defender sozinho.

No campo, as tropas norte-americanas continuavam a lutar com muitas das mesmas perguntas básicas para as quais não tinham resposta desde

2001. Quais eram suas metas, suas referências e seus objetivos específicos? Em outras palavras, para que fim eles estavam lutando?

Em 2009, muitos soldados, aviadores, marinheiros e fuzileiros navais haviam registrado várias missões no Afeganistão. A guerra fazia menos sentido a cada vez que eles voltavam. Anos de caça a suspeitos terroristas os levaram a lugar nenhum. O Talibã manteve sua posição.

"Na época, eu olhava para o Afeganistão e pensava que deveria haver algo mais para resolver aquele problema do que matar pessoas, porque era isso o que fazíamos, e, a cada vez que eu voltava, a segurança estava pior", disse o brigadeiro-general do Exército Edward Reeder Jr., comandante de Operações Especiais que serviu em seis missões de combate no Afeganistão, em uma entrevista ao Lições Aprendidas.

O major George Lachicotte, nascido em Caribou, Maine, foi destacado para o Afeganistão em 2004 como oficial de infantaria. Cinco anos depois, ele voltou como líder de equipe com o 7º Grupo de Forças Especiais, servindo sob o mandato de Reeder.

"Era muito mais complicado. Era muito mais difícil dizer quem era inimigo e quem não era", disse ele em uma entrevista de história oral ao Exército. "Mesmo os caras que eram inimigos certo dia não eram mais no seguinte."

No meio de seu destacamento de 2009, enquanto os militares dos EUA moviam tropas para reforçar as forças sitiadas da Otan no sul do Afeganistão, a equipe das Forças Especiais de Lachicotte foi subitamente realocada da província de Helmand para a vizinha Kandahar sem muitas explicações. "Não havia uma estratégia clara", afirmou ele.

Quando o nativo do Alabama Joseph Claburn foi implantado pela primeira vez na zona de guerra, em 2001, ele era um jovem primeiro-tenente do Exército na 101ª Divisão Aerotransportada. Sua unidade lutou na Operação Anaconda, a última grande batalha contra as forças da Al-Qaeda, em março de 2002. Quando voltou ao Afeganistão, seis anos depois, já havia sido promovido a major. Como oficial da brigada britânica em Kandahar, ele achava difícil visualizar como, ou quando, a luta poderia terminar.

"Como saberemos quando for a hora de partirmos?", questionou Claburn em uma entrevista de história oral ao Exército. "Se eu lhe desse um pedaço de papel agora e dissesse: 'Para que possamos partir, é isso que deve acontecer', poderíamos ficar lá por um tempo extremamente longo."

A nova estratégia de Obama durou poucos meses. Assim que McChrystal assumiu o comando da guerra, em junho de 2009, ele ordenou mais uma revisão da estratégia de guerra — um sinal claro de que o conflito havia se deteriorado ainda mais e que ele achava que o plano do presidente não funcionaria.

Filho de um general de duas estrelas do Exército, McChrystal servira anteriormente no Afeganistão, mas deixou sua marca no Iraque, onde liderou uma força-tarefa de Operações Especiais que perseguiu e matou centenas de líderes insurgentes. Ele havia se aproximado do general do Exército David Petraeus, comandante das tropas norte-americanas no Iraque e arquiteto da estratégia de contrainsurgência do Pentágono naquele país. Petraeus já havia sido promovido a chefe do Comando Central dos Estados Unidos, supervisionando as operações militares no Oriente Médio e no Afeganistão. Ele havia recomendado McChrystal para o cargo de comandante de guerra no Afeganistão.

Ambos os generais nutriram imagens públicas de super-homens inteligentes, multitarefas e obcecados pelo seu trabalho.

Petraeus, de 56 anos, fez doutorado em Princeton e gostava de desafiar repórteres para competições de flexão. Ele respondia às perguntas deles se conseguissem acompanhar suas corridas diárias de 8 quilômetros.

McChrystal, de 54 anos, descreveu-se como um capataz asceta que absorvia *audiobooks* enquanto corria em circuitos de 13 quilômetros. Ele não tinha tempo para café da manhã ou almoço. "Ele se esforça implacavelmente, dormindo quatro ou cinco horas por noite, fazendo uma refeição por dia", soltou a revista do *New York Times*.

Recém-saídos de sua experiência no Iraque, McChrystal e Petraeus queriam adotar uma estratégia de contrainsurgência no Afeganistão. Outros generais tentavam uma abordagem semelhante naquele país desde 2004, mas com apenas uma fração das tropas que McChrystal e Petraeus consideraram necessárias.

Alguns oficiais do Exército com experiência no Afeganistão pensavam que McChrystal, Petraeus e seus assessores haviam sido arrogantes em presumir que poderiam fazer sua versão de contrainsurgência funcionar, ignorando as lições aprendidas pelos comandantes anteriores. "Foi decepcionante voltar em 2009 e ouvir as pessoas, principalmente alienadas em sua experiência no Iraque, falarem coisas como: 'Agora vamos consertar as coisas aqui no Afeganistão'", disse o major John Popiak, oficial de inteligência da Agência de Segurança Nacional, que se deslocara três vezes para o Afeganistão entre 2005 e 2010, em uma entrevista de história oral ao Exército. "Pessoalmente, acredito ser um equívoco que a boa contrainsurgência começou em algum momento na época em que o general McChrystal chegou ao Afeganistão."

McChrystal concluiu sua revisão da estratégia em agosto de 2009. Seu relatório confidencial de 66 páginas clamava por uma campanha de contrainsurgência com "recursos adequados". Como parte disso, ele queria até 60 mil soldados a mais — quase o dobro do número que já tinha. O novo comandante de guerra também queria uma infusão maciça para fortalecer o governo afegão e expandir o tamanho de seu Exército e de sua força policial. Ao mesmo tempo, pressionava para que as regras de engajamento dos militares dos EUA fossem restringidas, a fim de limitar as baixas de civis em ataques aéreos e incursões, um problema recorrente que enfurecia muitos afegãos.

Mas a nova estratégia de McChrystal não conseguiu resolver outras falhas básicas que minaram o esforço no Afeganistão. Em uma desconexão chocante, os Estados Unidos e seus aliados não conseguiram chegar a um acordo sobre se estavam realmente lutando uma guerra no Afeganistão, envolvidos em uma operação de manutenção da paz, liderando uma missão de treinamento ou fazendo qualquer outra coisa. As distinções eram importantes porque alguns aliados da Otan só estavam autorizados a entrar em combate para autodefesa.

"Há grandes implicações em chamar isso de guerra", disse um alto funcionário anônimo da Otan que ajudou na análise de McChrystal, em uma entrevista ao Lições Aprendidas. "Legalmente sob o Direito Internacional, isso tem sérias implicações. Então verificamos com a equipe jurídica, e eles concordaram que não se trata de uma guerra." Para encobrir o problema, McChrystal acrescentou uma linha em seu relatório descrevendo que o conflito não era "uma guerra no sentido convencional".

A declaração de missão oficial dos EUA e da Otan foi ainda mais enrolada. Ela dizia que o objetivo era "reduzir a possibilidade e o desejo da insurgência, apoiar o desenvolvimento das habilidades, capacitar as Forças de Segurança Nacional Afegãs (ANSF) e facilitar melhorias na governança e no desenvolvimento socioeconômico, a fim de fornecer um ambiente seguro para uma estabilidade sustentável, observável para a população."

A estratégia de McChrystal passou por cima de outra questão fundamental: quem era o inimigo?

O primeiro rascunho do relatório de McChrystal não mencionava a Al-Qaeda, porque o grupo praticamente desaparecera do Afeganistão, de acordo com o funcionário da Otan que ajudou na revisão. "Em 2009, a percepção era a de que a Al-Qaeda não era mais um problema", disse o funcionário da Otan. "Mas a razão de estarem no Afeganistão era a Al-Qaeda. Então, o segundo rascunho a incluiu."

Até mesmo os líderes afegãos tiveram dificuldade em seguir a lógica por trás das estratégias de guerra dos Estados Unidos, em constante mudança.

"Estou confuso", disse Hamid Karzai à secretária de Estado, Hillary Clinton, durante uma reunião em Cabul, em 2009. "Entendo o que deveríamos ter feito entre 2001 e 2005. Era a guerra ao terror. E, então, de repente, comecei a ouvir pessoas do seu governo dizendo que não precisávamos matar bin Laden e o mulá Omar. Eu não estava entendendo o significado daquilo."

McChrystal baseou sua nova estratégia de contrainsurgência em algumas suposições questionáveis. Ele presumia que a maioria dos afegãos via o Talibã como opressor e ficaria do lado do governo afegão se ele oferecesse segurança e serviços públicos confiáveis.

Mas um número substancial de afegãos, especialmente nas regiões pashtun no sul e no leste, simpatizava com o Talibã. Muitos se juntaram à insurgência porque viam os norte-americanos como invasores infiéis e o governo afegão como um fantoche estrangeiro.

"A presença do Talibã era um sintoma, mas raramente tentávamos entender a doença subjacente", disse um funcionário não identificado da USAID em uma entrevista ao Lições Aprendidas. Quando as forças dos EUA e do Afeganistão tentavam dominar redutos insurgentes, às vezes apenas pioravam aquele "câncer, pois não sabíamos por que o Talibã estava lá".

Em sua revisão estratégica, McChrystal também minimizou a influência crucial do Paquistão na guerra. Seu relatório reconheceu a presença de refúgios seguros do Talibã no Paquistão, mas concluiu que os Estados Unidos e a Otan poderiam vencer a guerra, apesar da proteção e da ajuda que o Talibã recebia dos serviços de inteligência do Paquistão.

Esse julgamento colocou McChrystal em desacordo com outras autoridades norte-americanas. Entre elas, estava Richard Holbrooke, o diplomata de longa data que destruiu a guerra do governo Bush contra o ópio. Após a eleição, Obama nomeou Holbrooke como seu representante especial para o Afeganistão e o Paquistão.

Holbrooke havia servido como civil no Vietnã e viu paralelos entre aquela guerra e a do Afeganistão. "A semelhança mais importante era o fato de que, em ambos os casos, o inimigo tinha um refúgio seguro em um país vizinho", disse ele à Rádio Pública Nacional dos EUA — NPR.

Deixando o Paquistão de lado, Holbrooke duvidava de que a estratégia de McChrystal funcionaria. "Ele não acreditava em contrainsurgência, mas sabia que teria problemas se falasse isso", disse Barnett Rubin, o especialista afegão que se juntou à equipe de Holbrooke no Departamento de Estado, em uma entrevista ao Lições Aprendidas.

O novo embaixador dos EUA no Afeganistão também tinha fortes dúvidas sobre os méritos do plano de McChrystal. Karl Eikenberry, o general que falava mandarim, aposentou-se do Exército na primavera de 2009 para se tornar o principal diplomata de Obama no Afeganistão. Depois de cumprir duas missões na zona de guerra, ele ficou pessimista sobre o que achava que os Estados Unidos poderiam alcançar.

Em novembro de 2009, Eikenberry enviou dois cabogramas confidenciais instando o governo Obama a rejeitar o plano de McChrystal de contrainsurgência. Nas mensagens, Eikenberry advertiu que "o Paquistão continuaria sendo a maior fonte de instabilidade afegã enquanto os refúgios nas fronteiras permanecessem". Ele também previu que, se Obama aprovasse o pedido de McChrystal solicitando milhares de soldados adicionais, isso só levaria a mais violência e os "afundaria ainda mais".

Diante da divergência nas fileiras, o comandante supremo tentou reajustar os trilhos. Em um discurso em dezembro de 2009 na Academia Militar dos Estados Unidos em West Point, Obama anunciou que enviaria mais 30 mil soldados para o Afeganistão. Com todas as forças que ele e Bush já haviam autorizado, isso significava que McChrystal teria 100 mil soldados norte-americanos sob seu comando. Além disso, membros da Otan e outros aliados concordaram em aumentar suas forças para 50 mil.

Mas Obama acrescentou algo inesperado. Ele impôs um cronograma rígido à missão e disse que as tropas extras começariam a voltar para casa em dezoito meses. O cronograma surpreendeu muitos líderes seniores no Pentágono e no Departamento de Estado. Para eles, era um grave erro estratégico se comprometer com um cronograma de retirada com antecedência e torná-lo público. O Talibã precisaria apenas se manter discreto até que as forças armadas dos EUA e da Otan partissem.

"O cronograma nos enforcou", disse Petraeus em uma entrevista ao Lições Aprendidas. "Dois dias antes de o presidente fazer o discurso, em um domingo, todos nós fomos chamados, e nos disseram para estarmos no Salão Oval naquela noite para que o presidente explicasse o que anunciaria duas noites depois. E ele explicou, lá estava." Petraeus acrescentou: "Nenhum de nós tinha ouvido nada similar àquilo antes."

"E nos perguntaram, um a um: 'Vocês estão bem com isso?' E todos dissemos que sim. Era pegar ou largar."

Barnett Rubin, o especialista em Afeganistão que trabalhava para Holbrooke, não concordava muito com os generais. Mas, como Petraeus, ele disse que ficou "estupefato" quando ouviu Obama revelar seu cronograma durante o discurso em West Point. Rubin entendeu que Obama queria avisar ao governo afegão e ao Pentágono que os Estados Unidos não travariam a guerra para sempre. "Mas havia uma incompatibilidade entre o prazo e a estratégia", disse Rubin em uma entrevista ao Lições Aprendidas. "Com aquele prazo, a estratégia ficava inviável."

Em vez de resolver as contradições inerentes, os funcionários do governo Obama deixaram de lado seus escrúpulos e apresentaram uma frente unificada em público. Eles prometeram que os Estados Unidos não ficariam atolados no Afeganistão. Alguns prometeram uma vitória total.

"Os próximos dezoito meses provavelmente serão decisivos e, em última instância, possibilitarão o sucesso", declarou McChrystal em uma audiência no senado em dezembro de 2009. "Na verdade, nós vamos vencer. Nós e o governo afegão vamos vencer."

Contudo, as dúvidas persistiram entre as tropas das linhas de frente.

O major Jeremy Smith, quartel-mestre do Exército cuja unidade instalara os primeiros chuveiros na Base Aérea de Bagram logo após o início da guerra, retornou em fevereiro de 2010 para uma missão de um ano. Ele mal reconheceu Bagram, que havia se transformado em uma cidade de tamanho médio, embora exalasse o mesmo cheiro "único". "Não consigo descrever o cheiro, só sei que você o reconheceria se estivesse lá", disse ele em uma entrevista de história oral ao Exército.

Mas Smith não viu realizações estratégicas depois de quase uma década de guerra. "Já passei por isso, sei como é", foi o que pensou. "Eu estive aqui no início. Estou aqui agora de novo. Nossa! Toda essa situação deveria estar muito mais adiantada do que está."

O major Jason Liddell, oficial de inteligência do Exército que serviu em Bagram de novembro de 2009 a junho de 2010, disse que ele e seus soldados seguiram as ordens e fizeram seu trabalho sem hesitar. Mas revelou que nem ele nem os comandantes seniores dos EUA conseguiram explicar satisfatoriamente para ninguém por que estavam colocando vidas norte-americanas em risco e o que estavam tentando alcançar.

"Tive o prazer de trabalhar com um bando de soldados, grandes norte-americanos, e a principal pergunta que eles faziam era: 'Ei, senhor, por que diabos estamos fazendo isso?'", disse Liddell em uma entrevista de história oral ao Exército.

"Eu tinha dificuldade em responder, porque podia lhes dar a resposta padrão, mas, quando eu mesmo voltava, observava e racionalizava, não fazia sentido", acrescentou ele. "Se eu não conseguia entender a situação, na posição de líder e após ter feito um exame de consciência 'pra valer', com um bom pensamento crítico e lógico, eu tinha que questionar se nossos líderes estavam racionalizando de fato."

No início, funcionários do governo Obama aconselharam ter paciência e disseram que levaria pelo menos um ano para determinar se o aumento de tropas e a estratégia de McChrystal estavam funcionando. Mas, depois de alguns meses, eles não resistiram e proclamaram o sucesso.

"As evidências sugerem que nossa mudança de abordagem está começando a produzir resultados", afirmou Michèle Flournoy, subsecretária de Defesa de Obama para a política, ao Comitê de Serviços Armados da Câmara, em maio de 2010. Ela citou "sinais de progresso" com as forças de segurança afegãs e disse que estava "cautelosamente otimista". A insurgência, acrescentou ela, estava "perdendo força".

"Quando declararemos vitória?", perguntou o deputado Ike Skelton (democrata pelo estado do Missouri), presidente do comitê.

"Acredito que estamos tendo sucesso", respondeu Flournoy. "Estamos no caminho certo pela primeira vez em muito tempo."

As declarações otimistas foram prematuras. As baixas norte-americanas aumentaram e logo atingiriam um pico, com 496 soldados norte-americanos mortos em 2010 — mais do que nos dois anos anteriores combinados.

Enquanto isso, naquela primavera, uma grande ofensiva de 15 mil soldados dos EUA, da Otan e afegãos para tomar o controle da cidade de Marja, um centro de tráfico de drogas na província de Helmand, encontrou uma resistência feroz de uma força muito menor de combatentes do Talibã. McChrystal chamou a campanha prolongada de "uma úlcera hemorrágica". Os planos para proteger a província de Kandahar — a fortaleza histórica do Talibã — sofreram atrasos repetidos.

Em junho de 2010, Flournoy voltou ao Congresso para depor perante o Comitê de Serviços Armados do Senado. Ela reconheceu os "desafios" da guerra, mas permaneceu firmemente positiva. "Acreditamos que temos feito progressos graduais, mas importantes", disse ela.

Petraeus também depôs na audiência no Senado. O vice-presidente do comitê, o senador John McCain (republicano pelo estado do Arizona), interrogou o general sobre se ele concordava com o cronograma de dezoito meses de Obama para a retirada das tropas. Petraeus começou a responder, mas de repente caiu de cabeça na mesa das testemunhas.

"Ah, meu Deus", engasgou McCain.

Petraeus desmaiou brevemente, mas se recuperou depois de alguns momentos. Ele disse que estava desidratado e voltou no dia seguinte para retomar seu depoimento. Mas parecia uma metáfora sobre como a guerra realmente estava indo.

Uma semana depois, outro general caiu de cara no chão.

A revista *Rolling Stone* publicou um longo perfil de McChrystal intitulado "The Runaway General" [O General Fugitivo, em tradução livre] e citou o comandante e seu Estado-Maior fazendo uma série de comentários maldosos e maliciosos sobre Obama, Holbrooke e outros altos funcionários da administração. Um assessor anônimo de McChrystal zombou do vice-presidente Joseph Biden, referindo-se a ele como "Vai para o inferno!".* Obama demitiu McChrystal por insubordinação, tornando-o o segundo comandante de guerra, em treze meses, a perder o cargo.

O presidente substituiu-o por Petraeus. Pela terceira vez em duas semanas, Petraeus se apresentou ao Comitê de Serviços Armados do Senado para responder a perguntas sobre a guerra; desta vez, para sua sabatina como o novo comandante das forças dos EUA e da Otan no Afeganistão.

Petraeus disse que ainda acreditava que eles estavam fazendo progressos. Mas parecia estar abatido ao reconhecer os últimos reveses. "É uma montanha-russa existencial", disse ele.

---

* N. da T.: "Bite Me", em inglês, um trocadilho com o nome de Biden.

CAPÍTULO TREZE

"Um Poço de Dinheiro Escuro e sem Fim"

Barack Obama sabia que seu discurso de 1º de dezembro de 2009 sobre o Afeganistão seria um dos mais importantes de sua presidência. Depois de meses de deliberações agonizantes, ele decidiu aumentar o número de soldados dos EUA na zona de guerra para 100 mil, o triplo do número de quando assumira o cargo. Ele precisava de um cenário solene para fazer seu discurso e escolheu a Academia Militar de West Point, o campo de treinamento de 207 anos para oficiais do Exército, no interior do estado de Nova York.

Após o jantar, cerca de 4 mil cadetes em seus uniformes de lã cinza entraram em fila no Eisenhower Hall, o centro de artes cênicas na margem oeste do Rio Hudson, para ouvir o que seu comandante supremo tinha reservado para eles. Em seu discurso de 33 minutos, Obama anunciou o aumento de tropas e tentou ser franco, sem parecer desesperado.

"O Afeganistão não está perdido, mas, por vários anos, retrocedeu", disse ele aos cadetes. "Sei que esta decisão exige ainda mais de vocês — militares que, junto com suas famílias, já carregaram o mais pesado de todos os fardos."

Ao mesmo tempo, Obama tinha outra mensagem para um público diferente: os milhões de norte-americanos que assistiam ao seu discurso ao vivo em rede nacional. Economicamente frágeis, os Estados Unidos estavam se recuperando de sua recessão mais brutal desde a década de 1930.

A taxa de desemprego atingira o pico naquele outono, chegando a 10%. Obama estava expandindo a guerra, mas tentou tranquilizar o público dizendo que estava ciente dos custos.

"Não podemos simplesmente ignorar o preço dessas guerras", disse ele, observando que o governo Bush gastou US$1 trilhão no Iraque e no Afeganistão. "O povo norte-americano está compreensivelmente focado em reconstruir nossa economia e colocar as pessoas para trabalhar aqui na nossa casa."

Obama disse que se opunha a um prolongado "projeto de construção nacional" no Afeganistão e prometeu limitar a torrente de gastos de guerra o mais rápido possível. "Os dias de fornecer um cheque em branco acabaram", declarou ele. "Nosso compromisso com as tropas no Afeganistão não pode ser indefinido, porque a nação que estou mais interessado em construir é a nossa."

Mas os Estados Unidos continuariam assinando cheques em branco um após o outro.

A pedra angular da estratégia de contrainsurgência do governo Obama foi fortalecer o governo e a economia do Afeganistão. Obama e seus generais esperavam que o povo afegão sufocaria o apoio popular ao Talibã se eles acreditassem que o governo de Hamid Karzai poderia protegê-los e prestar serviços básicos.

No entanto, havia dois grandes obstáculos. Primeiro, dezoito meses não eram muito tempo para a estratégia de contrainsurgência ter sucesso. Segundo, o governo afegão ainda não tinha presença em grande parte do país. Como resultado, o governo Obama e o Congresso ordenaram que os militares, o Departamento de Estado, a USAID e seus contratados reforçassem e expandissem o alcance do governo afegão o mais rápido possível. Tropas e trabalhadores humanitários construíram escolas, hospitais, estradas, campos de futebol — qualquer coisa que pudesse ganhar a lealdade da população, sem se preocupar com despesas.

Os gastos no país miserável dispararam a alturas inimagináveis. Em dois anos, a ajuda anual dos EUA para a reconstrução do Afeganistão quase triplicou, de US$6 bilhões em 2008 para US$17 bilhões em 2010. Naquela época, o governo dos EUA estava injetando quase tanto dinheiro no Afeganistão quanto a economia do país subdesenvolvido produzia por conta própria.

Em retrospecto, trabalhadores humanitários e oficiais militares disseram que isso foi um erro colossal de julgamento. Em sua pressa para gastar, o governo dos EUA encharcou o Afeganistão com muito mais dinheiro do que o país poderia absorver.

"Durante o aumento repentino, havia enormes quantidades de pessoas e dinheiro indo para o Afeganistão", disse David Marsden, ex-funcionário da USAID, em uma entrevista ao Lições Aprendidas. "É como colocar muita água em um funil; se você a derramar muito rápido, ela transborda do funil para o solo. Estávamos inundando o solo."

As autoridades norte-americanas gastavam grandes somas em projetos de que os afegãos não precisavam ou que não queriam. Grande parte do dinheiro acabou nos bolsos de empreiteiros superfaturados ou de funcionários afegãos corruptos, enquanto escolas, clínicas e estradas financiadas pelos EUA ficaram em mau estado devido à construção ou à manutenção precária — quando chegavam a ser construídas.

Um funcionário não identificado da USAID estimou que 90% do que gastaram foi um exagero. "Perdemos a objetividade. Recebemos dinheiro, disseram-nos para gastá-lo, e o fizemos, sem motivo", disse ele em uma entrevista ao Lições Aprendidas.

Outro profissional terceirizado de ajuda humanitária disse que as autoridades em Washington esperavam que ele distribuísse cerca de US$3 milhões por dia para projetos em um único distrito afegão aproximadamente do tamanho de uma cidade pequena dos Estados Unidos. Em uma entrevista ao Lições Aprendidas, ele recordou sobre quando perguntou a um congressista que o visitava se o legislador poderia gastar com responsabilidade aquele tanto de dinheiro em casa. "Ele respondeu que é claro que não. 'Bem, foi isso o que o senhor acabou de nos obrigar a gastar, e estou fazendo isso pelas comunidades que vivem em cabanas de barro sem janelas.'"

O general de três estrelas Douglas Lute, que serviu na Casa Branca como czar da política de guerra de Obama, disse que os Estados Unidos esbanjaram dinheiro em represas e rodovias apenas "para mostrar que podiam gastá-lo", plenamente cientes de que os afegãos, entre as pessoas mais pobres e menos educadas do mundo, não poderiam manter os projetos imensos depois que fossem concluídos.

"De vez em quando, tudo bem, podemos gastar demais", disse Lute em uma entrevista ao Lições Aprendidas. "Somos um país rico e podemos despejar dinheiro em um buraco, e isso não nos afeta. Mas deveríamos fazer isso? Não podemos ser um pouco mais racionais nesse aspecto?"

Ele falou sobre quando assistiu a uma cerimônia de corte de fita — completa, com uma tesoura gigante — para uma nova e chique sede da polícia distrital que os Estados Unidos construíram "em alguma província esquecida por Deus". O Corpo de Engenheiros do Exército dos EUA supervisionou a construção do edifício, que apresentava uma fachada de vidro e um átrio. Mas imediatamente ficou claro que os norte-americanos não se preocuparam em perguntar aos afegãos o que eles achavam do projeto.

"O chefe de polícia não conseguia nem abrir a porta", lembra Lute. "Ele nunca tinha visto uma maçaneta como aquela. Para mim, isso resume toda a experiência no Afeganistão."

O governo dos Estados Unidos aprovou tantos projetos, que não conseguiu acompanhar todos eles. A rotatividade entre o pessoal da USAID e seus contratantes era tão alta, que as pessoas que elaboravam os planos raramente ficavam para vê-los concluídos. As inspeções de acompanhamento eram esporádicas, em parte porque os trabalhadores civis da ajuda humanitária precisavam de escoltas militares para se locomover pelo país.

Quando o assunto era economia, os Estados Unidos muitas vezes tratavam o Afeganistão como um estudo de caso teórico, em vez de aplicar o bom senso. Os doadores do governo insistiam que uma grande parte da ajuda fosse gasta em educação, embora o Afeganistão — uma nação de agricultores de subsistência — tivesse poucos empregos para graduados.

"Estávamos construindo escolas próximas a outras escolas vazias, o que simplesmente não fazia sentido", relatou um conselheiro anônimo de uma equipe das Forças Especiais em uma entrevista ao Lições Aprendidas. Ele afirmou que os afegãos locais deixaram claro: "Eles não queriam escolas. Eles disseram que queriam que seus filhos cuidassem de cabras."

Em alguns casos, as agências norte-americanas desperdiçaram dinheiro em projetos fantasmas.

Em outubro de 2009, Tim Graczewski, tenente da Reserva da Marinha, pediu licença de seu emprego civil em tempo integral na Intuit, uma empresa de software de negócios do Vale do Silício, e foi enviado ao Campo Aéreo de Kandahar para supervisionar projetos de desenvolvimento econômico no sul do Afeganistão. Uma de suas tarefas era caçar um projeto de 37 acres que aparecia apenas no papel.

Antes de sua chegada, o governo dos EUA assinou cerca de US$8 milhões em contratos a fim de construir um parque industrial para 48 empresas perto de Kandahar. Mas, depois de revisar os arquivos, Graczewski não conseguiu descobrir onde ficava o parque industrial, ou se ele existia.

"Fiquei impressionado com o quanto não sabíamos sobre o parque quando embarcamos no projeto", disse ele em uma entrevista ao Lições Aprendidas. "Era impossível obter informações sobre ele, mesmo sobre onde estava localizado. Era um ponto cego. Ninguém sabia de nada." Demorou alguns meses para finalmente localizar a propriedade e marcar uma visita. Não havia prédios — apenas algumas ruas vazias e canos de esgoto.

"Eu não sabia quem tinha feito aquilo, mas, já que estava lá, tentaríamos usá-lo", lembrou Graczewski. Apesar dos esforços para reviver o projeto, ele "desmoronou" após sua saída, em 2010. Auditores norte-americanos visitaram o local quatro anos depois e o descobriram em grande parte deserto. Uma única empresa, de embalagens para sorvete, estava aberta para negócios.

O governo dos Estados Unidos pretendia que o parque industrial se beneficiasse de um projeto de construção nacional ainda mais ambicioso — a eletrificação de Kandahar, a segunda maior cidade do Afeganistão, e de seus arredores.

Por causa de uma rede elétrica primitiva, Kandahar sofria com a escassez de energia. Os comandantes militares dos EUA viram uma oportunidade. Se eles pudessem gerar um fluxo confiável de eletricidade, dizia a teoria, os kandaharis agradeceriam, apoiariam o governo afegão e se voltariam contra o Talibã.

Para tal, os militares dos EUA queriam reconstruir a envelhecida usina hidrelétrica na represa Kajaki, cerca de 160 quilômetros ao norte de Kandahar. A USAID construíra a barragem na década de 1950 e instalara turbinas na década de 1970, mas a usina desmoronou devido a anos de guerra e abandono.

Desde 2004, o governo dos Estados Unidos tentava dar início ao projeto e aumentar sua capacidade, mas havia feito pouco progresso. O Talibã controlava a área ao redor da barragem, bem como algumas linhas de transmissão. As equipes de reparos precisavam de comboios armados ou helicópteros para acessar o local.

Apesar dos riscos, em 2010, os generais dos EUA fizeram lobby para investir milhões de dólares adicionais no projeto, definindo-o como uma parte crucial de sua estratégia de contrainsurgência. Alguns especialistas em desenvolvimento argumentaram que não fazia sentido financiar um projeto gigante de construção em território inimigo. Eles observaram que os afegãos não tinham conhecimento técnico para mantê-lo em longo prazo. Eles também questionaram se isso realmente ajudaria a conquistar o coração e a mente dos afegãos, acostumados a viver sem uma central elétrica.

"Por que pensamos que fornecer eletricidade às comunidades em Kandahar, que não tinham ideia do que fazer com ela, acabaria convencendo-as a abandonar o Talibã?", questionou um alto funcionário da USAID em uma entrevista ao Lições Aprendidas.

No final, os generais venceram a discussão. Ryan Crocker, que serviu brevemente no Afeganistão no início do governo Bush, voltou em 2011 para se tornar embaixador dos EUA. Ele tinha profundas dúvidas sobre o projeto da barragem, mas aprovou uma parte dele mesmo assim. "Tomei a decisão de ir em frente com ele, mas tinha certeza de que nunca funcionaria", revelou Crocker em uma entrevista ao Lições Aprendidas. "A maior lição aprendida para mim é: não faça grandes projetos de infraestrutura."

Essa não era uma lição que os generais queriam aprender. Na verdade, o projeto da barragem foi apenas o começo.

Levaria anos para que as turbinas e a estação de energia da barragem fossem consertadas. Com o tempo passando para sua estratégia de contrainsurgência, os comandantes militares dos EUA queriam fornecer eletricidade aos habitantes de Kandahar imediatamente. Então, traçaram um plano temporário para comprar geradores a diesel gigantes que poderiam começar a funcionar em questão de meses, não anos. Era uma forma terrivelmente ineficiente e cara de gerar eletricidade para uma cidade inteira. As despesas chegariam a US$256 milhões em 5 anos, principalmente com combustível. Mais uma vez, os críticos reclamaram que o plano desafiava a lógica.

Em uma entrevista ao Lições Aprendidas, um funcionário não identificado da Otan disse que recebeu a tarefa de tentar garantir financiamento para os geradores com doadores internacionais, mas não chegou a lugar nenhum. "Qualquer pessoa que olhasse mais de perto veria que a matemática não batia, que era tudo um absurdo", disse ele. "Fomos ao Banco Mundial, e eles não queriam se envolver... As pessoas olhavam e pensavam que era uma loucura."

Em dezembro de 2018, o governo dos Estados Unidos gastou US$775 milhões na barragem, nos geradores a diesel e em outros projetos elétricos em Kandahar e na província vizinha de Helmand, de acordo com uma auditoria federal.

A geração de energia na barragem quase triplicou, mas o projeto nunca fez sentido economicamente. Em 2018, a USAID admitiu que a utilidade pública afegã para Kandahar sempre precisaria de subsídios estrangeiros.

Jeffrey Eggers, um SEAL da Marinha que serviu no Afeganistão e trabalhou como funcionário da Casa Branca para Bush e Obama, disse que tais projetos não alcançaram seu objetivo. Em uma entrevista ao Lições Aprendidas, ele levantou o que chamou de questão "maior": "Por que os EUA empreendem ações que estão além de suas capacidades?", questionou ele. "Esta questão atinge a estratégia e a psicologia humana, e é difícil de responder."

Tanto no governo de Bush quanto no de Obama, as autoridades dos EUA evitaram ao máximo a expressão "construção da pátria". Todo mundo sabia que eles estavam fazendo isso, mas era uma regra tácita negar em público.

Um dos poucos que foi contra a corrente foi o general David Petraeus.

Seis meses após o discurso de Obama em West Point, Petraeus compareceu ao Comitê de Serviços Armados da Câmara para responder a perguntas sobre como a guerra estava indo. A deputada Carol Shea-Porter, uma democrata de New Hampshire, perguntou à queima-roupa se os Estados Unidos estavam construindo uma nação no Afeganistão.

"De fato, estamos", respondeu Petraeus.

A congressista pareceu surpresa com a confissão. "Bem, deixe-me apenas dizer que ouvi repetidamente que não estávamos construindo uma nação, que estamos no Afeganistão, sabe, por um motivo diferente", disse ela.

Mas Petraeus se manteve firme. Ele disse que uma parte fundamental da estratégia poderia "ser claramente descrita como construção da pátria. Não vou ficar me esquivando e fazendo jogos retóricos".

A doutrina de contrainsurgência das Forças Armadas dos Estados Unidos tratava o dinheiro — o ingrediente mais importante na construção de uma nação — como uma poderosa arma de guerra. Os comandantes do campo de batalha achavam que poderiam ganhar o apoio dos afegãos financiando projetos de obras públicas ou contratando moradores por meio de programas de serviços remunerados.

Em 2009, o Exército publicou um manual cuja tradução do título era *Guia do comandante para o dinheiro como um sistema de armas*. A introdução citava uma observação de Petraeus de quando ele era um general de duas estrelas lutando no Iraque: "O dinheiro é minha munição mais importante nesta guerra."

Do ponto de vista de um comandante, era melhor gastar essa munição rapidamente do que sabiamente. Em geral, a USAID estudava propostas de projetos por meses ou anos para garantir que gerariam benefícios duradouros. Mas os militares norte-americanos não podiam esperar tanto. Eles estavam tentando vencer a guerra. "Petraeus estava decidido a jogar dinheiro no problema", disse um oficial militar norte-americano não identificado em uma entrevista ao Lições Aprendidas. "Quando Petraeus estava por perto, tudo o que importava era gastar. Ele queria colocar os afegãos para trabalhar."

Em uma entrevista ao Lições Aprendidas, Petraeus reconheceu a estratégia de economia de gastos. Mas ele disse que os militares dos EUA não tinham escolha, dada a ordem de Obama para começar a reverter o aumento de tropas após dezoito meses.

"O que impulsionou os gastos foi a necessidade de solidificar os ganhos o mais rápido possível, sabendo que tínhamos um cronograma de retirada apertado", contou ele. "E acabamos gastando mais rápido do que gastaríamos se sentíssemos que tínhamos forças por mais tempo do que tínhamos."

A campanha de construção da pátria dependeu de militares e civis do governo dos Estados Unidos, bem como de terceirizados do setor de segurança, trabalhando juntos para coordenar os projetos. Na prática, os diferentes grupos entravam em confrontos constantes.

A insistência do Pentágono na velocidade o colocou em desacordo com a USAID e com outros no Departamento de Estado, que lutavam para encontrar funcionários suficientes e dispostos a irem para o Afeganistão. No campo, os comandantes militares muitas vezes viam o pessoal da USAID e os contratados como burocratas lentos que se contentavam em receber um contracheque enquanto as tropas faziam a maior parte do trabalho.

Na província de Khost, no leste do Afeganistão, o coronel do exército Brian Copes liderou uma equipe de guardas nacionais de Indiana que trabalhava em projetos de agronegócio e ensinava aos moradores técnicas modernas de poda de suas árvores frutíferas. Ele dizia que os fazendeiros afegãos estavam um século atrasados, mas que o retrocesso, a resistência e as críticas que recebia dos trabalhadores humanitários civis dos EUA o frustravam mais do que qualquer coisa.

"Alguns deles tinham um certo preconceito elitista, desprezando as pessoas de uniforme, que julgavam ser um bando de neandertais arrastando as mãos no chão", disse em uma entrevista de história oral ao Exército.

Os civis reclamaram que os militares os estereotipavam como tímidos burocratas que não entendiam a urgência da missão. "Estávamos sempre comendo poeira — sempre atrás, nunca bons o suficiente aos olhos dos militares", disse um alto funcionário da USAID não identificado em uma entrevista ao Lições Aprendidas.

Eles também reclamaram que as pessoas uniformizadas rejeitavam suas opiniões sobre o valor de projetos específicos. Um ex-funcionário não identificado do Departamento de Estado disse que foi atacado por oficiais militares depois de questionar o motivo de construir uma rodovia em um distrito hostil de Kandahar. "Então, iríamos de helicóptero ver como andava o projeto e levaríamos um tiro", disse ele em uma entrevista ao Lições Aprendidas. "Pense nisso. Deveríamos construir rodovias em uma área tão perigosa, que helicópteros militares armados dos Estados Unidos não conseguiriam pousar nem perto."

Autoridades afegãs disseram que também ficaram perplexas com a insistência dos comandantes militares em construir projetos em áreas de difícil acesso, que permaneciam sob a influência do Talibã.

Barna Karimi, um ex-vice-ministro afegão para a governança local, disse que os norte-americanos o pressionaram para que enviasse equipes de funcionários públicos afegãos para Garmsir, um distrito em Helmand, depois que os fuzileiros navais dos EUA limparam a área dos insurgentes. Ele disse que os fuzileiros navais não se importavam com o fato de o Talibã ainda controlar as rodovias principais que levavam ao distrito.

"Eles começaram a gritar: 'Nós inocentamos Garmsir, venha aqui e estabeleça a administração do governo'", afirmou Karimi em uma entrevista ao Lições Aprendidas. "Eu dizia a eles que não iria, porque não podia viajar de carro. As pessoas iam para lá de helicópteros. Eu não podia levar todo o meu pessoal para lá de avião. Como meus funcionários conseguiriam ir lá? Eles seriam sequestrados ao entrar."

Safiullah Baran, um afegão que trabalhou para a USAID como gerente de projeto, disse que os norte-americanos estavam tão empenhados em construir coisas, que prestavam pouca atenção a quem estavam beneficiando. Ele contou que o Talibã certa vez sabotou uma ponte em Laghman, província rural no leste do Afeganistão. As autoridades norte-americanas estavam ansiosas para substituí-la. Em uma semana, eles contrataram uma construtora afegã para construir outra.

Descobriu-se que o proprietário da construtora tinha um irmão que pertencia à ala local do Talibã. Juntos, eles construíram um negócio próspero: o irmão no Talibã destruía os projetos dos Estados Unidos, e, então, os norte-americanos, sem saber, pagavam a seu irmão para refazê-los.

Funcionários da USAID culparam os militares dos EUA por estarem com pressa e afirmaram que toda a sua abordagem era retrógrada. Eles disseram que faria mais sentido se concentrarem primeiro em projetos em províncias pacíficas para solidificar sua fidelidade ao governo central e, em seguida, expandir gradualmente o trabalho para áreas mais turbulentas.

"Por que não dar um exemplo de áreas estáveis para causar inveja aos outros?", questionou uma autoridade não identificada dos EUA em uma entrevista ao Lições Aprendidas. "Os afegãos são algumas das pessoas mais ciumentas que já conheci, mas não tiramos proveito disso, nem aproveitamos minimamente. Em vez disso, construímos escolas em áreas perigosas demais para as crianças saírem de casa."

Obras civis gigantescas contribuíram para o fracasso da campanha de construção da pátria. Mas projetos menores também alimentaram o frenesi de gastos. Muitos se originaram de um programa militar denominado Programa de Resposta dos Comandantes a Emergências, ou CERP.

Autorizado pelo Congresso, o CERP permitiu que comandantes em campo contornassem as regras normais de contratação e gastassem até US$1 milhão em projetos de infraestrutura, embora o custo da maioria dos projetos fosse inferior a US$50 mil cada.

Os comandantes estavam sob tanta pressão para gastar, que copiaram cegamente a papelada do CERP de projetos anteriores, sabendo que era improvável que alguém notasse. Um oficial militar disse que uma foto da mesma clínica de saúde apareceu em cerca de cem relatórios de projetos diferentes para clínicas em todo o país.

Um oficial de assuntos civis do Exército que serviu no leste do Afeganistão disse em uma entrevista ao Lições Aprendidas que costumava ver propostas do CERP que se referiam a "sheiks" — uma revelação de que foram copiados e colados de projetos de reconstrução no Iraque. "Sheik" é um título árabe de respeito, mas raramente é usado no Afeganistão.

A certa altura, o oficial do Exército se lembrou de ter dito aos soldados de sua brigada que, se eles não pudessem mostrar que um projeto CERP seria benéfico, "então a coisa mais inteligente a fazer seria nada". Em resposta, ele disse: "Não existia comunicação. 'Não podemos construir nada', argumentaram eles. Eu lhes disse que seria a mesma coisa que jogar nosso dinheiro fora."

Copes, o oficial da Guarda Nacional de Indiana que serviu como comandante de assuntos civis na província de Khost, no leste do Afeganistão, disse que a enxurrada de ajuda era como "crack", chamando-a de "vício que afetou todas as agências". Em uma entrevista ao Lições Aprendidas, ele contou que se deparou com uma estufa construída pelos Estados Unidos que custou US$30 mil e caiu em desuso porque os afegãos não puderam mantê-la. Sua unidade construiu uma estufa substituta feita com vergalhão de ferro que funcionava melhor e custou apenas US$55 — apesar da pressão para gastar muito mais.

"O Congresso nos dá dinheiro para gastar e espera que o gastemos todo", disse Copes. "A atitude passou a ser: 'Não nos importamos com o que você faça com o dinheiro, desde que o gaste.'"

Apesar de seus melhores esforços, os militares dos EUA gastaram apenas dois terços dos US$3,7 bilhões que o Congresso financiou para o CERP, de acordo com dados do Departamento de Defesa. Dos US$2,3 bilhões que gastou, o Pentágono foi capaz de fornecer detalhes financeiros para apenas cerca de US$890 milhões em projetos, de acordo com uma auditoria de 2015.

Em entrevistas ao Lições Aprendidas, funcionários de outras agências ficaram chocados com o desperdício e a má gestão. "O CERP nada mais era do que dinheiro ambulante", disse Ken Yamashita, diretor da missão da USAID para o Afeganistão de 2011 a 2014, comparando os pagamentos com doações em dinheiro para votos. Um funcionário não identificado da Otan chamou o programa de "poço escuro de dinheiro sem fim para qualquer coisa, sem responsabilidade".

De todas as falhas da campanha de construção da pátria do Afeganistão — o desperdício, a ineficiência, as ideias incompletas —, nada confundia mais as autoridades norte-americanas do que o fato de que nunca sabiam dizer se algo daquilo estava realmente ajudando-as a vencer a guerra.

Um oficial do Exército designado para o quartel-general dos Estados Unidos em Cabul durante aquela onda disse que era difícil rastrear se os projetos do CERP foram realmente construídos. "Queríamos métricas quantitativas rígidas que nos dissessem que o projeto X estava produzindo os resultados desejados, mas tínhamos dificuldade em definir essas métricas", revelou ele em uma entrevista ao Lições Aprendidas. "Não tínhamos ideia de como medir se a existência de um hospital estava reduzindo o apoio ao Talibã. Era o nosso ponto cego constante."

A falta de familiaridade do governo dos Estados Unidos com a cultura afegã condenou até mesmo os projetos mais bem-intencionados. Tooryalai Wesa, que serviu como governador da província de Kandahar de 2008 a 2015, disse que trabalhadores humanitários dos EUA uma vez insistiram em realizar um projeto de saúde pública para ensinar os afegãos a lavarem as mãos. "Foi um insulto ao povo. As pessoas lá já lavavam as mãos cinco vezes por dia para orar", disse Wesa em uma entrevista ao Lições Aprendidas. "Além disso, o projeto de lavagem das mãos não era necessário."

Ele disse que um programa melhor teria proporcionado empregos ou habilidade para ganhar dinheiro. Mas esse tipo de projeto também poderia sair pela culatra. Para um projeto em Kandahar, as tropas dos EUA e as do Canadá pagaram aos aldeões entre US$90 e US$100 por mês para limpar os canais de irrigação, de acordo com Thomas Johnson, especialista em Afeganistão e professor da Escola de Pós-graduação Naval que serviu como conselheiro de contrainsurgência para os canadenses.

Em algum momento, as tropas perceberam que seu programa estava, indiretamente, perturbando as escolas locais. Os professores da área ganhavam muito menos, apenas de US$60 a US$80 por mês. "Então, inicialmente, todos os professores largaram seus empregos e se juntaram aos escavadores de valas", disse Johnson em uma entrevista ao Lições Aprendidas.

No leste do Afeganistão, uma brigada entusiasta do Exército estava tão determinada a melhorar a educação pública, que prometeu construir cinquenta escolas — mas, inadvertidamente, acabou ajudando o Talibã, de acordo com um oficial envolvido no projeto. "Não havia professores suficientes para preenchê-las, então os prédios definharam", relatou um oficial militar norte-americano não identificado em uma entrevista ao Lições Aprendidas, "e algumas delas até se tornaram fábricas de bombas".

CAPÍTULO CATORZE

De Amigo a Inimigo

Vestindo uma capa verde e azul de seda uzbeque e um chapéu de pele de cordeiro cinza, Hamid Karzai estava esplêndido como sempre em sua posse, no dia 19 de novembro de 2009, no palácio presidencial em Cabul. A barba aparada rente tinha ficado totalmente grisalha desde seu último juramento, cinco anos antes. Mas o senhor de 51 anos parecia o mesmo estadista modelo em seu discurso de aceitação, ao exaltar a boa governança, os direitos das mulheres e a amizade de seu país com os Estados Unidos.

"O povo do Afeganistão nunca esquecerá os sacrifícios feitos pelos soldados norte-americanos para trazer a paz ao país", disse ele. "Com a ajuda do Deus Todo-Poderoso, o Afeganistão estará na posse de uma ordem democrática forte pelos próximos cinco anos."

Cerca de oitocentos diplomatas e outras pessoas importantes se reuniram no palácio para aplaudir o momento histórico. Mais uma vez, milhões de afegãos desafiaram a ameaça da violência para votar em um governo democrático.

Na primeira fila, a secretária de Estado Hillary Clinton também estava elegante, envolta em um casaco floral bordado em preto e vermelho que comprara no Afeganistão. Radiante, ela acenou com a cabeça em aprovação quando Karzai fez uma reverência para ela no fim de seu discurso. Posteriormente, Clinton disse aos repórteres que ficou "animada" com os comentários de Karzai. "Muitos norte-americanos valentes estão servindo aqui porque acreditamos que podemos fazer progresso", disse ela.

Mas os sorrisos e os bons sentimentos eram só um espetáculo. Nos bastidores, os ânimos entre Karzai e os norte-americanos estavam exaltados.

Como todos os presentes em sua posse sabiam, Karzai havia roubado a eleição três meses antes. Embora Washington tenha-o celebrado outrora como um modelo de liberdade, seus partidários cometeram fraudes em uma escala épica enchendo as urnas e manipulando o total dos votos. Um painel investigativo apoiado pela ONU determinou que Karzai recebera cerca de um milhão de votos ilegais, um quarto de todos os votos computados.

A ruptura entre Karzai e os Estados Unidos colocou em risco a aliança e ocorreu no pior momento possível da guerra: quando Obama se preparava para enviar mais 30 mil soldados norte-americanos ao Afeganistão.

Depois de oito anos de luta, já era difícil justificar uma expansão do conflito. Agora, Obama queria que as tropas e os contribuintes norte-americanos fizessem mais sacrifícios por um líder estrangeiro ressentido que havia trapaceado para ser reeleito.

Mas Obama e seu governo ajudaram a criar o desastre eleitoral.

Quando Obama assumiu o cargo, em janeiro de 2009, muitas autoridades norte-americanas de ambos os partidos haviam criticado Karzai. Elas culparam o líder afegão por permitir que a corrupção piorasse e o consideraram fraco e indeciso.

Richard Holbrooke, enviado especial de Obama para o Afeganistão e para o Paquistão, não gostou de Karzai e mal escondeu seu desprezo por ele desde o início. "Richard Holbrooke odiava Hamid Karzai. Ele o achava corrupto como um demônio", revelou Barnett Rubin, o especialista acadêmico afegão que Holbrooke contratou como conselheiro, em uma entrevista ao Lições Aprendidas.

Karzai manteve o amplo apelo popular no Afeganistão e foi o favorito à reeleição. Mas Holbrooke e outras autoridades norte-americanas agitaram a situação ao se encontrarem abertamente com os rivais de Karzai e encorajá-los a concorrer à presidência também. Holbrooke esperava que uma eleição disputada impedisse Karzai de ganhar a maioria e o obrigasse a um segundo turno, situação em que ele ficaria mais vulnerável contra um único adversário.

A intriga dos EUA irritou Karzai, que a entendeu como traição. Percebendo que não podia mais confiar nos norte-americanos, ele se esforçou para expandir sua base política e fechar acordos com velhos inimigos de diferentes grupos étnicos.

Para desespero dos grupos de direitos humanos, Karzai escolheu o general Mohammed Fahim Khan, o risonho senhor de guerra tadjique, como seu companheiro de chapa para a vice-presidência. Ele negociou o endosso do general Abdul Rashid Dostum, acusado de crimes de guerra, que controlava um grande bloco de votos uzbeques. Como garantia adicional de vitória, Karzai reuniu a comissão de supervisão eleitoral do Afeganistão com seus comparsas.

Algumas autoridades norte-americanas disseram que o governo Obama deveria ter percebido que seu jogo com Karzai daria errado. "O motivo pelo qual Karzai fez acordos com os senhores da guerra e se envolveu em fraudes na eleição foi que, diferentemente da eleição anterior, quando o tínhamos apoiado, ele sabia que tínhamos nos afastado dele, então basicamente estava pouco se importando", disse Robert Gates, secretário de Defesa, em sua entrevista de história oral à Universidade de Virgínia.

Um mês após a posse de Karzai, Gates participou de uma reunião dos ministros de defesa da Otan, em Bruxelas. Ele se sentou ao lado de Kai Eide, diplomata norueguês que serviu como representante especial do secretário-geral da ONU no Afeganistão. Os dois eram amigos e se conheciam havia anos. Antes de Eide entregar seu relatório sobre a situação do Afeganistão, ele se inclinou e sussurrou uma mensagem para Gates: "Direi aos ministros que houve uma interferência estrangeira flagrante nas eleições afegãs", disse Eide. "O que não direi é que os culpados foram os Estados Unidos e Richard Holbrooke."

No início, a afinidade de Washington com Karzai parecia ilimitada.

Filho de um parlamentar afegão, Karzai pertencia à tribo Popalzai, um clã dos semiáridos da província de Kandahar. Ele frequentou o Ensino Médio em Cabul com outras elites afegãs na década de 1970 e continuou sua educação na Índia, onde aperfeiçoou seu inglês. Ele se envolveu na política e serviu por um breve período como vice-ministro das Relações Exteriores durante o início da década de 1990, mas o intelectual franzino, careca e amante de poesia evitou o campo de batalha durante o período civil da guerra do Afeganistão.

Na época do 11 de Setembro, Karzai vivia exilado no Paquistão. A CIA havia cultivado um relacionamento limitado com ele por causa de sua oposição ao Talibã, e seu vínculo logo se intensificou.

Embora Karzai não tivesse credenciais de guerrilheiro, a agência de espionagem o encorajou a ir até o sul do Afeganistão em outubro de 2001 para liderar um levante contra o Talibã conforme a Força Aérea dos Estados Unidos começava a lançar bombas. Semanas depois, a CIA despachou um helicóptero para resgatar Karzai quando ele foi preso em uma escaramuça. Um oficial paramilitar da CIA e uma equipe das Forças Especiais ficaram ao seu lado depois disso.

Após a queda do Talibã naquele inverno, o Afeganistão precisava desesperadamente de um líder que conseguisse unir suas facções beligerantes. Karzai surgiu como a escolha consensual dentro e fora do país. Ele era um pashtun, mas aceitável para os homens fortes tadjiques, uzbeques e hazaras que lideravam a Aliança do Norte.

Ele também obteve o apoio de todas as potências estrangeiras que se reuniram na Alemanha, na Conferência de Bonn, para ajudar os afegãos a traçarem seu futuro. James Dobbins, o diplomata dos EUA que dirigiu a cúpula, disse que a agência de espionagem ISI do Paquistão sugeriu primeiro o nome de Karzai como líder em potencial. Rússia, Irã e Estados Unidos também aprovaram — um raro momento de acordo entre rivais históricos.

"Karzai era telegênico, cooperativo, moderado e amplamente popular", disse Dobbins em uma entrevista diplomática de história oral. "Portanto, ele tinha uma capacidade incomum de ganhar a confiança de uma ampla variedade de governos e indivíduos díspares."

Sua dívida com os norte-americanos também ficou cada vez maior. Enquanto a Conferência de Bonn se desenrolava, Karzai permaneceu no sul do Afeganistão para ajudar nas operações de estabilização contra o Talibã. Em 5 de dezembro de 2001, um B-52 da Força Aérea dos Estados Unidos lançou por engano uma bomba em seu acampamento, em Kandahar.

Um oficial da CIA, Greg "Spider" Vogle, lançou-se sobre Karzai para protegê-lo da explosão. Os dois homens sobreviveram, embora três soldados norte-americanos e cinco afegãos tenham morrido.

Horas depois da explosão, o telefone via satélite de Karzai tocou. Era Lyse Doucet, jornalista da BBC em Cabul, a quem ele conhecia havia anos. A BBC tinha transmitido um boletim informativo sobre os delegados de Bonn terem nomeado Karzai como chefe interino do governo do Afeganistão.

"Hamid, qual é a sua reação ao ser escolhido como novo líder?", disparou ela sobre a conexão cheia de estática.

Isso era novidade para Karzai. "Tem certeza?", perguntou ele. Doucet garantiu que sim.

"Isso é bom", respondeu Karzai. Ele não mencionou que havia acabado de escapar por pouco da morte.

Algumas semanas depois, Karzai mudou-se para o palácio presidencial. Ele sabia que estava totalmente dependente dos norte-americanos. No comando de um país em ruínas, ele não tinha forças de segurança, tampouco burocracia ou recursos.

"Apenas um palácio frio e ventoso para tentar presidir", disse Ryan Crocker, que serviu como embaixador interino dos EUA no início de 2002, em uma entrevista de história oral à Universidade de Virgínia.

Karzai convidava Crocker para um café da manhã no palácio quase todos os dias, oferecendo-lhe pão fresco, queijo, mel e azeitonas. Crocker aproveitava a chance para comer uma refeição caseira; a embaixada dos Estados Unidos tinha apenas pacotes de rações militares não perecíveis. Mas ele também sabia que Karzai enfrentava milhares de decisões — grandes e pequenas — e ansiava por orientação.

Uma manhã, Karzai mencionou algo inesperado.

"Precisamos de uma bandeira", disse ele. "Como você acha que deveria ser?"

"Isso é com você", respondeu Crocker.

Karzai tirou um guardanapo e começou a desenhar uma bandeira preta, vermelha e verde com o emblema nacional — a imagem de uma mesquita — no centro.

"As cores tradicionais significam algo para as pessoas", explicou Karzai enquanto desenhava. "Temos que aceitar que somos a República Islâmica do Afeganistão, então precisamos colocar Deus em algum lugar."

Presto! Uma nova bandeira para um país renascido — rabiscada em um guardanapo.

Crocker admirava Karzai por sua coragem e determinação para governar o Afeganistão como uma nação, e não como uma coleção de tribos em conflito. Mas ele questionou se Karzai tinha instintos políticos e capacidade para governar com eficácia.

Entre suas muitas funções, Karzai precisava escolher a dedo novos governadores para cada uma das 34 províncias do país. "Ele me perguntava: 'Quem deve ser governador de Ghazni?', como se eu tivesse a mínima ideia", disse Crocker. "E ele fez algumas escolhas bem ruins."

Karzai confiou sua vida aos norte-americanos. Homens armados do Talibã assassinaram seu pai em 1999, do lado de fora de uma mesquita em Quetta, no Paquistão. Ele sabia que o Talibã redobraria seus esforços para matá-lo também, mas faltava-lhe um sistema confiável de segurança. Durante seus primeiros anos no cargo, o governo dos Estados Unidos designou uma equipe de segurança para protegê-lo 24 horas por dia.

Seus inimigos constantemente o tinham em vista. Em setembro de 2002, um infiltrado do Talibã vestindo um uniforme da polícia afegã mirou em Karzai quando ele se inclinou para fora de um veículo a fim de cumprimentar apoiadores em Kandahar. O suposto assassino disparou quatro rajadas antes de ser morto por Forças Especiais dos EUA. Karzai não se machucou. Mas escapou por um triz.

Em outubro de 2004, o Afeganistão havia se estabilizado o suficiente para realizar sua primeira eleição nacional de modo a escolher um chefe de Estado. Mais de oito milhões de pessoas enfrentaram ameaças do Talibã e uma gigantesca tempestade de areia em Cabul para votar. Karzai venceu facilmente, com 55% dos votos, em um campo lotado com 17 outros candidatos.

Os observadores internacionais validaram a eleição, declarando que foi livre e justa. Da perspectiva dos EUA, o governo Bush não poderia esperar um resultado político melhor para a guerra que havia lançado três anos antes. A má sorte do Afeganistão, que já havia sido um Estado vassalo comunista, havia se transformado em uma democracia, e seu grato líder sentia-se em dívida com os Estados Unidos.

Em dezembro de 2004, Rumsfeld e Cheney voaram a Cabul para assistir à cerimônia inaugural de Karzai. Posteriormente, Rumsfeld elogiou o evento em um floco de neve para Bush. "Foi um dia de que nunca me esquecerei", escreveu Rumsfeld, recapitulando como ele e Cheney se encontraram com o extravagante Karzai pouco antes do juramento. "Ele disse: 'Agora a vida está funcionando. Antes de os EUA virem para o Afeganistão, éramos como uma natureza morta; quando vocês chegaram, tudo ganhou vida. Com sua ajuda, chegamos longe.'"

O governo Bush designou Zalmay Khalilzad, o diplomata afegão-americano, como seu principal representante. Como Karzai, ele era um pashtun, e os dois se conheciam desde a década de 1990. A relação se intensificou quando Bush nomeou Khalilzad como seu enviado especial ao Afeganistão, em 2002, e como embaixador dos EUA um ano depois.

Khalilzad falava com Karzai várias vezes ao dia e jantava com ele no palácio quase todas as noites. Diferentemente da maioria dos afegãos, Karzai era pontual. O jantar começava precisamente às 19h30, e ele esperava que seus convidados chegassem 30 minutos mais cedo. O cardápio raramente mudava: frango ou cordeiro com arroz, mais dois vegetais. Depois, eles conversaram por horas. Quando Khalilzad voltava para a embaixada, já passava da meia-noite.

Em 2005, o governo Bush decidiu enviar Khalilzad a Bagdá como embaixador dos Estados Unidos para lidar com a turbulência no Iraque. Karzai implorou aos funcionários da Casa Branca que permitissem que Khalilzad permanecesse em seu posto no Afeganistão, mas sem sucesso. Nesse ponto, as autoridades norte-americanas tinham bastante confiança em Karzai e o viam como um líder arquetípico.

"Quando fui ao Iraque, Karzai era muito popular", lembrou Khalilzad em uma entrevista ao Lições Aprendidas. Ele disse que funcionários da Casa Branca lhe perguntavam em tom de brincadeira: "Por que você não tenta encontrar alguém como Karzai no Iraque?'

Mas Karzai se sentia abandonado. Ele estava acostumado com o incessante endosso dos norte-americanos. O governo Bush, por sua vez, queria normalizar o relacionamento com um embaixador que não teria que jantar com Karzai todos os dias. Ambos os lados lutaram para se ajustar.

Marin Strmecki, o conselheiro do Pentágono, disse que Karzai precisava passar horas conversando sobre seus dilemas de liderança antes de se sentir confortável para tomar decisões difíceis. Exigia muita tutoria.

Os sucessores de Khalilzad careciam de seu toque paciente e às vezes faziam exigências mal pensadas. Quando Ronald Neumann chegou, em 2005, como embaixador dos Estados Unidos, ele incitou Karzai a remover funcionários corruptos — incluindo seu meio-irmão, Ahmed Wali Karzai, chefe do Conselho Provincial de Kandahar.

Em janeiro de 2006, a *Newsweek* publicou uma história acusando Ahmed Wali Karzai de controlar o tráfico de drogas no sul do Afeganistão. Enfurecido, Hamid Karzai convocou Neumann e o embaixador britânico ao palácio. Ele ameaçou entrar com um processo por difamação e exigiu saber se as autoridades norte-americanas ou britânicas tinham alguma evidência concreta contra seu irmão.

"Todos nós dissemos que tínhamos inúmeros rumores e alegações de que seu irmão era corrupto e narcotraficante, mas nunca tivemos provas claras que alguém pudesse levar ao tribunal", disse Richard Norland, subchefe da embaixada dos Estados Unidos da missão, reportando-se a Washington em um cabograma confidencial. Os norte-americanos não recuaram. Eles disseram a Karzai que a percepção era a realidade e que ele precisava lidar com o problema.

Mas o governo dos Estados Unidos estava pedindo a Karzai que limpasse uma bagunça que ele mesmo havia criado. Nos bastidores, a CIA trabalhou em estreita colaboração com Ahmed Wali Karzai e ajudou a transformá-lo em uma pessoa influente na região. Durante anos, a agência o pagou para recrutar e apoiar uma força de ataque paramilitar secreta, provavelmente com o conhecimento de Hamid Karzai. Dado esse relacionamento em curso, foi preciso atrevimento para os funcionários da embaixada dos EUA pedirem ao presidente afegão que punisse seu irmão com base em alegações vagas de delitos. Karzai nunca se esqueceu disso.

"Ao mirar nele, estávamos prejudicando nossas relações", disse Todd Greentree, oficial do Serviço de Relações Exteriores que serviu por vários anos no Afeganistão, em uma entrevista diplomática de história oral. "A utilidade dessa decisão sempre foi bastante questionável."

À medida que a insurgência piorava, os funcionários do governo Bush começaram a criticar o estilo de governo *ad hoc* de Karzai. Eles reclamavam que ele agia mais como um líder tribal do que como presidente de uma nação moderna. Eles também temiam que o Talibã estivesse explorando a insatisfação popular com a corrupção e a incompetência de seu governo.

As autoridades norte-americanas trabalhavam arduamente com Karzai para mitigar a influência dos senhores de guerra do Afeganistão, então eles ficaram exasperados quando ele isolou os homens fortes para forjar alianças. Para a Casa Branca, o ex-garoto-propaganda da democracia estava perdendo seu brilho.

"Karzai nunca acreditou na democracia e não se respaldava em instituições democráticas, mas, sim, no patrocínio", disse Stephen Hadley, conselheiro de segurança nacional de Bush durante seu segundo mandato, em uma entrevista ao Lições Aprendidas. "Minha impressão era a de que os senhores de guerra estavam de volta porque Karzai os queria de volta."

Mesmo assim, Karzai tinha queixas legítimas contra os Estados Unidos.

Os militares dos EUA controlavam os céus do Afeganistão com esquadrões de aviões de combate, helicópteros de ataque e drones armados. Mesmo com câmeras e sensores avançados, no entanto, localizar alvos individuais no solo era inerentemente difícil. Os insurgentes disfarçavam sua presença movendo-se em pequenos grupos e se escondendo em aldeias.

À medida que os combates com o Talibã aumentavam, também aumentava o número de ataques aéreos dos EUA que matavam ou feriam civis inocentes. Os comandantes dos EUA muitas vezes pioravam as coisas ao desapercebidamente considerar civis como terroristas quando havia evidências claras do contrário. Karzai havia protestado durante anos contra ataques aéreos errados. Mas suas objeções ficaram mais ressonantes e públicas em 2008, quando os Estados Unidos tentaram encobrir uma série de catástrofes.

Em 6 de julho, testemunhas afegãs relataram que aviões de guerra dos EUA haviam bombardeado acidentalmente uma festa de casamento perto de um vilarejo remoto na província de Nangahar, no leste do Afeganistão, matando dezenas de mulheres e crianças. Os militares dos Estados Unidos emitiram uma rápida negação pública, afirmando que haviam atingido "um grande grupo de combatentes inimigos" em uma cordilheira durante um ataque de "precisão".

"Sempre que fazemos um ataque aéreo, a primeira coisa que eles gritam é: 'O ataque aéreo matou civis', quando o míssil na verdade atingiu os militantes extremistas que almejávamos", disse o primeiro-tenente do Exército Nathan Perry, porta-voz militar da *Associated Press* na época.

Karzai ordenou que uma comissão governamental investigasse o ocorrido e confirmou que o grupo era, de fato, formado por pessoas em uma festa de casamento. Quarenta e sete pessoas foram mortas, a maioria crianças e mulheres, incluindo a noiva. Os oficiais militares dos EUA recuaram. Eles disseram que se arrependeram de ter feito vítimas civis e prometeram conduzir sua própria investigação. Mas nunca divulgaram as descobertas.

Um mês depois, outra operação militar fracassada exacerbou a desconfiança de Karzai. Uma força combinada de tropas terrestres dos EUA e do Afeganistão, um caça AC-130 de voo baixo e um drone Reaper devastaram a vila de Azizabad na província de Herat, oeste do Afeganistão.

Os militares dos EUA disseram que a operação tinha como alvo um líder Talibã de "alto valor" e afirmaram que não houve mortes de civis. Mas logo ficou claro que algo estava muito errado. Em um dia, os oficiais militares voltaram atrás e admitiram que cinco civis haviam morrido. Mesmo esse número trágico mostrou-se estar muito abaixo da realidade.

Testemunhas relataram que cerca de 60 crianças morreram no ataque, que durou horas, e ficaram soterradas sob os escombros. As Nações Unidas, o governo afegão e uma comissão afegã de direitos humanos conduziram investigações separadas, baseando-se em fotografias, vídeos e depoimentos de sobreviventes. Eles concluíram que entre 78 e 92 civis — a maioria deles crianças — foram mortos.

Karzai, muito furioso, visitou a área e criticou o governo dos EUA por desconsiderar a vida afegã. "Tenho trabalhado dia e noite nos últimos cinco anos para prevenir tais incidentes, mas não tenho tido sucesso", disse ele. "Se eu tivesse tido sucesso, o povo de Azizabad não estaria banhado de sangue."

Ainda assim, oficiais militares norte-americanos defenderam a operação e acusaram oficiais afegãos de espalharem propaganda do Talibã. O Pentágono conduziu sua própria investigação. Após várias semanas, concluiu que 22 insurgentes e 33 civis foram mortos, mas justificou o ataque à aldeia dizendo que foi "em legítima defesa, necessário e proporcional".

A investigação dos Estados Unidos rejeitou sumariamente as evidências coletadas pelos afegãos e pelas Nações Unidas, considerando-as não corroboradas, ou contaminadas por pessoas com "agendas financeiras, políticas e/ou de sobrevivência". Ainda assim, o militar baseou suas próprias descobertas no vídeo filmado por uma equipe da Fox News — liderada por Oliver North, do Irã-Contra — que se incorporou às forças dos EUA durante o ataque a Azizabad.*

Além dos ataques aéreos malsucedidos, Karzai criticou as forças dos Estados Unidos e as da Otan por conduzirem centenas de ataques noturnos intrusivos a residências afegãs como parte de suas operações de caça aos insurgentes. Assim como os ataques aéreos, os ataques noturnos às vezes davam errado, e as forças de Operações Especiais matavam alvos inocentes.

Em uma entrevista ao Lições Aprendidas, um oficial militar norte-americano não identificado disse que os erros eram tão comuns, que algumas unidades do Exército estavam "focadas no gerenciamento de consequências, pagando indenizações aos afegãos por danos e mortes". O oficial, que serviu na província de Khost, no leste do Afeganistão, em 2008, relembrou um incidente quando os Rangers do Exército invadiram erroneamente a casa de um coronel do Exército afegão, matando ele e sua esposa, uma professora. "Matamos nossos aliados", confessou o oficial norte-americano.

Em público, funcionários do governo Bush expressaram pesar pelas baixas civis. Em particular, eles fervilhavam com os comentários agressivos de Karzai e pressionavam-no a diminuir o tom de suas críticas.

Mas Karzai queria demonstrar sua independência, em parte porque estava ciente de que o Talibã zombava dele, dizendo que era um fantoche norte-americano. Ele falou mais sobre outras questões delicadas que os militares dos EUA minimizaram ou ignoraram.

Por exemplo, ele repreendeu Washington por assumir uma posição branda em relação ao Paquistão e por não conseguir eliminar os refúgios do Talibã na fronteira. As críticas eram válidas, mas seus disparos públicos deixaram as autoridades norte-americanas indignadas.

---

* Os militares dos EUA mantiveram o relatório investigativo completo em segredo até o *USA Today* processar o Departamento de Defesa, em 2018, para obter quase mil páginas de arquivos. O jornal publicou uma denúncia do ataque a Azizabad em dezembro de 2019.

"Toda vez que brigávamos muito com Karzai ou que ele explodia em público, havia meses de conversa particular sobre o problema", disse Gates. "Não prestávamos atenção... Muitas daquelas coisas poderiam ter sido evitadas se o tivéssemos ouvido melhor."

Por um lado, as autoridades norte-americanas esperavam que Karzai fosse um líder autossuficiente e decidido. Por outro, queriam um parceiro subserviente para cumprir suas ordens. "Afirmei isso várias vezes dentro da administração", acrescentou Gates. "As pessoas apenas zombavam de Karzai: 'Ele é maluco.' 'Ele depende de nós para tudo.' 'Ele é um aliado terrível.' Eu dizia: 'Também não somos um grande aliado. Se fôssemos, estaríamos o ouvindo melhor, porque ele tem nos falado sobre tudo isso desde sempre.'"

Quando Obama se mudou para a Casa Branca, seu governo já havia decidido adotar uma abordagem de amor e ódio com o presidente afegão.

No início de janeiro de 2009, o vice-presidente eleito Joe Biden visitou Cabul e se encontrou com Karzai e seu gabinete no palácio para jantar. Biden e outras autoridades norte-americanas incitaram Karzai sobre suas nomeações políticas questionáveis, a corrupção governamental descontrolada e as conexões de seu irmão com o submundo. Karzai retrucou mencionando os ataques noturnos e as vítimas civis. A certa altura, Biden jogou o guardanapo no chão, e a noite terminou com um gosto amargo.

Um mês depois, Holbrooke voou para Cabul e se encontrou com Karzai em seu escritório no segundo andar do palácio. Em vez de tentar suavizar o jantar briguento de Biden, Holbrooke deu a entender que ele estava errado. Karzai expressou seus próprios ressentimentos. Assim que Holbrooke saiu, Karzai chamou Kai Eide, o diplomata da ONU, a seu escritório e disse-lhe: "Ele quer se livrar de mim e de você."

Holbrooke não era o único diplomata norte-americano que achava que Karzai não estava mais à altura do cargo. Em julho de 2009, Karl Eikenberry, o novo embaixador dos Estados Unidos, enviou um cabograma a Washington que apresentava "dois retratos contrastantes" de Karzai — ambos pressagiando problemas. "O primeiro é o de um indivíduo paranoico e fraco, alheio aos fundamentos da construção de uma nação e excessivamente ciente de que já passou seu tempo sob os holofotes dos elogios da comunidade internacional", escreveu Eikenberry. "O outro é o de um político sempre astuto, que se vê como um herói nacionalista."

A rivalidade fervilhante logo transbordou. Em 20 de agosto de 2009, os afegãos voltaram às urnas para a segunda eleição presidencial na história do país. Mas o comparecimento despencou, e a credibilidade da votação imediatamente caiu em dúvida. Em poucas horas, espalharam-se relatos de que os apoiadores de Karzai estavam sistematicamente enchendo as urnas. A violência estourou em todo o país, e mais de duas dezenas de civis foram mortos.

No dia seguinte à eleição, Holbrooke se encontrou com Karzai e sugeriu que um segundo turno era necessário antes mesmo da contagem dos resultados. Karzai acusou Holbrooke de miná-lo e foi embora.

Dois meses se passaram antes que a comissão de eleições afegãs divulgasse a contagem final dos votos. Karzai liderou a contagem com 49,67% dos votos — a um passo tímido do limite de 50% necessário para evitar um segundo turno.

Poucas pessoas acreditaram nos números. Karzai afirmou que ganhou a maioria e resistiu ao segundo turno. Seus oponentes o acusaram de fraude em larga escala. As autoridades norte-americanas tentaram desesperadamente negociar uma saída para a crise. Karzai acabou sendo declarado vencedor, por falta de alternativa, depois que seu principal rival desistiu.

Mas os ressentimentos persistiram.

Antes de sua posse em novembro, Karzai convidou a PBS ao palácio para uma entrevista na televisão. Ele acusou os Estados Unidos de abandonarem o Afeganistão após a retirada soviética, em 1989, e disse temer que isso pudesse acontecer novamente. "Continuamos ouvindo garantias dos Estados Unidos, mas sabe como é, gato escaldado tem medo de água fria. Temos que observar e ter cuidado."

Na mesma época, Eikenberry enviou um cabograma a Hillary Clinton levantando mais dúvidas sobre a sensatez de contar com Karzai como parceiro estratégico. "É muito difícil esperar que Karzai mude fundamentalmente tão tarde em sua vida e em nosso relacionamento", escreveu Eikenberry. Embora a mensagem fosse confidencial, alguém a vazou para o *New York Times*.

As críticas públicas a Karzai tornaram-se cada vez mais inflamadas e conspiratórias. Em um discurso em abril de 2010, ele culpou os "estrangeiros" pela eleição presidencial repleta de fraudes, a quem acusou de tentar desacreditá-lo. Poucos dias depois, durante uma reunião com legisladores afegãos, ele ameaçou se juntar ao Talibã se estrangeiros não parassem de pressioná-lo.

Marc Grossman, que serviu como representante especial dos EUA no Afeganistão e no Paquistão de 2011 a 2012, disse que as explosões de Karzai serviram a seus próprios interesses mesquinhos, mas deixaram a administração de Obama à beira da loucura. "Ele usou o comportamento errático como técnica", disse Grossman em uma entrevista diplomática de história oral. "Foi como manteve todo mundo desequilibrado. Ele foi extremamente eficaz nisso, embora houvesse momentos em que arrancávamos nossos cabelos de desespero."

CAPÍTULO QUINZE

Consumido pela Corrupção

A reeleição fraudulenta de Hamid Karzai piorou a enxurrada de corrupção que engolfou o Afeganistão em 2009 e em 2010. O *dark money** transbordava por todo o país. Lavadores de dinheiro carregavam malas abarrotadas com US$1 milhão ou mais em voos que partiam de Cabul, para que empresários e políticos corruptos pudessem esconder suas fortunas ilícitas além-mar. Grande parte do dinheiro ia parar no emirado de Dubai, onde os afegãos podiam pagar em dinheiro por luxuosas vilas no Golfo Pérsico sem qualquer questionamento.

Em seu país, mansões conhecidas como "palácios de papoula" erguiam-se dos escombros de Cabul para abrigar chefões do ópio e senhores de guerra. As propriedades extravagantes exibiam granito rosa, mármore de calcário, fontes no terraço e piscinas internas aquecidas. Os arquitetos escondiam grandes bares nos porões para evitar a detecção por mulás críticos. Alguns palácios de papoulas eram alugados por US$12 mil ao mês — uma soma incompreensível para os afegãos empobrecidos, que viviam precariamente.

Em agosto de 2010, o maior banco privado do Afeganistão se transformou em uma fossa de fraude. Quase US$1 bilhão em empréstimos falsificados — o equivalente a 1/12 da produção econômica do país naquele ano — desapareceu nos bolsos de investidores ligados à política que administra-

---

* N. da T.: Dinheiro doado a políticos, geralmente por meio de ONGs, com o propósito de influenciar o poder, ao mesmo tempo em que mantém o doador no anonimato.

vam o banco como um esquema de pirâmide. O pânico se instalou quando afegãos comuns invadiram agências bancárias para sacar suas economias.

Washington se preocupou durante anos com o controle da corrupção no Afeganistão. Mas, à medida que ela se espalhou, funcionários do governo Obama temiam que isso prejudicasse sua estratégia de guerra no pior momento possível — enquanto as tropas norte-americanas invadiam o Afeganistão. Em público, as autoridades norte-americanas prometiam acabar com a aflição e responsabilizar os líderes afegãos.

"Quero ser claro: não podemos fechar os olhos à corrupção que faz com que os afegãos percam a fé em seus próprios líderes", declarou Obama em março de 2009, quando anunciou uma expansão da guerra. "Buscaremos um novo pacto com o governo afegão que reprima o comportamento corrupto."

Poucos dias depois, a secretária de Estado Hillary Clinton disse: "A corrupção é um câncer tão perigoso para o sucesso de longo prazo quanto o Talibã ou a Al-Qaeda."

Em agosto de 2009, o general do Exército Stanley McChrystal advertiu: "Ações malignas de agentes de poder, corrupção generalizada e abuso de poder... deram aos afegãos poucos motivos para apoiar seu governo."

Mas a retórica se mostrou vazia. As autoridades norte-americanas recuaram e desviaram o olhar enquanto o roubo se tornava mais arraigado do que nunca. Eles toleravam os piores criminosos — políticos, senhores de guerra, traficantes de drogas, empreiteiros de defesa —, porque eram aliados dos Estados Unidos. No fim das contas, eles julgaram que toda a estrutura de poder do Afeganistão estava tão suja, que limpá-la era uma missão impossível.

Como a Casa Branca sob Bush, o governo Obama não conseguia enfrentar uma realidade mais angustiante. Desde a invasão de 2001, os Estados Unidos alimentaram a corrupção ao distribuir grandes somas de dinheiro para proteger e reconstruir o Afeganistão sem se importar com as consequências. Oportunidades ilimitadas para suborno e fraude surgiram porque os gastos dos EUA em contratos de ajuda e defesa excederam em muito o que o indigente Afeganistão podia digerir.

"O pressuposto básico era o de que a corrupção era um problema afegão e nós éramos a solução", disse Barnett Rubin, conselheiro do Departamento de Estado, em uma entrevista ao Lições Aprendidas. "Mas há um ingrediente indispensável para a corrupção — dinheiro —, e éramos nós que o tínhamos."

Ryan Crocker, que serviu como o principal diplomata dos EUA em Cabul sob os mandatos de Bush e de Obama, disse que o fluxo de contratos para apoiar os EUA e as tropas da Otan no Afeganistão praticamente garantiu que a extorsão, o suborno e as propinas criassem raízes. Ele disse que a corrupção se espalhou tanto, que representava uma ameaça maior para a missão dos EUA do que o Talibã.

"Nosso maior projeto individual, infelizmente e inadvertidamente, é claro, pode ter sido o desenvolvimento da corrupção em massa", disse Crocker em uma entrevista ao Lições Aprendidas. Ele a denominou "a falha máxima de nossos esforços".

Os norte-americanos acharam fácil culpar os afegãos por aceitarem propinas, mas as autoridades norte-americanas também sujaram as mãos. Assim que a guerra começou, em 2001, eles adotaram o suborno como uma tática sempre que isso se adequava a seus propósitos.

Para adquirir lealdade e informações, a CIA canalizava dinheiro para senhores de guerra, governadores, parlamentares e até líderes religiosos. Os militares dos EUA e outras agências também fomentaram a corrupção, distribuindo pagamentos ou contratos a detestáveis afegãos influentes em uma busca equivocada por estabilidade.

Em 2002 e em 2003, quando os líderes afegãos convocaram uma assembleia tradicional para redigir uma nova Constituição, o governo dos Estados Unidos deu "belos pacotes" — pilhas de dinheiro — aos delegados que apoiaram a posição preferida de Washington sobre os direitos humanos e os direitos das mulheres, de acordo com um oficial alemão não identificado que servia em Cabul na época. "A percepção que se iniciou naquele período era esta: se você fosse votar em uma posição favorável de Washington, seria estúpido se o fizesse sem receber um pacote para tal", disse a autoridade alemã em entrevista ao Lições Aprendidas.

Quando o Afeganistão realizou as eleições de 2005 para escolher 352 membros do Parlamento, essa percepção havia se consolidado. Os legisladores perceberam que seus votos poderiam valer milhares de dólares para os norte-americanos, mesmo no tocante a uma legislação que eles teriam apoiado de qualquer maneira, disse a autoridade alemã.

"As pessoas falavam umas às outras: 'Fulano acabou de ir à embaixada dos Estados Unidos e recebeu um dinheiro'. Elas diziam: 'Opa, então vou lá também'", revelou o oficial alemão. "Portanto, desde o início, a experiência deles com a democracia tinha o dinheiro profundamente enraizado."

Em 2006, o governo afegão havia "se organizado em uma cleptocracia" sob a qual as pessoas no poder poderiam saquear a economia sem restrições, de acordo com Christopher Kolenda, coronel do Exército que aconselhou vários comandantes dos EUA durante a guerra.

"A cleptocracia ficou mais forte com o tempo, a ponto de a prioridade do governo afegão passar a não ser uma boa governança, mas sustentar a corrupção", disse Kolenda em uma entrevista ao Lições Aprendidas. "Foi por pura ingenuidade e, talvez, descuido que os ajudamos a criar aquele sistema."

Kolenda disse que as autoridades norte-americanas não reconheceram a ameaça letal que a corrupção representava para sua estratégia de guerra. "Gosto de usar uma analogia com o câncer", disse ele. "A corrupção mesquinha é como o câncer de pele; há maneiras de lidar com ele, e provavelmente você ficará bem. A corrupção dentro dos ministérios, em nível superior, é como o câncer de cólon; é pior, mas, se você perceber a tempo, provavelmente ficará bem. A cleptocracia, entretanto, é como um câncer no cérebro: é fatal."

Ao permitir que a corrupção aumentasse, os Estados Unidos ajudaram a destruir a legitimidade do vacilante governo afegão pelo qual lutavam. Com juízes, chefes de polícia e burocratas extorquindo subornos, muitos afegãos amargaram a democracia e se voltaram para o Talibã a fim de fazer cumprir a ordem.

Em 2009, os comandantes militares dos EUA começaram tardiamente uma campanha para erradicar a corrupção e limpar o governo afegão como parte da estratégia de contrainsurgência aprimorada do Pentágono. O despertar frustrou muitos funcionários civis dos EUA, que sentiram que os chefões uniformizados haviam minimizado o problema desde o início da guerra.

"Foi como se eles tivessem acabado de descobrir algo novo sobre os efeitos perniciosos da corrupção", disse um ex-funcionário anônimo do Conselho de Segurança Nacional em uma entrevista ao Lições Aprendidas. Por anos, "as pessoas em campo reclamariam e lamentariam os acordos feitos pelos militares para trabalhar com agentes corruptos, mas elas eram silenciadas".

O governo dos Estados Unidos mobilizou um pequeno exército de advogados, conselheiros, investigadores e auditores anticorrupção para ir a Cabul. O que eles encontraram os surpreendeu.

O maior gerador de corrupção era a extensa cadeia de suprimentos das forças armadas dos EUA. O Pentágono pagou afegãos e contratados internacionais para entregar entre 6 mil e 8 mil caminhões de combustível, água, munição, alimentos e outros suprimentos para a zona de guerra a cada mês.

Os custos de transporte eram exorbitantes. A maioria dos comboios tinha que viajar cerca de 1.400 quilômetros do porto marítimo mais próximo, em Karachi, no Paquistão, para chegar à passagem de fronteira principal de Khyber, em Torkham. Em seguida, tinha que cruzar trechos hostis de território afegão para chegar às bases norte-americanas, espalhadas por todo o país.

Um comboio de 300 caminhões normalmente exigia 500 guardas armados como proteção básica. Além disso, as empresas de transporte pagavam grandes subornos aos senhores de guerra, aos chefes de polícia e aos comandantes do Talibã para garantir uma passagem segura em seu território. Um relatório do Congresso de 2010 chamou o sistema de "um vasto esquema de proteção", financiado pelos contribuintes norte-americanos.

Gert Berthold, contador forense que serviu em uma força-tarefa militar no Afeganistão de 2010 a 2012, ajudou a analisar 3 mil contratos do Departamento de Defesa no valor total de US$106 bilhões para ver quem estava se beneficiando. A força-tarefa concluiu que cerca de 18% do dinheiro foi para o Talibã e para outros grupos insurgentes. "E muitas vezes era uma porcentagem mais alta", disse Berthold em uma entrevista ao Lições Aprendidas. "Conversamos com muitos ex-ministros afegãos, e eles nos disseram: 'Você está subestimando a realidade.'"

A força-tarefa estimou que funcionários afegãos corruptos e sindicatos criminosos abocanharam outros 15%. Berthold disse que as evidências eram tão contundentes, que poucas autoridades norte-americanas queriam ouvir o que fosse sobre elas. "Ninguém queria a responsabilidade", disse ele. "Se você pretende entrar em uma empreitada contra a corrupção, alguém tem que se responsabilizar por isso... Mas ninguém estava disposto."

Thomas Creal, outro contador forense da força-tarefa militar, disse que as agências dos EUA hesitaram em agir por diferentes motivos. A CIA não queria antagonizar terceirizados afegãos do setor de segurança ou líderes locais que estavam na folha de pagamento da agência de espionagem. Os comandantes militares tinham sentimentos confusos sobre começar brigas com aliados afegãos corruptos.

Creal disse que levou casos para a embaixada dos EUA em Cabul a fim de ver se o Departamento de Justiça poderia iniciar processos civis para confiscar bens de forças de segurança terceirizadas corruptas, mas raramente chegava a algum lugar. "Obtivemos uma visibilidade sobre o fluxo financeiro, então a questão era: o que fazemos com isso?", disse ele em uma entrevista ao Lições Aprendidas. "O mundo político atrapalha."

Mesmo as tentativas de punir levemente os envolvidos encontraram resistência.

Por um ano, durante o primeiro mandato de Obama, diplomatas elaboraram uma lista de "agentes malignos do Afeganistão" e propuseram desconvidá-los para a festa anual do 4 de Julho na embaixada dos Estados Unidos. Mas outras autoridades recuaram. Havia "sempre um motivo pelo qual alguém não podia ser incluído na lista", disse um funcionário não identificado dos EUA em uma entrevista ao Lições Aprendidas. No fim, a embaixada excluiu apenas uma pessoa do evento.

"Era tarde demais, o sistema estava muito entrincheirado", disse um diplomata sênior anônimo dos EUA em uma entrevista ao Lições Aprendidas.

Em janeiro de 2010, agentes anticorrupção afegãos treinados pelos Estados Unidos invadiram a sede da New Ansari Money Exchange, uma das maiores instituições financeiras do país, e levaram consigo milhares de documentos.

As autoridades norte-americanas suspeitavam que a rede politicamente conectada estava lavando dinheiro para traficantes de narcóticos e insurgentes, transportando rios de dinheiro para Dubai e outros destinos estrangeiros. Os investigadores calcularam que os mensageiros da

New Ansari movimentaram até US$2,78 bilhões para fora do país entre 2007 e 2010.

De acordo com o general de três estrelas do Exército Michael Flynn, chefe da inteligência militar dos EUA e da Otan no Afeganistão na época, as forças dos EUA desempenharam um papel central na operação e examinaram os documentos e os dados apreendidos.

"Nós fomos lá, literalmente cercamos o banco e não arredamos pé. Pegamos todos os dados", disse Flynn em uma entrevista de 2015 ao Lições Aprendidas. "Foi cinematográfico. Achei que foi um grande sucesso. Fizemos aquela invasão e, durante três dias, nos debruçamos nas evidências. Trouxemos cerca de 45 pessoas de todo o país silenciosamente."

"A New Ansari era incrivelmente corrupta", afirmou ele. "A instituição tinha registros contábeis duplos, e as pessoas estavam simplesmente nos roubando até os últimos centavos."

As autoridades norte-americanas presumiram que o enorme tesouro de evidências incriminatórias levaria a processos. Mas a investigação criminal afegã logo se deparou com um obstáculo. "Alguém foi responsabilizado?", questionou Flynn. "Não, ninguém foi responsabilizado."*

O obstáculo ficava dentro do palácio presidencial.

Meses depois da operação, os investigadores grampearam uma conversa na qual um assessor sênior de Karzai supostamente concordava em bloquear a investigação da New Ansari em troca de suborno. Agentes policiais afegãos prenderam o assessor, Mohammad Zia Salehi, em julho de 2010. Em poucas horas, entretanto, Karzai interveio e ordenou a liberação de Salehi da prisão, declarando que os investigadores haviam extrapolado sua autoridade. Posteriormente, o governo afegão retirou todas as acusações. Mais uma vez, o governo Obama recuou, enquanto a campanha anticorrupção liderada pelos EUA vacilava.

"O ponto principal foi o caso Salehi", disse um funcionário não identificado do Departamento de Justiça baseado em Cabul na época, em uma

---

* Flynn se aposentou do Exército em 2014 e mais tarde ficou conhecido por sua breve passagem, com problemas legais, como o primeiro conselheiro de Segurança Nacional do presidente Trump e por expressar opiniões políticas extremistas. Flynn se declarou culpado por mentir para o FBI após a vitória de Trump na campanha presidencial de 2016. Trump lhe concedeu o perdão em novembro de 2020.

entrevista ao Lições Aprendidas. Ele contou que a prisão foi como "cutucar um vespeiro" no palácio presidencial, que ordenou que os agentes da lei afegãos parassem de cooperar com os norte-americanos. Gert Berthold, o contador forense, acrescentou: "O interesse e o entusiasmo pareciam ter se perdido depois de Salehi."

O presidente afegão representava um problema maior. Karzai se ressentia do impulso anticorrupção dos EUA e o via como uma intromissão estrangeira. Após sua luta pela reeleição, ele não estava com humor para apaziguar os norte-americanos. O procurador-geral afegão, nomeado por Karzai, bloqueou várias investigações públicas de corrupção.

Algumas autoridades norte-americanas ficaram furiosas e disseram que era hora de acertar as contas. Outras argumentaram que era mais importante apaziguar Karzai e manter seu ínfimo apoio às operações militares dos Estados Unidos e às da Otan.

O coronel Kolenda disse que alguns funcionários do governo Obama consideravam a corrupção "irritante" e menos preocupante do que a necessidade de fortalecer as forças de segurança afegãs e minar o Talibã. Mas, logo após a captura e a liberação de Salehi, um escândalo ainda maior testou a postura equívoca do governo Obama sobre a corrupção.

Certo dia naquele verão, um jogador de pôquer de alto nível, chamado Sherkhan Farnood, fez uma visita clandestina à embaixada dos Estados Unidos em Cabul. Além de seu talento no jogo, Farnood era presidente do Kabul Bank, a maior instituição financeira privada do país. O homem de 49 anos abrira a empresa 6 anos antes, quando o Afeganistão era um deserto bancário, sem credores regulamentados.

O Kabul Bank cresceu rapidamente graças a uma brilhante campanha de marketing. Em vez de pagar juros, o banco distribuía bilhetes de loteria. Os clientes que depositavam US$100 recebiam uma chance única de ganhar prêmios que variavam de lavadoras de roupas a carros novos e apartamentos. A loteria mensal tornou-se um sucesso estrondoso, e o Kabul Bank abriu filiais em todo o Afeganistão.

O negócio bancário transformou Farnood em um magnata. Ele esbanjava imóveis em Dubai, adquiriu uma companhia aérea privada afegã e tornou-se presença constante em cassinos de Las Vegas, Londres e Macau. "O que estou fazendo não é adequado, não é exatamente o que devo fazer. Mas este é o Afeganistão", gabou-se uma vez para um repórter do *Washington Post*.

Mas quando Farnood entrou no complexo da embaixada dos Estados Unidos, em julho de 2010, ele carregava uma coleção de documentos que expunham o Kabul Bank como um castelo de cartas oscilante. Um pequeno grupo de acionistas da instituição financeira — incluindo Farnood — havia emprestado milhões de dólares a si próprios por meio de depósitos pertencentes a seus clientes ensandecidos pela ideia da loteria. A maior parte do dinheiro havia desaparecido, e o banco estava prestes a afundar. Farnood havia se envolvido em uma luta pelo poder com os coproprietários do banco. Ele disse aos diplomatas norte-americanos que queria denunciar toda a operação.

As autoridades norte-americanas entraram em pânico com as revelações de Farnood. Se o banco falisse, as perdas poderiam afundar o sistema financeiro afegão e deflagrar uma revolta popular. O Kabul Bank servia como agente de folha de pagamento para o governo do Afeganistão, lidando com contas de 250 mil soldados, policiais e funcionários públicos. Muitos perderiam suas economias.

Havia também o risco de um colapso político. Os documentos de Farnood ressaltaram o grau em que a família Karzai e outras elites afegãs estavam profundamente entrelaçadas nas operações e na estrutura de propriedade do Kabul Bank.

O terceiro maior acionista do Kabul Bank era Mahmoud Karzai, o irmão mais velho do presidente. Outro acionista importante era Haseen Fahim, irmão do general Mohammed Fahim Khan, o senhor de guerra tadjique e companheiro de chapa de Karzai como vice-presidente.*

Farnood acusou os dois de conspirarem contra ele para saquear os ativos do banco. Além disso, ele afirmou que o banco havia dado US$20 milhões para a campanha de reeleição de Karzai.

"Em uma escala de um a dez, era vinte aqui", disse um funcionário sênior não identificado do Departamento do Tesouro dos EUA em uma entrevista ao Lições Aprendidas. "Havia aspectos dignos de um romance

---

* Mahmoud Karzai e Haseen Fahim negaram qualquer irregularidade. Nenhum dos dois foi processado, embora o governo afegão tenha descoberto mais tarde que eles deixaram de pagar milhões de dólares em empréstimos. Em um e-mail para o autor, Mahmoud Karzai culpou a administração do Kabul Bank, as autoridades norte-americanas e o Fundo Monetário Internacional pela "destruição" do banco.

policial, fora a conexão entre os donos do Kabul Bank e aqueles que dirigem o país."

Dentro de semanas, Farnood e o presidente-executivo do Kabul Bank foram forçados a renunciar. Notícias questionando a solvência da empresa geraram uma corrida ao banco. Milhares de afegãos invadiram as agências para resgatar suas economias.

O presidente Karzai deu uma entrevista coletiva e tentou diminuir o pânico. Ele declarou que seu governo garantiria totalmente todos os depósitos do Kabul Bank assim que o Banco Central assumisse o controle de suas operações. Nos bastidores, no entanto, o governo lutava para levantar dinheiro suficiente para cumprir a promessa de Karzai. As autoridades afegãs tomaram providências de emergência para pegar US$300 milhões em moeda norte-americana de um banco alemão em Frankfurt para aliviar a crise.

No início, em público e no privado, o governo Obama confiou em Karzai para investigar completamente o escândalo do Kabul Bank — não apenas para recuperar o dinheiro roubado, mas também para demonstrar ao povo afegão que ninguém estava acima da lei. As autoridades norte-americanas viram o episódio como um momento crucial na campanha anticorrupção e na própria guerra.

"Havia um milhão de coisas que estávamos tentando fazer, e tudo dependia do regime de Karzai como um parceiro efetivo", disse um ex-oficial norte-americano não identificado em uma entrevista ao Lições Aprendidas. "Mas, se esse escândalo do Kabul Bank continuasse, a discussão seria válida? Havia muita raiva e repulsa. Um sentimento de injustiça."

O escândalo também constrangeu o governo dos Estados Unidos, que enviou legiões de conselheiros e consultores financeiros a Cabul para ajudar os bancos afegãos a regularizarem seu nascente setor financeiro, mas ignorou um gigantesco esquema Ponzi sob seus narizes.

Os sinais de alerta eram difíceis de ignorar. Em outubro de 2009, a embaixada dos Estados Unidos enviou um cabograma ao Departamento de Estado relatando que transportadores de valores estavam levando grandes somas de dinheiro para Dubai por meio da companhia aérea de Farnood. Agências de espionagem dos EUA sabiam de atividades ilícitas dentro do Kabul Bank havia cerca de um ano antes do colapso, disse um oficial sênior dos EUA não identificado em uma entrevista ao Lições Aprendidas. Funcionários da inteligência norte-americana rastrearam os fluxos de dinheiro do banco para o Talibã e outros insurgentes e compartilharam as informações com seus colegas da inteligência afegã, relatou ele. Mas nenhuma das agências de inteligência alertou a polícia, "porque não era da sua alçada", acrescentou.

Em fevereiro de 2010, as autoridades norte-americanas e afegãs perceberam que precisavam agir após o *Post* publicar a entrevista com Farnood em um relatório sobre as operações duvidosas do banco. As descobertas do artigo chocaram Abdul Qadeer Fitrat, o presidente do Banco Central do Afeganistão. Como os reguladores afegãos tinham poder e recursos limitados, ele pediu aos funcionários do Tesouro dos EUA que conduzissem uma auditoria forense do Kabul Bank.

Os norte-americanos disseram que era necessário Karzai aprovar o pedido, mas ele se recusou por meses a se reunir com o presidente do Banco Central para discutir o assunto, dizendo que estava muito ocupado. Quando o presidente afegão consentiu com a auditoria, era tarde demais.

O governo dos EUA não percebeu a extensão da fraude do Kabul Bank, embora tenha contratado vários consultores do setor privado para integrar o Banco Central do Afeganistão como assessores.

Um segundo funcionário não identificado do Departamento do Tesouro disse que, logo depois de chegar ao Afeganistão, no verão de 2010, ele se encontrou com um norte-americano que havia trabalhado no Banco Central por pelo menos três anos. O funcionário do Departamento do Tesouro queria saber mais sobre o Kabul Bank. Nenhum deles tinha a menor ideia de que a instituição estava prestes a falir.

"Conversamos durante uma hora", disse o segundo funcionário do Tesouro em uma entrevista ao Lições Aprendidas. "Perguntei a ele: 'Você acha que esse banco é sólido em termos financeiros?' Ele respondeu: 'Sim'. Trinta dias depois, todo o castelo de cartas desabou. Essa foi uma das maiores falhas da minha carreira. Um banco de US$1 bilhão faliu, e o consultor dos EUA jurou que ele era financeiramente sólido."

A aquisição do banco pelo governo afegão desencadeou uma guerra de recriminações entre os reguladores e os investidores politicamente conectados da empresa. As reuniões para desembaraçar as finanças do banco explodiram em violência quando os participantes arremessaram pratos e cadeiras. Fitrat, o presidente do Banco Central, disse que seu escritório teve que parar de servir chá quente para que os combatentes não escaldassem uns aos outros.

Em abril de 2011, Fitrat disse ao Parlamento afegão que os empréstimos inadimplentes do Kabul Bank totalizavam quase US$1 bilhão. Ele testemunhou que muitos legisladores e funcionários do gabinete embolsaram pagamentos questionáveis do banco, mas que as autoridades policiais afegãs se recusaram a processá-los. Ele também anunciou que o Banco Central tentaria congelar os ativos dos acionistas do Kabul Bank.

Agentes afegãos poderosos se rebelaram na tentativa de recuperar o dinheiro desaparecido. Dois meses depois, temendo por sua vida, Fitrat fugiu para os Estados Unidos. Em uma autobiografia, ele escreveu que o Afeganistão era "refém de um grupo de políticos controlados pela máfia que estavam saqueando a preciosa assistência internacional destinada a melhorar a vida das pessoas".

Por cerca de um ano depois que o escândalo se tornou público, a embaixada dos EUA em Cabul, liderada pelo embaixador Karl Eikenberry, priorizou o caso e pressionou Karzai a agir, disseram três ex-autoridades norte-americanas em entrevistas ao Lições Aprendidas. Mas eles afirmaram que a embaixada recuou depois que Ryan Crocker substituiu Eikenberry, em julho de 2011.

"Foi um estudo de caso de como a política dos EUA pode ser frágil e precária. Da noite para o dia, toda a nossa política mudou", disse o segundo funcionário do Departamento do Tesouro. "O papel de Crocker era fazer com que a questão fosse embora, enterrá-la o mais fundo possível e silenciar todas as vozes dentro da embaixada que quisessem transformá-la em um problema."

Crocker, o general David Petraeus e outros funcionários do governo Obama não queriam se arriscar a ofender ainda mais Karzai porque precisavam de seu apoio no auge do aumento de 100 mil soldados norte-americanos no país. Crocker e seus aliados também não queriam que o Congresso ou os doadores internacionais usassem o escândalo do banco como desculpa para cortar a ajuda a Cabul.

"Os Estados Unidos começaram a diminuir a pressão devido à mudança na liderança da embaixada", disse um ex-funcionário do Fundo Monetário Internacional não identificado em uma entrevista ao Lições Aprendidas. "Eu vi a maré mudar quando as coisas ficaram difíceis."

Em uma entrevista ao Lições Aprendidas, Crocker afirmou concordar que a corrupção tenha sido um problema enorme que sabotou a guerra, mas disse que era tarde demais quando o escândalo do Kabul Bank aconteceu. Ele também acrescentou que simpatizava com um contra-argumento do presidente afegão, que espalhou a culpa pela onda de corrupção de forma mais ampla.

"Fiquei impressionado com algo que Karzai disse e repetiu várias vezes durante minha gestão, que o Ocidente, liderado pelos EUA, em sua visão clara, tinha uma responsabilidade significativa por toda a questão da corrupção", revelou Crocker.

Depois que Karzai deixou o cargo, em 2014, seu sucessor, Ashraf Ghani, reabriu um inquérito sobre o escândalo do Kabul Bank. A investigação revelou que US$633 milhões em empréstimos indevidos ainda não tinham sido pagos.

Farnood, o fundador do banco e jogador de pôquer, foi condenado a quinze anos de prisão. Ele morreu lá, em 2018.

Poucos outros enfrentaram a justiça. O presidente-executivo do banco também recebeu uma sentença de quinze anos, mas ela mal foi aplicada; o governo permitia que ele saísse da prisão diariamente para cuidar de um grande projeto de investimento imobiliário. Nove outros réus pagaram multas ou cumpriram até um ano de prisão.

PARTE CINCO

A REALIDADE DESMORONA

2011—2016

CAPÍTULO DEZESSEIS

Em Guerra com a Verdade

Leon Panetta dedilhou um rosário enquanto se sentava em uma sala de conferências da CIA em Langley, Virgínia, com seus olhos de 73 anos grudados em um link de vídeo seguro que mostrava helicópteros norte-americanos voando na escuridão sobre o terreno do Paquistão. Na missa daquela manhã — 1º de maio de 2011 —, Panetta orou a Deus para que a missão ousada e secreta que ele havia planejado desse certo.

Ex-congressista e chefe de gabinete da Casa Branca, Panetta havia servido no governo por tempo suficiente para saber que seu cargo e sua reputação estavam em jogo. Como diretor da CIA nos últimos dois anos, supervisionara a vacilante caça a Osama bin Laden, o terrorista mais procurado do mundo. Ele tinha acabado de pedir a aprovação presidencial para enviar duas dúzias de forças de Operações Especiais para o interior do Paquistão — uma potência nuclear espinhosa —, com base na estimativa da CIA de que um recluso que vivia atrás dos muros de um complexo de US$1 milhão na cidade de Abbottabad era, na verdade, bin Laden. Se a operação falhasse, a represália seria impossível de conter.

Panetta assistiu a dois helicópteros pousarem no complexo em um vídeo ao vivo transmitido por drones furtivos circulando sobre Abbottabad, mas as câmeras aéreas não conseguiam ver o interior das paredes do complexo. Quando uma equipe de SEALs da Marinha invadiu o prédio, tudo o que Panetta pôde fazer foi ouvir e esperar. Após intermináveis quinze minutos, a equipe respondeu pelo rádio: haviam encontrado o alvo e o matado.

O mestre da espionagem resistiu ao impulso de comemorar até que as forças de Operações Especiais retornassem em segurança à sua base no Afeganistão e confirmassem a identidade de bin Laden. Panetta sorriu e pensou em seu velho amigo Ted Balestreri, dono de um restaurante em Monterey, Califórnia, que certa vez prometera abrir o bem mais valioso de sua adega — um Chateau Lafite Rothschild de 1870 — se Leon algum dia pegasse o mentor do 11 de Setembro. Panetta ligou para sua esposa, Sylvia, em sua casa: "Ligue para Ted e lhe diga para sintonizar a CNN", pediu Panetta, "ele me deve uma garrafa de vinho".

A morte de bin Laden pareceu marcar uma virada genuína na guerra infeliz no Afeganistão. O objetivo era eliminar bin Laden e sua rede. Enquanto o líder da Al-Qaeda permanecesse livre, nenhum presidente poderia considerar realisticamente o fim das operações militares dos EUA no Afeganistão. Agora, depois de dez longos anos, os Estados Unidos finalmente consumaram a vingança pelo 11 de Setembro e uma oportunidade parecia estar à disposição.

Dois meses depois, Panetta viajou para Cabul. O presidente Obama acabara de nomeá-lo secretário de Defesa, e aquela era sua primeira viagem ao exterior para se encontrar com as tropas. Ele tinha boas notícias para compartilhar.

Obama decidiu começar a levar as tropas norte-americanas para casa. De um pico de 100 mil, o número de soldados cairia para 90 mil no fim do ano e diminuiria para 67 mil no verão de 2012. Superficialmente, a estratégia de guerra dos Estados Unidos parecia que podia dar certo. Panetta relaxou.

Diferentemente de seus antecessores, que pesavam cada palavra falada pelo seu potencial de contragolpe, Panetta demonstrou talento para comentários rudes e improvisados durante sua visita ao Afeganistão e à região. Ele tagarelava sobre a presença clandestina da CIA no Afeganistão, chamou bin Laden de "filho da puta" e maravilhava-se com as tropas a cada parada a respeito de como aquilo era improvável para ele — um produtor de nozes da Califórnia em meio período e filho de imigrantes pobres italianos, acabar no comando militar mais poderoso do mundo.

Em uma discussão mais séria com repórteres que viajavam com ele, Panetta caracterizou a morte de bin Laden como o início do fim da chamada guerra ao terror. Graças a uma implacável campanha de ataque de drones da CIA, Panetta estimou que a Al-Qaeda tinha apenas de dez a vinte "líderes-chave" ainda vivos no Paquistão, na Somália, no norte da África e na Península Arábica. Não sobrou nenhum no Afeganistão, onde oficiais militares dos Estados Unidos imaginaram que a Al-Qaeda só poderia contar com cinquenta a cem combatentes de baixo escalão. "Temos a chance de derrotar estrategicamente a Al-Qaeda", disse Panetta. "Acho que agora é o momento... Podemos realmente paralisar a ameaça da Al-Qaeda a este país."

O sucesso do ataque a bin Laden deu a Obama um grande impulso político. Mas também aumentou as expectativas do público e intensificou a pressão para mostrar que suas políticas no Afeganistão estavam funcionando. Obama havia prometido reverter a guerra quando concorreu pela primeira vez à Casa Branca. Ele enfrentaria o julgamento dos eleitores no ano seguinte.

"Saber que a maré da guerra está recuando nos consola", declarou Obama em junho de 2011, quando anunciou a redução das tropas. De acordo com seu cronograma de retirada, 33 mil soldados voltariam para casa em agosto de 2012, três meses antes do dia da eleição.

A reputação de seus comandantes militares seniores também estava em jogo. Eles haviam convencido o presidente e o povo norte-americano dois anos antes sobre sua estratégia de contrainsurgência. Sempre confiantes, eles continuaram a prever o sucesso.

"Fizemos muito progresso", disse o almirante Mike Mullen, chefe do Estado-Maior Conjunto das Forças Armadas, ao apresentador de *talk show* televisivo Charlie Rose, em junho de 2011. "Sob um ponto de vista estratégico, parece ter funcionado como esperávamos."

Mas a retórica otimista e tranquilizadora obscureceu a verdade: apesar dos investimentos maciços, a estratégia de guerra de Obama estava falhando. Os Estados Unidos e seus aliados não conseguiam resolver alguns problemas fundamentais. As forças de segurança afegãs davam poucos sinais de que poderiam proteger seu próprio país. Os líderes do Talibã dormiam profundamente em seus refúgios no Paquistão, aguardando até que as forças estrangeiras decidissem partir. A corrupção intensificou seu controle sobre o governo afegão, alienando e irritando as pessoas a quem supostamente servia.

As autoridades norte-americanas queriam se retirar, mas temiam que o Estado afegão entrasse em colapso se o fizessem. Bin Laden esperava esse cenário exato quando planejou o 11 de Setembro: atrair a superpotência dos EUA para uma guerrilha invencível que esgotaria seu tesouro nacional e diminuiria sua influência global.

"Depois da morte de Osama bin Laden, eu disse que ele provavelmente estava rindo em seu túmulo lá no fundo do mar, considerando o quanto gastamos no Afeganistão", disse Jeffrey Eggers, oficial da Marinha que serviu como funcionário do Conselho de Segurança Nacional para Bush e para Obama, em uma entrevista ao Lições Aprendidas.

Para encobrir os problemas, as autoridades norte-americanas repetidamente minimizaram as más notícias do front, às vezes distorcendo-as ao ponto do absurdo.

Em setembro de 2011, uma nuvem de manchetes sombrias acompanhou Panetta quando ele foi ao Capitólio para testemunhar perante um comitê do Senado. Um assassino matara um ex-presidente afegão encarregado das propostas de paz. O Talibã também havia realizado uma série de ataques suicidas e investidas coordenadas contra alvos de grande notoriedade em Cabul — supostamente a parte mais protegida do país —, incluindo a embaixada dos Estados Unidos e a sede da Otan.

Mas até mesmo o direto Panetta teve que manter a ilusão do sucesso. Ele retratou uma situação floreada para os legisladores, citando um "progresso inegável" e dizendo que a guerra estava "indo na direção certa". Ele chamou o assassinato e os ataques suicidas de "um sinal de fraqueza da insurgência", argumentando que o Talibã recorrera a tais táticas apenas porque estava perdendo território para as forças norte-americanas.

Quando Panetta voltou ao Afeganistão para uma visita, em março de 2012, seguiu-se outra série de desastres de relações públicas. Momentos depois que o avião C-17 da Força Aérea do secretário da Defesa pousou em uma base da Otan, na província de Helmand, um assaltante afegão dirigiu um caminhão roubado para a pista e tentou atropelar um general do Corpo de Fuzileiros Navais dos EUA e outras pessoas na festa de boas-vindas de Panetta. O agressor se incendiou e bateu com o caminhão, morrendo em decorrência dos ferimentos. Panetta ainda não havia desembarcado de seu avião, e ninguém mais se feriu, mas quase foi uma catástrofe.

Assim como cinco anos antes, quando um homem-bomba atingira o vice-presidente Cheney em uma base diferente no Afeganistão, oficiais militares dos EUA tentaram encobrir o incidente. Por dez horas, eles esconderam dos repórteres, que viajavam no mesmo avião que Panetta, a notícia do ataque, divulgando informações incompletas apenas depois que a mídia britânica revelou a história.

A princípio, Panetta e outras autoridades sugeriram que o momento do ataque fora uma coincidência e disseram que não tinham motivos para acreditar que fosse dirigido a ele. Mas posteriormente reconheceram que, se o ataque tivesse ocorrido cinco minutos depois, o caminhão em alta velocidade poderia ter atingido Panetta quando ele saiu do avião.

Durante sua viagem, Panetta também teve que lidar com as consequências de uma das piores atrocidades da guerra. Poucos dias antes de sua chegada, Robert Bales, militar dos EUA e sargento do Exército, entrou sozinho em dois vilarejos afegãos na província de Kandahar no meio da noite e, de forma inexplicável, massacrou dezesseis aldeões adormecidos, a maioria mulheres e crianças. O assassinato em massa inflamou os afegãos, e o Talibã o explorou como material de propaganda.

Apesar de tudo isso, Panetta considerou sua visita "muito encorajadora" e disse que os Estados Unidos estão "muito perto de cumprir" sua missão. "Como já salientei antes, acredito que a campanha tenha feito um progresso significativo", disse ele a repórteres em Cabul. "Estamos no caminho. Estou absolutamente convencido disso."

Para reforçar a mensagem, funcionários do governo Obama divulgaram estatísticas que distorceram o que realmente estava acontecendo no local. O governo Bush fizera o mesmo, mas funcionários de Obama na Casa Branca, no Pentágono e no Departamento de Estado levaram isso a um novo nível, divulgando números que eram enganosos, espúrios ou totalmente falsos.

"Rompemos o ímpeto do Talibã", disse a secretária de Estado, Hillary Clinton, a um comitê do Senado em junho de 2011. Como prova, ela citou uma série de métricas: as escolas afegãs matricularam 7,1 milhões de alunos, um aumento de 7 vezes desde a queda do Talibã; a mortalidade infantil diminuiu 22%; a produção de ópio caiu; milhares de agricultores foram "treinados e equipados com novas sementes e outras técnicas", e as mulheres afegãs receberam mais de 100 mil em microfinanciamentos.

"Agora, o que esses números e outros que eu poderia citar nos dizem?", colocou Clinton. "A vida está melhor para a maioria dos afegãos."

Mas, anos depois, os auditores do governo dos EUA concluíram que o governo Obama havia baseado muitas de suas estatísticas sobre mortalidade infantil, expectativa de vida e matrícula escolar em dados imprecisos ou não verificados.

John Sopko, o inspetor-geral especial para a reconstrução do Afeganistão, disse ao Congresso em janeiro de 2020 que as autoridades norte-americanas "sabiam que os dados eram ruins", mas mesmo assim se gabaram dos números. Ele disse que as mentiras eram parte de "um odor de falsidade" que permeou a forma como o governo retratou a guerra.

Em entrevistas ao Lições Aprendidas, oficiais e conselheiros militares dos EUA descreveram esforços explícitos e contínuos para enganar deliberadamente o público. Eles disseram que era comum no campo, no quartel-general em Cabul, no Pentágono e na Casa Branca distorcer as estatísticas para fazer parecer que os Estados Unidos estavam vencendo a guerra, quando esse não era o caso.

"Cada dado foi alterado para apresentar a melhor imagem possível", disse Bob Crowley, coronel do Exército que serviu como conselheiro sênior de contrainsurgência para comandantes dos EUA em 2013 e em 2014, em uma entrevista ao Lições Aprendidas. "As pesquisas, por exemplo, eram totalmente duvidosas, mas reforçavam que tudo o que estávamos fazendo estava certo, e nos tornamos um poder autoperpetuante com o objetivo único de se manter."

No quartel-general, "a verdade raramente era bem-vinda" e "as más notícias eram frequentemente reprimidas", disse Crowley. "Havia mais liberdade para compartilhar más notícias se não fossem tão importantes — como 'estamos atropelando crianças com nossos MRAPS [veículos blindados]' —, porque essas coisas poderiam ser alteradas com as diretrizes da política. Mas, quando tentávamos expressar preocupações estratégicas maiores sobre a disposição, a capacidade ou a corrupção do governo afegão, ficava claro que isso não era bem-vindo."

John Garofano, estrategista da Escola de Guerra Naval que aconselhou fuzileiros navais na província de Helmand em 2011, disse que oficiais militares em campo dedicavam uma quantidade excessiva de recursos para produzir gráficos codificados por cores que anunciavam resultados positivos. "Eles tinham uma máquina muito cara que imprimia papéis realmente grandes, como em uma gráfica", disse ele em uma entrevista ao Lições

Aprendidas. "Havia uma ressalva de que aqueles não eram números realmente científicos, ou que o processo por trás não o era."

Mas Garofano disse que ninguém ousava perguntar se os gráficos ou números eram confiáveis ou significativos. "Não havia vontade de responder a perguntas como: qual é o sentido de construir tantas escolas? Como vocês têm progredido em direção a seu objetivo?", disse ele. "Como vocês mostram isso como uma evidência de sucesso e não apenas como uma evidência de esforço ou de apenas ter feito algo bom?"

Oficiais militares e diplomatas hesitavam em aprovar avaliações negativas na cadeia de comando por outro motivo: carreirismo. Ninguém queria ser culpado por problemas ou falhas sob sua supervisão. Como resultado, independentemente das condições, eles alegaram que estavam fazendo progressos.

"Dos embaixadores aos níveis mais baixos, todos eles dizem que estamos fazendo um ótimo trabalho", disse o general de três estrelas Michael Flynn, que supervisionou a inteligência militar durante o aumento de tropas de Obama, em uma entrevista ao Lições Aprendidas. "Sério? Então, se estamos fazendo um trabalho tão bom, por que parece que estamos perdendo?"

Durante a guerra, os comandantes de brigada e de batalhão do Exército dos EUA receberam a mesma missão básica ao chegar ao Afeganistão: proteger a população e derrotar o inimigo. "Então, todos eles foram cumprir seu turno, fosse de seis ou nove meses, e receberam essa missão, aceitaram-na e a executaram", disse Flynn. "Depois, quando partiram, todos disseram que haviam cumprido a missão. Todos os comandantes. Nenhum comandante deixava o Afeganistão... e dizia: 'Sabe, não cumprimos a missão.'"

Os dados sobre bombardeios, ataques e outros encontros violentos ficavam mais sombrios a cada vez que Bush ou Obama realizavam outra revisão da estratégia de guerra. Era impossível conciliar as tendências negativas com as mensagens públicas otimistas sobre o progresso, de modo que as autoridades norte-americanas mantiveram como confidenciais todos os conjuntos de dados.

"Cada vez que os dados são compartilhados, eles mostram que tudo está piorando, especialmente com essas análises estratégicas", revelou um alto funcionário norte-americano não identificado que serviu no governo de Bush e no de Obama em uma entrevista ao Lições Aprendidas.

Em outra entrevista ao Lições Aprendidas, um membro não identificado da equipe do Conselho de Segurança Nacional disse que a Casa Branca de Obama e o Pentágono pressionavam a burocracia para produzir números que mostrassem que o aumento de tropas de 2009 a 2011 estava funcionando, apesar das evidências concretas em contrário.

"Era impossível criar boas métricas. Tentamos usar o número de soldados treinados, os níveis de violência, o controle de território, e nada disso nos deu uma imagem precisa", lembra o membro da equipe do Conselho de Segurança Nacional. "As métricas sempre foram manipuladas durante a guerra."

Mesmo quando a contagem de baixas e outros números pareciam ruins, a Casa Branca e o Pentágono os colocariam em seu favor. Eles retratavam os atentados suicidas em Cabul como um sinal de que os insurgentes eram fracos demais para entrar em combate direto, e disseram que um aumento nas mortes de soldados norte-americanos provava que as forças norte-americanas estavam levando o combate ao inimigo.

"Foram as explicações deles", disse o funcionário da Casa Branca. "Por exemplo, os ataques estão piorando? 'Isso ocorre porque há mais alvos para eles atirarem, então mais ataques são um falso indicador de instabilidade.' Então, três meses depois, os ataques ainda estão piorando? 'É porque o Talibã está ficando desesperado, então isso é, na verdade, um indicador de que estamos vencendo.'"

Oficiais militares dos EUA divulgaram tantos tipos diferentes de estatísticas e métricas, que o público não tinha ideia de quais realmente importavam.

Os legisladores também se questionavam. Durante uma audiência do Comitê do Senado para o Serviço Militar, em abril de 2009, a senadora Susan Collins (republicana pelo estado do Maine) perguntou a Michèle Flournoy, a subsecretária de Defesa para assuntos políticos, como o governo Obama saberia se o aumento de tropas fora bem-sucedido.

"Como saberemos se estamos vencendo?", perguntou Collins. "Como você saberá se essa nova estratégia está funcionando ou não? Me parece que precisamos de um conjunto de métricas e indicadores claros."

Flournoy deu uma resposta confusa. "Há um mundo de informações — um conjunto muito mais desenvolvido de métricas herdadas, visto que conduzimos essas operações há muito tempo", disse ela. "O que estamos tentando fazer é classificá-las com mais cuidado. Algumas delas estão mais relacionadas à entrada de dados. E o que realmente estamos tentando focar são os resultados e impactos reais. Portanto, não estamos começando com uma folha em branco, mas estamos no processo de refinar as métricas que foram usadas no Afeganistão."

À medida que as tropas avançavam para a zona de guerra, os comandantes militares refinavam a arte de selecionar estatísticas para fazer com que sua estratégia funcionasse.

Em uma coletiva de imprensa em julho de 2010 com repórteres no Pentágono, o major-general do Exército John Campbell, comandante-geral das forças dos EUA no leste do Afeganistão, disse que o Talibã realizara 12% mais ataques durante o primeiro semestre do ano, em comparação com os primeiros 6 meses de 2009.

Ciente de que isso poderia soar mal, Campbell rapidamente acrescentou que "a eficácia desses ataques caiu cerca de 6%". Ele não explicou como os militares mediam a "eficácia" com tanta precisão. Mas garantiu aos repórteres que a guerra estava indo bem.

"Vencer é alcançar o progresso, e acredito que a cada dia estamos alcançando mais progresso", disse ele.

Em março de 2011, o Comitê de Serviços Armados da Câmara convocou o general Petraeus para lhe fornecer uma atualização sobre a guerra. Ele bombardeou os legisladores com uma saraivada de números desconexos. Petraeus citou "um aumento de quatro vezes" em esconderijos de armas e explosivos "entregues e encontrados". Ele disse que os comandos dos EUA e os do Afeganistão estavam matando ou capturando "cerca de 360 líderes insurgentes visados" em um "período típico de 90 dias". Em Marja, uma cidade na província de Helmand que foi arrancada do controle do Talibã, 75% dos eleitores registrados votaram nas eleições do conselho comunitário. Em todo o Afeganistão, o número de dirigíveis e torres de vigilância havia aumentado de 114 para 184 desde agosto.

"Para encerrar", disse Petraeus, "os últimos oito meses viram um progresso importante, mas árduo".

Oficiais militares em campo sabiam que a tempestade de números significava pouco. "Infelizmente, é possível usar os números da maneira que você quiser", disse o major do Exército John Martin, autointitulado carinhosamente "bubba da equipe", que atuou como planejador na Base Aérea de Bagram, em uma entrevista de história oral ao Exército. "Por exemplo, se no ano passado houve 100 ataques e neste ano 150, isso significa que a situação piorou?", adicionou Martin. "Ou significa que agora você tem mais caras indo para mais lugares e encontrando mais bandidos, então há mais ataques e a situação está melhor, porque encontramos mais bandidos?"

Outros altos funcionários disseram que atribuíam uma grande importância a uma estatística em particular, embora o governo dos EUA raramente a mencionasse em público. "Acho que o principal parâmetro de referência é aquele que sugeri, que é quantos afegãos estão sendo mortos", disse James Dobbins, diplomata dos EUA, a um painel do Senado em 2009. "Se o número está subindo, você está perdendo. Se está caindo, você está ganhando. Simples assim."

Até aquele ponto, no entanto, ninguém se preocupou em rastrear com segurança as baixas afegãs. Para o Pentágono, o assunto era delicado. Oficiais da defesa não gostavam de responder a perguntas sobre mortes de civis, muito menos falar sobre quem era o responsável. Acompanhar o número de poços cavados e escolas construídas ficou mais fácil e gerou publicidade mais favorável.

Em uma entrevista ao Lições Aprendidas, um alto funcionário anônimo da Otan disse que a aliança começou a rastrear as vítimas civis em 2005 e configurou "o que deveria ser a mãe de todos os bancos de dados". Mas o programa foi abandonado por motivos não especificados. "Deveria ser um procedimento operacional padrão desde o início para registrar as vítimas civis, mas não foi", disse o oficial sênior da Otan.

Em 2009, as Nações Unidas expandiram uma campanha para contar os civis mortos e feridos no Afeganistão. O programa da ONU se tornou a primeira contagem abrangente de vítimas civis, mas os números eram desanimadores e pioravam. Em média, dezenas de pessoas morriam a cada semana.

À medida que as tropas dos EUA invadiram o Afeganistão, entre 2009 e 2011, o número anual de mortes de civis aumentou de 2.412 para 3.133. O total caiu em 2012, mas aumentou em 2013 e continuou aumentando, chegando a 3.701 mortes em 2014.

Isso significa que o número de civis afegãos mortos aumentou 53% em cinco anos. Considerando a regra simples de Dobbins, os Estados Unidos e seus aliados estavam perdendo muito.

A pesquisa das Nações Unidas culpou os insurgentes pela maioria das mortes. Mas, independentemente do responsável, os números das baixas mostraram que o Afeganistão estava ficando mais instável e inseguro — o exato oposto do que a estratégia de contrainsurgência dos Estados Unidos deveria realizar.

As avaliações da inteligência dos EUA também lançaram dúvidas sobre o progresso da guerra. Analistas de inteligência da CIA e das Forças Armadas prepararam relatórios muito mais pessimistas do que os pronunciamentos de comandantes generais em campo. Mas oficiais de inteligência raramente falavam em público, e seus relatórios permaneceram confidenciais.

Uma vez por ano, o Congresso convocava altos funcionários da inteligência para deporem em uma sessão aberta sobre as ameaças globais à segurança nacional dos Estados Unidos. Eles falavam usando uma linguagem monótona e em jargões, mas seus comentários sobre o Afeganistão eram uniformemente severos.

Em fevereiro de 2012, o general de três estrelas do Exército Ronald Burgess, diretor da Agência de Inteligência de Defesa, fez uma avaliação breve, mas desanimadora, para o Comitê do Senado para o Serviço Militar. Ele disse que o aumento de tropas e a estratégia de guerra de Obama pouco fizeram para deter a insurgência.

Ele afirmou que o governo afegão fora atormentado por uma "corrupção endêmica" e que o Exército e a polícia afegãos estavam crivados de "deficiências qualitativas persistentes". Em comparação, ele descreveu o Talibã como "resiliente" e disse que este havia sido capaz de suportar as perdas infligidas pelas tropas norte-americanas.

"De seus portos seguros no Paquistão, a liderança do Talibã continua confiante na vitória final", acrescentou Burgess.

Na mesma audiência, os legisladores pediram ao diretor de Inteligência Nacional, James Clapper, que explicasse por que as agências de inteligência dos Estados Unidos tinham uma visão tão negativa enquanto os comandantes militares estavam tão otimistas. Clapper respondeu que a mesma desconexão surgira durante a Guerra do Vietnã, quando os funcionários da Inteligência sabiam que os militares dos EUA estavam presos em um atoleiro, mas os generais não queriam admitir isso em público.

"Se me permite uma contextualização", disse Clapper, "servi como analista para o general William Westmoreland no Vietnã em 1966. Meio que perdi um pouco da minha inocência profissional quando descobri que os comandantes operacionais às vezes não concordam com a opinião dos funcionários da Inteligência a respeito do sucesso de sua campanha".

De fato, quando foi sua vez de testemunharem, um mês depois, os comandantes militares dos Estados Unidos permaneceram decididos: estavam fazendo progressos.

"O progresso é real e, mais importante, sustentável", defendeu o general John Allen, comandante das forças dos EUA e da Otan, perante o Comitê do Senado para o Serviço Militar, em março de 2012. "Degradamos gravemente a insurgência."

A senadora Collins, republicana do Maine, observou que Allen e outros generais vinham cantando o mesmo refrão havia anos. "Lembro-me de ter ouvido avaliações muito semelhantes de nossos comandantes há dez anos, de que estamos fazendo progresso", disse ela. "Por que você está otimista de que, no fim das contas, teremos sucesso e prevaleceremos?"

"Senhora, se eu não achasse que seria viável, eu diria a você", respondeu Allen. "E eu lhe contaria logo, porque eu não gostaria de perder nenhuma outra vida nesta luta se ela não fosse factível."

A falsa narrativa de progresso tornou-se mais difícil de manter à medida que mais tropas norte-americanas se retiravam. Em 2013, o número de forças dos EUA no Afeganistão caiu para menos de 50 mil pela primeira vez em 4 anos. O Exército e a polícia afegãos lutavam para preencher o vazio deixado pelos norte-americanos. O Talibã reviveu suas forças e se espalhou por um novo território.

Mas os generais reforçaram seus pontos de discussão. Eles também adotaram uma palavra que antes evitavam: *vitória*.

Quando o general Allen completou seu mandato de dezenove meses como comandante das forças dos EUA e da Otan, em fevereiro de 2013, parecia mais animado do que nunca. Ele disse que as forças de segurança afegãs melhoraram e que o governo afegão estava pronto para assumir a responsabilidade pela sua própria segurança.

"Esta é a vitória", observou ele na cerimônia de mudança de comando em Cabul. "Vencer é isso. E não devemos nos esquivar de usar essas palavras. Esta campanha é, e sempre foi, sobre o povo afegão e sobre a vitória."

Até aquele momento, os comandantes raramente prometiam uma vitória total. Mas outros generais logo adotaram a linguagem e a bravata de Allen.

"Atualmente falo muito sobre vencer e acredito firmemente que estejamos no caminho para vencer", disse o general do Corpo de Fuzileiros Navais Joseph Dunford Jr., sucessor de Allen, em uma cerimônia militar em Cabul em maio de 2013.

O vice de Dunford, o general de três estrelas do Exército Mark Milley, fez o mesmo que seu chefe na mesma cerimônia, ao se dirigir às tropas afegãs no desfile. "Vocês ganharão esta guerra e estaremos com vocês em cada passo do caminho", disse Milley. Ele proclamou que eles estavam "no caminho para a vitória, no caminho para prevalecerem, no caminho para criarem um Afeganistão estável".

CAPÍTULO DEZESSETE

Inimigo Interno

A equipe de soldados do Exército dos EUA perscrutava através de lunetas de imagens térmicas, na beira do precipício onde ficava seu posto de observação improvisado, olhando o vale estéril em busca de sinais do inimigo. Eles pensavam que estavam seguros atrás de sua berma de sacos de areia de 1 metro de altura, escondidos sob a cobertura da camuflagem e o céu escuro de setembro.

Por volta de 1h, um tiroteio explodiu diretamente atrás deles. Combatentes afegãos carregando fuzis AK-47, que haviam escapado da retaguarda, emboscaram os soldados à queima-roupa.

O sargento Sapuro Nena, 25 anos, um guitarrista das ilhas do Pacífico, levou vários tiros nas costas. O soldado de primeira classe Jon Townsend, recém-casado aos 19 anos, foi atingido na parte superior do peito. O especialista Joshua Nelson, 22, analista de inteligência de comunicações do leste da Carolina do Norte, recebeu uma saraivada de tiros nas duas pernas. O soldado de primeira classe Genaro Bedoy, texano de 20 anos que tinha uma filha bebê em sua casa, em Amarillo, foi baleado no rosto. Nenhum dos quatro soldados sobreviveu.

Os assassinos não eram estranhos. Eles se alistaram na Polícia Nacional Afegã e trabalharam ao lado das tropas norte-americanas durante semanas na província de Zabul, uma porta de entrada para os insurgentes que cruzavam o sul e o leste do Afeganistão. O que levou os policiais afegãos a abrirem fogo contra seus aliados norte-americanos não estava claro, mas os assassinatos aumentaram uma tendência alarmante.

O ato de traição de 16 de setembro de 2012 encerrou um período brutal de dois meses durante o qual as forças de segurança afegãs uniformizadas realizaram 16 ataques fratricidas, matando 22 funcionários dos Estados Unidos e da Otan e ferindo outros 29.

Esses ataques que partiam de dentro raramente ocorreram durante os primeiros anos da guerra. Mas, à medida que o governo Obama acelerou seus esforços para treinar o Exército e as forças policiais afegãs, o fenômeno da ameaça interna explodiu. O número comunicado publicamente de ataques lançados por afegãos uniformizados contra seus aliados estrangeiros aumentou de 2 em 2008 para 45 em 2012, causando a morte de pelo menos 116 membros dos Estados Unidos e da Otan durante o período. Os incidentes se tornaram tão comuns, que parecia que as tropas norte-americanas estavam treinando o inimigo.*

Em alguns dos ataques, membros do Talibã se infiltravam no Exército ou na polícia afegã com a intenção específica de incitar o caos interno. Em outros casos, soldados ou policiais afegãos sem conexões conhecidas com a insurgência se vingavam de tropas estrangeiras por razões pessoais ou ideológicas. Raramente os motivos ficavam claros.

A explosão de ataques internos colocou em risco a missão dos EUA e da Otan. Para vencer a guerra, os aliados ocidentais precisavam expandir e transformar o Exército e a polícia afegãos em uma força de combate competente que pudesse derrotar o Talibã com o mínimo de ajuda estrangeira e estabilizar o país nos anos que viriam.

As forças dos EUA treinaram, equiparam e orientaram soldados e policiais afegãos nas proximidades, 24 horas por dia. Durante as operações combinadas, os comandantes exortaram norte-americanos e afegãos a trabalharem "ombro a ombro" — *shohna ba shohna*, em dari. O sistema dependia da confiança, então haveria o risco de colapso se os norte-americanos tivessem que se preocupar com a possibilidade de seus parceiros afegãos atirarem neles pelas costas.

---

* As tropas estrangeiras não foram os únicos alvos. Um comandante da polícia afegã atirou em dois jornalistas da imprensa associada enquanto eles faziam uma reportagem na província de Khost, em abril de 2014, matando a fotógrafa Anja Niedringhaus e ferindo a correspondente Kathy Gannon.

Mas as tropas norte-americanas também cometeram atos que desestabilizaram e minaram a coalizão. Em janeiro de 2012, um vídeo que mostrava fuzileiros navais urinando em cadáveres do Talibã viralizou na internet. Em fevereiro, o pessoal dos EUA na Base Aérea de Bagram inadvertidamente queimou cópias do Alcorão em uma pilha de lixo, gerando protestos públicos. Em março, as tensões chegaram ao auge quando um sargento do Exército massacrou dezesseis aldeões na província de Kandahar.

Os ataques internos ameaçaram o cronograma de retirada do governo Obama. Os militares dos EUA planejavam ceder gradualmente a responsabilidade, distrito por distrito, às forças de segurança afegãs até o fim de 2014. Nesse ponto, os afegãos assumiriam o comando da luta em todo o país, com as forças dos EUA e da Otan desempenhando um papel consultivo.

Em setembro de 2012, os militares dos EUA reduziram sua presença para 77 mil soldados, ante um pico de 100 mil. Enquanto Obama fazia campanha pela reeleição naquele outono, ele prometeu encerrar totalmente a guerra se os eleitores o elegessem para um segundo mandato.

Mas as mortes dos quatro soldados naquele mês em Zabul forçaram os militares dos EUA a pisarem no freio. Três dias após o ataque, o general de fuzileiros navais John Allen, comandante das forças dos EUA e da Otan, ordenou a suspensão temporária das operações conjuntas. Em termos práticos e simbólicos, foi um grande revés.

Normalmente um otimista reservado e de fala suave, Allen expressou fúria com a incapacidade das forças de segurança afegãs de impedirem as matanças fratricidas. "Estou furioso com eles", disse ao programa da CBS News *60 Minutes*. "Estamos dispostos a sacrificar muito por esta campanha, mas não queremos ser assassinados por ela."

Os dois lados retomaram as operações conjuntas em dez dias. Mas o conceito de trabalhar juntos como irmãos de armas nunca se recuperou. Oficiais dos EUA e da Otan exigiram que os afegãos refizessem os planos para seus soldados e policiais. Eles também instituíram um programa de "anjo da guarda" que designou soldados dos EUA e da Otan para manter uma vigilância constante sobre afegãos traidores.

O major do Exército Christopher Sebastian, oficial de comunicações que foi mentor do Exército afegão de 2011 a 2012, falou sobre quando participou de uma cerimônia de formatura dos afegãos em uma academia de treinamento em Kandahar. Um infiltrado colocou uma pequena bomba sob o assento de um coronel australiano. Quando o oficial se levantou para apertar a mão dos graduados, o dispositivo detonou. Surpreendentemente, ninguém ficou ferido. Mas Sebastian disse que o incidente abalou os nervos de todos e solidificou as dúvidas sobre se a parceria EUA-Afeganistão algum dia funcionaria.

"Sempre havia um sentimento persistente de pavor enquanto realizávamos as tarefas diárias, porque você sempre tinha que olhar por cima do ombro", disse Sebastian em uma entrevista de história oral ao Exército. "Portanto, não acho que esperar que algum dia alcançássemos o que o exército norte-americano considerava sucesso condizia com a realidade."

Os ataques internos geraram ondas de notícias negativas nos Estados Unidos, no Canadá e na Europa, questionando se os afegãos eram aliados confiáveis ou merecedores de apoio. Com medo de que a opinião pública se voltasse decisivamente contra a guerra, os militares norte-americanos tiraram o pó de uma velha tática: enterraram a extensão do problema.

Porta-vozes militares minimizaram os ataques como sendo "incidentes isolados", uma descrição que divergia das próprias avaliações do Pentágono. Em 2011, um cientista comportamental do Exército dos EUA destacado em Cabul conduziu um estudo interno cuja tradução do título era "Uma crise de confiança e incompatibilidade cultural", que concluiu que os ataques internos "não eram mais isolados, mas refletiam uma ameaça sistêmica crescente".

Para minimizar ainda mais o problema em público, os funcionários do quartel-general em Cabul pararam de divulgar ataques internos nos quais as tropas só ficavam feridas ou dos quais escapavam ilesas. E, mesmo em casos fatais, as autoridades divulgavam declarações breves e superficiais que lançavam pouca luz sobre o que acontecera ou por quê.

Depois que os quatro soldados dos EUA foram mortos em Zabul, em 2012, o comando conjunto dos EUA e da Otan em Cabul emitiu um comunicado de imprensa que consistia em três frases mal formuladas. Os detalhes das mortes dos soldados nunca teriam se tornado públicos se não fosse por Adam Ashton, um repórter do *News Tribune*, de Tacoma, Washington.

Ashton havia se incorporado ao Afeganistão com outra parte da brigada de soldados da Base Conjunta Lewis-McChord, perto de Tacoma. Por mais de quinze meses, ele escreveu uma série de artigos que juntaram as peças sobre o que aconteceu. Ele entrevistou contatos do Exército e usou a Lei de Liberdade de Informação para arrancar uma cópia fortemente editada da investigação oficial sobre os assassinatos.

Suas histórias revelaram que havia 6 agressores — todos membros da Polícia Nacional do Afeganistão. Os afegãos haviam acompanhado 6 soldados norte-americanos ao posto de observação para um turno de 48 horas a fim de procurar combatentes do Talibã que lançavam morteiros em uma base norte-americana próxima, chamada Combat Outpost Mizan.

A polícia traidora matou 4 dos soldados norte-americanos e feriu os outros 2. Um deles, o especialista David Matakaiongo, 26 anos, outro recém-casado com um filho bebê, quase não sobreviveu depois que balas de AK-47 quebraram suas pernas e suas costelas.

Matakaiongo disse mais tarde que sentiu as más vibrações dos afegãos e admitiu que o ataque não foi totalmente surpresa. "Sabíamos do que eles eram capazes", disse ele em uma entrevista a Ashton. "Eu olhava para aqueles caras e pensava: 'Vocês vão atirar em mim.'"

Outro sobrevivente, o especialista Devin Wallace, evitou milagrosamente ferimentos graves. Ele se fingiu de morto até que os atiradores fugissem, então pediu ajuda pelo rádio. Ele disse aos investigadores que também suspeitava dos afegãos e que eles haviam ficado visivelmente taciturnos antes do ataque.

A investigação do Exército revelou que os afegãos atiraram em uma sétima pessoa e a mataram — um colega policial afegão. Para os investigadores, ele era o alvo porque fizera amizade com os norte-americanos e se recusara a participar do ataque.

Os atiradores escaparam, desaparecendo no vale. A investigação revelou evidências de seus laços com os insurgentes e descobriu que os policiais afegãos de Zabul haviam atestado sua confiabilidade quando se alistaram. Mas o Exército retirou detalhes dessas descobertas do relatório, deixando questões importantes sem resposta.

A eclosão de ataques fratricidas agitou os nervos das tropas norte-americanas em todo o Afeganistão. O major Jamie Towery, oficial do Exército que serviu como contato para um comando da Otan para treinamento policial em Mazar-e-Sharif de 2010 a 2011, disse estar constantemente preocupado com a possibilidade de um oficial afegão — mesmo um de confiança — tornar-se desonesto de repente.

Ele recordou sobre um incidente em agosto de 2010, quando um motorista afegão matou dois policiais espanhóis que haviam trabalhado com o motorista por seis meses. "Realmente, o lugar ou a época mais estressante enquanto eu estava lá era quando íamos para o campo com os alunos", disse Towery em uma entrevista de história oral ao Exército. "Nunca sabíamos quando eles poderiam se voltar contra nós."

Os ataques internos foram apenas um dos muitos problemas sistêmicos que continuaram a dominar a polícia e o Exército afegãos. Mesmo depois de uma década sob controle dos Estados Unidos e da Otan, as forças armadas afegãs lutaram para operar de forma independente.

O Exército nacional representava cerca de dois terços das forças de segurança afegãs. Ele reportava-se ao Ministério da Defesa e incluía a Força Aérea Afegã, as unidades de comando e outras tropas.

A polícia nacional prestava contas ao Ministério do Interior. Mais como uma força paramilitar do que como uma agência de combate ao crime, a polícia guardava a fronteira, equipava os postos de controle e controlava o território do qual o Exército havia expulsado os insurgentes.

As forças afegãs cresceram em surtos mal planejados. Depois de tentar inicialmente limitar seu número a 50 mil, o governo Bush estabeleceu uma meta de longo prazo em 2008 para colocar 134 mil soldados e 82 mil policiais em campo. Mas, quando Obama assumiu o cargo no ano seguinte, seu governo decidiu que essas metas ambiciosas ainda seriam insuficientes para enfrentar a crescente ameaça do Talibã. O general McChrystal, o comandante na época, recomendou quase o dobro do Exército e da polícia afegãos, chegando a um total de 400 mil pessoas. Obama e o Congresso concordaram com um total ligeiramente inferior, de 352 mil.

Com esse tamanho, o Exército e as forças policiais afegãos pareciam robustos, em teoria. Mas uma grande porcentagem se materializou como funções fantasmas ou empregos aos quais ninguém comparecia. Os comandantes afegãos inflaram os números para que pudessem embolsar milhões de dólares em salários — pagos pelos contribuintes dos EUA — para um pessoal imaginário, de acordo com auditorias do governo norte-americano.

Ao final do segundo mandato de Obama, as autoridades norte-americanas chegaram à conclusão de que pelo menos 30 mil soldados afegãos não existiam e retiraram seus cargos da folha de pagamento do Exército. Um ano depois, o governo afegão eliminou mais 30 mil policiais fantasmas de suas fileiras.

Os Estados Unidos acabaram insistindo em que o governo afegão coletasse dados biométricos, incluindo impressões digitais e leituras faciais, para verificar a existência de pessoas uniformizadas. Mas demorou anos para arrumar a questão financeira, e eles não conseguiram eliminar o problema inteiramente.

A qualidade dos recrutas continuou a representar um desafio existencial. Jack Kem, coronel aposentado do Exército, serviu como vice do general dos EUA encarregado de treinar as forças de segurança afegãs de 2009 a 2011. Ele estimou que apenas de 2% a 5% dos recrutas afegãos sabiam ler, com o nível de um aluno do terceiro ano do fundamental, apesar dos esforços dos Estados Unidos para matricular milhões de crianças afegãs na escola na década anterior.

"O analfabetismo era simplesmente intransponível", observou Kem em uma entrevista de história oral ao Exército. Também foi necessário ensinar alguns afegãos a contar. "Quero dizer, você perguntava a um soldado afegão quantos irmãos ele tinha, e ele não sabia dizer que eram quatro. Ele sabia dizer seus nomes, mas não conseguia contar 'um, dois, três, quatro."

Os recrutadores tinham um trabalho hercúleo por causa da alta taxa de atrito. Quando Kem chegou a Cabul em 2009, o Exército afegão e as forças policiais estavam encolhendo, porque muitos funcionários estavam fugindo sem permissão. Apesar dos esforços intensivos para estancar as perdas, o problema persistiu. Em 2013, cerca de 30 mil soldados desertaram do Exército afegão, aproximadamente um sexto da força.

Aqueles que permaneceram enfrentaram grandes chances de morte. O índice de baixas de soldados e policiais afegãos tornou-se tão alto, que o governo afegão manteve os números exatos em segredo para evitar destruir o moral. Em novembro de 2019, os pesquisadores calcularam que mais de 64 mil afegãos uniformizados foram mortos durante a guerra — cerca de 18 vezes o número de soldados dos EUA e da Otan que perderam a vida.

Algumas autoridades norte-americanas culparam as políticas da Casa Branca e do Pentágono pelo fiasco. "Pensar que poderíamos formar militares tão rápido e tão bem era uma loucura", disse um ex-funcionário graduado e não identificado do Departamento de Estado em uma entrevista ao Lições Aprendidas. "Não poderíamos nem levantar uma unidade policial local sustentável nos Estados Unidos em dezoito meses. Como esperar instalar centenas delas em todo o Afeganistão no mesmo período?"

O colossal programa de treinamento não sofreu por falta de dinheiro. No auge da guerra, em 2011, Washington reservou quase US$11 bilhões em assistência de segurança anual para o Afeganistão — cerca de US$3 bilhões a mais do que o vizinho Paquistão, que tinha um estoque de armas nucleares e um exército muito mais capaz, gastara naquele ano com seus militares.

O general de três estrelas Douglas Lute, o czar da guerra da Casa Branca, disse que o Congresso destinou tanto dinheiro para o Exército e para a polícia afegãos, que o Departamento de Defesa não sabia como gastá-lo. "Não podemos simplesmente perder um ano com esse problema", disse ele em uma entrevista ao Lições Aprendidas. "Não é possível formar as forças de segurança afegãs tão rápido."

Em público, porém, os comandantes militares dos EUA exalavam confiança sobre o que estavam construindo. Eles proclamavam repetidamente que as forças de segurança afegãs estavam melhorando e que as tropas norte-americanas em breve não precisariam mais servir em combate.

Em uma reunião de setembro de 2012 com repórteres no Pentágono, o general de três estrelas do Exército James Terry, neto do contrabandista que retornou ao Afeganistão para se tornar comandante adjunto das forças dos EUA, evitou uma enxurrada de perguntas sobre ataques internos e descreveu o Exército e a polícia afegãos como se estivessem prestes a assumir o controle da luta. "Há progresso aqui na campanha. Temos impulso", afirmou ele. "E as forças de segurança nacional afegãs estão mais uma vez, e de forma constante, assumindo a liderança."

À medida que as tropas dos EUA se retiravam gradualmente e passavam a responsabilidade para os afegãos, o Talibã tirou vantagem. Os insurgentes expandiram suas esferas de controle no sul e no leste do Afeganistão, repelindo as forças afegãs repetidas vezes.

O alto escalão do Pentágono minimizou as reversões e continuou a emitir boletins informativos brilhantes para seus parceiros afegãos. Em setembro de 2013, o general de três estrelas do Exército Mark Milley, o novo vice-comandante das forças dos EUA, gabou-se de que estavam sendo "criadas as condições para vencer a guerra".

"Este exército e esta força policial têm sido muito, muito eficazes no combate aos insurgentes, todos os dias", disse ele em uma coletiva de imprensa em Cabul. "Houve um ou dois postos avançados que foram invadidos? Sim. Mas há cerca de 3 mil ou 4 mil postos avançados no país. Portanto, o resultado final é de que os afegãos defenderam com sucesso a maior parte da população do país."

A verdade é que os afegãos abandonavam seus postos avançados com uma frequência alarmante. Os generais norte-americanos gostavam de fingir o contrário, mas suas tropas em campo descreviam muitas das forças afegãs como incompetentes, desmotivadas e corruptas.

O major Greg Escobar, oficial de infantaria do Exército, passou 2011 tentando endireitar uma unidade disfuncional do Exército afegão na província de Paktika, perto da fronteira oriental. O primeiro comandante de batalhão afegão que Escobar teve como mentor perdeu o emprego depois de ser acusado de estuprar um de seus soldados. O substituto do comandante, por sua vez, foi morto por seus próprios homens.

Escobar disse que percebeu que todo o exercício era inútil porque os militares dos EUA estavam pressionando muito rápido e os afegãos não estavam respondendo ao que era, no final, um experimento estrangeiro. "Nada do que fizermos ajudará", disse ele em uma entrevista de história oral ao Exército. "Até que o governo afegão possa afetar positivamente as pessoas de lá, estamos perdendo nosso tempo."

O major do Exército Michael Capps, oficial da polícia das forças armadas, treinou a polícia afegã nas áreas de fronteira ao longo da passagem Khyber por um ano. Quando voltou aos Estados Unidos, em 2009, as pessoas lhe perguntaram: podemos vencer lá?

"Minha resposta seria: 'Poderia haver um intervalo duplo em cada metro quadrado do Afeganistão, e ainda assim perderíamos'", disse ele em uma entrevista de história oral ao Exército, referindo-se às formações militares nas quais os soldados mantêm uma distância de dois braços entre eles. "Perderíamos ainda que conseguíssemos cobrir cada centímetro de solo. Era tão poroso, tão diferente, tão retrógrado!"

Outros oficiais do Exército que treinaram os afegãos relataram cenas de caos e carnificina que pressagiavam o mal desempenho deles no campo de batalha. O major Mark Glaspell, engenheiro do Exército da 101ª Divisão Aerotransportada, que serviu como mentor das forças afegãs de 2010 a 2011, disse que até exercícios simples davam errado. Em uma entrevista de história oral ao Exército, ele mencionou sobre quando tentou ensinar a um pelotão afegão da cidade de Gardez a sair de um CH-47 Chinook, um helicóptero de carga pesada usado para transportar tropas e suprimentos. Eles não tinham um Chinook real para praticar, então ele alinhou fileiras de cadeiras dobráveis e instruiu os afegãos sobre como desembarcariam com segurança.

"Estávamos trabalhando nisso, e tudo estava indo muito bem, e, de repente, um soldado afegão se aproximou e ele e um dos alunos começaram a discutir", lembra Glaspell. Então, um terceiro soldado afegão pegou uma cadeira dobrável e bateu na cabeça do primeiro.

"Bem, começou uma briga; os ânimos estavam exaltados", acrescentou Glaspell. Ele deixou os afegãos digladiarem-se até que se cansassem. "Meu intérprete olhou para mim, balançou a cabeça e disse: 'É por isso que nunca teremos sucesso', e foi embora."

O major Charles Wagenblast, reservista do Exército que se deslocou para o leste do Afeganistão por um ano como oficial de Inteligência, disse que aprendeu da maneira mais difícil que a lógica norte-americana nem sempre combinava com o pensamento afegão. No outono de 2010, ele e outros oficiais norte-americanos lembraram aos soldados afegãos de que o inverno estava chegando e sugeriram que eles deveriam se preparar, já que não tinham uma fonte fixa de calor em seus quartéis.

"Estava ficando frio, 'Vocês já pensaram em comprar lenha?', era assim que se aqueciam por lá. Eles respondiam: 'Não, ainda não está frio.'"

"Mas vai ficar, tenho certeza", retrucava Wagenblast. No entanto, os afegãos se recusavam a aceitar sua impressão de que o tempo estava esfriando. "E eles diziam: 'Como você sabe disso?' Nossa! Como se discute isso? 'Vocês precisam de casacos.' 'Não, ainda não está frio. Compraremos casacos quando ficar frio.'"

Enquanto isso, a corrupção corria solta no Exército e na polícia afegãos de alto a baixo. Os ministros do governo distribuíam chefias e atribuições de comando em troca de dinheiro ou como parte de esquemas de patrocínio. Os comandantes, por sua vez, monopolizavam uma parte dos salários de suas tropas. Soldados e policiais da linha de frente enchiam seus bolsos extorquindo os cidadãos.

Com o tempo, o povo afegão ficou tão enojado, que muitos debatiam quem representava o maior mal — o Talibã ou o Governo afegão.

Shahmahmood Miakhel, um alto funcionário do Ministério da Defesa afegão, disse que certa vez recebeu uma bronca de líderes tribais distritais que não podiam ser fiéis ao lado que fosse.

"Eu perguntava como era possível que o grande número de cerca de quinhentas forças de segurança não pudesse derrotar cerca de vinte ou trinta talibãs. Os anciãos da comunidade respondiam que o pessoal da segurança não estava lá para defender o povo e lutar contra o Talibã, mas para ganhar dinheiro" com a venda de armas e de combustível fornecidos pelos EUA, lembrou Miakhel em uma entrevista ao Lições Aprendidas.

Ele relatou que disse aos anciãos tribais: "Ok, o governo não está protegendo vocês, mas vocês são cerca de 30 mil pessoas no distrito. Se vocês não gostam do Talibã, devem lutar contra ele. A resposta deles era que não queriam aquele governo corrupto nem o Talibã, então estavam esperando para ver quem ganharia."

Em entrevistas ao Lições Aprendidas, as autoridades norte-americanas reclamavam incessantemente sobre a polícia afegã, dizendo que seu desempenho era ainda pior do que o do Exército afegão e que ela não se importava em proteger a população.

Thomas Johnson, especialista em Afeganistão e professor da Escola de Pós-graduação Naval que serviu como conselheiro de contrainsurgência na província de Kandahar, disse que os afegãos viam a polícia como um bando de bandidos predatórios, chamando-a de "a instituição mais odiada" do Afeganistão. Um oficial norueguês não identificado estimou que 30% dos recrutas da polícia afegã desertaram com as armas que lhes tinham sido dadas pelo governo para que pudessem "montar seus próprios postos de controle privados" e roubar pessoas.

Ryan Crocker, o embaixador dos EUA de 2011 a 2012, disse em uma entrevista ao Lições Aprendidas que a polícia afegã era ineficaz. "Não porque estivesse mal armada ou sem homens, mas porque eles eram inúteis como força de segurança, e isso porque eram corruptos até o nível da patrulha."

O major Robert Rodock, policial militar do Exército dos EUA que serviu como contato com a polícia afegã, disse que eles funcionavam mais como uma milícia particular servindo como capangas para um senhor de guerra ou chefe tribal. Ele teve que lhes ensinar conceitos básicos de serviço público e aplicação da lei.

"Era assim: 'Isso é algemar'", disse Rodock em uma entrevista de história oral ao Exército. "'Você não pode andar no meio do mercado e roubar algo só porque acredita que aquilo é seu.' O nível era esse."

O tenente-coronel do Exército Scott Cunningham, oficial da Guarda Nacional que serviu na província de Laghman de 2009 a 2010, disse que muitos policiais afegãos passavam seus dias ociosos em contêineres que montaram como postos de controle — ou "policiais na caixa", como os norte-americanos os chamavam. "Não havia patrulhamento, não havia resolução de crimes, não havia nada", revela ele.

Um dia, a polícia afegã fez uma coisa boa: parou um caminhão basculante carregado com toneladas de explosivos caseiros. Cunningham estimou que a carga poderia ter o mesmo poder de explosão que o caminhão-bomba que explodiu o Alfred P. Murrah, o edifício federal de 9 andares de Oklahoma, em 1995, matando 168 pessoas.

Mas Cunningham ficou tenso quando os policiais insistiram em levar o caminhão e se livrar dos explosivos eles mesmos. "Não confiávamos neles nem um pouco", disse ele. Seguiu-se um impasse, então um soldado norte-americano decidiu resolver o problema por conta própria. Ele pegou uma carga explosiva com um fusível temporizador e — à vista da polícia afegã — jogou-a na parte de trás do caminhão. "Eles não tinham nada a fazer a não ser correr", lembrou Cunningham. A explosão ecoou por quilômetros, mas ninguém se feriu.

Em entrevistas ao Lições Aprendidas, os oficiais norte-americanos desprezaram especialmente as unidades conhecidas como Polícia Local Afegã, uma entidade separada da força policial nacional. Com cerca de 30 mil funcionários, eram milícias organizadas em nível local e estabelecidas em 2010 a pedido dos Estados Unidos. Os militares dos EUA treinaram a polícia local, mas os oficiais afegãos rapidamente ganharam uma reputação de brutalidade e receberam queixas dos grupos de direitos humanos.

Um soldado norte-americano não identificado disse que as equipes das Forças Especiais "odiavam" a Polícia Local do Afeganistão, chamando-a de "terrível — o fundo do poço no país que já estava no fundo do poço". Em uma entrevista à parte, um oficial militar dos EUA não identificado estimou que um terço dos recrutas da polícia local eram "talibãs ou viciados em drogas".

Scott Mann, tenente-coronel do Exército, disse em uma entrevista ao Lições Aprendidas que o treinamento da polícia local se expandiu muito rapidamente entre 2011 e 2013. "Se você usasse substitutos ou atalhos, teria o que esperava", disse Mann. "Havia milícias inexplicáveis que atacam a população."

O capitão Andrew Boissonneau, oficial de assuntos civis do Exército, trabalhou ao lado de unidades da polícia local afegã na província de Helmand em 2012 e em 2013. Em uma entrevista de história oral ao Exército, ele se lembrou de um comandante afegão que sofria de um caso de transtorno de estresse pós-traumático tão grave, que liderava suas forças em combate com inimigos imaginários.

"Ele mantinha o posto de controle mais próximo do Rio Helmand e de vez em quando entrava em tiroteios com o Rio Helmand — ou seja, ele via ataques que ninguém mais via e ordenava que seus homens respondessem ao fogo", disse Boissonneau.

De alguma forma, as tropas norte-americanas tinham que encontrar uma maneira de treinar essas almas assombradas e moldá-las em uma força proficiente que pudesse derrotar a insurgência crescente e assumir o controle de seu país em estado de choque. Era uma missão impossível.

CAPÍTULO DEZOITO

A Grande Ilusão

O presidente Obama prometeu acabar com a guerra, então, em 28 de dezembro de 2014, oficiais dos EUA e da Otan realizaram uma cerimônia em sua sede em Cabul para marcar a ocasião. Uma parada militar multinacional desfilava enquanto a música tocava. Um general quatro estrelas discursou e solenemente guardou a bandeira verde da força internacional liderada pelos EUA que estava hasteada desde o início do conflito.

Em seus comentários, Obama chamou o dia de "um marco para nosso país" e disse que os Estados Unidos estavam mais seguros e protegidos após treze anos de guerra. "Graças aos extraordinários sacrifícios de nossos homens e mulheres uniformizados, nossa missão de combate no Afeganistão está terminando, e a mais longa guerra da história norte-americana está chegando a uma conclusão responsável", declarou ele.

O general do Exército John Campbell, comandante de 57 anos das forças dos EUA e da Otan, também saudou o suposto fim da "missão de combate" e embelezou algumas de suas realizações. Desde o início da guerra, afirmou ele, a expectativa de vida do afegão médio aumentara em 21 anos. "Multiplique pelos cerca de 35 milhões de afegãos representados aqui no país, isso lhe dá 741 milhões de anos de vida", acrescentou, creditando as forças dos EUA, da Otan e afegãs pelo que parecia uma melhora notável.*

---

* Como muitas estatísticas que as autoridades norte-americanas apregoaram como evidência de progresso, as extrapolações de Campbell foram grosseiramente exageradas. Uma auditoria feito pelo SIGAR em 2017 desacreditou os números da expectativa de vida, pois estavam baseados em dados espúrios. Em vez de 21 anos, a Organização Mundial da Saúde estimou um aumento de 6 anos na expectativa de vida para os homens afegãos e de 8 para as mulheres.

Mas, para um dia tão histórico, o evento parecia estranho e impressionante. O presidente não compareceu; Obama fez seus comentários por meio de um comunicado que escrevera no Havaí, enquanto relaxava em suas férias. A cerimônia militar aconteceu em um ginásio, em que dezenas de pessoas estavam sentadas em cadeiras dobráveis. Havia pouca menção ao inimigo, muito menos a instrumentos de rendição. Ninguém aplaudiu.

Na verdade, a guerra não estava nem perto de uma conclusão, fosse "responsável" ou não. E as tropas dos EUA lutariam e morreriam em combate no Afeganistão por muitos anos. As claras afirmações em contrário figuram entre as mais flagrantes enganações e mentiras que os líderes norte-americanos espalharam durante duas décadas de guerra.

Obama reduziu as operações militares nos três anos anteriores, mas não conseguiu tirar os Estados Unidos do atoleiro. No momento da cerimônia, cerca de 10.800 soldados norte-americanos permaneciam no Afeganistão, uma redução de quase 90% em relação ao pico do aumento. Obama prometeu retirar o restante das tropas até o fim de 2016, o que coincidiria com o fim de seu mandato, exceto por uma força residual na embaixada dos EUA.

Ele sabia que a maioria dos norte-americanos havia perdido a paciência. Apenas 38% do público dissera que tinha valido a pena travar a guerra, de acordo com uma pesquisa feita em dezembro de 2014 pelo *Washington Post* e pela ABC News, em comparação com os 90% que apoiaram a guerra no seu início.

Mesmo assim, o presidente enfrentou pressões compensatórias para se manter afastado do Pentágono e dos falcões do Congresso. Obama tentou uma abordagem em etapas semelhante para encerrar a guerra no Iraque, onde os militares dos EUA cessaram as operações de combate em 2010 e saíram inteiramente um ano depois. Mas esses movimentos logo resultaram no contrário do que se esperava.

Na ausência das tropas norte-americanas, o Estado Islâmico — um desdobramento da Al-Qaeda — varreu o país e tomou várias cidades importantes enquanto o Exército iraquiano treinado pelos EUA oferecia pouca resistência. Para combater o Estado Islâmico e evitar que o Iraque desmoronasse, Obama relutantemente ordenou o retorno das forças norte-americanas, começando com uma campanha de ataques aéreos em agosto de 2014, seguida por 3.100 pessoas no solo. Eles permaneceriam presos lá por anos.

Obama queria evitar o mesmo destino no Afeganistão, mas precisava ganhar mais tempo para que as forças dos EUA aumentassem o instável Exército afegão a fim de que não desmoronasse como as forças iraquianas. Ele também queria criar uma influência para o governo em Cabul persuadir o Talibã a negociar o fim do conflito.

Para fazer tudo funcionar, Obama conjurou uma ilusão. Sua administração revelou uma campanha de mensagens para fazer os norte-americanos pensarem que as tropas norte-americanas, ainda no Afeganistão, ficariam fora da luta, com tarefas que as relegavam a segundo plano. Quando a bandeira foi baixada durante a cerimônia de dezembro de 2014 em Cabul, os comandantes de Obama enfatizaram que o Exército e a polícia afegãos assumiriam total responsabilidade pela segurança de seu país daquele ponto em diante, com as forças dos EUA e as da Otan restritas a funções de "não combate", como formadores e conselheiros.

Mas o Pentágono criou inúmeras exceções, que, na prática, tornaram as distinções quase sem sentido. Nos céus, caças, bombardeiros, helicópteros e drones dos EUA continuaram a realizar missões de combate aéreo contra as forças do Talibã. Em 2015 e em 2016, os militares dos EUA lançaram mísseis e bombas em 2.284 ocasiões, um declínio em relação aos anos anteriores, mas ainda uma média de mais de três vezes por dia.

No solo, o Pentágono criou outra exceção de combate para tropas que realizavam "operações de contraterrorismo", ou ataques a alvos específicos. Essas regras de engajamento permitiam que as forças das Operações Especiais capturassem ou matassem membros da Al-Qaeda e "forças associadas", um termo vago que também poderia ser aplicado ao Talibã ou a outros insurgentes. As regras também permitiam que as tropas norte-americanas ajudassem as forças afegãs a evitar a queda de uma grande cidade ou atuassem em circunstâncias análogas. Em outras palavras, os militares dos EUA continuariam a desempenhar um papel indispensável e permaneceriam na luta.

Ainda assim, depois de treze anos de resultados medíocres, muitos líderes dos EUA nutriam dúvidas sobre o que realmente haviam realizado e se a nova abordagem de Obama poderia funcionar melhor do que a anterior. Em uma entrevista ao Lições Aprendidas, um alto funcionário dos EUA que serviu como civil no Afeganistão disse que estava ficando óbvio muito rapidamente que a estratégia de reforço de Obama havia sido um erro. Em vez de inundar o país com 100 mil soldados norte-americanos por 18 meses, ele disse que teria sido melhor reduzir a um décimo do número — mas deixá-los no Afeganistão até 2030.

"Você pode criar estabilidade com botas e dinheiro, mas a questão é: isso vai durar quando você sair?", questionou ele. "Dado o nosso desejo de crescer e de sair rapidamente, não havia um limite razoável que pudéssemos alcançar e o qual poderíamos deixar para trás com uma boa governança."

Quando Richard Boucher, o diplomata dos EUA que supervisionou a política do Sul da Ásia durante o governo Bush, sentou-se para uma entrevista ao Lições Aprendidas em 2015, ele encontrou uma maneira sucinta de ilustrar o fracasso do maior projeto de construção nacional da história dos EUA.

"Se você avaliasse a situação depois de quinze anos, veria que poderíamos ter pegado mil crianças afegãs da primeira série — bem, não exatamente da primeira, mas da quinta — e as levado para serem educadas e treinadas em escolas e faculdades indianas", disse ele. "Então, nós as traríamos de volta em um avião e lhes diríamos: 'Tudo bem, vocês comandarão o Afeganistão.' [...] Seria melhor do que ter um bando de norte-americanos entrando e dizendo: 'Podemos construir a pátria para vocês.'"

Obama baseou suas aspirações de terminar a guerra em um calendário político instável. Dada a improbabilidade de uma rendição do Talibã, ele precisava que o governo afegão se comprometesse a assumir o controle da luta para que as forças dos EUA pudessem partir.

Depois que Karzai trapaceou para ser reeleito em 2009, diplomatas norte-americanos induziram os assessores do presidente afegão ao erro em seu discurso de posse sobre aceitar a responsabilidade pela segurança do país em um cronograma específico. O texto prometia que as forças afegãs tomariam a liderança "para garantir segurança e a estabilidade em todo o país" dentro de cinco anos — até o fim do segundo mandato de Karzai.

Mas o antigo entusiasmo e a confiança no relacionamento de Karzai com os norte-americanos secaram. Em vez de trabalhar com o governo Obama para suavizar a transição, Karzai impediu as negociações sobre um acordo de segurança EUA-Afeganistão que teria autorizado os Estados Unidos a manterem tropas no Afeganistão depois de 2014.

Washington queria manter uma pequena força para que pudesse continuar a treinar e a equipar o Exército afegão e a conduzir ataques de contraterrorismo contra a Al-Qaeda, mas Karzai queria impedir os soldados norte-americanos de invadir casas afegãs, um ponto sensível de longa data. Ele também se opôs a uma cláusula que imunizava as forças dos EUA contra processos judiciais sob a lei afegã. O governo Obama se recusou a ceder a qualquer uma das demandas.

Presumindo que Karzai desistiria, as autoridades norte-americanas ameaçaram fechar suas bases e se retirar totalmente se ele não assinasse o acordo até o fim de 2013. Mas Karzai se manteve firme e desafiou o blefe de Obama, supondo que os norte-americanos não falavam sério.

Ele tinha razão. As autoridades norte-americanas recuaram e tiveram que esperar até que Karzai deixasse o cargo. Seu sucessor, Ashraf Ghani, assinou o acordo em setembro de 2014.

James Dobbins, o diplomata que ajudou a coordenar a Conferência de Bonn em 2001, voltou para servir como representante especial de Obama no Afeganistão e no Paquistão de 2013 a 2014. Ele disse que a discussão sobre o acordo de segurança exemplificava um paradoxo que Obama nunca resolveu. O presidente queria que os afegãos pensassem que os Estados Unidos eram um aliado constante que não os abandonaria contra o Talibã. No entanto, ele estava simultaneamente dizendo aos norte-americanos cansados da guerra que era hora de partir. "Havia uma tensão contínua em nossas mensagens e em nosso comportamento real", observou Dobbins em uma entrevista ao Lições Aprendidas.

Para manter a fantasia do "fim do combate" para os norte-americanos em casa, o Pentágono continuou a entregar relatórios otimistas do front.

Em fevereiro de 2015, Ashton Carter, um funcionário de longa data do Departamento de Defesa nomeado para servir como o quarto secretário de Defesa de Obama, visitou o Afeganistão pela primeira vez em seu novo cargo. Ele começou sua viagem repetindo algumas das mesmas frases que seus antecessores recitavam desde o início da guerra. "Muita coisa mudou aqui, uma grande parte para melhor", disse Carter em Cabul, em uma entrevista coletiva com Ghani, o presidente afegão. "Nossa prioridade agora é garantir que esse progresso seja mantido."

Mas, durante uma visita ao Campo Aéreo de Kandahar, ele se desviou brevemente do roteiro e admitiu que os afegãos haviam sido lamentáveis e ineptos até pouco tempo — contradizendo as brilhantes avaliações que as autoridades norte-americanas apresentavam ao público por mais de uma década.

"Não é que os afegãos não fossem bons em luta. Eles eram. Mas poucos anos antes não havia de fato nenhuma Força de Segurança Nacional Afegã", explicou Carter. "Eles estão se levantando agora e estão começando a fazer sozinhos as coisas que fazíamos por eles."

Por alguns meses, os tênues planos do governo Obama pareceram se manter. As notícias do Afeganistão se acalmaram e as tropas norte-americanas ficaram fora dos holofotes. Mas, enquanto as forças de segurança afegãs lutavam para se defender contra o Talibã, os norte-americanos voltaram a pagar com a vida.

Em abril de 2015, o especialista John Dawson, um médico do Exército com 22 anos de idade e proveniente da vila de Whitinsville, Massachusetts, morreu em um ataque interno em Jalalabad. Um soldado afegão abriu fogo contra as tropas da coalizão em um complexo do governo, matando Dawson e ferindo outras oito pessoas.

Dois meses depois, Krissie Davis, uma civil de 54 anos da Agência de Logística de Defesa, morreu em um ataque com míssil à Base Aérea de Bagram.

Em agosto, o primeiro-sargento Andrew McKenna, um Boina Verde de 35 anos em seu quinto destacamento para o Afeganistão, foi morto em um tiroteio quando combatentes do Talibã atacaram um campo das forças de Operações Especiais em Cabul. Os insurgentes abriram caminho pelo portão com um carro-bomba, mataram oito guardas afegãos e feriram gravemente outro soldado norte-americano. McKenna foi condecorado postumamente com a Estrela de Prata — a terceira condecoração mais alta dos militares por bravura em combate — por ajudar a repelir o ataque enquanto estava mortalmente ferido.

Dezenove dias depois, o capitão da Força Aérea Matthew Roland, 27 anos, e o sargento de serviço Forrest Sibley, 31 anos, foram mortos em outro ataque interno em um posto de controle da polícia afegã na província de Helmand. Roland recebeu postumamente a Estrela de Prata por sacrificar sua vida para salvar outras forças de Operações Especiais na emboscada.

No fim de setembro, a ilusão de que as tropas norte-americanas não estavam mais servindo em combate desapareceu por completo. Após um longo cerco, as forças insurgentes tomaram Kunduz, a sexta maior cidade do Afeganistão, cerca de 320 quilômetros ao norte de Cabul. A queda de Kunduz chocou o país; foi a primeira vez desde 2001 que o Talibã controlou uma grande área urbana. As equipes das Forças Especiais dos EUA correram para Kunduz a fim de ajudar o Exército afegão a retomar a cidade durante vários dias de combates pesados.

Na escuridão da madrugada de 3 de outubro de 2015, uma aeronave de combate AC-130 da Força Aérea dos EUA — com o codinome "Hammer"

[Martelo] — disparou repetidamente em um hospital Kunduz, matando 42 pessoas. O hospital era administrado pelo grupo humanitário Médicos Sem Fronteiras. Em uma tentativa de proteger o centro de traumas, o grupo forneceu às forças dos EUA e às do Afeganistão as coordenadas do GPS do local vários dias antes, então não havia desculpa para o ataque.

Obama e outras autoridades norte-americanas pediram desculpas pela catástrofe. A investigação militar dos Estados Unidos posteriormente culpou a "névoa da guerra", o erro humano e as falhas de equipamento pelo que chamou de destruição "não intencional" do hospital. O Pentágono disse que dezesseis militares norte-americanos receberam punições administrativas pelo seu papel no ataque. Nenhum enfrentou acusações criminais.

Mas, em vez de restringir as operações militares dos EUA, Obama foi mais fundo. Doze dias após o desastre de Kunduz, ele ordenou a suspensão da lenta retirada das tropas norte-americanas e estendeu sua missão indefinidamente para evitar que o Talibã invadisse mais cidades. Quebrando sua promessa de encerrar a guerra, ele disse que pelo menos 5.500 soldados permaneceriam no Afeganistão depois que deixasse o cargo, em janeiro de 2017.

"Não apoio a ideia de uma guerra sem fim e argumentei repetidamente contra entrar em conflitos militares abertos", anunciou Obama na Sala Roosevelt, na Casa Branca. "Mesmo assim, considerando o que está em jogo no Afeganistão [...] estou firmemente convencido de que devemos fazer esse esforço extra."

Apesar das enormes vantagens que os militares afegãos tinham em mão de obra, equipamento e treinamento, as autoridades norte-americanas temiam que seus aliados perdessem para o Talibã se os norte-americanos deixassem o campo de batalha. Em um fugaz momento de franqueza, Obama admitiu que "as forças afegãs ainda não eram tão fortes quanto deveriam ser".

Para tornar a guerra sem fim mais palatável para o público, Obama perpetuou a ficção de que as tropas norte-americanas eram apenas espectadoras na luta. Em seus comentários na Sala Roosevelt, ele mais uma vez insistiu que a missão de combate estava "acabada", embora tenha detalhado ligeiramente sua declaração, especificando que os norte-americanos não estavam engajados em "grandes combates terrestres contra o Talibã".

Para as tropas, a distinção não fez diferença. Para elas, o Afeganistão era uma zona de combate. Todos carregavam armas. Todos recebiam pagamento pelo combate. Muitos receberam condecorações de combate. Outros mais morreriam.

Quando 2015 se aproximava do fim, a insurgência ganhou poder, e os líderes militares dos EUA começaram a revelar raros lampejos de pessimismo.

Durante uma visita de retorno ao Afeganistão em dezembro, Ashton Carter condenou as forças de segurança afegãs com poucos elogios. Em um discurso às tropas norte-americanas em uma base perto de Jalalabad, ele disse que o Exército e a polícia afegãos estavam "chegando lá", mas sugeriu que tinha pouca confiança na força de representação do Pentágono.

"Se você tivesse me pedido para apostar nisso cinco anos atrás, eu não sei. Talvez lhe desse chances iguais ou algo assim", disse ele. "Mas agora eles estão chegando junto."

Em uma coletiva de imprensa com repórteres em Bagram naquele mesmo dia, o General Campbell parecia ainda mais sombrio. "Acabamos de passar por uma temporada de lutas muito, muito difícil", afirmou ele. "Sabíamos que seria um ano difícil, os afegãos sabiam que seria um ano difícil."

Três dias depois, em 21 de dezembro, um homem-bomba que transportava explosivos em uma motocicleta matou seis seguranças da Força Aérea dos Estados Unidos em uma patrulha a pé perto de Bagram. Entre as vítimas fatais, a major Adrianna Vorderbruggen, 36 anos, da Academia da Força Aérea, que havia pressionado pela revogação do movimento de 2011 Don't Ask, Don't Tell [Não Pergunte, Não Conte], que proibia militares abertamente homossexuais. Vorderbruggen recebeu postumamente três condecorações de combate: a Medalha Estrela de Bronze, o Coração Púrpura e a Medalha de Ação de Combate da Força Aérea. Ela deixou para trás sua esposa, Heather, uma veterana militar, e seu filho de 4 anos, Jacob.

Quando a guerra entrou em seu 15º ano, os Estados Unidos enfrentaram um novo combatente no Afeganistão, e antigas pedras no sapato começaram a mudar de lugar.

O Estado Islâmico, a rede terrorista de rápido crescimento no Iraque e na Síria, expandiu-se para o Afeganistão e para o Paquistão. No início de 2016, oficiais militares dos EUA estimaram que a afiliada local do grupo tinha entre 1 mil e 3 mil combatentes, a maioria ex-membros do Talibã.

Seu surgimento ampliou e complicou a guerra. Em janeiro de 2016, a Casa Branca aprovou novas regras de engajamento autorizando o Pentágono a atacar o Estado Islâmico no Afeganistão. Isso levou a um aumento de ataques aéreos dos EUA contra o grupo, que centralizou suas operações nas províncias de Nangahar e Kunar, no leste do Afeganistão, ao longo da fronteira com o Paquistão.

Àquela altura, os militares norte-americanos reconheceram que sua nêmesis original na guerra — a Al-Qaeda — havia praticamente desaparecido do Afeganistão.

"Por si só, não achamos que eles representem uma ameaça real e significativa para o governo do Afeganistão", disse o brigadeiro-general do Exército Charles Cleveland, porta-voz das forças dos EUA no Afeganistão, a repórteres do Pentágono em maio de 2016. Ele ofereceu o que chamou de SWAG — um acrônimo militar para "suposição científica maluca" — sobre cerca de cem a trezentos membros da Al-Qaeda manterem "algum tipo de presença" no Afeganistão. Cinco anos após a morte de bin Laden, sua rede mal estava registrada na luta.

Enquanto isso, os militares dos EUA colocaram o Talibã em uma nova categoria nebulosa. Ainda era uma força hostil, mas não necessariamente inimiga. Funcionários do governo Obama concluíram que a única maneira de encerrar a guerra e estabilizar o Afeganistão seria o governo afegão negociar um acordo de paz com o Talibã. As tentativas anteriores de iniciar um processo de reconciliação não deram em nada. Autoridades dos EUA queriam tentar novamente e decidiram tratar o Talibã de maneira diferente, na esperança de persuadir seus líderes a darem as caras.

Como resultado, o Pentágono impôs novas regras de engajamento sob as quais as forças dos EUA poderiam atacar livremente o Estado Islâmico e os remanescentes da Al-Qaeda. Mas eles só poderiam lutar contra o Talibã em autodefesa ou se as forças de segurança afegãs estivessem prestes a ser exterminadas.

Até mesmo os legisladores dos EUA ficaram confusos com a nova abordagem. Em uma audiência do Comitê de Serviços Armados do Senado em fevereiro de 2016, o senador Lindsey Graham (republicano pelo estado da Carolina do Sul) pressionou o general Campbell a explicar o que estava acontecendo.

"O Talibã é inimigo deste país?", perguntou Graham.

"Não ouvi a pergunta", respondeu Campbell.

"O Talibã é inimigo dos Estados Unidos?", repetiu Graham.

Campbell gaguejou. "O Talibã, no que diz respeito a ajudar a Al--Qaeda, Haqqani e outros grupos insurgentes, o Talibã foi o responsável por..."

Graham o interrompeu e perguntou várias vezes se os militares dos Estados Unidos tinham permissão para atacar as forças do Talibã ou para matar seus principais líderes.

"Senhor, novamente, não entro no mérito das autoridades responsáveis pelas regras de engajamento em audiência pública", disse Campbell, esquivando-se das perguntas. "O que eu gostaria de dizer é que nosso país decidiu que não estamos em guerra com o Talibã."

Mas o Talibã ainda estava em guerra com os Estados Unidos e com o governo afegão, e, no que dizia respeito aos líderes do Talibã, a luta estava indo bem. Em 2016, as forças insurgentes invadiram Kunduz novamente, bombardearam Cabul repetidamente e tomaram o controle da maior parte da província de Helmand, o coração do lucrativo cinturão de papoula do ópio do Afeganistão.

Em Washington, aumentaram os temores de que o governo afegão corresse o risco de sofrer um colapso político. Chamando a situação de "precária", Obama voltou atrás novamente em julho de 2016. Em vez de reduzir o número para 5.500 soldados, conforme o planejado, ele ordenou que as forças dos EUA permanecessem no Afeganistão. Quando ele deixou a Casa Branca, em janeiro de 2017, restavam cerca de 8.400 soldados no país.

No mês seguinte, o general do Exército John Nicholson Jr., sucessor de Campbell como comandante geral, compareceu ao Comitê de Serviços Armados do Senado. Questionado sobre se os Estados Unidos estavam ganhando ou perdendo, ele respondeu: "Acredito que estamos em um impasse."

Em seu depoimento, no entanto, Nicholson prenunciou o que estava reservado para o novo presidente, Donald Trump. "A capacidade ofensiva eliminará o impasse no Afeganistão", disse Nicholson.

No jargão militar, isso significava mais tropas e mais armas.

EXCERTO 1

TO: Steve Cambone
FROM: Donald Rumsfeld
DATE: September 8, 2003

I have no visibility into who the bad guys are in Afghanistan or Iraq. I read all the intel from the community and it sounds as thought we know a great deal but in fact, when you push at it, you find out we haven't got anything that is actionable. We are woefully deficient in human intelligence.

Let's discuss it.

DHR/azn
090803.26b

Please respond by: 9/18

Response attached
V/r CDR Nosenzo
9/15

11-L-0559/OSD/18828

O secretário de Defesa Donald Rumsfeld fez milhares de memorandos sucintos entre 2001 e 2006, que sua equipe chamou de "flocos de neve". Redigidos no estilo brusco de Rumsfeld, muitos dos flocos de neve sobre o Afeganistão prenunciaram problemas que assombrariam os militares dos EUA por anos.

O vice-presidente Dick Cheney e o secretário de Defesa Donald Rumsfeld em conferência em Washington, em 6 de outubro de 2001, um dia antes de os militares dos EUA começarem o bombardeio.

Soldados da 82ª Divisão Aerotransportada em busca de um depósito de armas se preparam para entrar em um complexo habitacional durante um ataque matinal no sudeste do Afeganistão, em outubro de 2002. Cerca de 9 mil soldados dos EUA permaneceram no Afeganistão para caçar alvos da Al-Qaeda, embora a maioria dos líderes da rede tenha fugido do país ou sido morta ou, pelo menos, capturada.

Os combatentes da Aliança do Norte assumem posições em uma trincheira da linha de frente durante uma escaramuça com as forças do Talibã, em 7 de novembro de 2001. Durante os dias seguintes, a Aliança do Norte — com a ajuda dos militares dos EUA — assumiria o controle de várias cidades importantes, incluindo Mazar-e-Sharif, Herat, Kabul e Jalalabad.

Combatentes afegãos aliados em tanques de manobra militares dos EUA, perto das Montanhas Brancas, durante a batalha de Tora Bora, em dezembro de 2001. O líder da Al-Qaeda, Osama bin Laden, escaparia da região após vários dias de violentos combates.

O general do Exército Tommy Franks, à esquerda, e oficiais superiores na sede do Comando Central dos EUA, em Tampa, Flórida, conduzem uma conferência diária via satélite com as forças dos EUA no Afeganistão, em fevereiro de 2002.

No Pentágono, o secretário de Defesa Donald Rumsfeld grava uma mensagem de vídeo para as tropas dos EUA, em 21 de março de 2003, depois que iniciaram a invasão do Iraque. O governo Bush voltou quase toda a sua atenção para o Iraque, e a guerra no Afeganistão tornou-se uma reflexão tardia.

Meninas de um remoto vilarejo afegão na província de Badakhshan, perto da fronteira com o Tajiquistão, assistem a trabalhadores da ONU descarregarem cédulas antes da eleição presidencial de outubro de 2004. A votação correu bem, e Hamid Karzai conquistou um mandato de cinco anos. O resultado foi uma boa notícia para o governo Bush, que lutava contra uma insurgência crescente e um banho de sangue sectário no Iraque.

Mulheres afegãs usando véus passam por um retrato de Karzai em Cabul, em outubro de 2004. Líder tribal pashtun, elegantemente vestido e altamente instruído, Karzai construiu um relacionamento próximo com o governo Bush. No entanto, as autoridades norte-americanas gradualmente se irritaram com ele, e o relacionamento se tornou disfuncional.

LESSONS LEARNED RECORD OF INTERVIEW

Project Title and Code:
LL-01 – Strategy and Planning
Interview Title:
Interview Ambassador Richard Boucher, former Assistant Secretary of State for South and Central Asian Affairs.
Interview Code:
LL-01-b9
Date/Time:
10/15/2015; 15:10-16:45
Location:
Providence, RI
Purpose:
To elicit his officials from his time serving as Assistant Secretary of State for South and Central Asian Affairs.
Interviewees: (Either list interviewees below, attach sign-in sheet to this document or hyperlink to a file)
SIGAR Attendees:
Matthew Sternenberger, Candace Rondeaux
Sourcing Conditions (On the Record/On Background/etc.): On the record.
Recorded: Yes x No
Recording File Record Number (if recorded):
Prepared By: (Name, title and date)
Matthew Sternenberger
Reviewed By: (Name, title and date)
Key Topics:

- General Observations
- The State and DOD Struggle
- Building Security Forces
- Governance Expectations and Karzai
- Capable Actors
- Regional Economics and Cooperation
- General Comments on Syria & Iraq
- Lessons Learned

General Observations

Let me approach this from two directions. The first question of did we know what we were doing? The second is what was wrong with how we did it? The first question of did we know what we were doing – I think the answer is no. First, we went in to get al-Qaeda, and to get al-Qaeda out of Afghanistan, and even without killing Bin Laden we did that. The Taliban was shooting back at us so we started shooting at them and they became the enemy. Ultimately, we kept expanding the mission. George W. [Bush], when he was running for president, said that the military should not be involved in nation building. In the end, I think he was right. **If there was ever a notion of mission creep it is Afghanistan.** We went from saying we will get rid of al-Qaeda so they can't threaten us

Para o projeto do Lições Aprendidas, o Inspetor Geral Especial para a Reconstrução do Afeganistão (SIGAR) entrevistou centenas de pessoas que desempenharam papéis fundamentais na guerra. O SIGAR tentou manter as notas e as transcrições das entrevistas em segredo, mas o *Washington Post* processou a agência e obteve os documentos, respaldado pela Lei de Liberdade da Informação.

EXCERTO 2

Uma menina brinca com um varal nas ruínas de um teatro construído na União Soviética em 2005. Desesperadamente pobre, com sua infraestrutura em frangalhos, o Afeganistão foi consumido por uma guerra contínua desde a invasão soviética, em 1979.

Estagiários da polícia afegã caminham para seus quartos em uma academia de polícia em Cabul, em maio de 2004. Os Estados Unidos e a Otan fracassaram nas primeiras tentativas de criar uma força policial nacional. Em um memorando de 2005, Rumsfeld chamou o programa de treinamento de "bagunça" e disse que estava "pronto para jogar a toalha".

Um helicóptero usado por uma equipe afegã de interdição de drogas pousa durante uma operação na província de Nangahar, no leste do Afeganistão, em maio de 2006. A produção de ópio disparou depois que a guerra começou, em 2001. Os Estados Unidos gastaram US$9 bilhões em uma série estonteante de programas na tentativa inútil de dissuadir o Afeganistão de fornecer heroína ao mundo.

Fuzileiros navais britânicos se protegem enquanto fazem um buraco em um muro durante um ataque a uma vila controlada pelo Talibã, perto da barragem de Kajaki, em março de 2007. Os Estados Unidos e seus aliados da Otan gastaram milhões de dólares para consertar e modernizar a barragem hidrelétrica em uma tentativa malfadada de fornecer eletricidade às províncias de Helmand e de Kandahar.

Um fazendeiro observa a polícia afegã erradicar os campos de papoula na província de Badakhshan, em junho de 2006. Os Estados Unidos e a Grã-Bretanha, sua aliada da Otan, tentaram uma série de estratégias para restringir a produção de ópio. Eles pagaram os fazendeiros para pararem de cultivar papoulas, contrataram mercenários para destruir as plantações e elaboraram planos para pulverizar desfolhantes do céu. Nada disso funcionou.

O especialista do Exército Brandon Olson encosta-se a um aterro em um bunker no Posto Avançado de Restrepo, no Vale Korengal, no leste do Afeganistão, em setembro de 2007. Os soldados norte-americanos chegaram a Korengal em 2005 para expulsar os combatentes da Al-Qaeda e do Talibã. A pequena extensão de terra gerou alguns dos tiroteios e emboscadas mais mortais da guerra.

As forças de segurança afegãs carregam um soldado ferido para um helicóptero de transporte médico dos EUA após uma emboscada do Talibã perto da aldeia de Tsunek, na província de Kunar, em março de 2010. As baixas nos EUA atingiram o pico em 2010, quando 496 soldados perderam a vida.

Cadetes da Academia Militar dos EUA em West Point ouvem o presidente Barack Obama anunciar seu plano para expandir a guerra, em um discurso de 1º de dezembro de 2009, em Eisenhower Hall. Obama ordenou o envio de mais 30 mil soldados, aumentando o tamanho da força dos EUA para 100 mil.

Folhetos de campanha caem de um helicóptero enquanto apoiadores do candidato presidencial afegão Abdullah Abdullah comemoram durante um comício político em um estádio de Cabul, em agosto de 2009. Hamid Karzai foi reeleito, mas a votação foi desacreditada por fraude. Um painel investigativo apoiado pelas Nações Unidas determinou que Karzai recebera cerca de 1 milhão de votos ilegais, um quarto de todos os votos.

Hagi Zahir, um oficial da cidade de Marja, na província de Helmand, reuniu-se com os anciãos locais em março de 2010, depois que os fuzileiros navais dos EUA tomaram o controle da área do Talibã. Considerada inicialmente um sucesso, a operação militar e os esforços subsequentes do governo afegão não conseguiram estabilizar a região. Grandes partes de Helmand foram recuperadas pelas forças insurgentes.

Negociantes de moeda afegã trocam pilhas de dinheiro em um mercado monetário em Cabul, em maio de 2009. O governo Obama inundou o Afeganistão com bilhões de dólares em contratos de ajuda e de defesa, o que exacerbou os níveis já espantosos de corrupção.

Os restos mortais do especialista do Exército Christopher Griffin, de Kincheloe, Michigan, chegam em um caso de transferência na Base da Força Aérea de Dover em Delaware, em outubro de 2009. Griffin, 24, foi um dos oito soldados mortos quando uma grande força de combatentes do Talibã atacou o Posto Avançado de Combate Keating, na Província de Nuristão.

EXCERTO 3

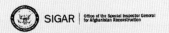

LESSONS LEARNED RECORD OF INTERVIEW

Project Title and Code:	
LL-07 – Stabilization in Afghanistan	
Interview Title:	
GEN Edward Reeder	
Interview Code:	
LL-07-71	
Date/Time:	
Location:	
Fayetteville, NC	
Purpose:	
Interviewees: (Either list interviewees below, attach sign-in sheet to this document or hyperlink to a file)	
SIGAR Attendees:	
David Young, Paul Kane	
Sourcing Conditions (On the Record/On Background/etc.):	
Recorded: Yes / No X	
Recording File Record Number (if recorded):	
Prepared By: (Name, title and date)	
Paul Kane	
Reviewed By: (Name, title and date)	
David Young	
Key Topics:	
Village Stability Operations	

Origins of VSO

This was before my deployment when I was the XO for Admiral Olson at SOCOM. At the time, I was looking at Afghanistan and I was thinking that there has to be more to solving this problem than killing people, because that's what we were doing and every time I went back security was worse. So, I decided that I would have to take a completely different approach, to better understand the tribes and how the Taliban does what they do.

[(b)(1) - 1.4(D)] "Tell me why they fight, tell me why there is a fighting season, tell me why there are so many problems in Helmand and Kandahar" and they described the influence of poppy and fruit harvests, and how that dictated the seasonal patterns. But they also described how the

Record of Meeting with _____ MMDDYY   Page 1 of 6   SIGAR ROI (MM/DD/YY)

Nas entrevistas ao Lições Aprendidas, altos funcionários dos EUA admitiram que sua estratégia de guerra era fatalmente falha e que eles deliberadamente enganaram o público com relatos otimistas e conversas furadas sobre um suposto progresso. Nessa entrevista, o major-general do Exército Edward Reeder Jr., um comandante de Operações Especiais que serviu seis vezes no Afeganistão, reconheceu que: "A cada vez que eu voltava, a segurança piorava."

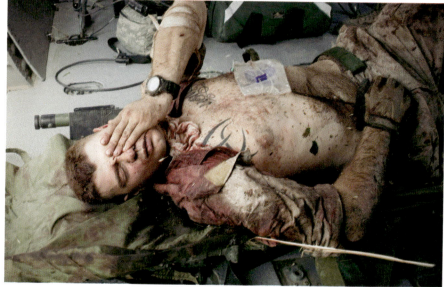

O militar da Marinha Burness Britt é levado a bordo de um helicóptero de evacuação médica na província de Helmand, em junho de 2011. Britt foi ferido por uma bomba que os insurgentes colocaram perto da cidade de Sangin. Ele foi gravemente ferido, mas sobreviveu.

O general Abdul Rashid Dostum, um poderoso senhor da guerra uzbeque do norte do Afeganistão, chega ao Aeroporto Internacional de Cabul, em julho de 2018. Dostum foi acusado de crimes de guerra por grupos de direitos humanos, mas manteve um relacionamento próximo com o governo dos EUA. Um diplomata dos EUA o chamou de "tito stalinesco com carinha de bebê".

O vice-presidente Joe Biden, o presidente Barack Obama, a secretária de Estado Hillary Clinton, o secretário de Defesa Robert Gates e outros oficiais de segurança nacional se reúnem na Sala de Situação da Casa Branca, em 1º de maio de 2011, para assistir a um vídeo ao vivo da missão que matou Osama bin Laden em Abbottabad, no Paquistão.

Soldados dos EUA levantam pesos em um ginásio improvisado ao ar livre, no Observatório Mustang, na província de Kunar, em setembro de 2011. O posto avançado montanhoso no nordeste do Afeganistão ficava perto de uma importante rota que os combatentes do Talibã usavam para se infiltrar no país a partir do Paquistão.

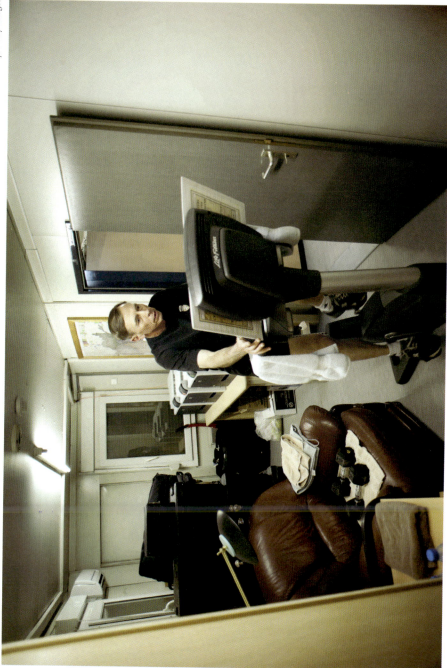

O general do Exército David Petraeus, comandante das forças dos EUA e da Otan no Afeganistão, faz exercícios em seus aposentos no quartel-general militar em Cabul, em julho de 2011.

Oficiais do Exército Nacional Afegão comparecem à cerimônia de formatura em setembro de 2011, em Cabul. A estratégia de guerra dos EUA dependia de treinar e equipar as forças de segurança afegãs que pudessem defender o país por conta própria. Mas o exército afegão e as forças policiais foram atormentados por corrupção e tensões étnicas.

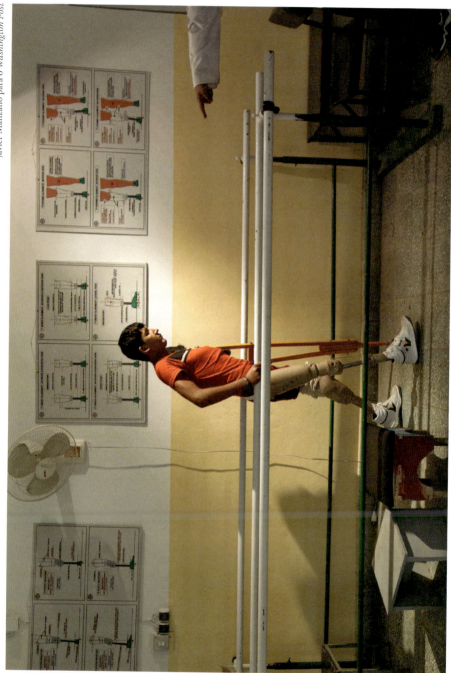

O sargento do Exército Afegão Masiullah Hamdard dá seus primeiros passos usando suas novas pernas e o novo antebraço protéticos em um centro de reabilitação ortopédica da Cruz Vermelha em Cabul, em outubro de 2013. Hamdard perdeu ambas as pernas e o antebraço esquerdo em uma explosão na província de Kandahar.

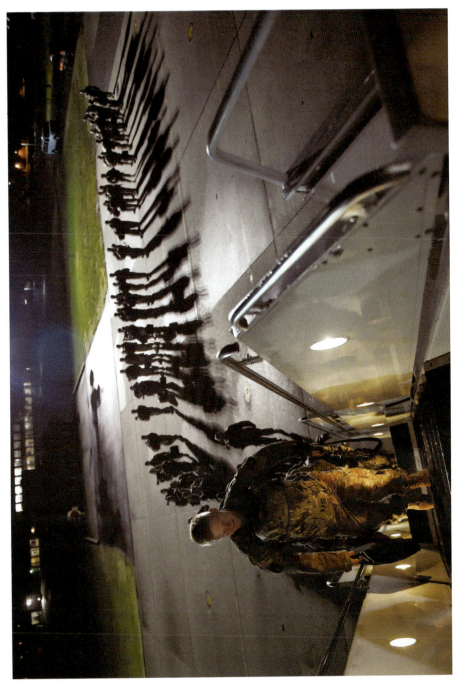

Soldados dos EUA de Fort Campbell, Kentucky, embarcam em um avião para se deslocar ao Afeganistão, em novembro de 2014. No mês seguinte, o presidente Obama declararia o fim da missão de combate dos EUA no Afeganistão, mas vários milhares de soldados permaneceriam no país — e continuariam a lutar e a morrer em combate.

Um artilheiro olha para fora de um helicóptero do exército afegão enquanto ele sobrevoa Cabul, em dezembro de 2019.

Um grupo de combatentes do Talibã exibe suas armas no distrito de Marawara, na província de Kunar, em julho de 2020. O pequeno distrito — próximo à fronteira com o Paquistão — foi um reduto do Talibã por vários anos. Apesar das negociações de paz entre o Talibã e o governo afegão, os combatentes disseram que continuariam a lutar pelo controle do país.

PARTE SEIS

BECO SEM SAÍDA

2017—2021

CAPÍTULO DEZENOVE

A Vez de Trump

Quase oito anos se passaram desde que o comandante supremo anterior fizera um discurso no horário nobre transmitido pela televisão nacional e na frente das tropas a fim de anunciar sua nova estratégia para a guerra no Afeganistão. Agora, em 21 de agosto de 2017, foi a vez de Donald Trump.

Assim como Obama fez em West Point, Trump entrou no Conmy Hall, em Fort Myer, Virgínia, sob as luzes fracas enquanto uma banda do Exército tocava "Hail to the Chief" [Saudações ao Chefe, em tradução livre]. Ele estreitou as sobrancelhas e apertou os lábios em uma expressão séria enquanto subia teatralmente ao palco. Em seguida, fez sinal para os soldados, aviadores, marinheiros e fuzileiros navais da plateia saírem da posição de sentido e se sentarem.

Enquanto Trump lia no teleprompter, algumas de suas falas pareciam uma repetição do discurso de Obama em West Point. Como Obama, Trump reconheceu que os norte-americanos estavam "cansados da guerra". Mas, depois de conduzir mais uma "revisão abrangente" da estratégia de guerra dos Estados Unidos, Trump decidiu enviar mais tropas e expandir as operações militares — assim como seu antecessor.

Trump disse que o governo afegão precisava de mais tempo e ajuda para fortalecer suas próprias forças de segurança. Ele ecoou Obama advertindo que "nosso apoio não é um cheque em branco", e acrescentou: "Não estamos construindo uma nação novamente." Ele acusou o Paquistão de abrigar os insurgentes e ameaçou suspender a ajuda se não mudasse suas políticas.

Os norte-americanos já haviam ouvido essas promessas muitas vezes. Mas então Trump intensificou a retórica como só ele podia. Ele jurou não apenas encerrar a guerra de dezesseis anos, mas vencê-la — de uma vez por todas.

"Estamos matando terroristas", disse ele. "Nossas tropas lutarão para vencer. Vamos lutar para vencer. A partir de agora, a vitória terá uma definição clara."

A promessa arrogante de Trump marcou uma surpreendente reviravolta para ele no Afeganistão. Antes de ganhar a eleição presidencial de 2016, o magnata do mercado imobiliário e estrela de reality show reclamou ruidosamente das despesas da guerra e exigiu que Obama retirasse as tropas. Mantendo seu slogan, *Make America Great Again*, ele denunciou qualquer programa de ajuda externa que se assemelhasse à construção de uma nação.

"O Afeganistão é um desperdício completo. É hora de voltar para casa!", tuitou ele em 2012.

"Nós desperdiçamos uma quantidade enorme de sangue e tesouros no Afeganistão. Seu governo tem valor zero. Vamos embora!", tuitou em 2013.

"Um homem-bomba acaba de matar tropas norte-americanas no Afeganistão. Quando nossos líderes ficarão fortes e inteligentes? Estamos sendo levados ao massacre!", tuitou em 2015.

Mas, assim que Trump se mudou para o Salão Oval, em janeiro de 2017, encontrou resistência. Seu gabinete e a chefia do Pentágono lhe disseram que poderia ser cataclísmico retirar-se tão abruptamente. Se o governo afegão colapsasse ou a guerra se espalhasse para o Paquistão com armas nucleares, o problema seria dele. Eles o exortaram a revisar cuidadosamente a estratégia de guerra primeiro e a considerar todas as suas ramificações. Então ele poderia agir.

Trump concordou. Mas, diferentemente de outros presidentes, ele tinha pouco respeito pelos generais que comandavam a guerra e nenhuma paciência para deliberações políticas detalhadas.

Acima de tudo, Trump odiava qualquer indício de fraqueza ou derrota. Seu secretário de Defesa, James Mattis, cometeu o grave erro de sugerir isso em junho, quando disse ao Comitê de Serviços Armados do Senado que não estavam "vencendo no Afeganistão agora". O general Joseph Dunford Jr., chefe do Estado-Maior Conjunto das Forças Armadas, cometeu o mesmo erro seis dias depois, quando confessou durante uma apresentação no National Press Club em Washington que "o Afeganistão não está onde queremos que esteja".

Um mês antes do discurso de Trump em Fort Myer, Mattis convidou o presidente ao Pentágono para uma ampla discussão sobre a importância da Otan e de outras alianças militares. Mattis e o Estado-Maior Conjunto queriam dar a ele um *briefing* especial no "Tanque", uma sala de conferências segura em que os líderes do Exército, da Marinha, da Força Aérea, do Corpo de Fuzileiros Navais e da Guarda Nacional revisavam os planos de guerra e debatiam questões delicadas.

Mattis e Dunford pensaram que Trump ficaria impressionado com a *gravitas* do Tanque, localizado na arena externa do Pentágono. Dignos retratos a óleo de almirantes e generais de quatro estrelas datados da década de 1950 adornavam o corredor do lado de fora da sala de conferências. Talvez o cenário ajudasse a influenciar o novo presidente — que, como Obama, nunca servira nas forças armadas — e o faria pensar sobre o Afeganistão e outros focos globais.

Trump concordou em participar da sessão, mas rapidamente se cansou da palestra. Para ele, a gota d'água foi quando Mattis e Dunford falaram sobre o Afeganistão. Trump chamou isso de "guerra dos perdedores". Ele destruiu o comandante geral de Cabul, o general do Exército John Nicholson Jr., dizendo: "Não acho que ele saiba como vencer."

"Eu quero vencer", disse Trump, de acordo com um relato da reunião feito pelos jornalistas Philip Rucker e Carol Leonnig, do *Washington Post*. "Vocês são um bando de idiotas e crianças."

A linguagem e o comportamento de Trump impressionaram Mattis, Dunford e os chefes. Eles haviam investido uma grande parte de suas carreiras no Afeganistão e temiam que Trump suspendesse a guerra antes que eles pudessem concluir a revisão da estratégia.

Antes de se tornar secretário de Defesa, Mattis servira no Corpo de Fuzileiros Navais por 44 anos. Ele foi enviado ao Afeganistão em 2001 como general de uma estrela e se tornou comandante combatente de quatro estrelas sob o mandato de Obama. Dunford, fuzileiro naval, comandou as forças dos EUA e as da Otan no Afeganistão de 2013 a 2014.

O general de três estrelas do Exército H.R. McMaster, o conselheiro de segurança nacional da Casa Branca, passou meses trabalhando com Mattis e Dunford na revisão da estratégia para o Afeganistão. McMaster também investiu pessoalmente na guerra. Ele serviu por um período de vinte meses no quartel-general de Cabul durante o aumento de tropas de Obama.

Como Mattis e Dunford, McMaster pensou que a guerra havia saído dos trilhos. Ele desdenhou de Obama por retirar muitas forças rápido demais. McMaster era favorável ao envio de milhares de soldados de volta ao Afeganistão — além dos 8.400 soldados que ainda estavam lá — e à manutenção desses níveis de força indefinidamente.

Mesmo que seu plano custasse US$45 bilhões por ano, McMaster acreditava que a despesa valeria a pena para evitar que o Afeganistão se desintegrasse. As forças de segurança afegãs já estavam fazendo a maior parte dos combates. Apenas vinte soldados norte-americanos morreram no Afeganistão durante os doze meses anteriores — uma fração da taxa de baixas durante o auge da guerra.

Mas McMaster, Mattis e Dunford precisavam agir com cuidado para colocar Trump a bordo. Após a explosão do presidente no Tanque, McMaster organizou outra reunião de segurança nacional de alto nível em 18 de agosto de 2017, em Camp David, o retiro presidencial nas Montanhas Catoctin, em Maryland, para discutir os resultados da revisão da estratégia para o Afeganistão.

Antes da sessão, McMaster refinou seu discurso. Ele avisou a Trump que, se ele seguisse seus tuítes e retirasse todas as tropas dos EUA, a Al--Qaeda poderia retornar ao Afeganistão e lançar outro ataque à pátria dos EUA. McMaster também disse a Trump que havia vinte grupos terroristas ativos na região. Na realidade, a Al-Qaeda havia se reduzido a uma casca de si mesma, e os outros grupos tinham um alcance limitado. Mas nenhum presidente queria arriscar outro 11 de Setembro sob seu comando.

Em Camp David, os generais disseram a Trump que precisavam de mais forças e poder de fogo no Afeganistão para quebrar o impasse. Mas eles enquadraram a escalada proposta como um antídoto para a forma como Obama estava lidando com a guerra. Eles argumentaram que Obama atrapalhara seu aumento de tropas ao anunciar que a guerra duraria apenas mais dezoito meses. O Talibã apenas se aquietou e esperou que eles saíssem. Não faça como Obama e mostre a mão para o inimigo, aconselharam ao presidente.

As críticas a Obama foram um ímã para Trump, que detestava o antecessor. Ele aprovou o envio de milhares de forças adicionais para o Afeganistão. E também concordou em manter o aumento de tropas em aberto.

Em seu discurso três dias depois em Fort Myer, Trump revelou a nova estratégia, mas deixou claro que ele era cético em relação a ela. "Meu instinto original era recuar. E gosto de seguir meus instintos", disse ele. "Mas, de uma forma ou de outra, esses problemas serão resolvidos. Sou um solucionador de problemas. E, no final, vamos vencer."

Trump declarou que lutaria na guerra de maneira diferente de Obama em outro aspecto: seu governo se tornaria mais reservado.

"Não vamos falar sobre o número de soldados ou nossos planos para novas atividades militares", afirmou ele. Trump manteve em segredo os detalhes de sua decisão de enviar mais tropas, embora oficiais anônimos dos EUA já tivessem vazado que 3.900 soldados adicionais iriam para lá.

O presidente justificou o aumento do sigilo como uma tática para manter o inimigo na dúvida. Mas a mudança de política tinha outro propósito: deixaria os norte-americanos no escuro. Quanto menos visível fosse a guerra, menos provável seria que as pessoas criticassem Trump ou seus generais caso ela se deteriorasse ainda mais.

O Pentágono tirou vantagem da situação. Em três meses, o número de tropas norte-americanas no Afeganistão aumentou para 14 mil — um aumento de 5.600 desde quando Obama deixara o cargo. Além das tropas extras e do sigilo adicional, no entanto, os funcionários da administração Trump tiveram dificuldades para articular o que era diferente sobre sua nova estratégia.

Durante uma participação no Comitê de Serviços Armados da Câmara em outubro de 2017, Mattis rotulou a nova estratégia de "R4+S". Ele disse que o acrônimo significava "regionalizar, realinhar, reforçar e reconciliar, além de sustentar". Mas a descrição era tão complicada, que Mattis e outras autoridades norte-americanas raramente a repetiram depois disso.

O que ficou claro para os generais foi que, enquanto Trump fosse presidente, eles teriam que falar com mais força e se gabar de que sua estratégia de guerra estava destinada ao sucesso.

Durante uma coletiva de imprensa em Cabul no dia 20 de novembro de 2017, o general Nicholson — comandante da guerra que Trump havia destruído no Tanque e que se sentia confiante novamente— disse que o Talibã estava ficando sem opções. "Nossa mensagem para o inimigo é a de que ele não poderia vencer a guerra. Era hora de depor suas armas", vociferou ele. "Se não o fizerem, serão relegados à irrelevância... ou à morte. Então foram essas as escolhas que eles enfrentaram."

Oito dias depois, Nicholson deu outra entrevista coletiva. Ele fez de tudo para elogiar a estratégia de Trump, chamando-a de "fundamentalmente diferente" e de "uma virada de jogo". Embora Nicholson já tivesse descrito a guerra como um beco sem saída, ele insistiu que não a via mais dessa forma. "O presidente não deixou dúvidas quanto à nossa vontade de vencer", afirmou Nicholson. "Estaremos aqui até que o trabalho seja feito... Estamos no caminho da vitória."

Na mudança mais substantiva na estratégia de guerra, Trump autorizou os militares a intensificarem a campanha de bombardeio.

Obama impôs restrições que impediam os militares dos EUA de realizar ataques aéreos, exceto para proteger as tropas norte-americanas, realizar operações de contraterrorismo ou impedir que as forças afegãs fossem derrotadas. Ao final de seu mandato, os aviões de guerra norte-americanos lançavam menos de cem bombas e mísseis por mês.

Mas, a pedido do Pentágono, Trump abandonou as restrições e renovou o ataque aéreo com fúria ao Talibã. Em 2017, os militares dos EUA dobraram o número de ataques aéreos e mais do que triplicaram as munições que lançaram dos céus.

Então, os militares intensificaram ainda mais os ataques aéreos. Em 2018, aeronaves dos EUA lançaram 7.362 bombas e mísseis — um terço a mais do que em qualquer ano anterior na guerra. Eles mantiveram o ritmo alucinante em 2019 e em 2020.

Embora a luta tenha se tornado muito menos notável para os norte-americanos que estavam em casa, a violência infligiu novos níveis de caos no local, matando e ferindo um número recorde de civis afegãos. Durante os três primeiros anos de Trump no cargo, os ataques aéreos dos EUA, da Otan e do Afeganistão mataram cerca de 1.134 civis por ano — o dobro da média anual da década anterior, de acordo com uma análise do projeto da Universidade Brown sobre os custos de guerra.

Trump esperava que os atentados pressionassem o Talibã a negociar. Mas as táticas de força bruta também se adequavam ao estilo do presidente.

Em abril de 2017, a Força Aérea lançou uma bomba de 9.800 quilos — a maior já usada na guerra no Afeganistão — em uma rede de *bunkers* e túneis do Estado Islâmico na província de Nangahar. O nome oficial do Pentágono para a arma de 10 metros de comprimento era *Massive*

Ordnance Air Blast [Artilharia Aérea Massiva], ou MOAB. Mas as tropas a apelidaram de *Mother Of All Bombs* [Mãe de Todas as Bombas].

Oficiais militares dos EUA disseram que a MOAB matou muitos combatentes do Estado Islâmico. As notícias da bomba gigante geraram uma cobertura noticiosa em todo o mundo.

Trump orgulhosamente chamou o ataque de "outra missão muito, muito bem-sucedida" e disse que mostrava que ele estava supervisionando a guerra melhor do que Obama. "Se você olhar o que aconteceu nas últimas oito semanas e comparar com o que aconteceu nos últimos oito anos, verá que houve uma diferença enorme", disse ele a repórteres na Casa Branca.

Mas a explosão acabou sendo fogo de palha e não teve um impacto duradouro na guerra. O Pentágono não lançou mais MOABs durante o mandato de Trump.

Em contraste com a publicidade em torno da bomba, os militares dos Estados Unidos começaram a esconder indicadores importantes de que a guerra estava retrocedendo. Em setembro de 2017, o Pentágono parou de divulgar dados sobre as vítimas feitas pelas forças de segurança afegãs. Autoridades norte-americanas disseram que concordaram em tornar sigilosos os números a pedido do governo afegão.

A verdade é que as autoridades afegãs temiam que as altas taxas de mortalidade estivessem prejudicando o recrutamento e o moral. O número de baixas aumentou quando as forças de segurança afegãs substituíram as forças dos EUA e as da Otan nas linhas de frente. Segundo algumas estimativas, de 30 a 40 soldados e policiais afegãos eram mortos diariamente.

Em comparação, era fácil para os insurgentes recrutarem. Em 2018, as fileiras do Talibã haviam aumentado para cerca de 60 mil combatentes, contra 25 mil 7 anos antes, de acordo com estimativas militares dos EUA.

Os comandantes militares dos Estados Unidos começaram a suprimir outras estatísticas que antes anunciavam. Durante anos, eles monitoraram de perto quanto território o governo afegão controlava em comparação com o Talibã. Os analistas pesquisaram cada um dos distritos administrativos do país e ajustaram os números por densidade populacional.

O general Nicholson, comandante de guerra, chamou a ação de "a métrica mais reveladora em uma contrainsurgência". Durante seus *briefings* consecutivos de novembro de 2017, ele disse que cerca de 64% da população do Afeganistão vivia em distritos controlados pelo governo, 24% viviam em áreas contestadas, e 12%, na zona do Talibã.

Dizendo que a guerra havia "dado a volta por cima", Nicholson previu que o governo afegão expandiria seu controle para 80% da população em 2 anos. Naquele momento, disse ele, o governo afegão garantiria "uma massa crítica" e "levaria o inimigo à irrelevância".

Mas o governo afegão não chegou mais perto do alvo. Em vez disso, pesquisas subsequentes mostraram que o Talibã estava expandindo seu alcance. Em vez de enfrentar a realidade do que estava acontecendo, os líderes militares dos EUA mudaram de ideia sobre o valor dos dados e pararam de rastrear o controle territorial no outono de 2018.

Em uma entrevista coletiva em julho de 2018 em Cabul, Nicholson minimizou a relevância das estatísticas do território, embora tenha enfatizado sua importância apenas oito meses antes. Ele disse que os militares dos EUA mudaram seu foco para outro indicador: a disposição do Talibã para se engajar em negociações de paz. "Aquelas não eram as métricas de que falávamos um ano atrás", admitiu ele, mas as chamou de "talvez mais importantes do que algumas dessas outras medidas que tradicionalmente usamos".

Outras evidências se acumularam, sugerindo que o Talibã havia conquistado a vantagem, apesar da maciça campanha de bombardeios dos Estados Unidos. Depois de concordar com um cessar-fogo parcial de três dias em junho de 2018, o Talibã rejeitou o pedido do presidente afegão Ashraf Ghani de outro cessar-fogo em agosto. Naquele mês, o Talibã assumiu brevemente o controle da cidade de Ghazni e invadiu bases militares afegãs nas províncias de Faryab e de Baghlan.

A administração Trump passou por outro momento embaraçoso em junho, quando o Comitê de Serviços Armados do Senado realizou uma sabatina com o general do Exército Scott Miller, indicado pelo presidente para comandar as forças dos EUA no Afeganistão. Militar condecorado, Miller havia liderado o secreto Comando de Operações Especiais Conjuntas e servido em combate na Somália, na Bósnia e no Iraque. Ele também foi um dos primeiros soldados dos EUA a se deslocarem para o Afeganistão após o 11 de Setembro.

Minimizando os últimos reveses no Afeganistão, Miller pintou um quadro cautelosamente otimista e repetiu muitos dos pontos de discussão que outros generais usaram ao longo dos anos. "Há progresso lá", disse ele.

A senadora Elizabeth Warren, uma democrata de Massachusetts, desafiou Miller, dizendo que já tinha ouvido bastante ladainha otimista. Ela enumerou exemplo após exemplo de líderes militares dizendo que a guerra havia atingido "uma virada" — desde 2010.

"General Miller, já passamos do suposto limite tantas vezes que parece que agora estamos andando em círculos", disse Warren. "Então, deixe-me perguntar: você imagina ultrapassar outro limite durante sua gestão como comandante? Depois de dezessete anos de guerra, o que você fará de diferente?"

Pego de surpresa, Miller se esforçou para dar uma resposta coerente.

"Senadora, em primeiro lugar, eu... eu reconheço esses dezessete anos", disse ele. "Eu... eu não posso garantir a você um cronograma ou uma data de término. Sei que entrar nesta posição ou... ou oferecer necessariamente um ponto de virada, a menos que haja... a menos que haja algo para o qual voltar e... e relatar que algo mudou... algo mudou. E é isso que eu... vislumbro."

Da mesa das testemunhas, Miller olhou por cima do ombro para um segundo-tenente do Exército sentado atrás dele, que era uma criança quando a guerra começou. Era seu filho, Austin. "Esse jovem sentado atrás de mim, nunca imaginei que essa coorte estaria em posição de desdobrar enquanto eu estava sentado lá em 2001 e... e veja só isso", disse ele.

Apesar das promessas de vitória de Trump e suas exortações para lutar para vencer, Miller e outros líderes militares dos EUA continuaram tentando incitar o Talibã a negociações de paz com o governo afegão. O Talibã, cada vez mais confiante em sua posição, mostrava menos interesse. Mas o otimismo dos generais em público permanecia intacto.

Durante uma visita a Cabul em julho de 2018, o general do Exército Joseph Votel, chefe do Comando Central dos Estados Unidos, citou a recente limitação do cessar-fogo de três dias como motivo de esperança. Ele disse que o cessar-fogo "demonstrou o desejo crescente de paz, não apenas do povo afegão, mas também dos beligerantes do conflito". Votel acrescentou: "Acho que nossos esforços aqui no Afeganistão estão mostrando progresso."

Em setembro, Mattis disse a repórteres do Pentágono que também estava mais esperançoso de que o Talibã concordaria em conversar. "Pela primeira vez, temos alguma força no esforço de reconciliação", observou ele. A guerra, acrescentou ele, estava "indo na direção certa".

Mas o Talibã continuou expondo o vazio das alegações dos norte-americanos.

Em 18 de outubro, várias semanas depois que o general Miller assumiu o comando no Afeganistão, ele visitou Kandahar para se reunir com os líderes locais no complexo do governador provincial. Quando a reunião do fim da tarde terminou, Miller e a delegação dos EUA caminharam até a saída, trocaram algumas palavras finais com seus anfitriões afegãos e se prepararam para embarcar em helicópteros para voar de volta a Cabul. Antes de chegarem ao avião, no entanto, um soldado afegão carregando uma caixa de romãs — um presente para os norte-americanos — largou as frutas e abriu fogo contra o grupo com um AK-47.

O soldado desonesto matou o general Abdul Raziq, um senhor da guerra que servia como comandante da polícia provincial, bem como o chefe da inteligência local, Abdul Mohim. O atirador também feriu o governador de Kandahar, Zalmay Wesa, que caminhava ao lado de Miller.

Miller sacou sua pistola enquanto tentava se proteger, escapando de ferimentos.

Em segundos, o atirador foi baleado e morto. Mas a calamitosa quebra de segurança abalou todo o país e prejudicou as relações entre os EUA e o Afeganistão. Investigadores afegãos chegaram à conclusão de que o atirador não tinha sido submetido a uma verificação de antecedentes criminais quando se alistara como guarda do governador de Kandahar, dois meses antes.

O Talibã imediatamente reivindicou o crédito pelo ataque interno. Como prova, eles postaram um vídeo online do treinamento do atirador com insurgentes no Paquistão. Oficiais do Talibã disseram que o plano era originalmente destinado a matar o general Raziq — um inimigo de longa data, mas que o infiltrado também foi instruído a matar Miller assim que souberam que ele visitaria o complexo naquele dia.

Oficiais militares dos EUA minimizaram a afirmação de que Miller era um alvo, dizendo que ele fora apenas pego no fogo cruzado. Eles também tentaram encobrir o fato de que outro oficial sênior, o brigadeiro-general do Exército Jeffrey Smiley, comandante das forças dos EUA no sul do Afeganistão, foi baleado e ferido no ataque. O comando militar dos Estados Unidos em Cabul esperou três dias para divulgar as informações, só depois de o *Washington Post* dar a notícia de que Smiley escapara por pouco da morte.

CAPÍTULO VINTE

O Narco-Estado

Em novembro de 2017, os comandantes militares no Afeganistão lançaram a Operação Tempestade de Ferro, uma tempestade de ataques aéreos por parte de alguns dos aviões de guerra mais poderosos da Força Aérea dos Estados Unidos. O principal alvo: uma rede clandestina de laboratórios de processamento de ópio que as autoridades norte-americanas disseram ter ajudado a gerar US$200 milhões em dinheiro de drogas para o Talibã.

Em uma megacampanha publicitária, o Pentágono divulgou vídeos de bombardeiros Stratofortress B-52 de longo alcance — construídos para transportar armas nucleares — lançando munições convencionais de 910 quilos e 225 quilos em supostos laboratórios de drogas na província de Helmand. Os caças F-22 Raptor pulverizaram alvos com bombas guiadas por satélite depois de voarem de uma base da Força Aérea dos Estados Unidos nos Emirados Árabes Unidos para se juntar ao ataque.

Os comandantes dos EUA chamaram a operação de um ponto de virada na guerra de dezesseis anos, dizendo que foi a primeira vez que desdobraram tamanho poder aéreo contra os chefões do tráfico do Afeganistão. Após 3 semanas de ataques, eles se gabaram de ter eliminado 25 laboratórios de ópio, que, de outra forma, teriam gerado US$80 milhões em receita de narcóticos para financiar a insurgência.

"A nova estratégia destaca que esta é uma nova guerra e que agora estamos lutando para ganhar", disse o brigadeiro-general da Força Aérea Lance Bunch durante uma coletiva de imprensa em Cabul. "Definitivamente, mudou o jogo, e o Talibã foi afetado por isso." E acrescentou: "Este será um inverno muito longo para o Talibã, pois continuaremos a interromper suas fontes de receita repetidas vezes... A guerra mudou."

Mas, depois de vários meses, a Operação Tempestade de Ferro fracassou. Uma análise independente feita por um pesquisador britânico descobriu que muitos dos alvos, compostos de paredes de barro, foram abandonados. Outros eram laboratórios improvisados que normalmente processavam pequenos lotes de ópio no valor de milhares de dólares, não milhões.

Após mais de 200 ataques aéreos, o Pentágono concluiu que explodir alvos primitivos com armas tão devastadoras era um exagero e um desperdício de recursos; os B-52s e os F-22s custavam, cada um, mais de US$32 mil por hora para serem operados, sem contar as despesas com munições. Após a onda inicial de publicidade, os oficiais militares dos EUA gradualmente pararam de falar sobre a Tempestade de Ferro e finalmente a cancelaram. A notificação pública surgiu em dois parágrafos, enterrados em um relatório de 84 páginas ao Congresso.

O fim da Tempestade de Ferro refletiu outras campanhas antidrogas exageradas e caras no Afeganistão, incluindo a Operação River Dance, a tentativa do governo Bush de erradicar os campos de papoulas de ópio em Helmand com tratores e roçadoras. Em ambos os casos, com onze anos de diferença, as autoridades norte-americanas e afegãs fizeram uma grande demonstração de organização de suas forças prometendo vitória, apenas para se renderem meses depois.

De todos os fracassos no Afeganistão, a guerra contra o ópio foi considerada uma das mais irresponsáveis. Durante duas décadas, os Estados Unidos gastaram mais de US$9 bilhões em uma série estonteante de programas para impedir o Afeganistão de fornecer heroína ao mundo. Nenhuma das medidas funcionou. Em muitos casos, elas pioraram as coisas.

Entre 2002 e 2017, os agricultores afegãos mais do que quadruplicaram a área dedicada ao cultivo da papoula de ópio, de acordo com estimativas do Escritório das Nações Unidas sobre Drogas e Crime. Durante o mesmo período, a produção de resina de ópio — o ingrediente básico da heroína — quase triplicou, de 3.200 toneladas para 9 mil. As colheitas e a produção diminuíram em 2018 e 2019, mas a ONU atribuiu as reduções a fatores de mercado e às condições de crescimento, e não a ações tomadas por autoridades norte-americanas ou afegãs.

Naquela época, a indústria do ópio havia emergido como a vencedora incomparável da mais longa guerra da história norte-americana: sufocou outros setores da economia afegã, conquistou o domínio do governo afegão e tornou-se indispensável para a insurgência.

"Declaramos que nosso objetivo é estabelecer uma 'economia de mercado próspera'", disse o general de três estrelas Douglas Lute, o czar da guerra da Casa Branca sob Bush e Obama, em uma entrevista ao Lições Aprendidas. "Achei que devíamos ter especificado um comércio de drogas próspero — essa é a única parte do mercado que está funcionando."

A árida província rural de Helmand — mais ou menos do tamanho da Paraíba — impulsionou a economia das drogas mais do que qualquer outra parte do Afeganistão. Quanto mais violenta e instável a província se tornava, mais prosperava a indústria do ópio.

Além de sua lucratividade incomparável, as papoulas eram mais fáceis de cultivar do que outras culturas em meio a todos os combates. Agricultores e traficantes podiam armazenar resina de ópio pelo tempo necessário sem perder valor. O produto ocupava pouco espaço. O transporte era simples e barato, o que o tornava ideal para o contrabando. A demanda permaneceu forte e confiável.

As elites afegãs em Cabul muitas vezes menosprezavam os fazendeiros e os comerciantes de papoula de Helmand por os julgarem pessoas rústicas e analfabetas. Mas o major da Força Aérea Matthew Brown, que serviu na província em 2011, ficou impressionado com sua engenhosidade. Helmand "é suja, imunda e quente", disse ele em uma entrevista de história oral ao Exército. Mas acrescentou: "Aqueles caras têm um histórico de contrabando e cultivo de drogas incomparável. Eles são muito, muito bons nisso. Quer dizer, nossos contrabandistas provavelmente seriam capazes de aprender com esses caras."

Brown, que serviu em uma equipe que tentou reintegrar ex-combatentes do Talibã à sociedade, também disse: "Quando alguém diz que o Afeganistão não tem capacidade para fazer algo, geralmente respondo com um: 'Bem, ele tem a capacidade de fornecer ópio para todo o mundo.'"

Junto com seus aliados afegãos e da Otan, o governo dos EUA elaborou todos os tipos de esquemas para resolver o problema. Mas os plantadores de papoula afegãos e traficantes de drogas superaram todas as tentativas de Washington de persuadi-los, dissuadi-los ou obrigá-los a parar.

Os governos Bush e Trump estavam prontos para enfrentar o que fosse. No governo Bush, o Departamento de Estado e a Agência Antidrogas [DEA, do termo em inglês] puniram os fazendeiros erradicando seus campos de papoulas, mas isso apenas os encorajou a ficar do lado da insurgência. Sob o mandato de Trump, o governo ignorou os fazendeiros e bombardeou os processadores de ópio, mas novos laboratórios de drogas surgiram da noite para o dia, e a produção continuou inabalável.

O governo Obama tentou incentivar os agricultores a trocar de cultivo, uma abordagem que exigia mais tempo e paciência. Isso também caiu por terra.

Richard Holbrooke, o diplomata intempestivo que serviu como enviado especial de Obama para o Afeganistão e para o Paquistão, ridicularizou publicamente as táticas do governo Bush. Ao assumir seu cargo em 2009, ele imediatamente interrompeu a erradicação de papoula.

"As políticas ocidentais contra o cultivo do ópio, e o cultivo da papoula, foram um fracasso", observou ele durante uma conferência sobre o Afeganistão em Trieste, na Itália, em junho de 2009. "Elas não causaram nenhum dano ao Talibã, mas tiraram trabalho dos agricultores, alienaram as pessoas e as jogaram nos braços do Talibã."

O governo Obama mudou seu foco e seu financiamento para programas que tentavam promover formas legais de agricultura. Holbrooke incitou o Departamento de Estado, a USAID e o Departamento de Agricultura a enviar pequenos exércitos de especialistas para persuadir os fazendeiros de papoula afegãos a mudarem para outras culturas, como trigo, açafrão, pistache e romã.

Em Helmand, o governo dos EUA forneceu sementes, fertilizantes e pequenos empréstimos aos agricultores. Eles pagaram trabalhadores afegãos para expandirem a rede de canais e valas da província para que os agricultores pudessem irrigar macieiras, videiras e pés de morango. Eles colocaram uma grande ênfase em romãs e no suco para exportação, embora a fruta exigisse armazenamento refrigerado em um país com uma eletricidade não confiável.

Por um tempo, parecia que a estratégia poderia funcionar. Em 2009, o cultivo da papoula de ópio caiu para seu nível mais baixo em quatro anos, e permaneceu estável em 2010, de acordo com a pesquisa anual da ONU. Os funcionários do governo Obama começaram a se gabar. "Isso está valendo a pena", disse Holbrooke a um subcomitê da Câmara em julho de 2010, referindo-se aos incentivos para o cultivo legal. "Este é o nosso programa de maior sucesso no âmbito civil."

Mas as melhorias foram uma miragem. Na realidade, outros fatores — incluindo as condições meteorológicas e a demanda global flutuante de ópio — diminuíram os números. Autoridades norte-americanas e europeias também sabiam que as influentes pesquisas da ONU poderiam não ser confiáveis. As pesquisas se basearam em dados incompletos de imagens de satélite e inspeções de campo em uma das partes mais instáveis do mundo. As autoridades tinham apenas uma vaga ideia de quantos seres humanos viviam em Helmand — as estimativas variavam de 900 mil a 2 milhões —, então não era realista esperar que eles pudessem calcular com precisão a área reservada para as papoulas de ópio a cada ano.

Um ex-alto funcionário britânico disse que o Escritório das Nações Unidas sobre Drogas e Crimes admitiu privadamente em 2010 que os trabalhadores de campo falsificaram suas pesquisas de rendimento dos dois anos anteriores. Em uma entrevista ao Lições Aprendidas, o funcionário britânico criticou a ONU por "inépcia e falta de capacidade", dizendo que os erros eram "imperdoáveis". Mas funcionários da ONU esconderam os erros do público.

Depois de cair entre 2008 e 2010, os representantes da ONU viram o crescimento da papoula retomar a rápida ascensão. Ao longo dos 4 anos seguintes, a ONU estimou que o cultivo de papoula cresceu mais de 80%, atingindo um novo recorde.

Embora bem-intencionados, muitos programas dos EUA projetados para nutrir outras formas de agricultura não deram em nada. Os canais e as valas de irrigação recuperados em Helmand, destinados a aumentarem a produção de frutas e de culturas especializadas, também tornaram mais fácil e rentável o cultivo da papoula. E, mesmo que os subsídios dos EUA induzissem os fazendeiros de Helmand a começarem a cultivar trigo, eles o faziam paralelamente e transferiam seus campos de papoula para outras partes da província.

Algumas entidades federais ignoraram a nova abordagem do governo Obama e o pressionaram para destruir as plantas de papoula de qualquer maneira. O Departamento de Estado alocou milhões de dólares para um fundo de segurança pública para governadores afegãos, que eles usaram a fim de erradicar os campos de papoula por conta própria. Em 2010, unidades do Corpo de Fuzileiros Navais de Helmand pagaram fazendeiros perto da cidade de Marja para pararem de cultivar papoulas, uma ideia que havia sido desacreditada anos antes, depois que oficiais britânicos fracassaram em um programa semelhante.

Em uma entrevista ao Lições Aprendidas, o ex-oficial superior britânico disse que seu governo, o Departamento de Estado e o general David Petraeus — o comandante de guerra na época — opuseram-se aos programas de erradicação. "Mas ninguém podia deter os fuzileiros navais", observou o oficial britânico. "Era geralmente aceito que não funcionaria, mas o programa foi adiante de qualquer maneira."

Todd Greentree, funcionário do Departamento de Estado que serviu como conselheiro político das Forças Armadas dos EUA de 2008 a 2012, disse que era impossível desenvolver uma estratégia coerente para todas as armas do governo dos EUA. O ópio serviu como a pedra angular da economia em muitas áreas rurais. A receita das drogas também lubrificou a máquina política na maior parte do Afeganistão. Como resultado, todas as ações que os norte-americanos tomaram para interromper o comércio do ópio corriam o risco de minar a estratégia de contrainsurgência dos militares.

"Estávamos sempre debatendo e discutindo isso", disse Greentree em uma entrevista diplomática de história oral. "Mas, no nível da política, era uma contradição que não foi administrada."

Dezenas de programas antinarcóticos, muitos competindo entre si, existiam no Departamento de Estado, no Pentágono, na Delegacia de Tóxicos e Entorpecentes e em outras agências. O governo afegão, os aliados da Otan e as Nações Unidas fizeram lobby por suas próprias ideias e operações. Nunca surgiu um consenso. Como nenhuma pessoa ou agência estava no comando, o problema se agravou.

Mohammed Ehsan Zia, ex-ministro do gabinete afegão encarregado de gerir os programas de desenvolvimento rural, disse que os Estados Unidos e outros membros da Otan apenas investiram dinheiro no problema do ópio. Em uma entrevista ao Lições Aprendidas, ele afirmou que mudavam constantemente as políticas e contavam com um carrossel de consultores que nada sabiam sobre o Afeganistão.

Como ocorreu com outros programas de construção nacional, os funcionários do governo Obama se preocuparam mais em gastar dinheiro rapidamente do que em ajudar os afegãos, disse Zia. Pequenos empréstimos destinados a agricultores foram desperdiçados em despesas gerais ou acabaram nos bolsos de consultores agrícolas estrangeiros. A mensagem não intencional era: "Reduza a papoula agora, mas desconsidere o que precisa ser feito para reduzi-la."

"Os estrangeiros leem O Caçador de Pipas no avião e acreditam que são especialistas no Afeganistão e nunca dão ouvidos a nada", acrescentou Zia, referindo-se ao romance best-seller sobre um menino afegão atormentado por opressão e conflitos étnicos. "A única coisa em que eles são especialistas é burocracia."

Alguns funcionários do governo Obama disseram que os fracassos representavam outro exemplo de como o governo dos EUA entendeu mal o Afeganistão. A guerra implacável desde a invasão soviética, em 1979, destruiu as práticas agrícolas tradicionais, os mercados e as rotas comerciais. Mais do que sementes de trigo e máquinas de processamento de romã doadas, o Afeganistão precisava de paz para que pudesse começar a reparar os danos.

"O Afeganistão não é um país agrícola; isso é uma ilusão", disse Barnett Rubin, o especialista acadêmico que serviu como conselheiro de Holbrooke, em uma entrevista ao Lições Aprendidas. "Sua maior indústria é a guerra, depois as drogas e depois os serviços." A agricultura, acrescentou ele, "está embaixo, em quarto ou quinto lugar".

Em outra entrevista ao Lições Aprendidas, um funcionário não identificado do Departamento de Estado disse que deveria ser óbvio que nenhuma das ideias para desencorajar os afegãos a produzirem ópio teria sucesso enquanto o país permanecesse instável e a demanda global pelo narcótico continuasse alta.

"Quando um país está em guerra, não há muito a ser alcançado", observou o funcionário do Departamento de Estado.

Entre 2002 e 2017, o governo dos EUA gastou US$4,5 bilhões na interdição de drogas no Afeganistão — incursões, apreensões e outras operações de segurança pública —, com pouco para mostrar.

O governo Obama mais que dobrou o número de operações de interdição no país entre 2010 e 2011. Encontrar ópio foi fácil. Os militares dos Estados Unidos e os funcionários antinarcóticos afegãos, com a ajuda da DEA, confiscaram e destruíram milhares de toneladas por ano. Mas as apreensões representaram menos de 2% do que o Afeganistão produzia anualmente.

Washington ajudou o governo afegão a criar um sistema judicial do zero, construindo tribunais e prisões, treinando juízes e promotores. No entanto, nada disso podia competir com o sistema informal de justiça do Afeganistão, que dependia de conexões políticas, afiliações tribais e suborno desenfreado.

Como o dinheiro das drogas contaminou o sistema político, responsabilizar os barões do ópio era quase impossível. As autoridades norte-americanas compilaram metodicamente dossiês de evidências contra os chefões suspeitos, apenas para observar seus colegas afegãos analisando os arquivos.

"A questão é a vontade política", disse um funcionário não identificado do Departamento de Justiça, que serviu em Cabul durante os anos de Obama, em uma entrevista ao Lições Aprendidas. "Afinal, quantos grandes traficantes foram realmente presos ou, pelo menos, processados?"

Outro alto funcionário dos EUA acrescentou: "Se um afegão fosse processado por corrupção, era por ser incompetente ou porque irritou muitas pessoas." Os poucos que foram processados podiam comprar sua saída. Em 2012, agentes antinarcóticos afegãos capturaram Haji Lal Jan Ishaqzai, traficante de ópio que dirigia uma rede centrada nas províncias de Helmand e Kandahar.

Ishaqzai há muito operava sob a proteção de Ahmed Wali Karzai, o meio-irmão do presidente. Os dois homens moravam na mesma rua, em Kandahar, e jogavam cartas juntos. Mas Ishaqzai perdera sua proteção no verão de 2011, quando Karzai foi assassinado. Na mesma época, o governo Obama designou oficialmente Ishaqzai como chefão do narcotráfico estrangeiro, sujeitando-o às sanções dos EUA.

Após a prisão de Ishaqzai, um tribunal afegão, em 2013, o condenou e o sentenciou a vinte anos de prisão. Mas Ishaqzai trabalhou rapidamente no sistema. Ele supostamente subornou vários juízes com milhões de dólares para aprovar sua transferência de uma prisão em Cabul para outro centro de detenção, em Kandahar. Uma vez em território conhecido, ele persuadiu os oficiais do tribunal local a autorizarem sua liberação em abril de 2014 — dezenove anos antes. Com o tempo, as autoridades de Cabul descobriram que ele havia fugido para o Paquistão.

A relutância do governo afegão em punir traficantes influentes enfureceu as autoridades norte-americanas, mas não havia muito que elas pudessem fazer. Os militares dos EUA não podiam ter como alvo legal os chefões do tráfico, a menos que houvesse evidências concretas de que eles representavam uma ameaça direta aos norte-americanos.

"No modelo do terror, você mata o líder, porque ele é contra o governo", disse um alto funcionário da DEA não identificado em uma entrevista ao Lições Aprendidas. Mas, quando se tratava de combater as redes de drogas afegãs, "você não podia matar o líder, porque ele fazia parte do sistema de patrocínio do governo".

Como Washington e Cabul careciam de um tratado de extradição, era extremamente difícil levar chefes do ópio aos Estados Unidos para serem julgados. Em casos raros, quando os chefões realmente apareciam em um tribunal dos Estados Unidos, as coisas ainda davam errado.

Em 2008, as autoridades norte-americanas atraíram um suposto traficante afegão — Haji Juma Khan, de 54 anos — para Jacarta, onde as autoridades indonésias o prenderam e extraditaram para Nova York. Um grande júri federal indiciou Khan, cuja rede era baseada em Helmand e Kandahar, sob a acusação de vender grandes quantidades de heroína e de morfina em mercados internacionais em apoio ao Talibã.

Mas o processo do Departamento de Justiça contra Khan imediatamente encontrou obstáculos. O traficante havia servido como um valioso informante pago para a CIA e a DEA. As agências o haviam levado secretamente a Washington para reuniões dois anos antes e permitido que ele fizesse uma viagem extra a Nova York a fim de passear e fazer compras.

Quando a advogada de defesa de Khan levantou essas conexões em um julgamento aberto ao público, um juiz federal a interrompeu e a advertiu contra a divulgação de informações confidenciais. Posteriormente, o juiz engavetou o processo, encerrando o caso para o público.

O governo Obama designou Khan como o chefão do tráfico estrangeiro em 2009, mas suas acusações criminais nos Estados Unidos desapareceram em um buraco negro. Embora nunca tenha sido condenado, ele permaneceu sob custódia federal por uma década. Os registros da prisão federal mostram que ele foi libertado em abril de 2018. As autoridades norte-americanas nunca explicaram como lidaram com o caso.

À medida que os militares dos EUA diminuíram sua presença no Afeganistão entre 2011 e 2014, o combate ao comércio de ópio se tornou ainda mais difícil. O governo Obama cortou gastos com programas agrícolas e reformas da justiça. O interesse diminuiu entre os embaixadores e generais dos Estados Unidos, que consideravam impossível desvendar o complicado problema das drogas.

A constante rotatividade de pessoal na embaixada dos Estados Unidos em Cabul dificultou as coisas ainda mais. Funcionários de médio e baixo escalão designados para lidar com a questão geralmente tinham pouca experiência ou conhecimento sobre o comércio de ópio. "Passamos muito tempo eliminando as más ideias", disse um ex-representante do FBI não identificado em uma entrevista ao Lições Aprendidas.

Em 2016, novos funcionários da embaixada começaram a apresentar algumas ideias que soavam familiares, como pulverizar herbicidas em campos de papoula e erradicar plantações com tratores, de acordo com um empreiteiro não identificado do Departamento de Estado que trabalhou no Afeganistão por anos em programas antinarcóticos. Como a guerra havia se arrastado por tanto tempo, os novos funcionários não perceberam que essas táticas haviam sido tentadas antes, sem sucesso.

CAPÍTULO VINTE E UM

Conversando com o Talibã

Anastasia, uma jovem expatriada loira usando um vestido preto sem mangas e salto agulha, exibiu uma postura perfeita enquanto tocava piano de cauda. Suas melodiosas interpretações de "Moon River" e "A Whole New World" pairavam pelo saguão de um hotel cinco estrelas no Catar. Do lado de fora do saguão, com vista para a costa do Golfo Pérsico, mulheres em biquínis saboreavam bebidas alcoólicas e flertavam com homens sem camisa em cabanas à beira da piscina. De volta ao Afeganistão, tal licenciosidade incorreria na ira dos mulás.

Mas, por duas semanas, em fevereiro e em março de 2019, uma delegação do Talibã no Catar deixou de lado suas dúvidas e coexistiu pacificamente com os outros hóspedes no luxuoso resort do Oriente Médio. Os ascetas afegãos toleravam Anastasia todas as tardes, quando suas melodias de piano reverberavam em sua sala de conferências, embora eles tivessem proibido a música quando detinham o poder e espancassem os infratores por ousarem tocar tal instrumento.

Dentro da sala de conferências, a dinâmica social não era menos estranha. Uma dúzia de líderes do Talibã com barbas e turbantes sentava-se impassível atrás de uma fileira de mesas. Do outro lado da sala, seus inimigos de longa data — os norte-americanos — sentavam-se atrás de outra fileira de mesas e os encaravam de volta.

O homem no meio da formação norte-americana era o general do Exército Scott Miller, que o Talibã tentara assassinar em Kandahar alguns meses antes.

Os negociadores do Talibã guardavam seus próprios rancores pessoais. Cinco deles passaram doze anos presos na Baía de Guantánamo, sem julgamento, antes que os Estados Unidos os libertassem em uma troca de prisioneiros em 2014.

Na sala de conferências, os norte-americanos esperavam que ambos os lados pudessem deixar de lado suas inimizades acumuladas e chegar a um acordo para encerrar o conflito. Apenas por se reunirem com o Talibã, as autoridades norte-americanas finalmente admitiram a futilidade da guerra de dezessete anos e meio.

Apesar das promessas públicas de Trump de obter uma vitória clara, o presidente ordenou que o Departamento de Estado e o Pentágono se engajassem em negociações formais, face a face com o Talibã, e encontrassem uma maneira de retirar as tropas norte-americanas do Afeganistão sem dar a impressão de que aquilo representava uma derrota humilhante.

Autoridades norte-americanas disseram por uma década que intermediar um acordo político entre o governo afegão e os insurgentes era a única maneira viável de encerrar a guerra. Eles sabiam que uma derrota militar duradoura do Talibã era altamente improvável. Diferentemente da Al-Qaeda, cujo número de membros cada vez menor consistia em alguns árabes e outros combatentes estrangeiros, o Talibã era um movimento de massa liderado pelos pashtuns que representava uma parte significativa da população afegã e continuava a ganhar força.

"Tem que haver algum tipo de reconciliação", disse o general do Exército David Petraeus durante uma palestra na Universidade de Harvard em 2009. "Você não pode debandar do nada de uma insurgência desse porte. A pergunta é: como fazer isso?"

Mas os governos Bush e Obama fizeram apenas tentativas indiferentes para encontrar uma resposta. Eles desperdiçaram múltiplas oportunidades de alcançar o Talibã quando os Estados Unidos e seus aliados tinham influência máxima. Eles se submeteram ao governo afegão e permitiram que o processo diplomático fosse paralisado. Eles tentaram, sem sucesso, dividir e conquistar a liderança do Talibã e insistiam em condições irrealistas para as negociações.

Os Estados Unidos perderam sua primeira chance de negociar a paz com o Talibã em 2001, semanas após o início da guerra. O governo Bush, seus aliados na Aliança do Norte e as Nações Unidas excluíram o Talibã da Conferência de Bonn, que traçou planos para um novo governo e uma nova Constituição afegãos.

Outra oportunidade se apresentou três anos depois, quando o Afeganistão realizou sua primeira eleição presidencial democrática e mais de oito milhões de afegãos compareceram às urnas. Karzai venceu com facilidade, e o Talibã parecia fraco após suas ameaças de inviabilizar a votação. Mas Karzai e o governo Bush não pressionaram suas vantagens políticas e não fizeram nenhum esforço conjunto para alcançar a liderança do Talibã.

O major general Eric Olson, comandante da 25ª Divisão de Infantaria na época, disse que as autoridades norte-americanas reconheceram o momento como um ponto de virada estratégico para o governo afegão porque o Talibã estava "na corda bamba". Mas eles vacilaram sobre o que fazer.

"Nunca descobrimos, pelo menos no meu entendimento, como usar as forças militares para apoiar o esforço de reconciliação com o Talibã. No fim das contas, o governo nacional é que deveria de fato fazer isso", observou Olson em uma entrevista de história oral ao Exército. "Acho que nunca demos ao governo de Karzai a liderança ou o apoio de que ele precisava para fazer a reconciliação acontecer."

O major general Peter Gilchrist, oficial britânico que serviu como vice-comandante das forças da coalizão de 2004 a 2005, disse que os militares criaram um programa para compelir os combatentes do Talibã a trocarem de lado. Mas a iniciativa enfrentou dificuldades para obter orientação do Departamento de Estado e aprovação de muitas facções políticas do Afeganistão.

"Foi uma meada interessante de se achar o fio", disse Gilchrist em uma entrevista de história oral ao Exército. "Não havia sentido em fazer algo que fosse bom para os pashtuns e não fosse bom para os tadjiques ou para os hazaranos."

Só pensar em um nome para o programa já foi complicado. As autoridades afegãs eram alérgicas ao termo "reconciliação", porque os comunistas o usavam durante a era soviética. Eles acabaram o chamando de Programa de Fortalecimento da Paz. Gilchrist disse que cerca de mil insurgentes se inscreveram, mas o processo foi árduo e não conseguiu atrair nenhum "dos agentes realmente importantes".

Depois que Obama assumiu o cargo, o presidente disse que os Estados Unidos tentariam novamente entrar em contato com o Talibã. "Também não haverá paz sem reconciliação entre ex-inimigos", disse ele em um discurso em março de 2009.

Mas o governo de Obama definiu essa "reconciliação" de forma restrita: criou uma nova versão do Programa de Fortalecimento da Paz com o governo afegão, mas limitou a elegibilidade dos combatentes de baixo escalão. As autoridades norte-americanas excluíram explicitamente os comandantes e mulás do Talibã, rotulando-os de "irreconciliáveis" e dizendo que não tinham opções a não ser se render ou morrer.

As autoridades do Pentágono se sentiram confiantes com uma abordagem linha-dura porque Obama e os aliados da Otan de Washington concordaram em inundar a zona de guerra com mais tropas. Eles presumiram que suas forças superiores lhes dariam vantagem.

"À medida que retomarmos a iniciativa, apoiaremos um processo de reconciliação liderado pelo Afeganistão que visa essencialmente a convencer os soldados rasos, trazendo líderes de baixo e médio escalão para o lado do governo", disse Michèle Flournoy, subsecretária da Defesa para assuntos políticos, ao Comitê de Serviços Armados do Senado em abril de 2009. "Se esse processo for bem-sucedido, os líderes seniores, os irreconciliáveis, devem ser isolados com mais facilidade, e devemos ser mais capazes de direcioná-los."

À medida que o aumento de tropas de Obama se desenrolava, os comandantes militares intensificavam o discurso árido.

"Teremos que dividi-los, irreconciliáveis e reconciliáveis", afirmou o general do Corpo de Fuzileiros Navais James Mattis ao Comitê de Serviços Armados do Senado em julho de 2010. "Se forem irreconciliáveis, vamos neutralizá-los. Se forem reconciliáveis, se largarem suas armas, se trabalharem com o governo e dentro da constituição, haverá um lar para eles. Todas as guerras chegam ao fim, e temos que garantir que vamos dar a elas um meio de terminar o quanto antes."

Oficiais militares norte-americanos mostraram pouca compreensão — ou curiosidade — sobre o que motivou o Talibã a lutar. Em seu depoimento no Congresso, Flournoy afirmou que a insurgência estava enraizada em "crises socioeconômicas" e previu que a rebelião desapareceria à medida que o governo afegão se tornasse mais bem estabelecido.

Muitos afegãos desprezavam o Talibã por suas táticas brutais. Mas uma porcentagem substancial da população — especialmente entre os pashtuns, o maior grupo étnico do Afeganistão — simpatizava ou apoiava ativamente sua jihad contra os soldados estrangeiros dos Estados Unidos e da Europa. Sua afinidade baseava-se mais na etnia compartilhada, nas crenças religiosas e nas lealdades tribais do que em fatores "socioeconômicos". Diferentemente das forças de segurança afegãs, que foram assoladas por deserção e corrupção, o Talibã não teve problemas em recrutar combatentes que acreditassem na causa dos insurgentes.

Alguns funcionários do governo Obama queriam pressionar mais por negociações de paz genuínas com o Talibã. Entre eles estavam Richard Holbrooke, enviado do Departamento de Estado, e Barnett Rubin, o especialista acadêmico em Afeganistão que mantinha contatos não oficiais com personalidades do Talibã.

"Nosso argumento era o de que só temos a insurgência porque não temos um acordo político. E, se não resolvermos isso, os militares não serão capazes", mencionou Rubin em uma entrevista ao Lições Aprendidas. Mas ele disse que funcionários do Pentágono e da CIA viram poucos motivos para negociar com o Talibã e definiu a reconciliação como "seremos bons com as pessoas que se renderem".

A secretária de Estado Hillary Clinton também resistiu em prosseguir as negociações com o Talibã. Clinton temia que qualquer tentativa de abrir os braços de novo ao Talibã prejudicaria o progresso que o governo afegão havia feito em relação aos direitos humanos — os direitos das mulheres, em particular. De acordo com Rubin, Clinton não queria ser vista como branda com o Talibã, pois pensava em outra candidatura à presidência.

"As mulheres são um eleitorado muito importante para ela, e ela não poderia vender sua imagem fazendo uma barganha com o Talibã", lembra Rubin. "Se você quer ser a primeira mulher presidente, não pode deixar nenhuma pista ou dúvida de que é a pessoa mais rígida em termos de segurança nacional."

Mas Clinton e outros pesos-pesados do gabinete de Obama tinham outras reservas. Eles viam o Talibã e a Al-Qaeda como inseparáveis e duvidavam de que o Talibã algum dia cortasse todos os laços com a rede de bin Laden.

Em público, o governo Obama retratou seus programas de reconciliação para os soldados do Talibã como metódicos e produtivos. Mas os oficiais do Exército que estiveram diretamente envolvidos os descreveram como desajeitados e mal concebidos.

O major do Exército Ulf Rota, oficial de planejamento que serviu nos quartéis-generais dos EUA e da Otan em Cabul de 2010 a 2011, disse que uma burocracia militar chamada de Célula de Reintegração da Força supervisionou o processo. A célula deveria fornecer treinamento profissional a ex-insurgentes em troca da promessa de nunca mais pegarem em armas contra o governo. Mas ele disse que os organizadores do programa raramente faziam o mesmo.

O destaque principal foi "uma cerimônia formal de reintegração, na qual eles diziam: 'Eu renuncio ao mal da Al-Qaeda, blá-blá-blá'", disse Rota em uma entrevista de história oral ao Exército. A maioria dos que se reconciliaram eram "apenas caras pagos que não tinham mais nada para fazer. Às vezes, eles queriam desistir e se tornar parte do sistema novamente, em vez de serem arrastados para fora e jogados na prisão".

O major da Força Aérea Matthew Brown, que trabalhou em uma equipe de reintegração na província de Helmand em 2011, disse que o programa era imediatista e superficial. Ele disse que a experiência histórica mostrou que a maioria das insurgências armadas oprimia conflitos que duravam de vinte a quarenta anos, portanto, esperar que um grande número de combatentes do Talibã trocasse repentinamente o objeto de sua lealdade não fazia sentido.

"Não importa o quão inteligente você seja, não importa quanto dinheiro você gaste, não importa o quão pouco você durma todas as noites, você não mudará substancialmente em curto prazo o ambiente em que está operando", disse Brown em uma entrevista de história oral ao Exército. "A sociedade vai rechaçá-lo quanto mais você pressionar."

Brown dizia que permanecia cético sobre "a verdade" dos combatentes que se ofereciam para se reconciliar. Líderes tribais e funcionários do governo afegão às vezes manipulavam o sistema e canalizavam as pessoas por meio do programa de reintegração apenas para se misturarem aos norte-americanos.

"Há tantos agentes de poder no Afeganistão, que poderia ser tão simples quanto o governador dizer: 'Ei, a coligação não acredita no nosso trabalho. Preciso que você me arrume seis pessoas.' Um cara ficaria tipo: 'Tudo bem. Se eu fizer isso, você fará tal coisa por mim?' E outro: 'Sim. Por favor, tire esses caras da minha cola por um mês.' Milagrosamente, seis pessoas aparecem, e isso é uma grande vitória para a reintegração em Helmand."

Karzai estabeleceu um Alto Conselho de Paz afegão em 2010 para coordenar aberturas com figuras importantes do Talibã. O governo Obama não queria minar a autoridade do governo afegão, então evitou entrar em contato com o Talibã sem a aprovação de Karzai.

Mas o passo diplomático liderado pelos afegãos avançou em ritmo de tartaruga. Karzai e os senhores da guerra em seu governo tinham pouco incentivo para concordar com negociações que pudessem reconhecer tacitamente o Talibã como um movimento político ou enfraquecer seu próprio controle do poder. O Talibã também não queria dar legitimidade a Karzai, a quem considerava um fantoche estrangeiro. Eles se recusaram a negociar até que as tropas estrangeiras concordassem em deixar o país.

O governo Obama disse que apoiava um diálogo entre o governo afegão e o Talibã, mas elaborou sua própria lista de demandas: que o Talibã rompesse os laços com a Al-Qaeda, acabasse com a violência e apoiasse os direitos iguais para as minorias afegãs e para as mulheres.

Quando sinais de progresso surgiram, extremistas de ambos os lados tentaram sabotar o processo.

Em setembro de 2011, Burhanuddin Rabbani, ex-presidente afegão de 71 anos que liderava o conselho de paz, recebeu um emissário em sua casa que afirmou ter uma mensagem da liderança do Talibã para entregar. Quando o mensageiro se inclinou para cumprimentar Rabbani, ele detonou uma bomba escondida em seu turbante. Rabbani e o homem-bomba morreram. Dois outros membros do conselho de paz ficaram gravemente feridos.

Mesmo assim, os diplomatas norte-americanos continuaram tentando cultivar contatos extraoficiais. Em janeiro de 2012, com o apoio de Washington, o governo do Catar concedeu permissão ao Talibã para abrir um escritório político no país.

A intenção era fornecer aos líderes insurgentes um local protegido em um país neutro em que eles pudessem se reunir com os negociadores do governo dos EUA e do Afeganistão. Mas, antes que pudessem abrir o escritório político, o Talibã suspendeu as negociações preliminares com os representantes dos EUA, acusando os norte-americanos de renegarem um acordo para libertar prisioneiros talibãs da Baía de Guantánamo.

O governo afegão não confiava nos contatos extraoficiais do Catar porque temia perder o controle sobre as negociações. Ryan Crocker, que atuou como embaixador dos EUA no Afeganistão de 2011 a 2012, disse que advertiu funcionários do Departamento de Estado que eles arriscariam alienar Karzai ao endossar a presença do Talibã no Catar, mas eles não lhe deram ouvidos.

"Hamid Karzai ficou furioso com aquilo tudo", disse ele em uma entrevista ao Lições Aprendidas. "Falávamos da boca para fora que o processo teria que ser liderado e gerenciado pelos afegãos."

Uma tentativa das autoridades norte-americanas de reiniciarem as negociações no ano seguinte explodiu novamente antes que eles fossem muito longe. Em junho de 2013, o Talibã finalmente abriu seu escritório no Catar. Mas o grupo também ergueu uma bandeira e um estandarte anunciando o local como a residência do Emirado Islâmico do Afeganistão — o antigo nome do governo Talibã.

A ação contrariou Karzai, que a viu como uma tentativa direta do Talibã de obter reconhecimento diplomático. Ele interrompeu as negociações nascentes com o Talibã e se recusou a assinar o acordo de segurança bilateral com os Estados Unidos pelo qual o governo Obama o vinha pressionando.

Com o número de soldados norte-americanos diminuindo no Afeganistão, o Talibã sentiu uma urgência menor de reatar as negociações, a menos que os termos fossem adequados para eles.

James Dobbins, diplomata de carreira que retornou ao Departamento de Estado para servir como enviado de Obama ao Afeganistão e ao Paquistão de 2013 a 2014, disse que o cronograma de retirada das tropas "foi provavelmente inútil no que diz respeito a incentivar o Talibã a entrar em negociações". Mas observou que havia outros obstáculos, "principalmente a profunda ambivalência de Karzai em relação a realmente querer fazer aquilo e em que condições".

O Talibã tinha outra vantagem: um prisioneiro de guerra norte-americano. Em 2009, os insurgentes capturaram o sargento do Exército Bowe Bergdahl após ele se afastar de uma base militar dos EUA no leste do Afeganistão. O Pentágono tentava há anos levá-lo de volta, mas o Talibã estava fazendo uma negociação difícil, exigindo a libertação de líderes talibãs de Guantánamo.

Depois de negociações meticulosas mediadas pelo Catar, em maio de 2014, o governo Obama finalmente concordou em libertar cinco presidiários de Guantánamo que haviam ocupado cargos importantes no governo afegão durante os anos de governo do Talibã. Em troca, o Talibã libertou Bergdahl em uma transferência cuidadosamente orquestrada com as Forças Especiais dos EUA, em um encontro remoto no leste do Afeganistão.

No início, o governo Obama comemorou o acordo como um avanço diplomático e esperava que isso pudesse levar a novas negociações com o

Talibã. Mas os republicanos no Congresso criticaram a liberação dos prisioneiros do Talibã e acusaram Obama de colocar em risco a segurança nacional dos EUA.

A senadora Lindsey Graham, da Carolina do Sul, rotulou os presos de "*Taliban Dream Team*" [Equipe dos Sonhos do Talibã] e disse que eles tinham "sangue norte-americano nas mãos". O senador John McCain, do Arizona, chamou-os de "os mais barras-pesadas de todos". Trump, então conhecido principalmente como apresentador de *reality show*, tuitou: "O presidente Obama criou um precedente MUITO RUIM ao entregar cinco prisioneiros talibãs em troca do sargento Bowe Bergdahl. Mais uma derrota dos EUA!"

A reação política eliminou qualquer chance de haver uma nova reaproximação pelo resto do mandato de Obama. Nos quatro anos seguintes, uma guerra inabalável consumiu o Afeganistão e esmagou as tentativas insossas de estabelecer a paz.

Em 2018, a luta parecia sem sentido como sempre. As baixas civis aumentaram conforme a violência se intensificou entre as forças de segurança afegãs e os insurgentes, com aviões de guerra dos EUA lançando níveis recordes de bombas.

O primeiro sinal de uma abertura diplomática surgiu em fevereiro de 2018, quando o presidente afegão Ashraf Ghani se ofereceu para manter conversações de paz incondicionais e disse que estaria disposto a reconhecer o Talibã como partido político. O Talibã se recusou. Seus líderes continuaram a insistir em negociar diretamente com os norte-americanos e na retirada completa das tropas estrangeiras.

Quatro meses depois, no entanto, o Talibã cedeu. Depois que Ghani declarou que o governo afegão observaria um cessar-fogo unilateral para marcar o fim do mês sagrado do Ramadã, o Talibã concordou com uma trégua de três dias. Pela primeira vez desde 2001, os combatentes de ambos os lados largaram as armas, e uma breve euforia tomou conta de uma nação exausta pela guerra. A luta recomeçou depois de 72 horas, mas ficou claro que até mesmo muitos dos soldados da linha de frente do Talibã ansiavam pela paz.

A administração de Trump tentou aproveitar o momento. Pela primeira vez, autorizou conversas diretas, do alto escalão, com o Talibã. Em julho de 2018, uma diplomata sênior dos EUA, Alice Wells, teve uma reunião preliminar com líderes do Talibã no Catar. Em uma grande concessão aos insurgentes, funcionários do governo de Ghani foram excluídos da reunião.

Logo depois, o governo Trump chamou Zalmay Khalilzad, o veterano diplomata afegão-americano, de volta ao serviço público para liderar as negociações com o Talibã. Khalilzad topou. Ele se encontrou com o Talibã em Catar, em outubro. Dias depois, ele persuadiu o governo do Paquistão a liberar da prisão o vice-emir do Talibã, o mulá Abdul Ghani Baradar.

Ao longo de vários meses, os dois lados mantiveram várias rodadas de negociações, muitas ocorrendo no luxuoso resort no Catar. Em um ano, um negócio parecia fechado. Sob os termos, os Estados Unidos retirariam o restante de seus 14 mil soldados, e o Talibã concordaria em negociar um acordo duradouro com o governo afegão e abandonar os laços com a Al-Qaeda.

Mas, em setembro de 2019, o acordo provisório se desfez de maneira espetacular. Trump havia convidado secretamente os líderes do Talibã a Camp David para assinar o acordo, com Ghani como testemunha. Mas tanto Ghani quanto o Talibã recusaram a ideia de viajar aos Estados Unidos para se juntar a Trump para uma sessão de fotos. Quando vazou a notícia de que a Casa Branca havia convidado líderes de um grupo terrorista a Camp David, os membros do Congresso reagiram com descrença. Trump cancelou o convite e declarou que as negociações com o Talibã estavam "acabadas".

Depois que o tumulto diminuiu, Khalilzad retomou as negociações com o Talibã, em Doha. Em 29 de fevereiro de 2020, os dois lados assinaram um acordo complexo para encerrar a guerra.

A administração de Trump prometeu retirar as tropas dos EUA em etapas, com todas as forças partindo em maio de 2021, e pressionar pela libertação de 5 mil prisioneiros talibãs mantidos pelo governo afegão. O Talibã prometeu iniciar negociações diretas com o regime de Ghani e deu garantias de que o Afeganistão não seria usado para lançar ataques contra os Estados Unidos.

Mas o acordo estava repleto de áreas cinzentas, contingências e questões não resolvidas.

Depois de irem de lugar a lugar por vários meses, representantes do governo afegão e do Talibã finalmente se reuniram em setembro de 2020 em Catar para ter as conversas oficiais. Mas a luta continuou acelerada enquanto o Talibã pressionava por vantagens militares.

Funcionários do Pentágono pressionavam Trump para desacelerar ou adiar a retirada das tropas dos EUA. Mas, depois que Trump perdeu sua candidatura à reeleição, ele ordenou que os militares reduzissem o número de forças dos EUA no Afeganistão para 2.500 até o fim de seu mandato, em janeiro de 2021.

Isso marcou a menor presença de tropas norte-americanas desde dezembro de 2001, quando o Afeganistão parecia um desafio administrável e de curto prazo. Na época, o Talibã havia entregado seu último reduto em Kandahar, as tropas dos EUA prendiam bin Laden em Tora Bora e a maioria dos norte-americanos achava que havia vencido de forma decisiva uma breve guerra em uma terra distante. Nas duas décadas seguintes, à medida que o conflito se degenerava e o atoleiro se aprofundava, seus líderes mentiram sobre o que estava acontecendo e continuaram insistindo que estavam fazendo progressos.

Como Bush e Obama, Trump falhou em cumprir sua promessa de prevalecer no Afeganistão ou de levar à conclusão o que ele zombou como "a guerra infinita". Em vez disso, ele entregou a campanha inacabada para seu rival político, Joseph Biden, o quarto comandante supremo a supervisionar o conflito armado mais longo da história norte-americana.

Biden acompanhou de perto a trama da guerra por duas décadas, tendo viajado pela primeira vez ao Afeganistão no início de 2002, como senador dos Estados Unidos. Durante o governo Bush, ele pediu o envio de mais tropas e recursos ao Afeganistão para estabilizar o país. Mas, na época em que se tornou vice-presidente de Obama, em 2009, Biden ficou cético em relação ao que os Estados Unidos poderiam realizar lá.

Durante as deliberações internas na Casa Branca, Biden pediu a Obama que rejeitasse a estratégia cara de contrainsurgência que expandiu a guerra, pressionando por uma versão mais enxuta do aumento de tropas. Em 2011, ele aconselhou Obama a não enviar SEALs da Marinha ao Paquistão para caçar Osama bin Laden, argumentando que a missão era muito arriscada. Em ambos os casos, seu conselho foi ignorado.

Assim que se tornou presidente, em janeiro de 2021, Biden enfrentou o mesmo enigma que atormentou Bush, Obama e Trump: como encerrar uma guerra impossível de se ganhar? Se ele levasse as tropas norte-americanas restantes para casa, o Talibã teria uma excelente chance de reconquistar o poder, e os Estados Unidos arriscariam se tornar a segunda superpotência em uma geração a deixar o Afeganistão derrotado. A alternativa era renegar o acordo de Trump com os insurgentes e manter as forças dos EUA lá indefinidamente para apoiar o governo ineficaz e corrupto em Cabul.

Durante três meses, Biden procurou outro caminho. Sua administração incitou o Talibã e o governo afegão a acelerarem suas negociações paralisadas e a realizarem uma cúpula com potências regionais. Mas os esforços foram pouco promissores e não ganharam força.

Em 14 de abril, Biden anunciou sua decisão. Em um discurso na Sala de Tratados da Casa Branca, ele prometeu retirar todas as tropas norte-americanas do Afeganistão até 11 de setembro de 2021 — o 20º aniversário dos ataques do 11 de Setembro.

Diferentemente de seus predecessores, Biden fez uma avaliação séria de duas décadas de guerra. Ele não tentou enquadrar o resultado como uma vitória. Pelo contrário, disse que os Estados Unidos alcançaram seu objetivo original há muito tempo ao destruir o reduto da Al-Qaeda no Afeganistão. Ele sugeriu que as tropas norte-americanas deveriam ter partido depois de matar Osama bin Laden, em maio de 2011. "Isso foi há dez anos. Pensem nisso", disse ele.

Desde então, acrescentou ele, a justificativa de Washington para permanecer no Afeganistão tornou-se "cada vez mais obscura" à medida que se esforçava para "criar condições ideais" para terminar a guerra. Ele lembrou como os comandantes militares insistiram sete anos antes — durante seu segundo mandato como vice-presidente — que o Exército e a polícia afegãos estavam prontos para assumir a total responsabilidade pela segurança de seu país, uma avaliação que se mostrou fraca e tola.

"Então, quando será o momento certo para partir? Mais um ano, mais dois anos, mais dez anos? Que condições devem ser cumpridas para partirmos?", questionou Biden. "Não estou ouvindo nenhuma boa resposta para essas perguntas. E se não pudermos respondê-las, na minha opinião, não devemos ficar."

Depois de seus comentários na Casa Branca, Biden cruzou o Rio Potomac e visitou o Cemitério Nacional de Arlington para prestar homenagem aos mortos. Carregando um guarda-chuva preto fechado sob o céu nublado, ele caminhou lentamente pela Seção 60 do cemitério, onde os veteranos das guerras do Afeganistão e do Iraque estão enterrados. Diante de uma coroa de flores em seu memorial, ele fez o sinal da cruz e uma saudação. Então, olhou para longe, examinando fileiras e mais fileiras de lápides de mármore branco.

"Difícil de acreditar", murmurou ele. "Veja quantos são."

Agradecimentos

Estampada em uma parede da redação do *Washington Post*, há esta citação: "O jornalismo é o primeiro rascunho da história", de Philip L. Graham, que foi editor do jornal de 1946 a 1961. Para resumir, o jornalismo é uma tentativa inicial de definir e interpretar eventos dignos de nota: uma etapa preliminar em um esforço infindável para compreender e interpretar o passado.

Este livro é um trabalho de jornalismo, mas não corresponde exatamente à definição de Phil Graham; assemelha-se mais a um segundo ou mesmo um terceiro rascunho da história. Em geral, *Documentos do Afeganistão* reavalia eventos que ocorreram anos atrás e já começaram a desaparecer da memória. Mas as fontes primárias que fornecem a base para este livro trazem uma nova perspectiva sobre o que deu errado e por que o conflito persistiu por tanto tempo. As entrevistas e as histórias orais ao Lições Aprendidas, bem como os flocos de neve, revelam pela primeira vez, em termos contundentes e incontestáveis, que os líderes dos Estados Unidos sabiam que sua estratégia de guerra era disfuncional e, em particular, duvidavam de que pudessem atingir seus objetivos. Mesmo assim, eles disseram ao público, com confiança, ano após ano, que estavam progredindo e que a vitória — a possibilidade de prevalecerem — estava no horizonte.

Esse conhecimento só veio à tona porque a liderança do *Washington Post*, meu lar profissional nos últimos 23 anos, assumiu o compromisso institucional de descobrir a verdade sobre a guerra mais longa da história norte-americana. Quando o SIGAR repetidamente bloqueou minhas solicitações de registros públicos, o *Post* enfrentou uma decisão: recuar e passar para uma história mais fácil, ou processar a agência federal de acordo com a Lei de Liberdade de Informação (FOIA, na sigla em inglês).

Levar o Governo Federal a um tribunal não é para covardes. As ações judiciais da FOIA são quase sempre caras e demoradas — palavras que nenhum editor quer ouvir —, e não há garantia de que o caso vá se desenrolar do jeito que você espera. Então, serei eternamente grato à liderança do *Post* por sua determinação e dedicação. Jeff Leen e David Fallis, meus editores na Investigative Desk, administraram habilmente o projeto desde o início e me deram tempo e espaço para buscar. Quando precisei de ajuda jurídica e suporte de alto nível, o editor executivo Marty Baron, o editor-chefe Cameron Barr e o editor de publicações Fred Ryan não hesitaram nem vacilaram. Eles reconheceram a importância potencial das entrevistas do Lições Aprendidas e liberaram caminho para abrirmos não apenas um, mas dois processos contra o SIGAR para forçar o governo a cumprir a Lei de Registros Públicos. Os repórteres não podem lidar com histórias difíceis a menos que seus chefes os protejam, e foi o que eles fizeram por mim.

Um crédito especial vai para o formidável departamento jurídico do *Post*, especialmente James McLaughlin e Jay Kennedy, e três advogados de elite do escritório de advocacia Ballard Spahr — Charles Tobin, Maxwell Mishkin e Matthew Kelley —, que representaram o *Post* no tribunal federal. Eles passaram incontáveis horas preparando e refinando nossos casos da FOIA, entrando em confusões com advogados do Governo e rindo das minhas tentativas de advogar da minha poltrona. Sem eles, o tesouro de documentos do Lições Aprendidas ainda estaria escondido do público.

Como o SIGAR relutantemente começou a liberar os documentos em monótonas doses homeopáticas após repetidos atrasos, ficou claro que as entrevistas não eram apenas interessantes, mas mostravam que altos funcionários dos EUA haviam mentido para o público. Os editores do *Post* decidiram que miraríamos alto por meio de uma série de partes e apresentaríamos todos os documentos e gravações de áudio online para que os leitores pudessem ver e ouvir por si próprios. A liderança da redação reuniu uma equipe talentosa de desenvolvedores de projetos, designers gráficos, gênios de banco de dados e preparadores de originais, bem como produtores de foto, vídeo e áudio. Para garantir que nossa reportagem exclusiva não vazasse prematuramente, trabalhávamos dando informações apenas a pessoas que realmente precisavam delas e batizamos o projeto de Avocado.

Meus eternos agradecimentos aos membros-fundadores da equipe Avocado: Julie Vitkovskaya, Leslie Shapiro, Armand Emamdjomeh, Danielle Rindler, Jake Crump, Matt Callahan, Nick Kirkpatrick, Joyce Lee, Ted

AGRADECIMENTOS 273

Muldoon, JJ Evans e Annabeth Carlson. Seus talentos são incomparáveis, e eles provaram ser dignos da credencial de segurança ultrassecreta. Os ex-chefes do escritório de Cabul, Joshua Partlow e Griff Witte, dois correspondentes excepcionalmente inteligentes e cooperativos, forneceram um feedback crítico sobre os rascunhos da história por meio de um canal à parte.

Quando o prazo se aproximou, a equipe se expandiu. O editor-chefe Emilio Garcia-Ruiz, outro forte apoiador do projeto, soube que metade da redação estava ocupada trabalhando no Avocado. Contribuições importantes foram feitas por Martine Powers, Madhulika Sikka, Michael Johnson, Tom LeGro, Brian Cleveland, Laris Karklis, Jenn Abelson, Meryl Kornfield, Alex Horton, Susannah George, Sharif Hassan, Sayed Salahuddin, Jennifer Amur, Eva Rodriguez, Doug Jehl, Julie Tate, Tim Curran, Greg Manifold, MaryAnne Golon, Robert Miller, Tim Meko, Chiqui Esteban, Jason Bernert, Courtney Kan, Brian Gross, Joanne Lee, William Neff, María Sánchez Díez, Kanyakrit Vongkiatkajorn, Ric Sanchez, Jennifer Hassan, Travis Lyles, TJ Ortenzi, Tessa Muggeridge, Robert Davis, Kenisha Malcolm, Emily Tsao, Molly Gannon, Aja Hill, Diyana Howell, Coleen O'Lear, Steven Bohner, Amy Cavanaile, Mia Torres, John Taylor, Chris Barber, Eric Reyna, Charity Brown, Greg Barber, Danielle Newman, Iris Long e Mike Hamilton.

Depois que a série foi publicada, ouvimos centenas de leitores que nos incentivaram a expandir nossa reportagem em um livro. Marty Baron me encorajou a fazer isso acontecer como um projeto do *Post*. Minha agente literária, Christy Fletcher, da Fletcher & Company, forneceu sua orientação sábia de costume e desempenhou um papel fundamental na transformação de uma ideia em realidade. Agradeço também a Todd Shuster, da Aevitas Creative Management, e aos editores administrativos do *Post* Tracy Grant, Kat Downs Mulder e Krissah Thompson.

Sou excepcionalmente grato à equipe da Simon & Schuster por reconhecer o potencial narrativo desses documentos históricos e por dedicar muita energia e recursos a este livro. Agradeço em particular a Priscilla Painton, vice-presidente e diretora editorial do programa de não ficção da Simon & Schuster. Suas ideias precisas, seu feedback inspirador e suas edições impecáveis melhoraram cada capítulo. Mal posso esperar para trabalharmos juntos em nosso próximo livro. Agradeço também à indispensável Hana Park por orientar o projeto, a Kate Lapin por sua proficiente edição de textos, e a John Pelosi por sua cuidadosa revisão jurídica. Também foi um prazer trabalhar com uma equipe dos sonhos de marketing e publicidade: Kirstin Berndt e Elise Ringo, da Simon & Schuster, e Kathleen Floyd, do *Post*.

Teria sido impossível escrever este livro se eu não tivesse conseguido acessar vários outros tesouros de documentos. O Arquivo de Segurança Nacional da Universidade George Washington fornece um serviço público insubstituível, removendo registros de agências federais que preferem operar no escuro. Meus enormes agradecimentos vão para Thomas Blanton, o diretor do Arquivo, e o guru da FOIA Nate Jones por processar o Departamento de Defesa sob a FOIA para obter os flocos de neve de Donald Rumsfeld e por me permitir examinar toda a avalanche de 50 mil páginas. O Arquivo também compartilhou um lote valioso de cabogramas diplomáticos não confidenciais.

Por mais de uma década, o Instituto de Estudos de Combate do Exército dos EUA em Fort Leavenworth, Kansas, teve a visão de conduzir entrevistas de história oral com veteranos da guerra no Afeganistão como parte de seu projeto de Experiência de Liderança Operacional. Tenho uma grande dívida com os organizadores do projeto por seu trabalho metódico. Agradeço a Don Wright, vice-diretor da Army University Press, por responder pacientemente às minhas perguntas. Agradeço também a Andrew Ba Tran, do *Post*, por reunir milhares de transcrições e torná-las facilmente acessíveis para minha pesquisa.

Estendo uma saudação especial ao Centro Miller da Universidade de Virgínia, que fortuitamente fez dezenas de transcrições de seu projeto de história oral George W. Bush, disponível ao público no momento em que comecei a escrever este livro. Agradeço a Russell Riley, copresidente do Programa de História Oral do Centro Miller, por responder alegremente às minhas muitas perguntas e ir além do dever de verificar três vezes a gravação de áudio original da entrevista do general Peter Pace para ter certeza de que uma citação peculiar estava correta.

Um alô especial vai para Candace Rondeaux, jornalista e analista que cobriu a guerra no Afeganistão durante anos. Agradeço também à Association for Diplomatic Studies & Training e a seu inestimável Programa de História Oral de Relações Exteriores. Charles Stuart Kennedy, o diretor do programa desde seu início, em 1985, entrevistou pessoalmente mais de mil diplomatas norte-americanos aposentados, e as transcrições são sempre esclarecedoras.

Diversos colegas do *Post* desempenharam papéis essenciais para dar vida a este livro, e não posso agradecê-los o suficiente por seu trabalho árduo e expertise. Nick Kirkpatrick analisou milhares de fotos da guerra no Afeganistão e fez a curadoria de uma seleção notável de imagens. O lindo mapa dentro da capa original é resultado da arte cartográfica de Laris Karklis. Julie Tate verificou rigorosamente os fatos do manuscrito e ajudou a compilar as citações da fonte. Nem é preciso dizer que quaisquer erros ou omissões são de minha exclusiva responsabilidade.

Tive o maior prazer em colaborar com David Fallis, o editor de linha de frente deste livro e meu antigo amigo e colega do *Post*. Nós nos aproximamos pela primeira vez em um projeto investigativo há mais de duas décadas; seu entusiasmo, sua motivação e sua determinação para acertar são incomparáveis. Um buldogue do jornalismo, ele pertence àquela raça rara cujas habilidades de reportagem e edição são igualmente do mais alto calibre.

Por fim, e de forma mais significativa, um sincero agradecimento a minha esposa, Jennifer Toth, e a nosso filho, Kyle Whitlock. Jenny é uma autora e escritora muito mais talentosa do que eu, e não posso expressar o quanto dependi e me beneficiei de seus conselhos, de seu amor e de seu apoio constantes. Como aconteceu para muitos norte-americanos, o 11 de Setembro remodelou nossa vida de maneiras imprevisíveis. Logo depois de celebrarmos o primeiro aniversário de Kyle, em 2001, o *Post* enviou-me ao Paquistão para ajudar na cobertura da guerra, o início de uma jornada que acabou levando nossa família por todo o mundo. As últimas duas décadas foram uma aventura, mas nada disso teria sido possível, ou valido a pena, sem eles.

— Craig Whitlock
Silver Spring, Maryland
1º de março de 2021

Comentários sobre as Fontes

Este livro é baseado quase exclusivamente em documentos públicos: notas de entrevistas com mais de mil pessoas que desempenharam um papel direto na guerra dos Estados Unidos no Afeganistão, bem como centenas de memorandos do Departamento de Defesa, cabogramas do Departamento de Estado e outros relatórios do governo.

O *Washington Post* obteve os documentos das entrevistas ao Lições Aprendidas do Gabinete do Inspetor Geral Especial para a Reconstrução do Afeganistão (SIGAR) após preencher vários pedidos de registros públicos desde 2016 e com duas ações judiciais baseadas na Lei de Liberdade de Informação (FOIA).

Os processos que o *Post* moveu contra o SIGAR acabaram o obrigando a liberar mais de 2 mil páginas de notas não publicadas e transcrições de 428 entrevistas, bem como várias gravações de áudio. Os funcionários do SIGAR conduziram as entrevistas do Lições Aprendidas entre 2014 e 2018. Quase todas as entrevistas se concentraram em eventos ocorridos durante os governos Bush e Obama. Cerca de trinta registros de entrevistas são transcritos, palavra por palavra. O resto são resumos digitados que consistem em notas e citações. O SIGAR estipulou em audiência que todo o material que divulgou foi verificado de forma independente pela agência.

A maioria das pessoas entrevistadas pelo SIGAR era norte-americana. Os analistas do SIGAR também viajaram para a Europa e para o Canadá a fim de entrevistar dezenas de oficiais estrangeiros de países da Otan. Além disso, eles visitaram Cabul para entrevistar funcionários do governo afegão, funcionários de ajuda humanitária e consultores de desenvolvimento.

O SIGAR editou os nomes da maioria — cerca de 85% — das pessoas que entrevistou, citando uma variedade de isenções de privacidade da FOIA. Em informes jurídicos, a agência classificou os indivíduos como denunciantes e informantes que poderiam enfrentar assédio ou constrangimento se seus nomes se tornassem públicos.

O *Post* pediu a um juiz federal que obrigasse o SIGAR a divulgar os nomes de todos os entrevistados pela agência para o projeto Lições Aprendidas, argumentando que o público tem o direito de saber a identidade dos funcionários que criticaram a guerra e que admitiram que as políticas do governo dos EUA eram falhas. O *Post* argumentou ainda que esses indivíduos não eram denunciantes ou informantes, porque o SIGAR os entrevistou com o propósito de publicar uma série de relatórios públicos, não como parte de uma investigação policial. No momento em que este livro foi escrito, o prolongado litígio da FOIA ainda não estava resolvido.

Separadamente, por referência cruzada de datas e outros detalhes dos documentos, o *Post* identificou independentemente 34 das pessoas entrevistadas pelo SIGAR, incluindo ex-embaixadores, oficiais militares e funcionários da Casa Branca.

O *Post* solicitou comentários adicionais de indivíduos que foi capaz de identificar como tendo dado uma entrevista ao SIGAR. As respostas das pessoas citadas pelo nome estão incluídas nas Notas.

Este livro descreve os cargos ocupados por entrevistados do Lições Aprendidas não nomeados — como "funcionário sênior do Departamento de Estado" ou "ex-funcionário da Casa Branca" — com base em informações fornecidas pelo SIGAR em resposta aos pedidos do *Post* baseados na FOIA, bem como no contexto das entrevistas.

Além de ocultar nomes, o SIGAR editou partes dos documentos da entrevista, incluindo informações que foram posteriormente tornadas confidenciais pelo Departamento de Estado, pelo Departamento de Defesa e pela Agência Antidrogas dos EUA.

Os memorandos dos flocos de neve de Rumsfeld foram compartilhados com o *Post* pelo Arquivo de Segurança Nacional, uma organização de pesquisa sem fins lucrativos afiliada à Universidade George Washington.

A maioria das entrevistas de história oral do Exército foi conduzida pelo projeto Experiência de Liderança Operacional, parte do Combat

Studies Institute (Instituto de Estudos de Combate) em Fort Leavenworth, Kansas. O Instituto entrevistou mais de 600 militares entre 2005 e 2015, após seu retorno do Afeganistão. A maioria eram oficiais do Exército em meio de carreira matriculados em cursos de educação militar profissional em Fort Leavenworth, mas o número inclui alguns soldados alistados e pessoal de outros ramos das Forças Armadas. As entrevistas de história oral do Exército são transcrições não confidenciais, publicamente disponíveis, palavra por palavra, baseadas em gravações de áudio. Este livro identifica os militares pela patente que ocupavam na época de suas entrevistas de história oral. Muitos serviram em várias missões no Afeganistão.

Este livro também cita um pequeno número de entrevistas de história oral que o Centro de História Militar do Exército dos EUA, em Washington, D.C., conduziu com oficiais superiores em 2006 e 2007. Essas entrevistas tratam dos eventos da guerra de 2003 a 2005.

As entrevistas de história oral da Universidade de Virgínia com membros seniores do governo Bush foram conduzidas pelo Centro Miller, um afiliado apartidário da universidade especializado em estudos acadêmicos sobre os presidentes. O Centro Miller abriu uma parte de sua coleção de história oral de George W. Bush ao público em novembro de 2019. As longas transcrições das entrevistas são baseadas em gravações de áudio.

Por fim, este livro baseia-se em várias entrevistas diplomáticas de história oral que foram conduzidas pela Associação para Estudos e Treinamento Diplomático, sem fins lucrativos. A extensa coleção de história oral dessa associação, disponível ao público, apresenta entrevistas com diplomatas dos EUA sobre suas experiências no campo durante as últimas oito décadas.

Notas

PREFÁCIO

xv *"Não havia plano de campanha"*: Entrevista do general Dan McNeill, sem data, Projeto Lições Aprendidas, Inspetor Geral Especial para a Reconstrução do Afeganistão (SIGAR).

xv *"Não havia uma estratégia coerente de longo prazo"*: Entrevista do general David Richards, 26 de setembro de 2017, Projeto Lições Aprendidas, SIGAR.

xv *"Não sabíamos o que estávamos fazendo"*: Entrevista com o embaixador Richard Boucher, 15 de outubro de 2015, Projeto Lições Aprendidas, SIGAR.

xv *"Não tínhamos a menor noção"*: Entrevista do general de três estrelas Douglas Lute, 20 de fevereiro de 2015, Projeto Lições Aprendidas, SIGAR.

xvi *"magnitude dessa disfunção"*: Ibid.

xvii *"não tenho clareza"*: Memorando de Donald Rumsfeld para Steven Cambone, 8 de setembro de 2003, Arquivo de Segurança Nacional, Universidade George Washington.

xix *"não se tratavam de meses e anos, mas de décadas"*: Entrevista do general Peter Pace, 19 de janeiro de 2016, Projeto de História Oral de George W. Bush, Centro Miller, Universidade de Virgínia.

CAPÍTULO UM: UMA MISSÃO CONFUSA

5 *"Posso estar impaciente"*: Memorando de Donald Rumsfeld para Doug Feith, Paul Wolfowitz, general Dick Myers e general Pete Pace, 17 de abril de 2002, Arquivo de Segurança Nacional, Universidade George Washington. O documento foi tornado parcialmente não confidencial pelo Departamento de Defesa em 22 de setembro de 2010.

5 *"A única coisa que você pode fazer"*: Entrevista de Donald Rumsfeld à MSNBC, 28 de março de 2002.

5 o *"homem mais confiante" dos EUA*: Ibid.

6 *"Estou começando a me preocupar"*: Memorando de Donald Rumsfeld para Larry Di Rita e Coronel Steven Bucci, 28 de março de 2002, Arquivo de Segurança Nacional, Universidade George Washington.

7 *"Se eu fosse escrever um livro"*: Entrevista de um ex-oficial superior do Departamento de Estado, 8 de outubro de 2014, Projeto Lições Aprendidas, SIGAR. Nome editado pelo SIGAR.

7 *"O que estávamos realmente fazendo"*: Entrevista de um oficial dos EUA, 10 de fevereiro de 2015, Projeto Lições Aprendidas, SIGAR. Nome editado pelo SIGAR.

7   *"Se já houve uma noção"*: Entrevista com Boucher, 15 de outubro de 2015, Projeto Lições Aprendidas, SIGAR.

8   *"um governo sistemático"*: Ibid.

8   *"Recebemos orientações gerais"*: Entrevista com o capitão de corveta, Philip Kapusta, 1º de maio de 2006, Projeto de Experiências de Liderança Operacional, Instituto de Estudos de Combate, Fort Leavenworth, Kansas.

8   *O documento secreto de seis páginas*: Memorando sem assinatura, "Estratégia dos EUA no Afeganistão", 16 de outubro de 2001, Arquivo de Segurança Nacional, Universidade George Washington. Originalmente rotulado como "rascunho para discussão", uma nota manuscrita no documento afirma que a estratégia foi aprovada em uma reunião do Conselho de Segurança Nacional em 16 de outubro de 2001. Em um floco de neve de 30 de outubro de 2001 anexado ao memorando, Rumsfeld o chamou de "um artigo muito bom" e acrescentou: "Parece-me útil atualizá-lo de tempos em tempos." O documento foi divulgado na íntegra pelo Departamento de Defesa em 20 de julho de 2010.

8   *"Os EUA não deveriam se comprometer"*: Ibid.

9   *"queríamos evitar a grande marca"*: Entrevista de Douglas Feith, 22–23 de março de 2012, Projeto de História Oral de George W. Bush, Centro Miller, Universidade da Virgínia.

9   *quatro horas para terminar*: Ibid.

10   *sentou-se à frente de seu computador*: Ibid.

10   *"o cara mais estúpido da face da terra"*: Woodward, *Plano de Ataque*, p. 281 Em seu próprio livro, publicado após o de Woodward, Franks descreveu Feith como "o cara mais idiota do planeta". Tommy Franks, *American Soldier* (Nova York: Regan Books, 2004), p. 362.

10   *"Ele sempre achava que estava certo"*: Entrevista do general George Casey, 25 de setembro de 2014, Projeto de História Oral de George W. Bush, Centro Miller, Universidade da Virgínia.

10   *Feith se deu bem com Pace*: Entrevista com Pace, Centro Miller.

10   *"virei-me para Pace"*: Entrevista com Feith, Centro Miller.

10   *algumas questões óbvias*: Ibid.

11   *"Um dos caras disse"*: Entrevista com Kapusta, Instituto de Estudos de Combate.

11   *"Lá para novembro, estávamos nos perguntando"*: Entrevista com Pace, Centro Miller.

12   *"eles precisavam de um banho"*: Entrevista do major Jeremy Smith, 9 de janeiro de 2012, projeto de Experiências de Liderança Operacional, Instituto de Estudos de Combate, Fort Leavenworth, Kansas.

12   *"Mesmo antes de o avião parar"*: Ibid.

12   *cobrindo os Jogos Olímpicos de Inverno de 2002*: Memorando do vice-almirante Ed Giambastiani para Donald Rumsfeld, 30 de janeiro de 2002, Arquivo de Segurança Nacional, Universidade George Washington.

13   *"Havia apenas um ponto de chuveiro"*: Entrevista do major David King, 6 de outubro de 2005, Projeto de Experiências de Liderança Operacional, Instituto de Estudos de Combate, Fort Leavenworth, Kansas.

13   *"Era poeira lunar"*: Entrevista do major Glen Helberg, 7 de dezembro de 2009, Projeto de Experiências de Liderança Operacional, Instituto de Estudos de Combate, Fort Leavenworth, Kansas.

13   *"o Afeganistão acabara"*: Entrevista do major Lance Baker, 24 de fevereiro de 2006, Projeto de Experiências de Liderança Operacional, Instituto de Estudos de Combate, Fort Leavenworth, Kansas.

13   *"Os caras só jogavam videogame"*: Entrevista do major Andrew Steadman, 15 de março de 2011, projeto de Experiências de Liderança Operacional, Instituto de Estudos de Combate, Fort Leavenworth, Kansas.

13 *"Na verdade, foi muito chato"*: Entrevista do major Steven Wallace, 6 de outubro de 2010, projeto de Experiências de Liderança Operacional, Instituto de Estudos de Combate, Fort Leavenworth, Kansas.

14 *"Originalmente dissemos que não construímos nações"*: Stephen Hadley, entrevista, 16 de setembro de 2015, Projeto Lições Aprendidas, SIGAR.

14 *"todo mundo falava em um ou dois anos"*: Entrevista com o embaixador Robert Finn, 22 de outubro de 2015, Projeto Lições Aprendidas, SIGAR.

15 *"Quantos ataques mais ocorreram"*: Entrevista do general Tommy Franks, 22 de outubro de 2014, Projeto de História Oral de George W. Bush, Centro Miller, Universidade da Virgínia.

15 *"Agora, criamos outros problemas"*: Ibid.

15 *"Não havia nenhum plano de campanha nos primeiros dias"*: Entrevista com McNeill, Projeto Lições Aprendidas.

16 *"'Quem é o general McNeill?'"*: Memorando de Donald Rumsfeld, 21 de outubro de 2002, Arquivo de Segurança Nacional, Universidade George Washington. O nome do destinatário do memorando foi editado pelo Departamento de Defesa.

CAPÍTULO DOIS: "QUEM SÃO OS BANDIDOS?"

17 *"Saudações do exuberante Kandahar"*: Carta de Roger Pardo-Maurer de Kandahar, 11–15 de agosto de 2002, Arquivo de Segurança Nacional, Universidade George Washington. Em um floco de neve de 13 de setembro de 2002, Rumsfeld pediu a seu assessor, Larry Di Rita, que obtivesse uma cópia da carta de Pardo-Maurer para ele ler.

17 *"um ambiente submarciano quase venusiano"*: Ibid.

18 *"Se há uma paisagem menos acolhedora"*: Ibid.

18 *"Um formidável bando"*: Ibid.

18 *"Idiotas grosseiros e vaidosos"*: Ibid.

18 *"provavelmente o bando mais mortal da cidade"*: Ibid.

18 *"O tempo é essencial aqui"*: Ibid.

19 *"não sabíamos merda nenhuma sobre a Al-Qaeda"*: Entrevista com Robert Gates, 9 de julho de 2013, Projeto de História Oral de George W. Bush, Centro Miller, Universidade da Virgínia.

20 *"As complexidades levarão muito tempo para serem reveladas"*: Entrevista com Jeffrey Eggers, 25 de agosto de 2015, Projeto Lições Aprendidas, SIGAR.

20 *"Por que, se estávamos focados na Al-Qaeda, estávamos falando sobre o Talibã?"*: Ibid.

21 *"basicamente ficando chapado na época como um hippie"*: Entrevista com Michael Metrinko, 6 de outubro de 2003, Projeto de História Oral de Relações Exteriores, Associação para Estudos e Treinamento.

21 *"Muito do que chamamos de atividade do Talibã era, na verdade, algo tribal"*: Ibid.

22 *"andavam por aí com barbas e roupas engraçadas"*: Ibid.

22 a missão de sua unidade era capturar e matar *"milícias anticoalizão"*: Entrevista com o major Stuart Farris, 6 de dezembro de 2007, projeto de Experiências de Liderança Operacional, Instituto de Estudos de Combate, Fort Leavenworth, Kansas.

22 *"Tivemos que descobrir quem eram os bandidos"*: Ibid.

22 *"como diabos você sabe que é o Talibã?"*: Entrevista com o major Thomas Clinton, 12 de março de 2007, Projeto de Experiências de Liderança Operacional, Fort Leavenworth, Kansas.

22 apenas *"caipiras"* de pequenas cidades: Entrevista com o major-general Eric Olson, 23 de julho de 2007, Centro de História Militar do Exército dos EUA, Washington, D.C.

23 *"Eles pensavam que eu iria até eles com um mapa"*: Entrevista com o assessor militar das Forças Especiais, 15 de dezembro de 2017, Projeto Lições Aprendidas, SIGAR. Nome editado pelo SIGAR.

23 *"Não tenho a mínima ideia de quem são os bandidos"*: Memorando de Donald Rumsfeld para Steve Cambone, 8 de setembro de 2003, Arquivo de Segurança Nacional, Universidade George Washington.

23 *uma massa crítica de relatórios de inteligência*: "Tora Bora Revisited", Relatório ao Comitê de Relações Exteriores do Senado dos Estados Unidos, 30 de novembro de 2009.

24 *"Talvez me pergunte: 'Por que não enviou?'"*: Entrevista com Franks, Centro Miller.

24 *Mas ninguém pedira tantas tropas*: "Tora Bora Revisited", Relatório ao Comitê de Relações Exteriores do Senado dos Estados Unidos, 30 de novembro de 2009.

24 *Durante o ápice da luta*: Entrevista do major William Rodebaugh, 23 de fevereiro de 2010, projeto de Experiências de Liderança Operacional, Instituto de Estudos de Combate, Fort Leavenworth, Kansas.

24 *"Estaríamos prontos se nos chamassem"*: Ibid.

24 *Em resposta às críticas*: "Tora Bora Revisited", Relatório ao Comitê de Relações Exteriores do Senado dos Estados Unidos, 30 de novembro de 2009.

25 *"O Sr. bin Laden nunca esteve ao nosso alcance"*: Tommy Franks, "War of Words", *The New York Times*, 19 de outubro de 2004.

25 *pontos de discussão duvidosos*: "U.S. Department of Defense Talking Points — bin Laden Tora Bora", 26 de outubro de 2004, Arquivo de Segurança Nacional, Universidade George Washington.

25 *"Tora Bora é o lugar, Franks. Ele está lá"*: Entrevista com Franks, Centro Miller.

26 *O hotel garantiu aos seus hóspedes que havia retirado a carne de porco do menu*: Dobbins, *After the Taliban*, p. 82.

26 *"Um grande erro que cometemos"*: Entrevista com Barnett Rubin, 27 de agosto de 2015, Projeto Lições Aprendidas, SIGAR.

27 *"Todos queriam que o Talibã desaparecesse"*: Entrevista com Barnett Rubin, 20 de janeiro de 2015, Projeto Lições Aprendidas, SIGAR.

27 *"termos violado o modo de guerra afegão"*: Entrevista com Todd Greentree, 13 de maio de 2014, Projeto de História Oral de Relações Exteriores, Associação para Estudos e Treinamento Diplomático.

27 *"o pecado original"*: "An Interview with Lakhdar Brahimi", *Journal of International Affairs*, vol. 58, n° 1, outono de 2004.

27 *"houve uma oportunidade perdida"*: Entrevista com o embaixador James Dobbins, 11 de janeiro de 2016, Projeto Lições Aprendidas, SIGAR.

28 *"Talvez não tenhamos sido ágeis ou sábios o suficiente"*: Entrevista com o embaixador Zalmay Khalilzad, 7 de dezembro de 2016, Projeto Lições Aprendidas, SIGAR.

CAPÍTULO TRÊS: O PROJETO DE CONSTRUÇÃO DA PÁTRIA

29 *eles encontraram banheiros transbordando*: Entrevista com Franks, Centro Miller.

29 *uma espessa névoa de fumaça*: Entrevista com Metrinko, Associação para Estudos e Treinamento Diplomático.

29 *"após ter dirigido por quilômetros e quilômetros de áreas fantasmas"*: Entrevista com o embaixador Ryan Crocker, 11 de janeiro de 2016, Projeto Lições Aprendidas, SIGAR.

29 *cem guardas da Marinha tiveram que compartilhar um único banheiro*: Entrevista com Metrinko, Associação para Estudos e Treinamento Diplomático.

30 *"que não tinha autoridade real e nada com que trabalhar"*: Entrevista com Crocker, 11 de janeiro de 2016, SIGAR.

30 *alocando US$143 bilhões para reconstrução*: "Quarterly Report to the United States Congress", 30 de janeiro de 2021, SIGAR, p. 25.

31 *"o prognóstico é desfavorável"*: Entrevista com Michael Callen, 22 de outubro de 2015, Projeto Lições Aprendidas, SIGAR.

31 *"muito difícil de justificar e defender"*: Entrevista com Crocker, 11 de janeiro de 2016, SIGAR.

32 *sem bancos e nem curso forçado*: Entrevista de um oficial sênior da USAID, 3 de junho de 2015, Projeto Lições Aprendidas, SIGAR. Nome editado pelo SIGAR.

32 *"É difícil explicar às pessoas"*: Ibid.

32 *Trinta pessoas se aglomeraram ao redor da mesa*: Entrevista com Boucher, SIGAR.

32 *"Era exatamente como o gabinete norte-americano"*: Ibid.

32 *"Um enorme banquete com pilhas de arroz e de carne de cabra"*: Ibid.

34 *"Libertamos as fúrias e voltamos para casa"*: Entrevista com Hadley, SIGAR.

34 *"A construção de uma nação não era prioridade"*: Entrevista com um oficial dos EUA, 23 de setembro de 2014, Projeto Lições Aprendidas, SIGAR. Nome editado pelo SIGAR.

34 *a política "mudara de anti para pró-construção nacional"*: Entrevista com um oficial dos EUA, 4 de dezembro de 2015, Projeto Lições Aprendidas, SIGAR. Nome editado pelo SIGAR.

34 *"Havia um profundo sentimento de impossibilidade"*: Richard Haass, entrevista, 23 de outubro de 2015, Projeto Lições Aprendidas, SIGAR.

34 *"Simplesmente não havia apetite"*: Ibid. Em um e-mail para o autor em dezembro de 2019, Haass acrescentou: "Não houve entusiasmo — diferentemente do Iraque, onde havia entusiasmo demais."

34 *"quais são os objetivos e a teoria que a embasa?"*: Entrevista com um oficial do alto escalão da administração Bush, 1º de junho de 2005, Projeto Lições Aprendidas, SIGAR. Nome editado pelo SIGAR.

35 *Ele resumiu a mentalidade de Rumsfeld desta forma*: Entrevista com o embaixador Ryan Crocker, 1º de dezembro de 2016, Projeto Lições Aprendidas, SIGAR.

35 *"Não havia como o Departamento de Estado"*: Entrevista com Dobbins, SIGAR.

35 *"O problema crítico no Afeganistão não é realmente um problema de segurança"*: Memorando de Donald Rumsfeld ao presidente George W. Bush, 20 de agosto de 2002, Arquivo de Segurança Nacional, Universidade George Washington.

36 *"correríamos o risco de acabar sendo tão odiados quanto os soviéticos"*: Idem.

36 *"figura incompreendida"*: Entrevista com Marin Strmecki, 19 de outubro de 2015, Projeto Lições Aprendidas, SIGAR.

36 *"Muitas vezes, era mais fácil nós mesmos fazermos as coisas"*: Ibid.

36 *"Originalmente, dissemos que construiríamos uma nação"*: Entrevista com Hadley, SIGAR. Em um e-mail para o autor, em dezembro de 2019, Hadley acrescentou: "Há um bom motivo para não termos um modelo de estabilização que funcione. Os Estados Unidos investiram corretamente e de forma consistente em nossas Forças Armadas — e produziram as melhores Forças Armadas que o mundo já conheceu. Mas os Estados Unidos investiram pouco demais em ferramentas civis e em capacidades de diplomacia, desenvolvimento econômico e social, governança democrática, desenvolvimento de infraestrutura e construção de instituições civis que são essenciais para o sucesso de qualquer esforço de estabilização pós-conflito. Mesmo assim, muitas coisas positivas foram realizadas no Afeganistão."

37 *"Em retrospectiva, a pior decisão foi centralizar o poder"*: Entrevista com um oficial da União Europeia, 4 de fevereiro de 2015, Projeto Lições Aprendidas, SIGAR. Nome editado pelo SIGAR.

37 *"pensávamos que precisávamos de um presidente de imediato"*: Entrevista com um oficial sênior alemão, 2 de fevereiro de 2015, Projeto Lições Aprendidas, SIGAR. Nome editado pelo SIGAR.

37 *"Dava a impressão de que eles nunca tinham trabalhado no exterior"*: Entrevista com um oficial sênior dos EUA, 18 de outubro de 2016, Projeto Lições Aprendidas, SIGAR. Nome editado pelo SIGAR.

37 *"nossa política era criar um governo central forte, o que era idiota"*: Entrevista com um diplomata sênior dos EUA, 10 de julho de 2015, Projeto Lições Aprendidas, SIGAR. Nome editado pelo SIGAR.

38 *"um grupo errante de tribos e senhores da guerra"*: Entrevista com Boucher, SIGAR.

38 *"por serem pessoas alheias"*: Entrevista com o coronel Terry Sellers, 21 de fevereiro de 2007, Centro de História Militar do Exército dos EUA, Washington, D.C.

38 *sua unidade distribuiu pôsteres de Karzai*: Entrevista com o coronel David Paschal, 18 de julho de 2006, projeto de Experiências de Liderança Operacional, Instituto de Estudos de Combate, Fort Leavenworth, Kansas.

38 *"Fizemos exatamente o oposto no Afeganistão"*: Ibid.

39 *"Os afegãos acham que os norte-americanos cagam dinheiro"*: Entrevista com Thomas Clinton, Instituto de Estudos de Combate.

39 *"Eles têm uma longa história de lealdade"*: Entrevista com o tenente-coronel Todd Guggisberg, 17 de julho de 2006, projeto de Experiências de Liderança Operacional, Instituto de Estudos de Combate, Fort Leavenworth, Kansas.

39 *"Isso me lembra um filme do Monty Python"*: Ibid.

CAPÍTULO QUATRO: A REFLEXÃO TARDIA SOBRE O AFEGANISTÃO

44 *"Só nos restava rir"*: Entrevista com o tenente-coronel Mark Schmidt, 10 de fevereiro de 2009, projeto de Experiências de Liderança Operacional, Instituto de Estudos de Combate, Fort Leavenworth, Kansas.

45 *"Ainda havia muita luta acontecendo"*: Entrevista com o coronel Thomas Snukis, 1º de março de 2007, Centro de História Militar do Exército dos EUA, Washington, D.C.

45 *"Washington provavelmente perdeu um pouco de interesse"*: Entrevista com o coronel Tucker Mansager, 20 de abril de 2007, Centro de História Militar do Exército dos EUA, Washington, D.C.

45 *"invadir apenas um país de cada vez"*: Entrevista com Dobbins, SIGAR.

45 *"Se você olhar para o governo Clinton"*: Ibid.

46 *"O presidente quer vê-lo em Crawford"*: Entrevista com Franks, Centro Miller.

46 *"Portanto, essa ideia de as pessoas tirarem os olhos da bola"*: Ibid.

46 *"o governo Bush já havia concluído que o Afeganistão estava acabado"*: Entrevista com Philip Zelikow, 28 de julho de 2010, Projeto de História Oral de George W. Bush, Centro Miller, Universidade da Virgínia.

47 *"bandidos incômodos nas montanhas"*: Entrevista com Finn, SIGAR.

47 *"Antes de partirmos, meus soldados queriam saber"*: Entrevista com o major Gregory Trahan, 5 de fevereiro de 2007, projeto de Experiências de Liderança Operacional, Instituto de Estudos de Combate, Fort Leavenworth, Kansas.

47 *"ele simplesmente puxou todo o foco"*: Entrevista do major Phil Bergeron, 8 de dezembro de 2010, projeto de Experiências de Liderança Operacional, Instituto de Estudos de Combate, Fort Leavenworth, Kansas.

47 *"Tanto em termos materiais quanto políticos, tudo parecia focar o Iraque"*: Entrevista com um oficial dos EUA, 21 de outubro de 2014, Projeto Lições Aprendidas, SIGAR. Nome editado pelo SIGAR.

48 *"Todo o esforço no Afeganistão foi desviado"*: Entrevista do general David Barno, 21 de novembro de 2006, Centro de História Militar do Exército dos EUA, Washington, D.C.

48 *ele ocupou um meio-trailer*: Ibid.

49 *"O Exército foi inútil, para ser generoso"*: Ibid.

49 *"pessoas que estavam no fim da linha"*: Ibid.

49 *"Não tínhamos qualquer doutrina militar dos EUA naquele momento"*: Ibid.

50 *uma pergunta provocativa*: Memorando de Donald Rumsfeld para o general Dick Myers, Paul Wolfowitz, o general Pete Pace e Doug Feith, 16 de outubro de 2003, Arquivo de Segurança Nacional, Universidade George Washington.

50 *"será um trabalho longo e difícil"*: Ibid.

51 *"Dadas as apostas envolvidas, devemos permanecer comprometidos"*: Zalmay Khalilzad, "Afghanistan's Milestone", *Washington Post*, 6 de janeiro de 2004.

51 *vinte pessoas se uniram para escrever o artigo de Khalilzad*: Entrevista com Thomas Hutson, 23 de abril de 2004, Projeto de História Oral de Relações Exteriores, Associação para Estudos e Treinamento Diplomático.

51 *"e eu: 'Verifique com meu neto'"*: Ibid.

52 *"Os dois secretários ficavam alfinetando um ao outro"*: Entrevista com Pace, Centro Miller.

52 *Condoleezza Rice tinha que entrar na briga*: Ibid.

52 *Embora o secretário de Defesa tenha mantido isso em segredo*: Ibid.

52 *"Quando você vê uma liderança que é cindida, nociva e desrespeitosa"*: Entrevista com o general de três estrelas Douglas Lute, 3 de agosto de 2015, Projeto de História Oral de George W. Bush, Centro Miller, Universidade de Virgínia.

53 *não suportou Rumsfeld logo de início*: Entrevista com Franks, Centro Miller.

53 *"Don Rumsfeld não é o cara mais fácil do mundo"*: Ibid.

53 *A notícia do renovado interesse do secretário de Defesa gerou pânico*: Entrevista com o major-general Peter Gilchrist, 24 de janeiro de 2007, Centro de História Militar do Exército dos EUA, Washington, D.C.

53 *"Foi um verdadeiro choque cultural para mim"*: Ibid.

53 *"muito contenciosas, dolorosas, difíceis e atribuladas"*: Entrevista com Barno, Centro de História Militar do Exército dos EUA.

54 *"O secretário Rumsfeld acabava conosco"*: Entrevista a Mansager, Centro de História Militar do Exército dos EUA.

CAPÍTULO CINCO: LEVANTANDO UM EXÉRCITO DAS CINZAS

55 *eles poderiam ganhar cerca de US$2,50 por dia*: Paul Watson, "Losing Its Few Good Men; Many of those who signed up to be trained for Afghanistan's fledgling army have quit, saying the pay isn't worth the risk", *Los Angeles Times*, 27 de novembro de 2003.

55 *tão cheia de buracos*: Entrevista com o general de três estrelas Karl Eikenberry, 27 de novembro de 2006, Projeto de Experiências de Liderança Operacional, Instituto de Estudos de Combate, Fort Leavenworth, Kansas.

55 *Em 11 de setembro, ele escapou por pouco da morte*: "Pentagon 9/11", Série de Estudos de Defesa, Gabinete Histórico, Gabinete do Secretário de Defesa, 2007.
56 *a cena difícil lembrou-o do sofrimento*: Entrevista com Eikenberry, Instituto de Estudos de Combate.
56 *"Todo mundo estava tendo noites muito difíceis"*: Ibid.
56 *Ele o chamou de Força-tarefa Phoenix*: Ibid.
56 *"uma força altamente profissional e multiétnica"*: "Talking Points — Afghanistan Progress", 8 de outubro de 2004, Gabinete de Assuntos Públicos, Departamento de Defesa dos EUA.
57 *"Temos as forças afegãs que merecemos"*: Entrevista com Lute, SIGAR.
57 *as tropas gesticulavam muito com as mãos*: Entrevista com o sargento mestre Michael Threatt, 20 de setembro de 2006, Projeto de Experiências de Liderança Operacional, Instituto de Estudos de Combate, Fort Leavenworth, Kansas.
57 *"haverá uma coisa chamada de helicóptero"*: Entrevista com o major Bradd Schultz, 6 de agosto de 2012, projeto de Experiências de Liderança Operacional, Instituto de Estudos de Combate, Fort Leavenworth, Kansas.
58 *"Marés? O que são marés?"*: Entrevista com o major Brian Doyle, 13 de março de 2008, Projeto de Experiências de Liderança Operacional, Instituto de Estudos de Combate, Fort Leavenworth, Kansas.
58 *"Ridiculamente modestas"*: Entrevista com Gates, Centro Miller.
58 *"Continuamos mudando os caras que estavam encarregados"*: Ibid.
58 *julgou como "louco"*: Memorando de Donald Rumsfeld para o general Richard Myers, 28 de janeiro de 2002, Arquivo de Segurança Nacional, Universidade George Washington.
58 *"Estamos gastando uma fortuna todos os dias"*: Memorando de Donald Rumsfeld para Colin Powell, 8 de abril de 2002, Arquivo de Segurança Nacional, Universidade George Washington.
58 *"intrinsecamente simpático"*: Memorando de Colin Powell para Donald Rumsfeld, 16 de abril de 2002, Arquivo de Segurança Nacional, Universidade George Washington.
59 *a maior despesa*: Relatório Trimestral para o Congresso dos Estados Unidos, 30 de outubro de 2020, SIGAR.
59 *"A maneira como tudo é resolvido"*: Entrevista com Strmecki, SIGAR.
59 *manteve o programa de treinamento como "refém"*: Entrevista com Khalilzad, SIGAR.
59 *"Agora estamos falando sobre Deus sabe o quê"*: Ibid.
60 *"Não dá para inventar como fazer operações de infantaria"*: Entrevista com Strmecki, SIGAR.
60 *"Nossa incapacidade de acompanhar"*: Entrevista com Eikenberry, Instituto de Estudos de Combate.
60 *"Você está no interior e é tipo: 'O que faremos agora?'"*: Entrevista com o sargento Anton Berendsen, 8 de fevereiro de 2015, Projeto de Experiências de Liderança Operacional, Instituto de Estudos de Combate, Fort Leavenworth, Kansas.
60 *ele triplicou o número de recrutas alistados*: Entrevista com o major Rick Rabe, 18 de maio de 2007, projeto de Experiências de Liderança Operacional, Instituto de Estudos de Combate, Fort Leavenworth, Kansas.
60 *"Você não poderia falhar no treinamento básico"*: Ibid.
61 *"aqueles caras eram incapazes de atingir um elefante"*: Entrevista com o major Christopher Plummer, 6 de junho de 2006, projeto de Experiências de Liderança Operacional, Instituto de Estudos de Combate, Fort Leavenworth, Kansas.

61 *Os soldados afegãos muitas vezes desperdiçavam toda a sua munição*: Entrevista com o major Gerd Schroeder, 20 de abril de 2007, projeto de Experiências de Liderança Operacional, Instituto de Estudos de Combate, Fort Leavenworth, Kansas.
61 *"'Tudo bem, senhor soldado afegão, agora acerte naquela melancia'"*: Ibid.
61 *"Antes, eles não tinham nenhuma compreensão de tiro ao alvo"*: Ibid.
62 *quando as balas começaram a voar*: Entrevista com o tenente-coronel Michael Slusher, 16 de fevereiro de 2007, projeto de Experiências de Liderança Operacional, Instituto de Estudos de Combate, Fort Leavenworth, Kansas.
62 *"Eles saem e correm direto para o fogo"*: Ibid.
62 *"unidade especial"*: Entrevista com o major John Bates, 5 de março de 2007, projeto de Experiências de Liderança Operacional, Instituto de Estudos de Combate, Fort Leavenworth, Kansas.
62 *"Na verdade, escrevemos seus nomes nas armas"*: Ibid.
62 *"A sola das botas saiu completamente"*: Ibid.
62 *"Ou mandavam ver no acelerador ou pisavam com tudo no freio"*: Entrevista com o sargento Jeff Janke, 16 de fevereiro de 2007, projeto de Experiências de Liderança Operacional, Instituto de Estudos de Combate, Fort Leavenworth, Kansas.
63 *eles praticavam fazer curva em uma pista oval de terra*: Entrevista com o major Dan Williamson, 7 de dezembro de 2007, projeto de Experiências de Liderança Operacional, Instituto de Estudos de Combate, Fort Leavenworth, Kansas.
63 *"Aqueles caras eram uma ameaça para a sociedade"*: Ibid.
63 *confundiam os mictórios com bebedouros*: Entrevista com um oficial militar dos EUA, 28 de outubro de 2016, Projeto Lições Aprendidas, SIGAR. Nome editado pelo SIGAR.
63 *"as mercadorias estavam sendo quebradas"*: Entrevista com o major Kevin Lovell, 24 de agosto de 2007, projeto de Experiências de Liderança Operacional, Instituto de Estudos de Combate, Fort Leavenworth, Kansas.
63 *"um pouco menos de arrogância"*: Ibid.
63 *"Eles ficam parados descalços e usam uma colher gigante"*: Entrevista com o major Matthew Little, 15 de maio de 2008, Projeto de Experiências de Liderança Operacional, Instituto de Estudos de Combate, Fort Leavenworth, Kansas.
64 *"A cozinha inteira se encheu de fumaça"*: Ibid.
64 *"simplesmente mandá-los para o sistema de drenagem a jusante"*: Ibid.
64 *decidiu perguntar aos soldados afegãos de baixo escalão*: Entrevista com o major Charles Abeyawarden, 26 de julho de 2012, projeto de Experiências de Liderança Operacional, Instituto de Estudos de Combate, Fort Leavenworth, Kansas.
65 *"Eles voltariam a cultivar ópio ou maconha"*: Ibid.
65 *"a polícia aparecerá e roubará sua casa pela segunda vez"*: Entrevista com o major Del Saam, 20 de agosto de 2009, projeto de Experiências de Liderança Operacional, Instituto de Estudos de Combate, Fort Leavenworth, Kansas.
65 *"Histórias de terror da ANP"*: Memorando de Donald Rumsfeld para Condoleezza Rice, 23 de fevereiro de 2005, Arquivo de Segurança Nacional, Universidade George Washington.
65 *"estas duas páginas ainda são um eufemismo"*: Ibid.
66 *"'Dê-me algumas cabras ou ovelhas, ou o mataremos imediatamente'"*: Entrevista com Saam, Instituto de Estudos de Combate.
66 *"Eles têm dificuldade em imaginar o que estamos tentando fazer"*: Ibid.

CAPÍTULO SEIS: ISLÃ PARA LEIGOS

67 *"Eu me senti um idiota"*: Entrevista com o major Louis Frias, 16 de setembro de 2008, projeto de Experiências de Liderança Operacional, Instituto de Estudos de Combate, Fort Leavenworth, Kansas.

68 A ideia partiu de um soldado que Frias conhecera no refeitório: Ibid.

68 *"Futebol é fundamental"*: Ibid.

68 *"um velho sábio aparecia"*: Ibid.

68 e elas deram *"um bom feedback"*: Ibid.

68 *"Todos queriam dar um pitaco"*: Ibid.

68 distribuiu mais de mil bolas de futebol: Entrevista com o major-general Jason Kamiya, 23 de janeiro de 2007, Centro de História Militar do Exército dos EUA, Washington, D.C.

69 ele lançou uma das bolas de futebol: Ibid.

69 *"Nosso trabalho no Afeganistão não é treinar o próximo time de futebol olímpico afegão"*: Ibid.

69 *"um insulto em qualquer país muçulmano"*: Alastair Leithead, "Anger over 'blasphemous balls'", *BBC News*, 26 de agosto de 2007.

70 *"Ah, Iraque, Afeganistão. É a mesma coisa"*: Entrevista com o major Daniel Lovett, 19 de março de 2010, projeto de Experiências de Liderança Operacional, Instituto de Estudos de Combate, Fort Leavenworth, Kansas.

70 *"Nossa missão era toda voltada para a conscientização cultural"*: Ibid.

70 tentaram ensinar árabe: Entrevista com o major James Reese, 18 de abril de 2007, projeto de Experiências de Liderança Operacional, Instituto de Estudos de Combate, Fort Leavenworth, Kansas.

70 o treinamento tático pré-implantado era uma tolice: Entrevista com o major Christian Anderson, 10 de novembro de 2010, projeto de Experiências de Liderança Operacional, Instituto de Estudos de Combate, Fort Leavenworth, Kansas.

70 *"O Afeganistão tem muitas montanhas, certo?"*: Ibid.

71 Ele teve que assistir a aulas sobre sobrevivência a ataques nucleares: Entrevista com o major Brent Novak, 14 de dezembro de 2006, projeto de Experiências de Liderança Operacional, Instituto de Estudos de Combate, Fort Leavenworth, Kansas.

71 *"'Nossa, essas crianças querem me enlouquecer?'"*: Ibid.

71 *"Entrávamos caçando"*: Entrevista com o major Rich Garey, 5 de dezembro de 2007, projeto de Experiências de Liderança Operacional, Instituto de Estudos de Combate, Fort Leavenworth, Kansas.

71 precisava trabalhar no ritmo dos afegãos: Entrevista com o major Nikolai Andresky, 27 de setembro de 2007, projeto de Experiências de Liderança Operacional, Instituto de Estudos de Combate, Fort Leavenworth, Kansas.

71 *"não existia tal coisa como uma reunião de uma hora no Afeganistão"*: Ibid.

72 *"O tempo é crucial para os norte-americanos"*: Entrevista com o major William Woodring, 12 de dezembro de 2006, Projeto de Experiências de Liderança Operacional, Instituto de Estudos de Combate, Fort Leavenworth, Kansas.

72 *"A cultura de desonestidade e de corrupção parece prevalecer em culturas muçulmanas"*: Entrevista com Plummer, Instituto de Estudos de Combate.

72 *"No mundo islâmico, é do jeito deles ou a morte"*: Entrevista com John Davis, 21 de novembro de 2008, projeto de Experiências de Liderança Operacional, Instituto de Estudos de Combate, Fort Leavenworth, Kansas.

NOTAS 291

72 *"Eles são como qualquer outro religioso dos EUA"*: Entrevista com Thomas Clinton, Instituto de Estudos de Combate.
73 *"A própria embaixada era uma organização muito, muito pequena, muito jovem"*: Entrevista com Barno, Centro de História Militar do Exército dos EUA.
73 *"Poderíamos muito bem ser alienígenas"*: Entrevista com o major Clint Cox, 8 de novembro de 2006, projeto de Experiências de Liderança Operacional, Instituto de Estudos de Combate, Fort Leavenworth, Kansas.
74 *"se parece com os stormtroopers de Star Wars"*: Entrevista com o major Keller Durkin, 3 de março de 2008, projeto de Experiências de Liderança Operacional, Instituto de Estudos de Combate, Fort Leavenworth, Kansas.
74 *"As crianças olhavam para mim tipo: 'Ah, meu Deus. O que é isso?!'"*: Entrevista com o major Alvin Tilley, 29 de junho de 2011, projeto de Experiências de Liderança Operacional, Instituto de Estudos de Combate, Fort Leavenworth, Kansas.
74 *"Você caminha por lá e sente que Moisés vai aparecer andando pelas ruas"*: Ibid.
74 *era comum os jovens se casarem com seus primos*: Entrevista com o major William Burley, 31 de janeiro de 2007, projeto de Experiências de Liderança Operacional, Instituto de Estudos de Combate, Fort Leavenworth, Kansas.
74 *"Odeio dizer isso, mas havia muitos problemas por consanguinidade"*: Ibid.
74 *"se você consegue agarrar a barba, pode confiar no cara"*: Ibid.
75 *"Um homem norte-americano andar pela cidade segurando a mão de outro homem?"*: Entrevista com o major Christian Anderson, 10 de novembro de 2010, projeto de Experiências de Liderança Operacional, Instituto de Estudos de Combate, Fort Leavenworth, Kansas.
75 *a quinta-feira do amor do homem foi um choque*: Entrevista com Woodring, Instituto de Estudos de Combate.
75 *"Você precisava colocar seus sentimentos de lado"*: Ibid.
76 *um homem afegão se aproximou de um soldado americano com cara de bebê*: Entrevista com o major Randy James, 8 de outubro de 2008, projeto de Experiências de Liderança Operacional, Instituto de Estudos de Combate, Fort Leavenworth, Kansas.
76 *"Não saiu do controle; nada de ruim aconteceu"*: Ibid.

CAPÍTULO SETE: JOGANDO DOS DOIS LADOS

77 *lendo um livro com sua bebida em punho*: Entrevista com Trahan, Instituto de Estudos de Combate.
78 *arame farpado triplo*: Depoimento de Gregory Trahan, EUA x Ibrahim Suleman Adnan Adam Harun Hausa, 8 de março de 2017, Tribunal Distrital dos Estados Unidos, Distrito Leste de Nova York.
78 *O capitão largou o livro*: Entrevista com Trahan, Instituto de Estudos de Combate.
78 *avistou os homens armados vestidos de preto*: Ibid.
78 *uma patrulha de cerca de vinte soldados americanos e vinte combatentes aliados*: Depoimento de Trahan, EUA x Ibrahim Suleman Adnan Adam Harun Hausa.
78 *"Eu estava pronto para partir"*: Entrevista com Trahan, Instituto de Estudos de Combate.
79 *Enquanto a patrulha subia a sinuosa trilha de terra*: Depoimento de Trahan, EUA x Ibrahim Suleman Adnan Adam Harun Hausa.
79 *cantis de água, sacos de estopa e um esconderijo de foguetes de 107mm*: Entrevista com Trahan, Instituto de Estudos de Combate.

79 *fuzis AK-47, granadas e pelo menos uma metralhadora pesada*: Depoimento de Trahan, EUA x Ibrahim Suleman Adnan Adam Harun Hausa.

79 *outros soldados viram uma névoa vermelha jorrar*: Depoimento do sargento de primeira classe Conrad Reed, EUA x Ibrahim Suleman Adnan Adam Harun Hausa, 8 de março de 2017, Tribunal Distrital dos Estados Unidos, Distrito Leste de Nova York.

79 *As tropas norte-americanas pediram ajuda pelo*: Entrevista com Trahan, Instituto de Estudos de Combate.

80 "*Acho que os paquistaneses pensaram que estávamos atirando neles*": Ibid.

80 "*o maior desafio seria obter informações oportunas e precisas*": Ibid.

81 *ele abandonou um Alcorão de bolso*: Comunicado à imprensa, "Al-Qaeda Operative Convicted of Multiple Terrorism Offenses Targeting Americans Overseas", 16 de março de 2017, Departamento de Justiça dos EUA.

82 "*Se queremos que os paquistaneses realmente travem a guerra*": Memorando de Donald Rumsfeld para Doug Feith, 25 de junho de 2002, Arquivo de Segurança Nacional, Universidade George Washington.

83 "*houve uma falha em perceber o jogo duplo*": Entrevista com Strmecki, SIGAR.

83 "*o Paquistão continuasse a ver o Talibã como um substituto útil*": Entrevista com Dobbins, SIGAR.

84 *Todo mundo tinha uma teoria*: Entrevista com Olson, Centro de História Militar do Exército dos EUA.

84 "*A percepção norte-americana e afegã*": Entrevista com Farris, Instituto de Estudos de Combate.

85 "*Aqueles generais paquistaneses eram bem-educados, bem-vestidos e muito articulados*": Ibid.

85 "*Acho que isso é muito especulativo*": Entrevista com o general de três estrelas David Barno, 4 de janeiro de 2005, National Public Radio.

86 "*os paquistaneses estão armando uma traição gigante*": Memorando do general Barry McCafrey ao coronel Mike Meese e ao coronel Cindy Jebb, 3 de junho de 2006, Arquivo de Segurança Nacional, Universidade George Washington. Em 15 de junho, Rumsfeld encaminhou uma cópia do memorando de McCaffrey ao general Peter Pace, o presidente do Estado-Maior Conjunto das Forças Armadas, chamando-o de "um relatório interessante".

86 "*A teia de paranoias e insinuações*": Ibid.

86 *Outros discordaram*: Marin Strmecki, *Afghanistan at a Crossroads: Challenges, Opportunities and a Way Forward*, 17 de agosto de 2006, Arquivo de Segurança Nacional, Universidade George Washington. O relatório de Strmecki foi originalmente tornado confidencial sob a categoria SECRETO/PROIBIDO PARA ESTRANGEIROS. O Departamento de Defesa retirou sua confidencialidade em 1º de dezembro de 2008.

86 "*Musharraf não fez a escolha estratégica de cooperar plenamente*": Ibid. 86

86 *seus interlocutores paquistaneses reclamavam*: Entrevista com Crocker, 1° de dezembro de 2016, SIGAR.

87 "*estamos limitando nossas apostas, e você está certo*": Ibid.

CAPÍTULO OITO: MENTIRAS E RODEIOS

91 *em um Corolla*: Griff Witte, "Bombing Near Cheney Displays Boldness of Resurgent Taliban", *Washington Post*, 28 de fevereiro de 2007.

NOTAS

92 *"A versão do Talibã"*: Jason Straziuso, "Intelligence suggested threat of bombing in Bagram area before Cheney's visit, NATO says", Associated Press, 28 de fevereiro de 2007.

92 *a notícia da presença de Cheney havia vazado*: Entrevista com o major Shawn Dalrymple, 21 de fevereiro de 2007, projeto de Experiências de Liderança Operacional, Instituto de Estudos de Combate, Fort Leavenworth, Kansas.

92 *O homem-bomba não estava muito errado*: Entrevista de Shawn Dalrymple com o autor, 26 de setembro de 2020.

92 *em outro comboio trinta minutos depois*: Ibid.

92 *"Os insurgentes sabiam. A notícia estava em todos os jornais"*: Entrevista com Dalrymple, Instituto de Estudos de Combate.

92 *criaram um estratagema*: Entrevista de Dalrymple com o autor.

93 *"Ninguém imaginaria que ele estaria viajando no blindado"*: Ibid.

95 *"Vocês têm todos os relógios, mas nós temos todo o tempo"*: Cabograma do Departamento de Estado, de Cabul para Washington, "Afghan Supplemental", 6 de fevereiro de 2006. O cabograma foi originalmente classificado como SECRETO. Sua confidencialidade foi parcialmente retirada pelo Departamento de Estado em 2010 e publicado em resposta a uma solicitação feita pelo Arquivo de Segurança Nacional com base na Lei de Liberdade de Informação.

95 *deixou os oficiais norte-americanos com medo*: Entrevista com um oficial do governo Bush, 23 de setembro de 2014, Projeto Lições Aprendidas, SIGAR. Nome editado pelo SIGAR.

95 *"finalmente percebemos que havia uma insurgência"*: Ibid.

95 *acampando e montado em cavalos e iaques*: Entrevista com o embaixador Ronald Neumann, 19 de junho de 2012, Projeto de História Oral de Assuntos Estrangeiros, Associação para Estudos e Treinamento Diplomático.

95 *"ficaria muito mais violenta, bem pior"*: Ibid.

95 *"Ninguém nunca me disse"*: Ibid.

96 *"Acreditamos que a força do Talibã foi muito reduzida"*: Entrevista como brigadeiro-general Bernard Champoux, 9 de janeiro de 2007, Centro de História Militar do Exército dos EUA, Washington, DC.

96 *"vamos permitir que esses caras façam da nossa vida um inferno"*: Entrevista com o capitão Paul Toolan, 24 de julho de 2006, projeto de Experiências de Liderança Operacional, Instituto de Estudos de Combate, Fort Leavenworth, Kansas.

96 *"É um resultado direto do avanço que está sendo feito"*: Entrevista de Donald Rumsfeld ao programa Larry King Live da CNN, 19 de dezembro de 2005.

96 *"a violência aumentará nos próximos meses"*: Cabograma do Departamento de Estado, de Cabul para Washington, "Policy on Track, But Violence Will Rise", 21 de fevereiro de 2006. O cabograma foi originalmente classificado como SECRETO. Sua confidencialidade foi parcialmente retirada pelo Departamento de Estado em 9 de junho de 2010, e publicado em resposta a uma solicitação feita pelo Arquivo de Segurança Nacional com base na Lei de Liberdade de Informação.

96 *Neumann expressou seu receio*: Ibid.

96 *"Para mim, era importante preparar o público norte-americano"*: Entrevista com Neumann, Associação para Estudos e Treinamento Diplomático.

97 *não pegou leve em sua conclusão*: Memorando de McCaffrey, Arquivo de Segurança Nacional.

98 *"muito agressivo e inteligente em suas táticas"*: Ibid.

98 *"Eles estão em uma condição desastrosa"*: Ibid.

98 *"Teremos surpresas muito desagradáveis"*: Ibid.

98 *"O inimigo não é muito forte, mas o governo afegão é muito fraco"*: Memorando de Strmecki, Arquivo de Segurança Nacional.
98 *"Não estamos vencendo no Afeganistão"*: Cabograma do Departamento de Estado, de Cabul a Washington, "Afghanistan: Where We Stand and What We Need", 29 de agosto de 2006. O cabograma foi originalmente classificado como SECRETO. Sua confidencialidade foi parcialmente retirada pelo Departamento de Estado em 11 de junho de 2010, e publicado em resposta a uma solicitação feita pelo Arquivo de Segurança Nacional com base na Lei de Liberdade de Informação.
99 *"Estamos vencendo"*: Terry Moran, "Battlefield Wilderness", *ABC Nightline*, 11 de setembro de 2006.
99 *uma série de tópicos intitulada*: Gabinete do Grupo de Escritores do Secretário de Defesa, "Afghanistan: Five Years Later", 6 de outubro de 2006.
99 *"Cinco anos depois, há uma infinidade de boas notícias"*: Ibid.
99 *"uma excelente peça"*: Memorando de Donald Rumsfeld para Dorrance Smith, 16 de outubro de 2006, Arquivo de Segurança Nacional, Universidade George Washington.
99 *"dez vezes pior"*: Entrevista com o Sargento John Bickford, 23 de fevereiro de 2007, projeto de Experiências de Liderança Operacional, Instituto de Estudos de Combate, Fort Leavenworth, Kansas.
100 *"eles estavam no Paquistão, se reagrupando"*: Ibid.
100 *"Essas pessoas são muito inteligentes"*: Ibid.
100 *"opositores radicais"*: Entrevista com Toolan, Instituto de Estudos de Combate.
101 *"Quando perguntávamos por quê"*: Entrevista com o major Darryl Schroeder, 26 de novembro de 2007, projeto de Experiências de Liderança Operacional, Instituto de Estudos de Combate, Fort Leavenworth, Kansas.
101 *um de seus avôs era fazendeiro, e o outro, contrabandista*: Entrevista com o brigadeiro-general James Terry, 13 de fevereiro de 2007, projeto de Experiências de Liderança Operacional, Instituto de Estudos de Combate, Fort Leavenworth, Kansas.
101 *"Então, alguém logo poderia imaginar que eu entendo um pouco de clãs"*: Ibid.
101 *"fale-me sobre o Talibã"*: Ibid.
101 *"Existem três tipos"*: Ibid.

CAPÍTULO NOVE: UMA ESTRATÉGIA INCOERENTE
103 *O veterano guerreiro da Guerra Fria acordou antes das 5h da manhã*: Gates, *Duty*, p. 5.
103 *Dodge Durango branco*: Entrevista com Gates, Centro Miller.
103 *Bush queria esconder o visitante*: Ibid.
104 *Eles conversaram por uma hora*: Ibid.
104 *"nossas metas eram muito ambiciosas"*: Ibid.
104 *"esmagar o Talibã"*: Ibid.
104 *recebeu uma ligação de Joshua Bolten*: Ibid.
105 *"Não havia nenhuma estratégia coerente de longo prazo"*: Entrevista com Richards, SIGAR.
106 *"arrebentando todos ali"*: Ibid.
106 *os canadenses "estavam moídos"*: Ibid.
106 *"estavam todos exaustos"*: Ibid.
106 *"Então, Rummy disse: 'Como assim, general?'"*: Ibid.

107 *permitia que consumissem grandes quantidades de álcool*: Craig Whitlock, "German Supply Lines Flow with Beer in Afghanistan", *Washington Post*, 15 de novembro de 2008.

107 *"Percebemos que estávamos totalmente dedicados"*: Entrevista com o embaixador Nicholas Burns, 14 de janeiro de 2016, Projeto Lições Aprendidas, SIGAR.

107 *"uma organização Frankenstein"*: Entrevista com o major Brian Patterson, 2 de outubro de 2008, projeto de Experiências de Liderança Operacional, Instituto de Estudos de Combate, Fort Leavenworth, Kansas.

108 *"aperfeiçoar o aspecto político"*: Carta de Desmond Browne para Donald Rumsfield, 5 de dezembro de 2006, Arquivo de Segurança Nacional, Universidade George Washington.

108 *classificou a ideia como "elogiável"*: Carta de Donald Rumsfeld para Desmond Browne, 13 de dezembro de 2006, Arquivo de Segurança Nacional, Universidade George Washington.

108 *"Não havia centro"*: Entrevista com um oficial da Otan, 18 de fevereiro de 2015, Projeto Lições Aprendidas, SIGAR. Nome editado pelo SIGAR.

108 *"eu estava 'sem Schlitz'"*: Entrevista com Gates, Centro Miller.

109 *"havia muitos textos e conversas, mas nenhum plano"*: Entrevista com McNeill, SIGAR.

109 *"Tentei encontrar alguém que me falasse qual era a definição da vitória"*: Ibid.

109 *"O Iraque absorvia todos os recursos"*: Entrevista com o tenente-coronel Richard Phillips, 6 de setembro de 2011, projeto de Experiências de Liderança Operacional, Instituto de Estudos de Combate, Fort Leavenworth, Kansas.

110 *"apenas cumprindo tabela"*: Entrevista com o major Stephen Boesen, 7 de julho de 2008, Projeto de Experiências de Liderança Operacional, Instituto de Estudos de Combate, Fort Leavenworth, Kansas.

110 *"meus filhos provavelmente atuarão na mesma missão"*: Ibid.

110 *passou 85% do tempo no Iraque*: Entrevista com Lute, SIGAR.

110 *"Não tínhamos nenhuma compreensão básica sobre o Afeganistão"*: Ibid.

110 *"É muito pior do que se imagina"*: Ibid.

111 *"Eles continuam firmes e fortes?"*: Gwen Ifill, "Entrevista com Gen. Dan McNeill", PBS Newshour com Jim Lehrer, 10 de dezembro de 2007.

111 *"Bem, essa afirmação não veio de mim"*: Ibid.

112 *cadeias de comando bagunçadas*: Entrevista com Lute, Centro Miller.

112 *"A mão esquerda não falava com a direita"*: Ibid.

112 *"atacavam um complexo à noite"*: Ibid.

CAPÍTULO DEZ: OS SENHORES DA GUERRA

115 *exortou publicamente o Afeganistão a confrontar seu passado tumultuado*: comunicado à imprensa, "Afeganistão: Justiça para criminosos de guerra essenciais para a paz", Human Rights Watch, 12 de dezembro de 2006.

115 *fez uma visita privada a uma das figuras mais notórias da lista*: Cabograma do Departamento de Estado, de Cabul para Washington, "Meeting with General Dossum", 23 de dezembro de 2006, WikiLeaks. O cabograma foi classificado como CONFIDENCIAL.

116 *encontraram o senhor da guerra em um estado de espírito melancólico*: Ibid.

116 *"Já fui chamado de tantos nomes"*: Ibid.

116 *acomodou-se em uma cadeira estofada e fez o possível para acalmar a "quase paranoia" de Dostum*: Ibid.

117 *"Baseados na ideia de que o inimigo do meu inimigo é meu amigo"*: Entrevista com Sarah Chayes, 26 de maio de 2015, Projeto Lições Aprendidas, SIGAR.

117 *o governo dos EUA adotou uma abordagem "esquizofrênica"*: Entrevista com Andre Hollis, 16 de maio de 2016, Projeto Lições Aprendidas, SIGAR.

118 *Suas mortes permaneceram secretas*: Avaliações e documentação no Afeganistão, Médicos pelos Direitos Humanos.

119 *mas ninguém foi responsabilizado*: Cora Currier, "White House Closes Inquiry into Afghan Massacre — and will Release No Details", *ProPublica*, 31 de julho de 2013.

119 *"Caro presidente dos EUA, George W. Bush!"*: Carta do general Abdul Rashid Dostum ao presidente George W. Bush, Arquivo de Segurança Nacional, Universidade George Washington. A carta de Dostum não tem data e lista o endereço de Bush como "1600 Pennsylvania Avenue, Washington, DC", sem código postal.

119 *"Desejo a Vossa Excelência boa saúde"*: Ibid.

119 *o Pentágono teve um cuidado especial para entregá-la*: Memorando do general Tommy Franks para Donald Rumsfeld, 9 de janeiro de 2002, Arquivo de Segurança Nacional, Universidade George Washington.

119 *"Ele acabou por ser um guerreiro e tanto"*: Memorando de Donald Rumsfeld para Larry Di Rita, 10 de janeiro de 2002, Arquivo de Segurança Nacional, Universidade George Washington.

120 *instou-o a dar mais poder a Dostum*: Cabograma do Departamento de Estado, de Cabul para Washington, "Reunião do Congressista Rohrabacher em 16 de abril com o presidente Karzai", 16 de abril de 2003, WikiLeaks. O cabograma foi classificado como CONFIDENCIAL.

120 *Karzai estava incrédulo*: Ibid.

120 *"sob o Talibã, pelo menos havia lei e ordem"*: Ibid.

120 *"um Tito stalinesco com cara de bebê"*: Entrevista com Hutson, Associação para Estudos e Treinamento Diplomático.

120 *lançava uma variedade de ideias mal-acabadas*: Ibid.

120 *disse a Dostum que precisava pensar de forma realista*: Ibid.

120 *"Dostum nunca tinha ouvido falar de Aristide ou do Haiti"*: Ibid.

121 *Os comandantes militares dos EUA ordenaram que um bombardeiro B-1*: Khalilzad, *The Envoy*, pp. 202–203.

121 *um dos assessores do senhor da guerra fez uma ligação em pânico*: Joshua Partlow, "Dostum, a former warlord who was once America's man in Afghanistan, may be back", *Washington Post*, 23 de abril de 2014.

121 *Lamm pensou em dizer não*: Entrevista com o coronel David Lamm, 14 de março de 2007, Centro de História Militar do Exército dos EUA, Washington, DC.

121 *"'Temos que tratar um senhor da guerra em Walter Reed?'"*: Ibid.

121 *agradeceu-lhes por terem salvado sua vida*: Ibid.

122 *Os senhores da guerra "tinham trinta anos de guerra civil no currículo"*: Entrevista com Finn, SIGAR.

122 *"Uma ameaça mortal à legitimidade do regime"*: Entrevista com Strmecki, SIGAR.

122 *"Acho que quem diminui o que foi conquistado nessa fase está sendo um pouco injusto"*: Idem.

123 *"Uma grande ameaça ao futuro do país"*: Cabograma do Departamento de Estado, de Cabul para Washington, "Confronting Afghanistan's Corruption Crisis", 15 de setembro de 2005. O cabograma foi originalmente classificado como CONFIDENCIAL. Sua confidencialidade foi parcialmente retirada pelo Departamento de Estado em 9 de dezembro 2014, e foi publicado em resposta a uma solicitação feita pelo Arquivo de Segurança Nacional com base na Lei de Liberdade de Informação.

123 *Ambos os homens, no entanto, eram politicamente intocáveis*: Partlow, *A Kingdom of Their Own*, pp. 142-143.
124 *Boucher admirava Sherzai*: Entrevista com Boucher, SIGAR.
124 *"Achei uma das coisas mais engraçadas que já ouvi"*: Ibid.
124 *era melhor canalizar contratos para afegãos*: Ibid.
124 *"Prefiro que o dinheiro desapareça no Afeganistão do que em Washington"*: Ibid.
124 *"um idiota benevolente"*: Entrevista com Nils Taxell, 3 de julho de 2015, Projeto Lições Aprendidas, SIGAR. Em um e-mail de dezembro de 2019 para repórteres do *Washington Post*, Taxell acrescentou: "Devo admitir que não reconheço a linguagem específica atribuída a mim pelo SIGAR, então a especificação 'conforme registrado pelo SIGAR' é bastante pertinente. Além disso, quero deixar claro que, em minha linha de raciocínio, não expressei minha opinião sobre nenhum indivíduo em particular."
125 *"Sempre houve uma questão de corrupção"*: Entrevista com o tenente-coronel Eugene Augustine, 22 de fevereiro de 2007, Centro de História Militar do Exército dos EUA, Washington, D.C.
125 *"um tirano simplório"*: Entrevista com McNeill, SIGAR.
125 *"SMA estava sujo"*: Ibid.
126 *O senhor da guerra de barba preta teve uma história tensa com Karzai*: Partlow, *A Kingdom of Their Own*, p. 54
126 *o ministro da Defesa certa vez explodiu de raiva*: Entrevista com Russell Thaden, 13 de junho de 2011, projeto de Experiências de Liderança Operacional, Instituto de Estudos de Combate, Fort Leavenworth, Kansas.
126 *"Fahim Khan tinha ficado muito nervoso"*: Idem.
127 *"Ele ria enquanto relatava isso"*: Entrevista com Crocker, 12 de janeiro de 2016, SIGAR.
127 *"Eu o teria considerado capaz de qualquer iniquidade"*: Ibid.
127 *"pelo que eu sei, ele ainda está morto"*: Ibid.

CAPÍTULO ONZE: UMA GUERRA CONTRA O ÓPIO

129 *uma frota de tratores agrícolas Massey Ferguson*: Entrevista com o tenente-coronel Michael Winstead, 7 de novembro de 2013, Projeto de Experiências de Liderança Operacional, Instituto de Estudos de Combate, Fort Leavenworth, Kansas.
130 *"não haverá ópio nesta província"*: Emmanuel Duparcq, "Opium-free in two months, vows governor of Afghanistan's top poppy province", *Agence France-Presse*, 3 de março de 2006.
130 *"isso é simplesmente besteira"*: Entrevista com o tenente-coronel Michael Slusher, 16 de fevereiro de 2007, projeto de Experiências de Liderança Operacional, Instituto de Estudos de Combate, Fort Leavenworth, Kansas.
131 *ele correu para o local e ajudou a remover os corpos*: Entrevista com Winstead, Instituto de Estudos de Combate.
131 *uma sacola com US$250 mil em dinheiro*: Ibid.
131 *"Estávamos com sérias dificuldades"*: Ibid.
131 *"desertou de seus cargos"*: Cabograma do Departamento de Estado, de Cabul a Washington, "Helmand Erradication Wrap Up", 3 de maio de 2006, WikiLeaks. O cabograma não era confidencial.
131 *o número de erradicadores havia diminuído*: Cabograma do Departamento de Estado, de Cabul para Washington, "Helmand Governor Daud Voices Concerns About Security", 15 de maio de 2006, Wikileaks. O cabo foi classificado como CONFIDENCIAL.

131 *Para encobrir o desastre*: Entrevista com o major Douglas Ross, 23 de junho de 2008, projeto de Experiências de Liderança Operacional, Instituto de Estudos de Combate, Fort Leavenworth, Kansas.

131 *apenas "uma quantidade modesta" da colheita de papoula foi destruída*: Cabograma do Departamento de Estado, "Helmand Erradication Wrap Up", Wikileaks.

131 *Mesmo assim, o Departamento de Estado validou para o Congresso os números falsos*: Entrevista com Winstead, Instituto de Estudos de Combate.

132 *"Vários aldeões me perguntavam"*: Ibid.

132 *"Indivíduos muito corruptos"*: Cabograma do Departamento de Estado, "Helmand Erradication Wrap Up", WikiLeaks.

132 *"Acredite em mim, meu cabelo ficou branco"*: Entrevista com Ross, Instituto de Estudos de Combate.

133 *"Noventa por cento da renda das pessoas"*: Entrevista com o tenente-coronel Dominic Cariello, 16 de fevereiro de 2007, projeto de Experiências de Liderança Operacional, Instituto de Estudos de Combate, Fort Leavenworth, Kansas.

133 *"Para os traficantes, não fazia diferença"*: Entrevista com Bates, Instituto de Estudos de Combate.

133 *"Estávamos decepcionando toda a província"*: Ibid.

133 *"A campanha de erradicação também parece"*: Cabograma do Departamento de Estado, "Helmand Erradication Wrap Up", WikiLeaks.

133 *"muito ruim e só piorava"*: Cabograma do Departamento de Estado, "Helmand Governor Daud Voices Concerns About Security", WikiLeaks.

133 *"Assim que passamos o controle aos britânicos"*: Entrevista com Slusher, Instituto de Estudos de Combate.

135 *"o mulá Omar fez vista grossa"*: Entrevista com Tooryalai Wesa, 7 de janeiro de 2017, Projeto Lições Aprendidas, SIGAR.

135 *"Todos do Congresso levantaram o assunto imediatamente"*: Entrevista com Metrinko, Associação para Estudos e Treinamento Diplomático.

135 *"ainda não temos um banheiro funcionando aqui"*: Ibid.

136 *Elas concordaram em pagar aos fazendeiros de papoula afegãos US$700 por acre*: "Counternarcotics: Lessons from the U.S. Experience in Afghanistan", junho de 2018, SIGAR.

136 *"Os afegãos, como a maioria das outras pessoas, estavam bastante dispostos a aceitar grandes somas de dinheiro"*: Entrevista com Metrinko, Associação para Estudos e Treinamento Diplomático.

136 *"um ato terrível de ingenuidade crua"*: Entrevista com Anthony Fitzherbert, 21 de junho de 2016, Projeto Lições Aprendidas, SIGAR. Em um e-mail de dezembro de 2019 para um repórter do *Washington Post*, Fitzherbert acrescentou: "O 'programa de troca de papoulas' foi finalmente abandonado e cancelado quando ficou claro que não só não estava funcionando, mas tinha consequências negativas. Apresso-me em acrescentar aqui que eu mesmo não tive nenhum envolvimento direto com esse programa, de qualquer forma ou em qualquer nível."

136 *Mas o INL destacou apenas um funcionário para a embaixada dos EUA*: Entrevista com Barno, Centro de História Militar do Exército dos EUA.

137 *"Não havia nenhuma coordenação"*: Entrevista com Gilchrist, Centro de História Militar do Exército dos EUA.

137 *"ninguém está no comando"*: Memorando de Donald Rumsfeld para Doug Feith, 29 de novembro de 2004, Arquivo de Segurança Nacional, Universidade George Washington.

137 *"De alguma forma, chegamos à explicação de que eram as drogas"*: Entrevista com Barnett Rubin, 27 de agosto de 2015, Projeto Lições Aprendidas, SIGAR.

138 *"Ela achava importante agir logo"*: Memorando de Donald Rumsfeld para o general Dick Myers, Paul Wolfowitz, Doug Feith e Tom O'Connell, 19 de outubro de 2004, Arquivo de Segurança Nacional, Universidade George Washington.

138 *"ópio possa estrangular o legítimo Estado do Afeganistão em seu berço"*: Cabograma do Departamento de Estado, "Confronting Afghanistan's Corruption Crisis", Arquivo de Segurança Nacional.

138 *"Uribe era um líder confiável"*: Entrevista com John Wood, 17 de junho de 2015, Projeto Lições Aprendidas, SIGAR.

139 *"Karzai achou que isso seria visto pelos afegãos como guerra química"*: Entrevista com Khalilzad, SIGAR.

139 *"interrompesse todas as atividades econômicas dos EUA a oeste do Mississippi"*: Entrevista com o embaixador Ronald McMullen, 1º de agosto de 2012, Projeto de História Oral de Relações Exteriores, Associação para Estudos e Treinamento Diplomático.

140 *Congressistas de olhos arregalados viam papoulas crescendo em todos os lugares*: Cabograma do Departamento de Estado, de Cabul para Washington, "Codel Hoekstra Sees Poppy Problem First Hand", 23 de março de 2006, WikiLeaks. O cabograma foi classificado como CONFIDENCIAL/PROIBIDO PARA ESTRANGEIROS.

140 *"diria apenas que eram lindas flores"*: Entrevista com Boucher, SIGAR.

140 *"pressão desesperada por resultados de curto prazo"*: Entrevista com o embaixador Ronald Neumann, 18 de junho de 2015, Projeto Lições Aprendidas, SIGAR.

141 *"o programa mais ineficaz da história da política externa norte-americana"*: Richard Holbrooke, "Still Wrong in Afghanistan", *Washington Post*, 23 de janeiro de 2008.

141 *"Na verdade, fortalece o Talibã e a Al-Qaeda"*: Ibid.

CAPÍTULO DOZE: DOBRANDO A APOSTA

147 *"Talvez tenhamos feito um trabalho bom demais explicando como é ruim aqui"*: Entrevista com o major Fred Tanner, 4 de março de 2010, projeto de Experiências de Liderança Operacional, Instituto de Estudos de Combate, Fort Leavenworth, Kansas.

147 *"Ele falou aquilo de forma profissional"*: Ibid.

148 *"deveria haver algo mais para resolver aquele problema do que matar pessoas"*: Entrevista com o major-general Edward Reeder, 26 de outubro de 2017, Projeto Lições Aprendidas, SIGAR. Em um e-mail de dezembro de 2019 para um repórter do *Washington Post*, Reeder acrescentou: "Em 2009, na época dessa citação, eu estava bastante satisfeito com a forma como o general David McKiernan... conduzia a campanha de contrainsurgência e não tinha problemas em apoiar sua estratégia. Meu ponto na citação, de quando cheguei, em fevereiro de 2009, como comandante do Comando de Operações Especiais das Forças Combinadas, foi que senti que precisávamos de outra alternativa para atacar o Talibã... Achava que precisávamos de uma iniciativa de defesa local de base que deixasse o Talibã desconfortável com o combate de moradores da mesma etnia e afiliação tribal compartilhada."

148 *"Era muito mais complicado"*: Entrevista com o major George Lachicotte, 1º de novembro de 2011, projeto de Experiências de Liderança Operacional, Instituto de Estudos de Combate, Fort Leavenworth, Kansas.

148 *"Não havia uma estratégia clara"*: Ibid.

148 *"Como saberemos quando for a hora de partirmos?"*: Entrevista com o major Joseph Claburn, 13 de setembro de 2011, Projeto de Experiências de Liderança Operacional, Instituto de Estudos de Combate, Fort Leavenworth, Kansas.

149 *"Ele se esforça implacavelmente"*: Dexter Filkins, "Stanley McChrystal's Long War", revista do *New York Times*, 14 de outubro de 2009.

149 *"Recém-saídos de sua experiência no Iraque"*: Entrevista com o major John Popiak, 15 de março de 2011, projeto de Experiências de Liderança Operacional, Instituto de Estudos de Combate, Fort Leavenworth, Kansas.

150 *uma campanha de contrainsurgência com "recursos adequados"*: "Commander's Initial Assessment", Força Internacional de Assistência à Segurança, 30 de agosto de 2009. O relatório foi originalmente classificado como CONFIDENCIAL. O Departamento de Defesa divulgou a maior parte do relatório em 20 de setembro de 2009, após o repórter Bob Woodward, do *Washington Post*, obter uma cópia e informar aos funcionários do governo Obama que o *Post* pretendia publicá-la. O *Post* publicou a versão não confidencial em 21 de setembro de 2009.

150 *"Há grandes implicações em chamar isso de guerra"*: Entrevista de um oficial sênior da Otan, 24 de fevereiro de 2015, Projeto Lições Aprendidas, SIGAR. Nome editado pelo SIGAR.

150 *Para encobrir o problema*: Ibid.

151 *"A percepção era de que a Al-Qaeda não era mais um problema"*: Ibid.

151 *"raramente tentávamos entender a doença subjacente"*: Entrevista de um oficial da USAID, 18 de outubro de 2016, Projeto Lições Aprendidas, SIGAR. Nome editado pelo SIGAR.

152 *"mas sabia que teria problemas se dissesse isso"*: Entrevista com Barnett Rubin, 17 de fevereiro de 2017, Projeto Lições Aprendidas, SIGAR.

152 *"O Paquistão continuaria sendo a maior fonte de instabilidade afegã"*: Cabograma do Departamento de Estado, de Cabul para Washington, "COIN Strategy: Civilian Concerns", 6 de novembro de 2009.

152 *os "afundaria ainda mais"*: Cabograma do Departamento de Estado, de Cabul para Washington, "Looking Beyond Counterinsurgency In Afghanistan", 9 de novembro de 2009. Ambos os cabogramas foram classificados como CONFIDENCIAIS. O *New York Times* obteve cópias dos cabogramas e os publicou online. Eric Schmitt, "US Envoy's Cables Show Worries on Afghan Plans", *New York Times*, 25 de janeiro de 2010.

153 *"O cronograma nos enforcou"*: Entrevista do general David Petraeus, 16 de agosto de 2017, Projeto Lições Aprendidas, SIGAR.

153 *Mas, como Petraeus, ele disse que ficou "estupefato"*: Entrevista com Rubin, 17 de fevereiro de 2017, SIGAR.

153 *"Havia uma incompatibilidade entre o prazo e a estratégia"*: Ibid. Em um e-mail de dezembro de 2019 para o autor, Rubin acrescentou: "Estou surpreso por ter dito isso. Talvez as notas estejam erradas. Sempre acreditei firmemente que o cronograma era para o Pentágono, e ninguém mais. Entendi por que o presidente queria fazer aquilo, mas ele não levou em consideração como isso seria entendido na região."

154 *"Não consigo descrever o cheiro"*: Entrevista com Smith, Instituto de Estudos de Combate.

154 *"Já passei por isso, sei como é"*: Ibid.

154 *"'Ei, senhor, por que diabos estamos fazendo isso?'"*: Entrevista com o major Jason Liddell, 15 de abril de 2011, projeto de Experiências de Liderança Operacional, Instituto de Estudos de Combate, Fort Leavenworth, Kansas.

154 *"Eu tinha dificuldade em responder"*: Ibid.

156 *uma série de comentários maldosos e maliciosos*: Michael Hastings, "The Runaway General", *Rolling Stone*, 8 de julho de 2010.

CAPÍTULO TREZE: "UM POÇO DE DINHEIRO, ESCURO E SEM FIM"

159 *"É como colocar muita água em um funil"*: Entrevista com David Marsden, 3 de dezembro de 2015, Projeto Lições Aprendidas, SIGAR. Em um e-mail de dezembro de 2019 para um repórter do *Washington Post*, Marsden acrescentou que "a questão mais importante que afetou o resultado da guerra estava totalmente sob nosso controle: a rotação de um ano do pessoal. Sendo eu um raro exemplo de alguém que trabalhou no Afeganistão, dentro e fora do país, por oito anos, aprendi o impacto disso quase como um afegão".

159 *"Perdemos a objetividade"*: Entrevista com um oficial da USAID, 7 de outubro de 2016, Projeto Lições Aprendidas, SIGAR. Nome editado pelo SIGAR.

159 *as autoridades em Washington esperavam que ele distribuísse cerca de US$3 milhões por dia*: Entrevista com um empreiteiro, 15 de agosto de 2016, Projeto Lições Aprendidas, SIGAR. Nome editado pelo SIGAR.

159 *"Ele respondeu claro que não"*: Ibid.

159 *esbanjaram dinheiro em represas e rodovias*: Entrevista com Lute, SIGAR.

160 *"Não podemos ser um pouco mais racionais nesse aspecto?"*: Ibid.

160 *"Em alguma província esquecida por Deus"*: Ibid.

160 *"O chefe de polícia não conseguia nem abrir a porta"*: Ibid.

160 *"Eles disseram que queriam que seus filhos cuidassem de cabras"*: Entrevista com o assessor da equipe das Forças Especiais, 14 de dezembro de 2017, Projeto Lições Aprendidas, SIGAR. Nome editado pelo SIGAR.

161 *"Fiquei impressionado"*: Entrevista com Tim Graczewski, 11 de janeiro de 2015, Projeto Lições Aprendidas, SIGAR.

161 *"Eu não sabia quem tinha feito aquilo"*: Ibid.

161 *descobriram em grande parte deserto*: "Shorandam Industrial Park: Poor Recordkeeping and Lack of Electricity Prevented a Full Inspection of this $7.8 million Facility", SIGAR, Relatório de Inspeção, abril de 2015.

162 *"Por que pensamos que fornecer eletricidade"*: Entrevista com um oficial sênior da USAID, 15 de agosto de 2016, Projeto Lições Aprendidas, SIGAR. Nome editado pelo SIGAR.

162 *Ele tinha profundas dúvidas sobre o projeto da barragem*: Entrevista com Crocker, 1º de dezembro de 2016, SIGAR.

162 *"mas tinha certeza de que nunca funcionaria"*: Ibid.

162 *"era uma loucura"*: Entrevista com um oficial da Otan, 24 de fevereiro de 2015, Projeto Lições Aprendidas, SIGAR. Nome editado pelo SIGAR.

163 *o governo dos Estados Unidos gastou US$775 milhões na barragem*: "Afghanistan's Energy Sector", Relatório de Auditoria, SIGAR, 19–37, maio de 2019.

163 *ele levantou o que chamou de questão "maior"*: Entrevista com Eggers, SIGAR.

163 *"Por que os EUA empreendem ações que estão além de suas capacidades?"*: Ibid.

164 *"Petraeus estava decidido a jogar dinheiro no problema"*: Entrevista com um oficial militar dos EUA, 18 de julho de 2016, Projeto Lições Aprendidas, SIGAR. Nome editado pelo SIGAR.

164 *"O que impulsionou os gastos foi a necessidade de solidificar os ganhos"*: Entrevista com Petraeus, SIGAR.

164 *Os fazendeiros afegãos estavam um século atrasados*: Entrevista com o coronel Brian Copes, 25 de janeiro de 2011, projeto de Experiências de Liderança Operacional, Instituto de Estudos de Combate, Fort Leavenworth, Kansas.

165 *"um certo preconceito elitista"*: Ibid.

165 *"Estávamos sempre perseguindo o dragão"*: Entrevista com um oficial sênior da USAID, 10 de novembro de 2016, Projeto Lições Aprendidas, SIGAR. Nome editado pelo SIGAR.

165 *"atacado por oficiais militares"*: Entrevista com um ex-oficial do Departamento de Estado, 15 de agosto de 2016, Projeto Lições Aprendidas, SIGAR. Nome editado pelo SIGAR.

165 *"Eles começaram a gritar: 'Nós inocentamos Garmsir'"*: Barna Karimi, entrevista, 16 de janeiro de 2017, Projeto Lições Aprendidas, SIGAR.

166 prestavam pouca atenção a quem estava beneficiando: Entrevista com Safiullah Baran, 18 de fevereiro de 2017, Projeto Lições Aprendidas, SIGAR.

166 *um irmão que pertencia à ala local do Talibã*: Ibid.

166 *"Os afegãos são algumas das pessoas mais ciumentas que já conheci"*: Entrevista com um oficial dos EUA, 30 de junho de 2016, Projeto Lições Aprendidas, SIGAR. Nome editado pelo SIGAR.

167 *uma revelação de que foram copiados e colados*: Entrevista com um oficial de relações civis do exército, 12 de julho de 2016, projeto Lições Aprendidas, SIGAR. Nome editado pelo SIGAR.

167 *"então a coisa mais inteligente a fazer seria nada"*: Ibid.

167 *disse que a enxurrada de ajuda era como "crack"*: Entrevista com Brian Copes, 25 de fevereiro de 2016, Projeto Lições Aprendidas, SIGAR.

167 *uma estufa substituta feita com vergalhão de ferro*: Ibid.

167 *"O Congresso nos dá dinheiro para gastar"*: Ibid.

167 *Apesar de seus melhores esforços*: "Programa de Resposta de Emergência dos Comandantes do Departamento de Defesa: Prioridades e Gastos no Afeganistão para os anos fiscais 2004–2014", SIGAR, Escritório de Projetos Especiais, abril de 2015.

167 *"nada mais era do que dinheiro ambulante"*: Entrevista com Ken Yamashita, 15 de dezembro de 2015, Projeto Lições Aprendidas, SIGAR. Em um e-mail de dezembro de 2019 para um repórter do *Washington Post*, Yamashita acrescentou: "O CERP é dinheiro ambulante no sentido de que nunca foi feito para ser usado como financiamento de reconstrução de longo prazo. Parte da reconstrução deveria ser feita após o engajamento militar; em outras ocasiões, destinava-se a fornecer apoio aos líderes comunitários. Nesse segundo viés, serviu a um propósito político ao apoiar a liderança da comunidade."

167 *"poço escuro de dinheiro sem fim"*: Entrevista com um oficial da Otan, 24 de fevereiro de 2015, Projeto Lições Aprendidas, SIGAR. Nome editado pelo SIGAR.

168 *"Queríamos métricas quantitativas rígidas"*: Entrevista com um oficial do Exército dos EUA, 30 de junho de 2016, Projeto Lições Aprendidas, SIGAR. Nome editado pelo SIGAR.

168 *"Foi um insulto ao povo"*: Entrevista com Wesa, SIGAR.

168 *"todos os professores largaram seus empregos"*: Entrevista com Thomas Johnson, 7 de janeiro de 2016, Projeto Lições Aprendidas, SIGAR. Em um e-mail de dezembro de 2019 para o autor, Johnson acrescentou: "Sem o conhecimento dos canadenses, os poucos professores da vila, que ganhavam entre US$60–US$80 por mês, imediatamente pediram demissão para cavar canais de irrigação com um salário mais alto e obviamente atrapalharam o sistema educacional da vila. Assim que esse fato foi comunicado aos canadenses, eles aumentaram os salários dos professores, e o problema foi corrigido."

168 *"Não havia professores suficientes para preenchê-las"*: Entrevista com um oficial militar dos EUA, 11 de julho de 2016, Projeto Lições Aprendidas, SIGAR. Nome editado pelo SIGAR.

CAPÍTULO CATORZE: DE AMIGO A INIMIGO

170 *"Ele o achava corrupto como um demônio"*: Entrevista com Rubin, 20 de janeiro de 2015, SIGAR. Em um e-mail de dezembro de 2019 para o autor, Rubin acrescentou: "Tentei convencer Holbrooke de que ele estava culpando Karzai por problemas cuja origem eram os Estados Unidos. Dado o sistema que estabelecemos de dinheiro extraoficial para forças de contraterrorismo e líderes de milícias, Karzai não poderia competir politicamente sem obter acesso às mesmas fontes de dinheiro. O sistema político 'oficial' de eleições, e assim por diante, era uma fachada para o verdadeiro jogo de poder. O primeiro era apoiado pelo Departamento de Estado, o último era administrado pela CIA e pelo Departamento de Defesa."

171 *"O motivo pelo qual Karzai fez acordos com os senhores da guerra"*: Entrevista com Gates, Miller Center.

171 *ele se inclinou e sussurrou uma mensagem*: Ibid.

171 *"houve uma interferência estrangeira flagrante"*: Ibid.

172 *a agência de espionagem o encorajou*: Partlow, *A Kingdom of Their Own*, pp. 44–47.

172 *a agência de espionagem ISI do Paquistão sugeriu primeiro o nome de Karzai*: Entrevista do embaixador James Dobbins, 21 de julho de 2003, Projeto de História Oral dos Negócios Estrangeiros, Associação para Estudos e Treinamento.

172 *"Karzai era telegênico"*: Ibid.

172 *lançou-se sobre Karzai*: Ian Shapira, "The CIA acknowledges the legendary spy who saved Hamid Karzai's life — and honors him by name", *Washington Post*, 18 de setembro de 2017.

173 *o telefone via satélite de Karzai tocou*: Lyse Doucet, "The Karzai years: From hope to recrimination", BBC News, 11 de julho de 2014.

173 *"Hamid, qual é a sua reação?"*: Ibid.

173 *"Apenas um palácio frio e ventoso para tentar presidir"*: Entrevista com o embaixador Ryan Crocker, 9 de setembro de 2010, Projeto de História Oral de George W. Bush, Centro Miller, Universidade de Virgínia.

173 *Crocker aproveitava a chance para comer uma refeição caseira*: Ibid.

173 *"Precisamos de uma bandeira"*: Entrevista com Crocker, 1º de dezembro de 2016, SIGAR.

173 *"Isso é com você"*: Ibid.

174 *"como se eu tivesse a mínima ideia"*: Entrevista com Crocker, Centro Miller.

175 *"Foi um dia de que nunca me esquecerei"*: Memorando de Donald Rumsfeld ao presidente George W. Bush, 9 de dezembro de 2004, Arquivo de Segurança Nacional, Universidade George Washington.

175 *O menu raramente mudava*: Khalilzad, *The Envoy*, pp. 132–133.

175 *"Quando fui ao Iraque, Karzai era muito popular"*: Entrevista com Khalilzad, SIGAR.

175 *Karzai precisava passar horas conversando*: Entrevista com Strmecki, SIGAR.

176 *acusando Ahmed Wali Karzai de controlar o tráfico de drogas*: Sami Yousafzai, "A Harvest of Treachery", *Newsweek*, 8 de janeiro de 2006.

176 *"Nunca tivemos provas claras que alguém pudesse levar ao tribunal"*: Cabograma do Departamento de Estado, de Cabul para Washington, Karzai Dissatisfied: Worries about Newsweek; Plans More War Against Narcotics", 10 de janeiro de 2006, WikiLeaks. O cabograma foi classificado como CONFIDENCIAL.

176 *Durante anos, a agência o pagou*: Dexter Filkins, Mark Mazzetti e James Risen, "Brother of Afghan Leader Said to be Paid by CIA", *The New York Times*, 27 de outubro de 2009.

176 *"Ao mirar nele, estávamos prejudicando nossas relações"*: Entrevista com Greentree, Associação para Estudos e Treinamento.

177 *"Karzai nunca acreditou na democracia"*: Entrevista com Hadley, SIGAR.

178 *"Sempre que fazemos um ataque aéreo"*: Amir Shah e Jason Straziuso, "Afghan officials: US missiles killed 27 civilians", *Associated Press*, 6 de julho de 2008.

178 *Testemunhas relataram que cerca de sessenta crianças morreram*: Carta para o secretário da Defesa Robert Gates sobre os ataques aéreos dos EUA em Azizabad, Afeganistão, Human Rights Watch, 15 de janeiro de 2009.

178 *"em legítima defesa, necessário e proporcional"*: Memorando para o comandante interino, "Executive Summary of AR 15-6 Investigation", Comando Central dos EUA, 1º de outubro de 2008.

179 *"Agendas financeiras, políticas e/ou de sobrevivência"*: Ibid.

179 *"Matamos nossos aliados"*: Entrevista com um oficial militar dos EUA, 8 de janeiro de 2015, Projeto Lições Aprendidas, SIGAR. Nome editado pelo SIGAR.

179 *"Toda vez que brigávamos muito com Karzai"*: Entrevista com Gates, Centro Miller.

180 *"As pessoas apenas zombavam de Karzai"*: Ibid.

180 *Biden jogou o guardanapo no chão*: Woodward, *Obama's Wars*, p. 70.

180 *"Ele quer se livrar de mim e de você"*: Kai Eide, "Afghanistan and the US: Between Partnership and Occupation", Peace Research Institute Oslo, 2014.

180 *"Dois retratos contrastantes"*: Cabograma do Departamento de Estado, de Cabul para Washington, "Karzai sobre o Estado das Relações EUA-Afeganistão", 7 de julho de 2009, WikiLeaks. O cabograma foi originalmente classificado como CONFIDENCIAL.

180 *"Um indivíduo paranoico e fraco"*: Ibid.

181 *Karzai acusou Holbrooke de miná-lo*: Packer, *Our Man*, pp. 484–486.

181 *"gato escaldado tem medo de água fria"*: Margaret Warner, "Entrevista com o presidente afegão Hamid Karzai", PBS Newshour com Jim Lehrer, 9 de novembro de 2009.

181 *"É muito difícil esperar que Karzai mude"*: Cabograma do Departamento de Estado, "COIN Strategy: Civilian Concerns".

182 *"Ele usou o comportamento errático como técnica"*: Entrevista com o embaixador Marc Grossman, 13 de junho de 2014, Projeto de História Oral de Relações Exteriores, Associação para Estudos e Treinamento.

CAPÍTULO QUINZE: CONSUMIDO PELA CORRUPÇÃO

183 *Grande parte do dinheiro ia parar no emirado de Dubai*: Andrew Higgins, "An Afghan exodus, of bank notes", *Washington Post*, 25 de fevereiro de 2010.

183 *mansões conhecidas como "palácios de papoula" erguiam-se dos escombros de Cabul*: Karin Brulliard, "Garish 'poppy palaces' lure affluent Afghans", *Washington Post*, 6 de junho de 2010.

184 *"Ações malignas de agentes de poder"*: Avaliação inicial do comandante, Força Internacional de Assistência à Segurança, 30 de agosto de 2009.

184 *"O pressuposto básico era o de que a corrupção é um problema afegão"*: Entrevista com Rubin, 20 de janeiro de 2015, SIGAR.

185 *"Nosso maior projeto individual, infelizmente e inadvertidamente"*: Entrevista com Crocker, 11 de janeiro de 2016, SIGAR.

185 *o governo dos EUA deu "belos pacotes"*: Entrevista com um oficial alemão, 31 de julho de 2015, Projeto Lições Aprendidas, SIGAR. Nome editado pelo SIGAR.

185 *"seria estúpido se o fizesse sem receber um pacote para tal"*: Ibid.

186 *"Fulano acabou de ir à embaixada dos Estados Unidos e recebeu um dinheiro"*: Ibid.

186 *"se organizado em uma cleptocracia"*: Entrevista com Christopher Kolenda, 5 de abril de 2016, Projeto Lições Aprendidas, SIGAR.
186 *"A cleptocracia ficou mais forte com o tempo"*: Ibid.
186 *"A corrupção mesquinha é como o câncer de pele"*: Ibid.
186 *"Foi como se eles tivessem acabado de descobrir algo novo"*: Entrevista com um ex-oficial do Conselho de Segurança Nacional, 22 de abril de 2015, Projeto Lições Aprendidas, SIGAR. Nome editado pelo SIGAR.
187 *entre 6 mil e 8 mil caminhões*: "Warlord, Inc.: Extortion and Corruption Along the U.S. Supply Chain in Afghanistan", Relatório da Equipe da Maioria, Subcomitê de Segurança Nacional e Relações Exteriores, Comitê de Supervisão e Reforma do Governo da Câmara, junho de 2010.
187 *Um comboio de trezentos caminhões normalmente exigia quinhentos guardas armados*: Ibid.
187 *cerca de 18% do dinheiro foi para o Talibã*: Entrevista com Gert Berthold, 6 de outubro de 2015, Projeto Lições Aprendidas, SIGAR.
187 *"E muitas vezes era uma porcentagem mais alta"*: Ibid.
187 *Funcionários afegãos corruptos e sindicatos criminosos abocanharam outros 15%*: Ibid. Em um e-mail de dezembro de 2019 para um repórter do *Washington Post*, Berthold acrescentou: "Quando identificamos anomalias no fluxo de fundos de aquisição, normalmente provamos, por meio de registros financeiros, que entre 16% e 25% dos fundos (quando identificadas as anomalias) foram para agentes mal-intencionados. Disseram-nos que essa porcentagem era baixa, alguns afirmando que era mais ou menos de 40%."
188 *"O mundo político atrapalha"*: Entrevista com Thomas Creal, 23 de março de 2016, Projeto Lições Aprendidas, SIGAR.
188 *desconvidá-los para a festa anual do 4 de Julho*: Entrevista com um oficial dos EUA, 11 de setembro de 2015, Projeto Lições Aprendidas, SIGAR. Nome editado pelo SIGAR.
188 *"O sistema estava muito entrincheirado"*: Entrevista com um diplomata sênior dos EUA, 28 de agosto de 2015, Projeto Lições Aprendidas, SIGAR.
189 *"Nós fomos lá, literalmente cercamos o banco"*: Entrevista com o tenente-general Michael Flynn, 10 de novembro de 2015, Projeto Lições Aprendidas, SIGAR.
189 *"A New Ansari era incrivelmente corrupta"*: Ibid.
189 *"Não, ninguém foi responsabilizado"*: Ibid.
189 *"O ponto principal foi o caso Salehi"*: Entrevista com um oficial do Departamento de Justiça, 12 de abril de 2016, Projeto Lições Aprendidas, SIGAR. Nome editado pelo SIGAR.
190 *"O interesse e o entusiasmo pareciam ter se perdido"*: Entrevista com Berthold, SIGAR.
190 *alguns funcionários do governo Obama consideraram a corrupção "irritante"*: Entrevista com Kolenda, SIGAR.
190 *"O que estou fazendo não é adequado"*: Andrew Higgins, "Banker feeds Afghan crony capitalism; Firm's founder has secured Dubai home loans for some in Karzai's inner circle", *Washington Post*, 22 de fevereiro de 2010.
191 *expunham o Kabul Bank como um castelo de cartas oscilante*: Andrew Higgins, "Kabul Bank crisis followed U.S. push for cleanup", *Washington Post*, 18 de setembro de 2010.
191 *havia emprestado milhões de dólares*: "Report of the Public Inquiry into the Kabul Bank Crisis", Comitê Conjunto Independente de Monitoramento e Avaliação Anticorrupção, Governo do Afeganistão, 15 de novembro de 2012.
191 *envolvido em uma luta pelo poder*: Entrevista com um oficial dos EUA, 1° de março de 2016, Projeto Lições Aprendidas, SIGAR. Nome editado pelo SIGAR.

191 *O Kabul Bank servia como agente de folha de pagamento*: Joshua Partlow e Andrew Higgins, "U.S. and Afghans at odds over Kabul Bank reform", *Washington Post*, 7 de outubro de 2010.

191 *O terceiro maior acionista do Kabul Bank era Mahmoud Karzai*: Andrew Higgins, "Karzai's brother made nearly $1 million on Dubai deal funded by troubled Kabul Bank", *Washington Post*, 8 de setembro de 2010.

191 *"Em uma escala de um a dez"*: Entrevista com um oficial sênior do Departamento do Tesouro, 1º de outubro de 2015, Projeto Lições Aprendidas, SIGAR. Nome editado pelo SIGAR.

192 *providências de emergência para pegar US$300 milhões*: Fitrat, *The Tragedy of Kabul Bank*, p. 170.

192 *"Havia um milhão de coisas que estávamos tentando fazer"*: Entrevista com um ex-oficial superior dos EUA, 12 de dezembro de 2015, Projeto Lições Aprendidas, SIGAR. Nome editado pelo SIGAR.

192 *Agências de espionagem dos EUA sabiam de atividades ilícitas*: Entrevista com um oficial sênior dos EUA, 1º de março de 2016, Projeto Lições Aprendidas, SIGAR. Nome editado pelo SIGAR.

193 *nenhuma das agências de inteligência alertou a polícia*: "Report of the Public Inquiry into the Kabul Bank Crisis", Comitê Conjunto Independente de Monitoramento e Avaliação Anticorrupção.

193 *"não era da sua alçada"*: Entrevista com um oficial sênior dos EUA, 1º de março de 2016, Projeto Lições Aprendidas, SIGAR. Nome editado pelo SIGAR.

193 *As descobertas do artigo chocaram*: Fitrat, *The Tragedy of Kabul Bank*, p. 115.

193 *Mas ele se recusou por meses a se reunir com o presidente do banco central*: "Report of the Public Inquiry into the Kabul Bank Crisis", Comitê Conjunto Independente de Monitoramento e Avaliação Anticorrupção.

193 *Nenhum deles tinha a menor ideia*: Entrevista com um oficial do Departamento do Tesouro, 27 de julho de 2015, Projeto Lições Aprendidas, SIGAR. Nome editado pelo SIGAR.

193 *"Todo o castelo de cartas desabou"*: Ibid.

193 *seu escritório teve que parar de servir chá quente*: Fitrat, *The Tragedy of Kabul Bank*, p. 202.

194 *"um grupo de políticos controlados pela máfia"*: Ibidem, p. 192

194 *"um estudo de caso de como a política dos EUA pode ser frágil e precária"*: Oficial do Departamento do Tesouro, entrevista, 27 de julho de 2015, SIGAR.

194 *"Eu vi a maré virar quando as coisas ficaram difíceis"*: Entrevista com um oficial do Fundo Monetário Internacional, 25 de fevereiro de 2016, Projeto Lições Aprendidas, SIGAR. Nome editado pelo SIGAR.

195 *simpatizava com um contra-argumento*: Entrevista com Crocker, 11 de janeiro de 2016, SIGAR.

195 *"Fiquei impressionado com algo que Karzai disse"*: Ibid.

CAPÍTULO DEZESSEIS: EM GUERRA COM A VERDADE

199 *Leon Panetta dedilhou um rosário*: Panetta, *Worthy Fights*, pp. 320–321.

200 *Panetta sorriu e pensou em seu velho amigo*: Panetta, *Worthy Fights*, p. 301 e p. 328.

200 *talento para comentários rudes e improvisados*: Craig Whitlock, "Panetta echoes Bush comments, linking Iraq invasion to war on al-Qaeda", *Washington Post*, 11 de julho de 2011.

202 *"Depois da morte de Osama bin Laden, eu disse que ele provavelmente estava rindo em seu túmulo lá no fundo do mar"*: Entrevista com Eggers, SIGAR.

204 *os auditores do governo dos EUA concluíram*: Observações preparadas de John F. Sopko, "SIGAR's Lessons Learned Program and Lessons from the Long War", 31 de janeiro de 2020, Projeto de retiro de Supervisão do Governo, Washington, D.C.

204 *"Cada dado foi alterado"*: Entrevista com Bob Crowley, 3 de agosto de 2016, Projeto Lições Aprendidas, SIGAR.

204 *"A verdade raramente era bem-vinda"*: Ibid.

204 *"Eles tinham uma máquina muito cara"*: Entrevista a John Garofano, 15 de outubro de 2015, Projeto Lições Aprendidas, SIGAR.

205 *"Não havia vontade de responder a perguntas"*: Ibid. Em um e-mail de dezembro de 2019 para um repórter do *Washington Post*, Garofano acrescentou: "Com o retrospecto de oito anos, vejo as coisas de forma um pouco diferente: aqueles caras estavam agindo. Mas onde estava a supervisão estratégica? Não havia nenhum órgão independente no Congresso ou no Pentágono que perguntasse: o que está funcionando e o que não está? Devemos continuar construindo a Rodovia Um? Podemos construir uma economia que sustente a nação e a sociedade que estamos tentando formar? Washington, não menos do que os operadores locais, lutou na guerra um ano de cada vez. Era mais fácil fornecer recursos suficientes para evitar uma catástrofe do que reavaliar a estratégia e as táticas. E a reavaliação não ocorrerá no terreno, assim como os trabalhadores da linha de montagem não redesenham um automóvel."

205 *"Por que parece que estamos perdendo?"*: Entrevista com Flynn, SIGAR.

205 *"Então, todos eles foram cumprir seu turno"*: Ibid.

205 *"mostram que tudo está piorando"*: Entrevista com um oficial sênior dos EUA, 10 de julho de 2015, Projeto Lições Aprendidas, SIGAR. Nome editado pelo SIGAR.

206 *a Casa Branca de Obama e o Pentágono pressionavam a burocracia*: Entrevista com um membro do Conselho de Segurança Nacional, 16 de setembro de 2016, Projeto Lições Aprendidas, SIGAR. Nome editado pelo SIGAR.

206 *"Era impossível criar boas métricas"*: Ibid.

206 *a Casa Branca e o Pentágono os colocariam em seu favor*: Ibid.

206 *"Foram as explicações deles"*: Ibid.

207 *"é possível usar os números da maneira que você quiser"*: Entrevista com o major John Martin, 8 de dezembro de 2008, projeto de Experiências de Liderança Operacional, Instituto de Estudos de Combate, Fort Leavenworth, Kansas.

208 *"Isso significa que a situação piorou?"*: Ibid.

208 *"A mãe de todos os bancos de dados"*: Entrevista com um oficial sênior da Otan, 18 de fevereiro de 2015, Projeto Lições Aprendidas, SIGAR. Nome editado pelo SIGAR.

208 *"Deveria ser um procedimento operacional padrão"*: Ibid.

CAPÍTULO DEZESSETE: INIMIGO INTERNO

213 *olhando o vale estéril em busca de sinais do inimigo*: Adam Ashton, "Ambush, shootings a deadly betrayal by allies" (Tacoma, Washington), *News Tribune*, 12 de maio de 2013. Veja também Adam Ashton, "The Cavalry at Home: A soldier's wounds and a will to live" (Tacoma, Washington), *News Tribune*, 14 de dezembro de 2013.

213 *tiros irromperam diretamente atrás deles*: Ibid.

213 *vários tiros nas costas*: Ibid.

214 *encerrou um período brutal de dois meses*: Bill Roggio e Lisa Lundquist, "Green-on-blue attack in Afghanistan, the data", 23 de agosto de 2012, *The Long War Journal*.

215 *"Estou furioso"*: Lara Logan, "Entrevista com o general John Allen", *60 Minutes*, 30 de setembro de 2012.

216 *colocou uma pequena bomba sob o assento de um coronel australiano*: Entrevista com o major Christopher Sebastian, 1º de novembro de 2012, projeto de Experiências de Liderança Operacional, Instituto de Estudos de Combate, Fort Leavenworth, Kansas.

216 *"Um sentimento persistente de pavor"*: Ibid.

216 *"refletiam uma ameaça sistêmica crescente"*: Jeffrey Bordin, "A Crisis of Trust and Cultural Accountability", Forças Armadas dos EUA — Afeganistão, 12 de maio de 2011.

216 *ele escreveu uma série de artigos*: Veja Adam Ashton, "Ambush, shootings a deadly betrayal by allies" (Tacoma, Washington), *News Tribune*, 12 de maio de 2013; Adam Ashton, "Report sheds light on 2012 green-on-blue attack" (Tacoma, Washington) *News Tribune*, 6 de agosto de 2013; Adam Ashton, "The Cavalry at Home: A soldier's wounds and a will to live" (Tacoma, Washington), *News Tribune*, 14 de dezembro de 2013.

217 *seis agressores*: Ibid.

217 *"Sabíamos do que eles eram capazes"*: Ashton, "The Cavalry at Home", *News Tribune*.

217 *tornar-se desonesto de repente*: Entrevista com o major Jamie Towery, 17 de dezembro de 2012, projeto de Experiências de Liderança Operacional, Instituto de Estudos de Combate, Fort Leavenworth, Kansas.

218 *"Nunca sabíamos quando eles poderiam se voltar contra você"*: Ibid.

219 *apenas 2% a 5% dos recrutas afegãos sabiam ler*: Entrevista com Jack Kem, 23 de abril de 2014, Projeto de Experiências de Liderança Operacional, Instituto de Estudos de Combate, Fort Leavenworth, Kansas.

219 *"O analfabetismo era simplesmente intransponível"*: Ibid.

219 *o exército afegão e as forças policiais estavam encolhendo*: Ibid.

219 *mais de 64 mil afegãos uniformizados foram mortos*: Neta C. Crawford e Catherine Lutz, "Costs of War Project", Watson Institute for International and Public Affairs, Brown University, 13 de novembro de 2019.

219 *"Pensar que poderíamos formar militares tão rápido e tão bem foi uma loucura"*: Entrevista com um ex-oficial sênior do Departamento de Estado, 15 de agosto de 2016, Projeto Lições Aprendidas, SIGAR. Nome editado pelo SIGAR.

220 *"Não podemos simplesmente perder um ano com este problema"*: Entrevista com Lute, SIGAR.

221 *morto por seus próprios homens*: Entrevista com o major Greg Escobar, 24 de julho de 2012, projeto Experiências de Liderança Operacional, Instituto de Estudos de Combate, Fort Leavenworth, Kansas.

221 *"Nada do que fizermos ajudará"*: Ibid.

221 *Podemos vencer lá?*: Entrevista com o major Michael Capps, 14 de dezembro de 2011, projeto de Experiências de Liderança Operacional, Instituto de Estudos de Combate, Fort Leavenworth, Kansas.

221 *"Perderíamos ainda que conseguíssemos cobrir cada centímetro de solo"*: Ibid.

222 *ele alinhou fileiras de cadeiras dobráveis*: Entrevista com o major Mark Glaspell, 2 de novembro de 2012, projeto de Experiências de Liderança Operacional, Instituto de Estudos de Combate, Fort Leavenworth, Kansas.

222 *"Estava indo muito bem"*: Ibid.

222 *"Bem, começou uma briga"*: Ibid.

222 *oficiais norte-americanos lembraram aos soldados afegãos de que o inverno estava chegando*: Entrevista com o major Charles Wagenblast, 1º de agosto de 2012, projeto de Experiências de Liderança Operacional, Instituto de Estudos de Combate, Fort Leavenworth, Kansas.

222 *"'Não, ainda não está frio'"*: Ibid.

NOTAS 309

222 *"Mas vai ficar, tenho certeza"*: Ibid.
223 *recebeu uma bronca de líderes tribais distritais*: Entrevista com Shahmahmood Miakhel, 7 de fevereiro de 2017, Projeto Lições Aprendidas, SIGAR.
223 *"Eu perguntava como era possível"*: Ibid.
223 *"a instituição mais odiada"*: Entrevista com Thomas Johnson, SIGAR.
223 *"montar seus próprios postos de controle privados"*: Entrevista com um oficial norueguês, 2 de julho de 2015, Projeto Lições Aprendidas, SIGAR. Nome editado pelo SIGAR.
223 *"eles eram inúteis como força de segurança"*: Entrevista com Crocker, 11 de janeiro de 2016, SIGAR.
224 *"Era assim: 'Isso é algemar'"*: Entrevista com o major Robert Rodock, 27 de outubro de 2011, projeto de Experiências de Liderança Operacional, Instituto de Estudos de Combate, Fort Leavenworth, Kansas.
224 *"policiais na caixa"*: Entrevista com o tenente-coronel Scott Cunningham, 15 de agosto de 2013, Projeto de Experiências de Liderança Operacional, Instituto de Estudos de Combate, Fort Leavenworth, Kansas.
224 *"Não confiávamos neles nem um pouco"*: Ibid.
224 *"O fundo do poço"*: Entrevista com um soldado dos EUA, 7 de setembro de 2016, Projeto Lições Aprendidas, SIGAR. Nome editado pelo SIGAR.
225 *"eram talibãs ou viciados em drogas"*: Entrevista com um oficial militar dos EUA, 20 de outubro de 2016, Projeto Lições Aprendidas, SIGAR. Nome editado pelo SIGAR.
225 *"Havia milícias inexplicáveis que atacam a população"*: Entrevista com o tenente-coronel Scott Mann, 5 de agosto de 2016, Projeto Lições Aprendidas, SIGAR.
225 *liderava suas forças em combate com inimigos imaginários*: Entrevista com o capitão Andrew Boissonneau, 17 de setembro de 2014, Projeto de Experiências de Liderança Operacional, Instituto de Estudos de Combate, Fort Leavenworth, Kansas.
225 *"entrava em tiroteios com o próprio rio Helmand"*: Ibid.

CAPÍTULO DEZOITO: A GRANDE ILUSÃO

228 *Apenas 38% do público disse que tinha valido a pena travar a guerra*: Washington Post, pesquisa da ABC News, 11 a 14 de dezembro de 2014.
229 *os militares dos EUA lançaram mísseis e bombas em 2.284 ocasiões*: Comandante do Componente Aéreo das Forças Conjuntas, "2013–2019 Airpower Statistics", 29 de fevereiro de 2020, Comando Central da Aeronátucia dos EUA.
230 *Em vez de inundar o país com 100 mil soldados norte-americanos*: Entrevista com um oficial sênior dos EUA, 13 de setembro de 2016, Projeto Lições Aprendidas, SIGAR. Nome editado pelo SIGAR.
230 *"isso vai durar quando você sair?"*: Ibid.
230 *"nós as traríamos de volta em um avião"*: Entrevista com Boucher, SIGAR.
230 *escorregar em seu discurso de inauguração*: Entrevista com Lute, SIGAR.
231 *"Havia uma tensão contínua"*: Entrevista com Dobbins, SIGAR.
233 *com o codinome "Hammer" [Martelo]*: Tim Craig, Missy Ryan e Thomas Gibbons-Neff, "By evening, a hospital. By morning, a war zone", Washington Post, 10 de outubro de 2015.
233 *coordenadas do GPS do local*: "Initial MSF internal review: Attack on Kunduz Trauma Centre, Afghanistan", Médecins Sans Frontières, novembro de 2015.

CAPÍTULO DEZENOVE: A VEZ DE TRUMP

241 *Mattis e o Estado-Maior Conjunto queriam dar a ele um* briefing *especial no "Tanque"*: Rucker e Leonnig, *A Very Stable Genius*, pp. 131-136.

241 *Trump chamou isso de "guerra dos perdedores"*: Ibid.

241 *"Vocês são um bando de idiotas e crianças"*: Ibid.

242 *McMaster pensou que a guerra havia saído dos trilhos*: McMaster, *Battlegrounds*, pp. 212-214.

242 *McMaster acreditava que a despesa valeria a pena*: Ibid.

242 *Antes da sessão, McMaster refinou seu discurso*: Ibid.

244 *Então, os militares intensificaram ainda mais os ataques aéreos*: "2013-2019 Airpower Statistics", Comando Central das Forças Aéreas dos EUA.

244 *ataques aéreos dos EUA, da Otan e do Afeganistão mataram cerca de 1.134 civis por ano*: Neta C. Crawford, "Afghanistan's Rising Civilian Death Toll Due to Airstrikes, 2017-2020", projeto Costs of War, Universidade Brown, 7 de dezembro de 2020.

245 *Segundo algumas estimativas, de trinta a quarenta soldados e policiais afegãos eram mortos diariamente*: Rod Nordland, "The Death Toll for Afghan Forces Is Secret: Here Why", *The New York Times*, 21 de setembro de 2018.

248 *um soldado afegão carregando uma caixa de romãs*: Mujib Mashal e Thomas Gibbons-Neff, "How a Taliban Assassin Got Close Enough to Kill a General", *The New York Times*, 2 de novembro de 2018.

248 *o atirador não tinha... quando se alistara como guarda*: Ibid.

248 *Smiley escapara por pouco da morte*: Dan Lamothe, "U.S. general wounded in attack in Afghanistan", *Washington Post*, 21 de outubro de 2018.

CAPÍTULO VINTE: O NARCO-ESTADO

259 *Uma análise independente feita por um pesquisador britânico*: David Mansfield, "Bombing the Heroin Labs in Afeganistan: The Latest Act in the Theatre of Counternarcotics", janeiro de 2018, LSE International Drug Policy Unit.

251 *"devíamos ter especificado um comércio de drogas próspero"*: Entrevista com Lute, SIGAR.

251 *"Aqueles caras têm um histórico de contrabando"*: Entrevista com o major Matthew Brown, 30 de julho de 2012, projeto de Experiências de Liderança Operacional, Instituto de Estudos de Combate, Fort Leavenworth, Kansas.

251 *"'fornecer ópio para todo o mundo'"*: Ibid.

252 *"As políticas ocidentais contra o cultivo do ópio"*: Phil Stewart e Daniel Flynn, "US Reverses Afghan Drug Policy, eyes August Vote", *Reuters*, 27 de junho de 2009.

253 *"inépcia e falta de capacidade"*: Entrevista com um ex-oficial sênior britânico, 17 de junho de 2015, Projeto Lições Aprendidas, SIGAR. Nome editado pelo SIGAR.

254 *"Ninguém podia deter os fuzileiros navais"*: Ibid.

254 *"Estávamos sempre debatendo e discutindo isso"*: Entrevista com Greentree, Associação para Estudos e Treinamento Diplomático.

254 *apenas investiram dinheiro no problema do ópio*: Entrevista com Mohammed Ehsan Zia, 12 de abril de 2016, Projeto Lições Aprendidas, SIGAR.

255 *"desconsidere o que precisa ser feito"*: Ibid.

255 *"A única coisa em que eles são especialistas é burocracia"*: Ibid.

255 *"Isso é uma ilusão"*: Entrevista com Rubin, 17 de fevereiro de 2017, SIGAR. Em um e-mail de dezembro de 2019 para o autor, Rubin acrescentou: "O principal problema é que o cultivo do ópio é uma estratégia de subsistência para uma parte significativa da população do país mais pobre da Ásia e um dos mais pobres do mundo. Você não pode criminalizar as estratégias de subsistência das pessoas e esperar que elas o apoiem. O regime global de criminalização das drogas cede a produção e a venda de uma substância viciante ao crime organizado e a seus protetores. Todo o regime de política de drogas é um desastre, e nós o importamos para a nossa política afegã."

255 *"Quando um país está em guerra, não há muito a ser alcançado"*: Entrevista com um oficial do Departamento de Estado, 29 de junho de 2015, Projeto Lições Aprendidas, SIGAR. Nome editado pelo SIGAR.

256 *"A questão é a vontade política"*: Entrevista com um oficial do Departamento de Justiça, 12 de abril de 2016, Projeto Lições Aprendidas, SIGAR. Nome editado pelo SIGAR.

256 *"era por ser incompetente ou porque irritou muitas pessoas"*: Entrevista com um oficial sênior dos EUA, 10 de junho de 2016, Projeto Lições Aprendidas, SIGAR. Nome editado pelo SIGAR.

256 *Ishaqzai há muito operava sob a proteção de Ahmed Wali Karzai*: Joseph Goldstein, "Bribery Frees a Drug Kingpin in Afghanistan, Where Cash Freten Overrules Justice", *The New York Times*, 31 de dezembro de 2014.

257 *Ele supostamente subornou vários juízes*: Ibid.

257 *"No modelo do terror, você mata o líder"*: Entrevista com um oficial sênior do DEA, 3 de novembro de 2016, Projeto Lições Aprendidas, SIGAR. Nome editado pelo SIGAR.

257 *permitido que ele fizesse uma viagem extra a Nova York para passear e fazer compras*: James Risen, "Propping Up a Drug Lord, Then Arresting Him", *The New York Times*, 11 de dezembro de 2010.

257 *Quando a advogada de defesa de Khan levantou essas conexões*: Johnny Dwyer, "The U.S. Quietly Released Afghanistan's 'Biggest Drug Kingpin' from Prison. Did He Cut a Deal", *The Intercept*, 1º de maio de 2018.

258 *"Passamos muito tempo eliminando as más ideias"*: Entrevista com um ex-adido legal, 27 de junho de 2016, Projeto Lições Aprendidas, SIGAR. Nome editado pelo SIGAR.

258 *algumas ideias que soavam familiares*: Entrevista com um contratado do Departamento de Estado, 16 de setembro de 2016, Projeto Lições Aprendidas, SIGAR. Nome editado pelo SIGAR.

CAPÍTULO VINTE E UM: CONVERSANDO COM O TALIBAN

259 *Suas melodiosas interpretações de "Moon River"*: David Harding, "Waiting for the Taliban", *Agence France-Presse*, 19 de março de 2009.

259 *Os ascetas afegãos toleravam Anastasia todas as tardes*: Ibid.

261 *o Talibã estava "na corda bamba"*: Entrevista com Olson, Centro de História Militar do Exército dos EUA.

261 *"Nunca descobrimos"*: Ibid.

261 *"Foi uma meada interessante de se achar o fio"*: Entrevista com Gilchrist, Centro de História Militar do Exército dos EUA.

261 *porque os comunistas o usavam*: Ibid.

263 *"E, se não resolvermos isso, os militares não serão capazes"*: Entrevista com Rubin, 27 de agosto de 2015, SIGAR. Em um e-mail de dezembro de 2019 para o autor, Rubin acrescentou: "Durante a revisão da política de 2009, trabalhamos muito para colocar a opção de negociações políticas com o Talibã (reconciliação, acordo político) em questão. Holbrooke disse que

esses termos eram muito delicados. Finalmente, decidimos usar o termo 'redução de ameaças' para descrever uma possível trajetória política com o Talibã. A ideia era a de que um acordo político, com qualquer que fosse o nome, diminuiria o nível de ameaça enfrentado pelo Estado afegão e não exigiria mais as forças de segurança totalmente insustentáveis que estávamos construindo. No fundo da minha mente, estava a certeza de que, de uma forma ou de outra, os EUA deixariam o Afeganistão e teríamos que manter isso em mente para tudo o que fizéssemos."

263 *"Seremos bons com as pessoas que se renderem"*: Entrevista com Rubin, 17 de fevereiro de 2017, SIGAR. Em um e-mail de dezembro de 2019 para o autor, Rubin acrescentou: "Eles não eram linha-dura no governo Obama. Eram membros do elite permanente da Segurança Nacional, o chamado *'deep state'*. Não uso o termo porque implica uma conspiração, ao passo que é apenas a inércia normal de uma burocracia de um trilhão de dólares."

263 *"ela não poderia vender sua imagem fazendo uma barganha com o Talibã"*: Entrevista com Rubin, 2 de dezembro de 2015, SIGAR. Em um e-mail de dezembro de 2019 para o autor, Rubin acrescentou: "Hillary Clinton tinha pouca ou nenhuma fé de que teria sucesso. Ela entendeu a lógica por trás daquilo, mas não via por que deveria correr o risco político de algo que provavelmente fracassaria. Obama também não queria correr esse risco político."

264 *raramente faziam o mesmo*: Entrevista com o major Ulf Rota, 12 de setembro de 2011, Projeto de Experiências de Liderança Operacional, Instituto de Estudos de Combate, Fort Leavenworth, Kansas.

264 *"'Eu renuncio ao mal da Al-Qaeda, blá-blá-blá'"*: Ibid.

264 *"Não importa o quão inteligente você seja"*: Entrevista com Brown, Instituto de Estudos de Combate.

264 *"Milagrosamente, seis pessoas aparecem"*: Ibid.

266 *"Hamid Karzai ficou furioso"*: Entrevista com Crocker, 11 de janeiro de 2016, SIGAR.

266 *"foi provavelmente inútil"*: Entrevista com Dobbins, SIGAR.

Referências

Barfield, Thomas. *Afghanistan: A Cultural and Political History*. Princeton, N.J.: Princeton University Press, 2010.

Bergen, Peter L. *Manhunt: The Ten-Year Search for bin Laden from 9/11 to Abbottabad*. Nova York: Crown Publishers, 2012.

Chandrasekaran, Rajiv. *Little America: The War Within the War for Afghanistan*. Nova York: Alfred A. Knopf, 2012.

Chayes, Sarah. *The Punishment of Virtue: Inside Afghanistan After the Taliban*. Nova York: The Penguin Press, 2006.

Coll, Steve. *Directorate S: The CIA and America's Secret Wars in Afghanistan and Pakistan*. Nova York: Penguin Press, 2018.

_____. *Ghost Wars: The Secret History of the CIA, Afghanistan, and bin Laden, from the Soviet Invasion to September 10, 2001*. Nova York: Penguin Press, 2004.

Constable, Pamela. *Playing with Fire: Pakistan at War with Itself*. Nova York: Random House, 2011.

Dobbins, James. *After the Taliban: Nation-Building in Afghanistan*. Washington, D.C.: Potomac Books, 2008.

Eide, Kai. *Power Struggle over Afghanistan: An Inside Look at What Went Wrong and What We Can Do to Repair the Damage*. Nova York: Skyhorse Publishing, 2012.

Feith, Douglas J. *War and Decision: Inside the Pentagon at the Dawn of the War on Terrorism*. Nova York: Harper Collins, 2008.

Fitrat, Abdul Qadeer. *The Tragedy of Kabul Bank*. Nova York: Page Publishing, Inc., 2018.

Franks, Tommy. *American Soldier*. Nova York: Regan Books, 2004.

Gannon, Kathy. *I is for Infidel. From Holy War to Holy Terror: 18 Years Inside Afghanistan*. Nova York: PublicAffairs, 2005.

Gates, Robert M. *Duty: Memoirs of a Secretary at War*. Nova York: Alfred A. Knopf, 2014.

Graham, Bradley. *By His Own Rules: The Ambitions, Successes, and Ultimate Failures of Donald Rumsfeld*. Nova York: PublicAffairs, 2009.

Haqqani, Husain. *Pakistan: Between Mosque and Military*. Washington, D.C.: Carnegie Endowment for International Peace, 2005.

Jones, Seth G. *In the Graveyard of Empires: America's War in Afghanistan*. Nova York: W.W. Norton & Company, 2009.

Khalilzad, Zalmay. *The Envoy: From Kabul to the White House, My Journey Through a Turbulent World*. Nova York: St. Martin's Press, 2016.

McChrystal, Stanley. *My Share of the Task: A Memoir*. Nova York: Portfolio/Penguin, 2013.

McMaster, H.R. *Battlegrounds: The Fight to Defend the Free World*. Nova York: Harper, 2020.

_____. *Dereliction of Duty: Lyndon Johnson, Robert McNamara, the Joint Chiefs of Staff, and the Lies that Led to Vietnam*. Nova York: HarperCollins, 1997.

Neumann, Ronald E. *The Other War: Winning and Losing in Afghanistan*. Washington, D.C.: Potomac Books, Inc., 2009.

Packer, George. *Our Man: Richard Holbrooke and the End of the American Century*. Nova York: Alfred A. Knopf, 2019.

Panetta, Leon. *Worthy Fights: A Memoir of Leadership in War and Peace.* Nova York: Penguin Press, 2014.

Partlow, Joshua. *A Kingdom of Their Own: The Family Karzai and the Afghan Disaster.* Nova York: Alfred A. Knopf, 2016.

Rashid, Ahmed. *Descent into Chaos: The United States and the Future of Nation-Building in Pakistan, Afghanistan, and Central Asia.* Nova York: Viking, 2008.

_____. *Taliban: Militant Islam, Oil and Fundamentalism in Central Asia.* New Haven, Conn.: Yale University Press, 2000.

Rubin, Barnett R. *Afghanistan from the Cold War Through the War on Terror.* Nova York: Oxford University Press, 2013.

Rucker, Philip e Carol Leonnig. *A Very Stable Genius: Donald J. Trump's Testing of America.* Nova York: Penguin Press, 2020.

Rudenstine, David. *The Day the Presses Stopped: A History of the Pentagon Papers Case.* Berkeley, Califórnia: University of California Press, 1996.

Rumsfeld, Donald. *Known and Unknown: A Memoir.* Nova York: Sentinel, 2011.

Sheehan, Neil; Hedrick Smith; E.W. Kenworthy; Fox Butterfield. *The Pentagon Papers. The Secret History of the Vietnam War.* Nova York: Quadrangle Books, Inc., 1971.

Warrick, Joby. *The Triple Agent: The al-Qaeda Mole Who Infiltrated the CIA.* Nova York: Doubleday, 2011.

Woodward, Bob. *Bush at War.* Nova York: Simon & Schuster, 2002.

_____. *Plan of Attack.* Nova York: Simon & Schuster, 2004.

_____. *Obama's Wars.* Nova York: Simon & Schuster, 2010.

Índice

Símbolos

11 de Setembro xi–xii, 6, 48
  Comissão do xiii
  sequestros do 82, 118

A

Absenteísmo 64
Academia Militar
  de West Point 157
  dos Estados Unidos 58
Acordo
  de Bonn 26, 36, 45
  de segurança bilateral 266
Agência
  de Logística de Defesa 232
  dos Estados Unidos para o Desenvolvimento Internacional (USAID) 32, 134, 252
Aliança do Norte 9, 26, 118, 119, 172, 260
  do Afeganistão 83
  forças da 10
Al-Qaeda xii, 4, 19, 48, 147, 200
American Enterprise Institute 50
Analfabetismo 219
  e desnutrição 31
Áreas tribais pashtuns 77
Ataque
  a Azizabad 179
  japonês a Pearl Harbor xii
Ataques
  aéreos errados 177
  fratricidas 217–218
  suicidas 137
Ato de traição 214
Audiências Fulbright xiv
Autodefesa 150

B

Bacha bazi, ou jogo de rapazes 75
Baía de Guantánamo, Cuba 82
Banco Central do Afeganistão 193
Barack Obama 157
Barak Obama 147, 219
Barreiras HESCO 78
Base
  Aérea de Bagram 12, 24, 215
  Conjunta Lewis-McChord 216
  Shkin 77–78
    emboscada em 81
Batalha de Tora Bora 25
Batalhas do ópio 135
Boinas Verdes 59, 67

C

Campanha
  anticorrupção 192
  de construção nacional 31
  de contrainsurgência 49
Cark money 183
Carreirismo 205
Célula de Reintegração da Força 263
Cemitério de tanques soviéticos 55

Centro
de História Militar do Exército dos EUA 279
de Treinamento Militar de Cabul 60-61
Cessar-fogo 246-247
CIA-mujahedin, aliança 116
Cinturão de papoula 236
principal 132
Cleptocracia 186
Códigos de conduta tribais ou religiosos 66
Comandantes dos mujahedin 116
Comando das Forças Combinadas do Afeganistão 48
Combatentes do Talibã 217
Comissão
afegã de direitos humanos 178
governamental 178
Comitê
de Relações Exteriores do Senado 25
de Serviços Armados
da Câmara 154, 163, 207, 243
do Senado 155-156
Condoleezza Rice 52, 65
Conferência
da Ação Política Conservadora 112
de Bonn 27, 35, 83, 172, 231, 260
Conselho
de Segurança das Nações Unidas xii
de Segurança Nacional de Bush 8
de Segurança Nacional na Casa Branca 138
Provincial de Kandahar 176
Corpo da Paz 21
Corrupção
em massa 185
endêmica 209
Crimes de guerra 119
Crise dos reféns iranianos 135
Crises socioeconômicas 262

D

Declaração de fé do Alcorão 69
Desafios geográficos 80
Desastre de Panjwai 106
Desconexão cultural 73

Desenvolvimento socioeconômico no Afeganistão 151
Devoção religiosa 117
Diplomacia com o Paquistão 147
Direitos das mulheres 185
Discurso
de Missão Cumprida 47
em Phoenix 54
Disputa política 59
Divergência nas fileiras 152-153
Donald Rumsfeld 4, 44, 85, 104
Donald Trump 239
Don't Ask, Don't Tell, movimento 234

E

Eletrificação de Kandahar 161
Escalada militar 8
Escola
de Guerra Naval 204
de Pós-Graduação Naval 168
Escritório
das Nações Unidas sobre Drogas e Crimes 250, 253
de Assuntos Internacionais de Entorpecentes e Segurança do Departamento de Estado 136
Estado Islâmico 228, 234
Estado-Maior Conjunto das Forças Armadas 145, 201
Estratégia de contrainsurgência 105, 149, 162, 186, 201
Exercício antipapoula 131
Exército
Continental de George Washington 56
da 10ª Divisão de Montanha 60
Expansão do conflito 170

F

Fanatismo religioso 26
Fase ideológica da guerra no Afeganistão 14
Fechamento da embaixada norte-americana em Cabul, em 1989 20
Força
Delta do Exército 24, 112
Internacional de Assistência à Segurança (ISAF) 107

ÍNDICE

Forças
    de segurança em Cabul 126
    de Segurança Nacional Afegãs (ANSF) 151
    Especiais 12, 67
    do Exército 23
Força-tarefa Phoenix 56, 60
Freedom of Information Act (FOIA) xvii
Fronteira entre Afeganistão e Paquistão 80
Fumigação 139
    campanha de 141
Fundo Monetário Internacional (FMI) 191

G

Gabinete
    de guerra de Bush 51
    do Inspetor-geral Especial para a Reconstrução do Afeganistãoobn (SIGAR) xiv-xvi
George W. Bush 3, 94, 103
Governo
    Bush xii, 8, 30, 50, 95, 113, 175
    Clinton 31, 45
    Obama 30-31, 153, 171
    Trump xvii, 27
Guerra
    ao terror 151, 200
    civil do Afeganistão 25, 82
    contra o ópio 250
    contrarrevolucionária 49
    da Coreia 146
    do Golfo 43, 97
    do Iraque 45-46, 94
    dos Bálcãs 38
    do Vietnã xii, xiv, 49, 91, 209
    em Kosovo 25
    Fria 103, 134
    Global contra o Terror xviii, 50
    psicológica 92, 100
Guerrilheiros antissoviéticos 83

H

Hindu Kush, montanhas 80
Hospital Militar Walter Reed 100, 121
Human Rights Watch 115

I

Ignorância cultural 69
Impulso anticorrupção dos EUA 190
Indústria do ópio de Helmand 124
Insurgência iraquiana 48
Inteligência afegã 193
Inter-Services Intelligencen (ISI) 82
Invasão
    do Dia D na Normandia 58
    soviética ao Afeganistão 19, 31
Irã-Contra 179
Irmãos de armas 215
Islamismo 72, 135

K

Kabul Bank 190-192
    fraude do 193
Karl Eikenberry 55
Karzai, família 191
Kunduz, desastre de 233

L

Lei
    de Liberdade de Informação xiv, 217, 271, 277
    de Registros Públicos 272
Loya jirga, assembleia tradicional de anciãos e líderes 36, 51

M

Maomé 72
Massive Ordnance Air Blast (MOAB) 244
Médicos Sem Fronteiras, grupo humanitário 233
Milícia
    tadjique 125
    uzbeque 115
Milícias anticoalizão 22
Ministério de Combate a Entorpecentes 135
Morfina e heroína 134
Mujahedin 118

N

Negociações de paz 246
New Ansari Money Exchange 188-189

Novo exército nacional afegão 55

O

Operação
  Anaconda 148
  Iraque Livre 43
  Medusa 106
  River Dance 129-131, 250
  Tempestade de Ferro 249-250
Operações
  de caça aos insurgentes 179
  de contraterrorismo 229
  de estabilização 44
  de interdição 256
  psicológicas 67
Ópio 134, 249
  produção de 111
Ordem Geral nº 1 107
Organização
  das Nações Unidas (ONU) 140
  do Tratado do Atlântico Norte (Otan) xii, 94, 105, 214
  Mundial da Saúde (OMS) 227
Osama bin Laden 4, 15, 23, 199
  morte de 200

P

Palácios de papoula 183
Papéis do Pentágono xvi
Pashtuns 172, 260, 261
Peculiaridades culturais do Afeganistão 71
Pentágono xiv, 17, 23, 33, 101, 106, 243
Plano
  Colômbia 138
  geral de guerra 11
  Marshall 30
Polícia Nacional Afegã 65, 97, 213
Política do Sul da Ásia 140

Problema das dez guerras 112
Programa
  de "anjo da guarda" 215
  de Fortalecimento da Paz 261-262
  de Resposta dos Comandantes a Emergências (CERP) 166-167
  de troca de papoulas 136
Projeto
  de construção da pátria 30, 158
  Experiência de Liderança Operacional xviii

R

R4+S, estratégia 243
Raízes organizacionais da insurgência 80
Revolta popular 191

S

Saddam Hussein 47
senhor de guerra tadjique 191
Senhores da guerra do Afeganistão 116
  campanha de desarmamento dos 122
  subornos 187
Serviço de Relações Exteriores 29
Serviços de inteligência do Paquistão 152

T

Talibã xiii, 19, 72, 95, 117, 232
  acordo de paz com o 235

W

Washington Post 51

Z

Zona de guerra 17, 80, 91, 157, 187

Sobre o Autor

CRAIG WHITLOCK é repórter investigativo do *Washington Post*. Ele cobriu a guerra global contra o terrorismo pelo *Post* desde 2001 como correspondente estrangeiro, repórter do Pentágono e especialista em segurança nacional. Em 2019, sua cobertura da guerra no Afeganistão ganhou o prêmio George Polk de jornalismo militar, o prêmio Scripps Howard de jornalismo investigativo, o prêmio de liberdade de informação para jornalistas e editores investigativos e o prêmio Robert F. Kennedy de jornalismo para jornalismo internacional. Ele fez reportagens em mais de sessenta países e foi três vezes finalista do Prêmio Pulitzer. Mora em Silver Spring, Maryland.

Projetos corporativos e edições personalizadas dentro da sua estratégia de negócio. Já pensou nisso?

Coordenação de Eventos
Viviane Paiva
viviane@altabooks.com.br

Assistente Comercial
Fillipe Amorim
vendas.corporativas@altabooks.com.br

A Alta Books tem criado experiências incríveis no meio corporativo. Com a crescente implementação da educação corporativa nas empresas, o livro entra como uma importante fonte de conhecimento. Com atendimento personalizado, conseguimos identificar as principais necessidades, e criar uma seleção de livros que podem ser utilizados de diversas maneiras, como por exemplo, para fortalecer relacionamento com suas equipes/ seus clientes. Você já utilizou o livro para alguma ação estratégica na sua empresa?

Entre em contato com nosso time para entender melhor as possibilidades de personalização e incentivo ao desenvolvimento pessoal e profissional.

PUBLIQUE
SEU LIVRO

Publique seu livro com a Alta Books. Para mais informações envie um e-mail para: autoria@altabooks.com.br

 /altabooks   /alta-books   /altabooks   /altabooks

CONHEÇA OUTROS LIVROS DA **ALTA CULT**

Todas as imagens são meramente ilustrativas.

Este livro foi impresso nas oficinas gráficas da Editora Vozes Ltda.,
Rua Frei Luís, 100 – Petrópolis, RJ.